Compendio básico de
Hacienda Pública

Serie: Derecho,
Manuales y textos universitarios, 5

VEGA MOCOROA, Isabel
    Compendio básico de Hacienda Pública / Isabel Vega
Mocoroa. – Valladolid: Ediciones Universidad de Valladolid, 2025

    298 p.: 30 cm. – (Manuales y textos universitarios. Derecho ; 5)
    ISBN 978-84-1320-349-2

1. Hacienda pública – Estudio y enseñanza I. Vega Mocoroa,
Isabel II. Universidad de Valladolid, ed. III. Serie

    336.22

ISABEL VEGA MOCOROA

Compendio básico de Hacienda Pública

Tercera edición revisada y ampliada

EDICIONES
Universidad
de
Valladolid

© Isabel Vega Mocoroa, 2025
Ediciones Universidad de Valladolid

Tercera edición revisada y ampliada, 2025

ISBN: 978-84-1320-349-2
Dep. Legal: VA-306-2025

Diseño de cubierta: Ediciones Universidad de Valladolid

Preimpresión: Ediciones Universidad de Valladolid
Imprime: Podiprint - España

ÍNDICE

A Pablo, Isabel, Alberto y Charo

TEMA 0   INTRODUCCIÓN Y CUESTIONES PREVIAS

CUESTIONES PREVIAS

Con carácter previo al estudio del contenido del programa de Hacienda Pública en el Grado en Derecho y doble grado en Derecho y en Administración y Dirección de empresas- DADE, parece conveniente tratar dos cuestiones previas. Se trata, por un lado, de que el alumno comprenda la importancia de la Hacienda Pública en su formación académica como jurista y, por otro lado, de identificar y analizar una nueva faceta del Estado, cuál es su actividad económica.

El estudio de estas dos cuestiones permitirá al alumno comprender la ubicación del contenido del programa de la asignatura en su plan de estudios y sus relaciones con otras asignaturas del mismo y asimismo despertar su curiosidad por la Hacienda Pública como disciplina académica, relacionándola con la Actividad de la Economía privada con la que convive y cuyos conocimientos previamente adquiridos le permiten seguir avanzando y profundizando en el estudio de la Economía; en esta ocasión de la Economía pública como actividad económica del Estado.

I.   EL PAPEL DE LA HACIENDA PÚBLICA EN LOS ESTUDIOS DE DERECHO

Motivar a los alumnos sobre la importancia de la Hacienda Pública como disciplina académica es una necesidad que le permitirá un estudio más gratificante, profundo y completo de la misma. Con bastante frecuencia el primer día de clase, un cierto número de alumnos se acercan al aula con la idea de que la Hacienda Pública es una asignatura, que por ser básica y no obligatoria, resulta poco atractiva para un jurista, alejada de la enseñanza del Derecho y con apoyo en planteamientos y demostraciones de índole matemática que les generan preocupación y un cierto rechazo o inquietud al declararse alumnos de Derecho y no de disciplinas que consideran entran en lo que de forma genérica consideran grados de "ciencias".

Asumir la realidad y desterrar sus posibles dudas sobre la asignatura y su metodología, permite al alumno desde el primer día percibir los contenidos de la asignatura como un input necesario para su formación académica y para su actividad profesional posterior una vez obtenga el Grado.

Algunas de las cuestiones que surgen en los alumnos en su toma de contacto con esta disciplina son: ¿Cuándo se inició el estudio de la Hacienda Pública en los Facultades de Derecho? ¿Es la Hacienda Pública una disciplina de las Facultades de Derecho o de las Facultades de Económicas? ¿Por qué es necesario estudiar Hacienda Pública para un jurista? ¿para qué me sirven los conocimientos de Hacienda Pública? ¿Qué me aporta la Hacienda pública en el campo profesional? ¿Cuál es el peso del instrumento matemático en la asignatura? ¿Mis resultados previos en economía política son determinantes para cursar esta disciplina? Etc. Aunque las respuestas más exhaustivas deberían darse al final del curso, sí procede aclarar el sentido de sus preguntas al inicio del mismo, pues una actitud positiva del alumno hacia la asignatura resulta ser un factor clave para enfrentarse a diario con el estudio de cuestiones nuevas en su formación académica y para superar con éxito la asignatura.

1.1. EL OBJETIVO DE LA ENSEÑANZA DEL DERECHO

La existencia de las disciplinas económicas en los estudios de Derecho está unida, sin duda alguna, al objetivo principal del grado en Derecho, que no puede ser otro que el de la formación de profesionales aptos para el ejercicio de la actividad jurídica, entendiendo esta última en su doble vertiente tanto práctica como teórica de comprensión de los problemas que configuran la realidad jurídica[1]. Nuestra opción integradora, frente al aislacionismo de Windscheid[2], entiende que en la formación de un jurista deben incluirse asignaturas de carácter estrictamente jurídico y asignaturas cuya finalidad sea la de desarrollar la capacidad de reflexión del estudiante y su espíritu crítico.

La necesidad de la enseñanza de la Economía Política y la Hacienda Pública en las Facultades de Derecho está íntimamente relacionada con el hecho de que el objetivo del análisis de los juristas se centra en las normas que presiden la vida social, y que gran parte de dichas normas y de los problemas jurídicos que se plantean son reflejo de problemas económicos. La actuación de un jurista incide directamente sobre la realidad social y, por lo tanto, conocer las consecuencias económicas y sociales de sus actuaciones le resulta necesario.

La economía permite que el jurista conozca y comprenda los elementos que intervienen en la producción, interpretación y aplicación de las normas sustantivas. El conocimiento de la economía, de su lenguaje particular, del papel económico asignado a las diversas instituciones y del método científico se han convertido en elementos importantes en la formación de los juristas desde el siglo XIX. Además, el rigor que presenta el análisis económico resulta aconsejable en la formación de los juristas, idea que ya podemos encontrar en el pensamiento de A. Smith, hoy en día considerado como el padre de la Economía Política[3].

1.2. LA IMPORTANCIA DE LA ECONOMÍA EN LA FORMACIÓN DEL JURISTA

Tras haber expuesto la filosofía que nos induce a tomar como punto de partida el objetivo de la enseñanza del Derecho como formación de juristas completos y bien preparados, incluyendo en esta formación integral la de las disciplinas económicas, vamos a aportar una serie de argumentos para demostrar la importancia de la Economía en la formación del jurista. Estos argumentos los hemos agrupado de acuerdo con su naturaleza en: históricos, científicos, académicos, profesionales y educativos.

1.2.1. Históricos

Los orígenes de la Economía Política en los planes de estudio de las universidades se remontan a finales del siglo XVIII, en tanto que la creación de las cátedras de Economía data del siglo XIX, siendo concretamente T. Malthus el primero en ocupar una Cátedra de Economía Política en 1805[4], mientras que quien puede ser identificado como el padre de la economía, Adam Smith, ocupó una Cátedra de Filosofía Moral, ya que la Economía se incluía como una de las materias de dicha ciencia.

---

[1]   Véase a este respecto Pérez Luño, A.E. (1982): "La filosofía del Derecho y la formación de los juristas". *Sistema Nº 49*, pág. 89.

[2]   Aunque nuestra postura sea la de entender que la finalidad de la enseñanza del Derecho es la educación integral del jurista, no podemos olvidar que existe otra corriente, comúnmente conocida como "aislacionismo", que consiste en desvincular la teoría jurídica de la práctica social. Esta corriente tuvo su origen en los inspiradores de la que se ha denominado ideología de la separación del Derecho frente a la Economía, la Moral y la Política, siendo Windscheid uno de los principales defensores de la misma.

[3]   En Sureda, J.L. (1983): "Nota sobre A. Smith, la enseñanza del Derecho y la Economía política". AA.VV.

[4]   Cátedra de Economía Política en el Colegio de Hailenbury, fundado por la Compañía de las Indias Orientales.

La relación entre el Derecho y la Economía ha sido una constante en la historia desde el siglo XVII[5]. Las Facultades de Jurisprudencia junto con las Facultades de Filosofía fueron los principales centros del estudio de las disciplinas económicas en el siglo XIX[6]. Del examen de algunos programas de Economía Política de la Universidad de Valladolid como el del profesor Claudio Moyano[7], podemos deducir que dicha asignatura incluía el análisis de aspectos relacionados con la Hacienda Pública y, por lo tanto, podemos afirmar que el estudio algunos temas relacionados con la Hacienda Pública comenzó en el programa de Economía Política.

La Hacienda Pública apareció en 1852 como asignatura con entidad propia ligada al Derecho Administrativo en las Facultades de Filosofía, hasta que, con la Ley Moyano, de 9 de septiembre de 1857, se crearon las Facultades de Derecho con tres secciones: Leyes, Cánones y Administración, asumiendo esta última los programas de la antigua sección de Administración de la Facultad de Filosofía. La citada Ley aportó cambios en la estructura de las Facultades; en concreto, se creaban las Facultades de Derecho con un sistema de especialidades jurídicas o secciones. La sección de "Leyes" existiría en todas las Facultades de Derecho, mientras la de "Cánones" solo en Oviedo, Salamanca y Sevilla, y la de "Administración" en Barcelona, Valladolid y Sevilla.

La Economía Política se incluía como asignatura esencial en todos los estudios del Derecho en España -sección de Leyes- mientras que la Hacienda Pública aparecía como una asignatura de ampliación del Derecho Administrativo que se impartía únicamente en la sección de Administración. En 1900, mediante el Real Decreto de 2 de agosto, se modifica el Plan de Estudios de la Facultad de Derecho, que en lo sucesivo se denominará Facultad de Derecho y Ciencias Sociales, dividiéndose en las dos secciones que englobaba la nueva denominación; en éste momento la Hacienda Pública y la Economía Política aparecen como asignatura de ambas secciones. La primera Facultad de Ciencias Económicas y Políticas se creó en España en el año 1943, desdoblándose posteriormente en dos Facultades distintas.

A la vista de estas constataciones y teniendo en cuenta que la mayor parte de los economistas españoles del siglo XX y, en particular, aquellos cuya edad superaba los sesenta y cinco años al final del pasado siglo, proceden de las distintas Facultades de Derecho, la relación entre el Derecho y la Economía y el papel que las disciplinas económicas desempeñan en las Facultades de Derecho no pueden ser cuestionados.

La vinculación entre el Derecho y la Economía desarrollada en las Facultades de Derecho ha formado: excelentes profesores en materias económicas, como el profesor Antonio Flores de Lemus o el profesor Lucas Beltrán, grandes hombres de Estado, y un sin fin de juristas con una más que aceptable formación económica. A pesar de la pérdida de créditos que han experimentado las asignaturas de carácter económico en las Facultades de Derecho con la implantación del Plan del 2002 y de los nuevos grados en Derecho, acordes con el Espacio Europeo de Educación Superior en el año 2010, nuestra aspiración es contribuir a seguir engrosando estas listas con los alumnos que cursan las disciplinas económicas en las Facultades de Derecho.

1.2.2. Científicos

Existen tres alternativas posibles en la construcción del Derecho como ciencia social: la dogmática, la pragmática y la constructivista. El papel de la Ciencia Económica y, por lo tanto, de las materias económicas en la construcción del Derecho varía según la concepción del Derecho que se defienda.

---

[5]   Véase a este respecto Beltrán, L. (1985): "La creación de cátedras de Economía en España". *Moneda y Crédito Nº 173*, págs. 47-51.

[6]   Véase a este respecto Aracil Fernández, M.J. (2001): "Los orígenes de la Hacienda Pública como disciplina universitaria en España". Documentación del *VII Congreso Nacional de la Asociación de Historia Económica*.

[7]   Podemos considerar que Claudio Moyano "el padre" de la hacienda pública como disciplina con contenido propio y diferenciado de otras ramas del saber y por su aportación en este sentido como docente de Hacienda Publica que contribuyo a la elaboración del programa y contenidos de la misma. Por otra parte, Claudio Moyano (1809-1890) fue un castellano polifacético, ejemplo del perfil integrador de un jurista, fue Catedrático de economía política y Catedrático de instituciones civiles, abogado, alcalde, diputado, Ministro responsable de impulsar la reforma del sistema educativo español a través de la Ley Moyano y finalmente, senador vitalicio.

- En el concepto dogmático del Derecho, la Economía no tiene cabida, pues la ciencia jurídica sólo se debe elaborar a partir de conceptos propios y con independencia de las otras ciencias sociales, incluidas la Moral y la Política.

- Bajo el concepto pragmático, el Derecho no es tanto un sistema de conceptos perfectamente estructurados cuanto un instrumento para organizar los comportamientos sociales y, sobre todo, para resolver conflictos; en este caso, el conocimiento de la realidad económica es parte de la organización social y, por ende, de la creación y aplicación del Derecho.

- Por último, la alternativa comprensiva que considera que el Derecho está constituido por una estructura de conceptos propios, perfectamente definidos, pero no aislados de las grandes corrientes de pensamiento que se van produciendo en las ciencias sociales. El Derecho es una ciencia viva y práctica, nunca al margen de los acontecimientos y particularidades de la vida real; en este caso, la realidad económica debe participar en la formulación de los conceptos y normas jurídicas, así como en su aplicación.

En suma, dos de las tres alternativas posibles que explican la construcción del Derecho justifican la relación entre ambas ciencias sociales: la Economía y el Derecho, y, por ello, avalan el hecho que la Hacienda pública deba estar presente en la formación de un jurista.

1.2.3. Académicos

La inclusión de las disciplinas económicas en la Licenciatura de Derecho no podemos justificarla única y exclusivamente por razones de tipo histórico, amparándonos en que las Facultades de Derecho fueron realmente durante muchos años los núcleos de formación de los economistas. Este argumento podría quedar invalidado, o por lo menos debilitado, si considerásemos cómo ciertos sectores pretenden que los estudios de disciplinas económicas correspondan íntegramente a las Facultades de Económicas, pues es allí donde se cultiva la Economía con mayor intensidad, y los estudios de Derecho sean estrictamente de carácter jurídico. Aceptar esta especialización llevaría consigo un empobrecimiento científico y una limitación de carácter cultural, tal y como afirma el profesor Beltrán [8].

Siendo coherentes con el fin u objetivo principal que otorgamos a los estudios de Derecho, como estudios destinados a la formación integral de juristas no ajenos a su contexto histórico y social, con una base sólida que les capacite para desenvolverse en el campo profesional y para el trabajo en equipo con profesionales de otros campos, mantenemos viva esta estrecha relación entre las disciplinas económicas y jurídicas; lo que justifica la existencia de disciplinas como la Economía y la Hacienda Pública en los estudios de Derecho. Discrepamos de quienes, como Kalamanovitz[9], afirman que los juristas y economistas se entienden poco, pero podríamos aceptar que sus formas de pensar son distintas, ya que mientras el razonamiento jurídico es deontológico, porque busca determinar la conformidad de una acción con sus normas, el de un economista es consecuencial, puesto que el razonamiento económico lleva a construir modelos simplificados de la realidad que permiten establecer las consecuencias de las acciones económicas sobre distintas variables. Ambos razonamientos no han de ser excluyentes sino complementarios, tal y como ocurre en la concepción integrada que representa la Escuela del Análisis Económico del Derecho.

Para reforzar nuestra argumentación procedemos a completarla con lo que hemos venido en denominar argumento finalista o teleológico. En las primeras líneas de este Capítulo, exponíamos que las Facultades de Derecho deberían formar juristas preparados y comprometidos con la realidad social que les toca vivir. La Hacienda Pública resulta ser una excelente base de apoyo para la comprensión de otras disciplinas de la carrera de Derecho. La mayoría de estas disciplinas relacionadas están ubicadas en cursos superiores, tales como Derecho del Trabajo y de la Seguridad Social, Derecho Mercantil, Derecho Financiero y Tributario, Derecho Administrativo y Derecho Constitucional. Existen también otras disciplinas que *a priori* presentan una menor relación con la Hacienda Pública como es el caso del Derecho Penal, donde en ocasiones se requieren conocimientos hacendísticos para poder tipificar ciertos delitos relativos a la economía Pública.

---

[8]   Beltrán, L. (1981): "El estudio de la economía en España". *Moneda y Crédito Nº 157*. Págs. 3-18.

[9]   Kalamanovitz, S. (2001): "Formas de pensar jurídicas y económicas". *Revista de Derecho Público Nº 12*.

En definitiva, las disciplinas económicas resultan necesarias para otras disciplinas en las que se busca no sólo la aprehensión de la norma sino su comprensión.

1.2.4. Profesionales

Este argumento cabe denominarlo "pragmático" por hacer referencia a los fines prácticos de la formación de los juristas, es decir, ¿para qué sirve tener el título habilitante en Derecho? Considerando que las principales salidas profesionales de los antiguos licenciados en Derecho y de los actuales y futuros graduados en Derecho son el ejercicio de la abogacía, el acceso a la Administración de Justicia y a puestos de funcionarios en algún cuerpo de la Administración Pública o la incorporación al mundo empresarial en calidad de asesores jurídicos, podemos apreciar en todas y cada una de estas salidas profesionales la importancia de la formación económica y hacendística de los egresados.

Cuando un alumno finalice sus estudios de Derecho, la sociedad le exigirá conocimientos de economía, sea cual sea su campo de actividad profesional. A modo de ejemplo: en el caso del ejercicio de la abogacía, sin conocimientos de economía a un abogado le será imposible la comprensión de muchos asuntos sobre los que tendrá que entender a lo largo de su vida profesional, como asesorar en particiones patrimoniales por divorcio o *mortis causa*, o actuar en convenios colectivos o conflictos laborales. Si nos referimos a funcionarios en áreas relacionadas con la economía y hacienda, teniendo en cuenta que sobre los mismos puede recaer la tarea de la elaboración técnica de las normas que regulan nuestro sistema impositivo, sería deseable la comprensión de los objetivos finales de cada impuesto y de los efectos económicos que se derivan de cualquier medida que se adopte en relación con los mismos, cuestiones que entran en el campo de estudio de la Hacienda Pública. Por último, si nuestro potencial graduado en Derecho opta por prestar sus servicios como asesor jurídico en una empresa pública o privada, su eficacia y utilidad en la misma quedarán limitadas si, al discutir en grupo problemas con vertiente jurídica y económica, el jurista no es capaz de comprender el lenguaje de los economistas de la empresa.

Para completar estas reflexiones vamos a aportar algunos datos reales[10], como son los porcentajes de titulados universitarios que se dedican a cada una de las actividades a las que nos hemos referido: un 46% se dedica al ejercicio libre de la profesión o a la enseñanza, el 30% se incorpora a la Administración Pública y un 24% al trabajo en empresas[11]. En cuanto a los temarios de las oposiciones a las que pueden presentarse los licenciados en Derecho, en un alto porcentaje de las mismas existen temas de Economía y Hacienda, siendo estas disciplinas, después del Derecho Civil y del Derecho Administrativo, las que más temas incluyen en los mismos; según la oposición elegida su peso variará, siendo de un 12 % sobre el total de los temas censados en el caso de oposiciones con un peso importante de las disciplinas económicas tales como Cuerpo Superior de Inspectores de Hacienda del Estado. Cuerpo Superior de Técnicos Comerciales y Economistas del Estado, Cuerpo Superior de Administradores Civiles del Estado, Cuerpo Superior de Interventores y Auditores del Estado y más reducido en el caso de otras oposiciones, como el acceso a la Carrera Diplomática y al Cuerpo Superior de Inspectores de trabajo entre otras.

1.2.5. Educativos

Nuestra incorporación a la Unión Europea (UE) en 1986 ha repercutido en todos los ámbitos de la vida, desde la libre circulación de mercancías a la circulación de personas. Precisamente la libre circulación de personas, está unida a la libertad en la elección de residencia y a la libre circulación de trabajadores y

---

[10] Los datos proceden de un estudio realizado por los profesores Martín Rodríguez, M. y Torres López, J., titulado "El campo profesional del jurista y la enseñanza de la Economía en las Facultades de Derecho", publicado en la *Revista de la Facultad de Derecho de la Universidad de Granada*. 1983. Págs. 195-211.

[11] Estos datos difieren algo de los aportados por el Capítulo 4º del Libro Blanco de la ANECA sobre el título de Grado en Derecho, referentes a la inserción laboral de los titulados en Derecho (http://www.aneca.es/media/150240/libroblanco_derecho_def.pdf). Esta circunstancia podemos atribuirla a las diferencias en cuanto a las fuentes y la forma de agrupar las opciones laborales, así como al dato geográfico, ya que hay comunidades autónomas, como Cataluña, en las que la opción de trabajar en la Administración frente al ejercicio libre o al trabajo en una empresa es inferior a la media nacional, en tanto que en otras, caso de Castilla y León, sucede todo lo contrario.

profesionales liberales, y ésta última se ve afectada por las cualificaciones académicas de dichos profesionales. La UE vela para que los títulos académicos no sean una barreta a la libre circulación de personas (trabajadores), y éste es el leit motiv de los Programas Erasmus. Hace ya más de dos décadas que la Universidad de Valladolid participa en los programas Erasmus-Sócrates de movilidad de estudiantes y profesores en el entorno de la UE con un balance muy positivo. Precisamente, estos programas tienen por finalidad contribuir a la libre circulación de personas y trabajadores en la UE mediante reconocimiento de títulos académicos en la UE independientemente de dónde se hayan cursado y obtenido los mismos.

Por lo que se refiere a nuestras disciplinas, hemos podido constatar su presencia en los programas de estudio de la mayor parte de los países miembros de la UE. La similitud del Título de Derecho en Italia, Bélgica y Francia con nuestros planes de estudio en atención a sus programas[12] es muy elevada; por ello, no es de extrañar que la mayoría de los estudiantes del programa de movilidad Erasmus procedan justamente de estos países. Los estudios jurídicos en Gran Bretaña o Irlanda difieren mucho de nuestro plan de estudios, lo que tampoco puede extrañarnos teniendo en cuenta que su sistema jurídico tiene raíces distintas; sin embargo, en los estudios de postgrado se puede optar por el estudio de las disciplinas económicas con mayor grado de profundidad.

La progresiva armonización de los sistemas universitarios exigida por el proceso de construcción del Espacio Europeo de Educación Superior iniciado en 1999 con la Declaración de Bolonia[13], y la consiguiente interacción operada entre tales sistemas por las diversas normativas nacionales sucesivamente promulgadas, ha dotado de una dimensión y de una agilidad sin precedentes al proceso de cambio emprendido por las universidades europeas. El Real Decreto 1393/2007, de 29 de octubre, establece la ordenación de las enseñanzas universitarias oficiales en España; en lo relativo al grado en Derecho, las materias económicas, tales como la Hacienda Pública, encuentran su lugar en este nuevo escenario armonizado con el carácter de asignaturas formativas básicas.

1.3. EL PAPEL DE LA HACIENDA PUBLICA EN LOS PLANES DE ESTUDIO DE DERECHO

En el plan de estudios de fecha 11 de agosto de 1953, las asignaturas económicas quedaban repartidas entre los cursos 2º, 3º, y 4º. Por Orden de 20 de noviembre de 1970, del Ministerio de Educación y Ciencia, la Cátedra de Economía y Hacienda se desdobla en dos: una primera, de naturaleza económica, denominada "Economía Política y Hacienda Pública" y, una segunda, de naturaleza jurídica, denominada "Derecho Financiero y Tributario". Por lo tanto, el tiempo inicialmente atribuido al estudio de las disciplinas económicas fue distribuido en tres cursos: Economía Política, Hacienda Pública y Derecho Financiero y Tributario.

Por razones diversas, esta división se entendió de forma diferente según las distintas Facultades de Derecho. En la Facultad de Derecho de la Universidad de Valladolid, el plan de estudios de Derecho incluía la asignatura de Economía Política en 2º curso, Hacienda Pública en 3º curso y Derecho Financiero y Tributario en 4º curso. El hecho de impartir un curso de Economía Política con anterioridad al de Hacienda Pública responde a la necesidad de conocer los fundamentos de la Hacienda Pública mediante la utilización de teorías desarrolladas por la ciencia económica. Por razones similares, el estudio de la Hacienda Pública debe preceder al del Derecho Financiero y Tributario, para así facilitar la conexión del Derecho Financiero y Tributario con la realidad social.

---

[12]   Nuestro conocimiento sobre los estudios de Derecho en otros países procede de nuestra experiencia personal en Francia (Grenoble) y Bélgica (Bruselas), donde hemos tenido la oportunidad de realizar estudios de postgrado y tomar contacto con la realidad académica de ambas universidades, así como de las informaciones contenidas en la obra *La enseñanza del Derecho en España*, de J. J. Ferreiro y Otros, cuya Parte Segunda está dedicada a los estudios del Derecho en otros países.

[13]   La Declaración de Bolonia sienta las bases para la construcción de un "Espacio Europeo de Educación Superior", organizado conforme a ciertos principios (calidad, movilidad, diversidad, competitividad) y orientado hacia la consecución, entre otros, de dos objetivos estratégicos: el incremento del empleo en la Unión Europea y la conversión del Sistema Europeo de Formación Superior en un polo de atracción para estudiantes y profesores de otras partes del mundo.

Este mismo razonamiento ha estado presente en la ubicación de las disciplinas económicas en los Planes de Estudio de Derecho correspondientes según las sucesivas reformas de los títulos de Derecho: la marcada por el R.D. 1497/1987, de 27 de noviembre, y, más en concreto, por el R.D. 1424/1990, de 26 de octubre, por el que se establece el título universitario oficial de Licenciado en Derecho y las directrices generales propias de los planes de estudio conducentes a la obtención de aquél, aunque no se mantuvo el número de créditos de tales disciplinas, ni se otorgó un tratamiento uniforme por parte de todas las Facultades de Derecho, con la excepción de la troncalidad como común denominador característico de dichas disciplinas. En el último Plan de Estudios de Licenciado en Derecho de la Facultad de Derecho de la Universidad de Valladolid, establecido por Resolución Rectoral de 14 de junio de 2002, la Economía Política y la Hacienda Pública se han venido impartiendo en el primer curso, con carácter anual y un total de 9 créditos troncales y la Economía del Sector Público en segundo curso con carácter obligatorio, duración cuatrimestral y 6 créditos. Respecto a las optativas, éstas se impartían en el segundo ciclo, ofertándose por parte del Área de Economía Aplicada una asignatura denominada Economía y Hacienda de la Unión Europea, con 6 créditos.

La aprobación del Real Decreto 1393/2007, de 29 de octubre, de ordenación de las enseñanzas superiores, puso en marcha el proceso de elaboración de los nuevos grados ajustados a los dictámenes del Espacio Europeo de Educación Superior y, en concreto, de los nuevos planes de estudio de Derecho. El nuevo Plan de Estudios de Derecho comienza con el estudio de materias de formación básica, combinando asignaturas de formación jurídica general -Teoría del Derecho, Historia del Derecho, Derecho Romano, Economía Política y Hacienda Pública- con materias de introducción al estudio del derecho vigente: Constitucional, Administrativo, Civil y Penal; con ello se trata de ofrecer una perspectiva amplia y un punto de partida que responda a la complejidad que el ordenamiento jurídico actual plantea para su mejor comprensión e interpretación. La exigencia por ofrecer una formación básica y general supone que la optatividad se plantee, fundamentalmente, en el último curso.

El Título de Grado en Derecho de la Universidad de Valladolid está orientado al objetivo general de proporcionar una formación básica de contenido general, en la que se puedan adquirir los conceptos primordiales de la Ciencia del Derecho, y que responda a la mayor parte de las salidas profesionales a las que accederán los egresados de nuestra Facultad .Tomando como referencia los estudios sobre inserción laboral elaborados para el Libro Blanco sobre la Titulación de Derecho -presentado a la ANECA en 2006-[14], el título de Grado en Derecho, en lo relativo a las asignaturas de índole económica, en general, y a la Hacienda Pública, en particular, se adapta a esta lógica. La disminución de créditos y tiempos en las disciplinas económicas encontrará su complemento en las enseñanzas de master.

II. EL PAPEL ECONÓMICO DEL ESTADO

La segunda cuestión introductoria gira en torno al concepto y al contenido de la Hacienda Pública: ¿qué vamos a estudiar? ¿sabemos con carácter previo algo de Hacienda Pública? ¿qué interés tiene para un alumno adquirir conocimientos específicos de esta materia? ¿Existe alguna regulación básica que justifique el estudio de esta disciplina para un jurista?

Con carácter previo al inicio de las explicaciones de programa se plantea a los alumnos algunas de estas cuestiones Se les dinamiza para que localicen noticias en la prensa que consideren relacionadas con la Hacienda Pública y reflexionen sobre ellas. Se les pasa un cuestionario sobre cuáles son las cuestiones actuales que les suscitan más interés para profundizar en ellas y finalmente se plantea como actividad

---

[14]   "El 14% de la matrícula de los/las estudiantes universitarios/as en España se realiza en estudios de Derecho. El índice de inserción laboral de los/las titulados/as en Derecho se encuentra en torno al 80% a los seis meses desde la graduación. En torno al 40% de los/las licenciados/as se dedican al ejercicio profesional. Sobre un 26% de los/las licenciados/as ejerce en el sector público, previa superación de la oposición o concurso correspondiente. El 14% trabaja en instituciones financieras (banca) y empresas".

para la siguiente clase la identificación de ciertas fotografías, actividades y agentes económicos y la búsqueda de las similitudes y diferencias entre ellas, tal y como presentamos a continuación.

"Identifique las 4 fotografías A, B, C, D, con un tipo de actividad y el agente económico responsable de la misma: Analicé las similitudes y diferencias de las mismas."

A

B

C

D

Desde que nacemos existen una serie de actividades del Estado que influyen en nuestra vida. Hay personas que nacen en hospitales públicos y otras en hospitales `privados. Unos individuos estudian en centros privados y otros en centros públicos, por lo tanto, vemos que una misma actividad económica se puede satisfacer por el sector público y por el sector privado. Nos movemos en una economía mixta donde conviven la actividad económica privada y pública.

En el curso precedente se estudió Economía privada, cómo actúan los consumidores, cómo actúan los productores, cómo se toman las decisiones en el mercado, esto es, se estudió la actividad económica en el ámbito privado. En este curso se trata de estudiar entre otras cuestiones, la actividad económica del Estado (Sector público), qué actividad económica realiza y cómo, cuáles son los instrumentos que utiliza y el modo en el que se adoptan las decisiones que determinan el consumo y la producción del sector público, en definitiva, nos adentraremos en el estudio de la Actividad Financiera como actividad económica del grupo político. Estas cuestiones de carácter general serán objeto de estudio detallado en la parte I Introductoria del Programa de Hacienda Pública destinada al estudio del concepto, del método y del agente económico de la Actividad financiera (temas 1,2 y 3). Una vez sentados los pilares básicos iremos analizando el temario agrupado en 5 partes, los fallos del mercado, el presupuesto y la política fiscal, los gastos, los ingresos y el federalismo fiscal.

Finalmente conviene no olvidar que a la Hacienda Pública está dedicado el título VII de la Constitución Española –CE– arts. 128-136. La CE es la norma fundamental del ordenamiento Jurídico español y afecta a todos los españoles. Los juristas deben aplicar la constitución, pero también deben comprender correctamente la norma, su razón de ser y su interpretación. El reconocimiento por la Constitución de la iniciativa pública en la actividad económica reservando recursos y servicios a la misma implica que tener conocimientos de Hacienda pública es necesario en los estudios de Derecho.

III. BIBLIOGRAFÍA

GARCÍA VILLAREJO, A. y F.J. Salinas Sánchez (1994), Manual de Hacienda Pública. Tecnos. Capítulo I.

BUSTOS GISBERT, A. (2017), Curso básico de hacienda Pública. Civitas-Thomson Reuters. Capítulo 1.

ANECA (2005): Libro Blanco sobre la titulación de Derecho de la ANECA. Disponible en http//: www.aneca.es/media/150240/libroblanco_derecho_def.pdf.

ARACIL FERNANDEZ, M.J. (1998): "El tratamiento de la Hacienda Pública por los autores españoles en el cambio del siglo XIX al XX". Cuadernos de Estudios Empresariales. N.º 8, págs. 253-267. Universidad de Sevilla.

ARACIL FERNANDEZ, M.J. (2001): "Los orígenes de la Hacienda Pública como disciplina universitaria en España". VII Congreso Nacional de la Asociación de Historia Económica. Zaragoza, sept. 2001.

GAMAZO CHILLÓN, J.C y VEGA MOCOROA, I. (2020) Notas para el Estudio de hacienda Pública. Universidad de Valladolid. Capítulo 0.

MARTIN RODRIGUEZ, M. y TORRES LOPEZ, J. (1983): "El campo profesional del jurista y la enseñanza de la Economía en las facultades de Derecho". Revista de la Facultad de Derecho de la Universidad de Granada.

PASTOR, S., RUIZ-HUERTA, J. y LOSCOS, J. (1988): "La Enseñanza de la Economía en las Facultades de Derecho (Teaching Economics to Law Students)". Revista de la Facultad de Derecho. UCM. Madrid.

ROJAS, L. y SANGUESA, A. (1991): La carrera de Derecho: estudios y salidas.

SCHOUP, C.S. (1984): "La Hacienda Pública como tema de estudio entre otros muchos". Hacienda Pública Española. N.º 91.

VEGA MOCOROA, I. (2024), Compendio Básico de Hacienda Pública. Ediciones Universidad de Valladolid. Valladolid. Capítulo 0.

IV. EJERCICIOS

Reflexione y responda a las siguientes cuestiones:

1. ¿Cuándo se inició el estudio de la Hacienda Pública en los Facultades de Derecho?
2. ¿Es la Hacienda Pública una disciplina de las Facultades de Derecho o de las Facultades de Económicas?
3. ¿Qué interés tiene para un alumno de ciencias sociales adquirir conocimientos específicos de esta materia?
4. ¿Para qué me pueden servir los conocimientos de Hacienda Pública?
5. ¿Qué me puede aportar la Hacienda pública en el campo profesional según la opción que elija?
6. En el caso de que piense formar parte del cuerpo de funcionarios de la administración, aporte algún ejemplo reciente de oposiciones de su interés en cuyo temario se incluyan temas de economía y hacienda, convocatoria y plazas.
7. ¿Existe alguna regulación básica que justifique el estudio de esta disciplina para un jurista? ¿Cuál? Cite y analice algún artículo de la misma.
8. Lea los títulos VII y VIII de la Constitución Española y responda a las siguientes preguntas: ¿Qué tipo de sistema económico se establece en la misma? ¿Qué competencias se otorgan a los poderes públicos y en qué nivel? ¿cuál es la justificación económica de la iniciativa pública?

TEMA 1   LA HACIENDA PÚBLICA COMO TEORÍA DE LA ACTIVIDAD FINANCIERA

En este tema estudiaremos conceptos básicos e introductorios de la asignatura de hacienda pública, esto es: el concepto de hacienda pública, su naturaleza, el ámbito de estudio de la actividad financiera, el sujeto de la Hacienda Pública y los índices de medición del Sector Público. Terminaremos con un estudio de caso analizando los principales elementos del Sector Público Español. Estudiaremos las actividades realizadas por el Sector Público/Estado en la resolución de los problemas económicos de la sociedad, las necesidades colectivas y las actividades financieras como proceso ingreso-gasto con que el Estado intenta satisfacerlas.

Los objetivos de este tema son: comprender el concepto de actividad financiera, definir el Sector Público como sujeto de la misma, clasificar las operaciones realizadas por él, y analizar distintos índices o ratios utilizados para medir la importancia del Sector Público en el conjunto de la economía. Para conseguir estos nuevos objetivos del aprendizaje del alumno partiremos de los conocimientos adquiridos en el curso de Economía Política.

I. PLANTEAMIENTO CONCEPTUAL DE LA HACIENDA PÚBLICA

Vivimos en una economía mixta donde existen actividades económicas de carácter privado y actividades económicas de carácter público. Partiremos de la Teoría de la economía privada e iremos avanzando hasta comprender: ¿Por qué realiza el Estado actividades económicas?, ¿por qué unas actividades económicas las hace el Estado y otras no? En el primer epígrafe estudiaremos la Teoría de la economía privada frente a la Economía Pública o Hacienda Pública y terminaremos estudiando la Actividad económica del Estado como organización política de la sociedad.

El planteamiento conceptual de la Hacienda Pública tiene su origen en el estudio del proceso que nos conduce a la definición de Hacienda Pública como una disciplina científica o de conocimiento que tiene como punto de partida la actividad económica como ámbito de conocimiento que se ocupa de la actividad humana desde una perspectiva económica, prosigue con el análisis de las necesidades económicas de los grupos públicos y termina con el nacimiento de la teoría de la Economía Pública o Hacienda Pública.

1.1. DE LA ECONOMÍA POLÍTICA A LA HACIENDA PÚBLICA

1.1.1 De la actividad humana a la actividad económica

Para estudiar el concepto de Hacienda pública hemos de partir de la **Economía Política** como la <u>rama del saber que se ocupa de **la actividad humana** desde una perspectiva económica</u>. La actividad económica no constituye una parcela de la actividad humana, sino más bien una forma de considerar la actividad humana desde el punto de vista de la escasez. De manera <u>que **la actividad económica** es aquel aspecto de la actividad humana en el que se introduce la utilización de medios escasos y</u>

susceptibles de uso alternativo para la consecución de diversos fines. En cuanto a su **objetivo**, la razón de ser de cualquier actividad económica es la satisfacción de necesidades.

1.1.2 De las necesidades humanas al grupo público

Una **necesidad humana** es la sensación de insatisfacción caracterizada por la añoranza de algo y el deseo de tenerlo. Pues bien, cuando concurre el elemento de la escasez, dichas necesidades pasan a calificarse necesidades económicas. En función del tipo de acciones desarrolladas para su satisfacción las necesidades se clasifican en:

- Necesidades **separadas**: el hombre satisface sus necesidades mediante acciones independientes, de forma aislada y sin entrar en contacto con otros hombres. V.gr Robinson Crusoe. Autarquía económica individual.

- Necesidades **reciprocas**: el hombre satisface sus necesidades recurriendo a una actividad económica que lleva a cabo en colaboración voluntaria con otros hombres mediante el intercambio. El intercambio surge como actividad económica de colaboración voluntaria entre individuos.

- Necesidades **comunes o colectivas**: el hombre satisface sus necesidades recurriendo a la asociación con otros individuos. La actividad económica pierde su carácter individual para convertirse en una actividad económica asociada. A las necesidades satisfechas mediante actividades asociadas se las identifica como necesidades comunes o colectivas. Estas necesidades comunes son sentidas por todos los individuos de la asociación. En los casos en que el grupo es muy numeroso, se delegan en un tercero las facultades de decisión, coordinación y gestión. Todos los miembros del grupo deben respetarle y obedecerle; y en caso de que no sea así, el tercero goza además de autoridad y poder coercitivo para hacer cumplir las normas.

  Este tipo de necesidades admite un doble enfoque:

  o **Enfoque positivo**: consiste en estudiar qué necesidades los individuos deciden cubrir mediante esas acciones asociadas, cómo distribuir las tareas, cómo producir y cómo afectan las acciones asociadas a cada uno del individuo, sin entrar a valorar la oportunidad o inoportunidad de la decisión. Este tipo de análisis se ciñe a "lo que es" una necesidad colectiva.

  o **Enfoque normativo**: consiste en determinar qué necesidades deberían satisfacerse mediante acciones asociadas. Podríamos entrar a valorar la racionalidad o irracionalidad económica con la que los individuos toman sus decisiones, utilizan su tiempo, sus esfuerzos.

El conjunto de hombres unidos para satisfacer necesidades comunes mediante acciones asociadas se denomina **grupo.** De las múltiples categorías de grupos humanos posibles (familiares, profesionales...), dado nuestro objeto de estudio, vamos a centrarnos en la división entre grupo público y grupo privado.

- El grupo público o político se refiere a la asociación política en las variadas formas en que se concreta la idea de Estado.
- Los grupos privados son todos los demás grupos de cualquier entidad y dimensión.

Existen cuatro **características** relevantes que nos permitirán distinguir los grupos públicos de los grupos privados.

- **Universalidad**: el grupo público existe sobre todo un territorio geográfico, comprendiendo a todos los miembros de la colectividad asentada en dicho territorio. En cambio, en los grupos privados, por muy grande que sea un territorio siempre habrá alguien que no forme parte de él.

- **Coacción**: el grupo público puede imponer coactivamente a los miembros los acuerdos que él mismo tome. Es cierto que el ciudadano de un Estado (miembro de un grupo público) puede cancelar la nacionalidad (cambiar de nacionalidad) y sustraerse de la coacción ejercida por ese

Estado, pero ello implica adoptar una nueva nacionalidad, y por tanto pasar a formar parte de un nuevo grupo político. También es cierto que la coacción puede estar presente en los grupos privados, pero el grado de coacción es distinto y marca la diferencia entre ambos grupos, por lo que no es posible confundir grupo público y grupo privado.

- **Heterogeneidad y versatilidad de sus fines**: los grupos privados son creados por los hombres para satisfacer necesidades concretas que desaparecen si sus miembros deciden que ya han sido cubiertas. En cambio, los Estados (grupos públicos) deben cubrir una amplia gama de necesidades colectivas de naturaleza heterogénea cuya cuantía varia de unos grupos a otros y de unas épocas a otras. Probablemente esta heterogeneidad y amplitud de necesidades es lo que explica el mayor grado de coacción de los grupos públicos frente a los privados, ya que la variedad de acciones que requiere su cobertura hace que sea difícil llevarlas a cabo voluntariamente gracias al consenso unánime de todos los miembros del grupo.

- **Indefectibilidad** entendida como vocación de permanencia a lo largo del tiempo. La idea de que el Estado permanece a lo largo del tiempo afecta a las necesidades que los individuos desean satisfacer a través del Estado.

Alguna de estas características puede confluir en un grupo privado, pero lo que distingue al grupo público es que solo en él confluyen **simultáneamente las cuatro**. Cuando se dan estas cuatro características estamos ante un grupo público o ante un Estado, que es el sujeto de la actividad financiera.

1.1.3 De la actividad económica del grupo público a la teoría de la hacienda pública

La actividad económica del grupo público se denomina también **actividad financiera** para distinguirla de la actividad económica desarrollada por individuos y grupos parciales. Podemos decir que la actividad financiera tiene las siguientes características:

- La actividad financiera **no hace referencia** exclusivamente a **cuestiones monetarias**, sino que se refiere a la asignación por parte del grupo público (Estado) de todo tipo de recursos escasos.

- La actividad financiera tiene **carácter político**. Dado que en la gestión de recursos escasos el grupo público puede hacer uso de la coacción, una de las vías que tiene el grupo público para proveerse de recursos es exigir a sus miembros prestaciones obligatorias. P. ej. nuestros representantes a la hora de aprobar los Presupuestos Generales del Estado –PGEs- adoptan acuerdos de carácter político que imponen de forma coactiva.

- La actividad financiera es trascendida por el **orden jurídico**. La actividad del grupo público discurre a través del Derecho y en el respeto a la Ley. No se debe ignorar la transcendencia legal de los actos financieros.

- La actividad financiera admite ser presentada en un **lenguaje contable**. Dado que se producen movimientos financieros, (ingresos y gastos), la técnica contable se puede aplicar a las anotaciones que originan las operaciones económicas en que se concreta dicha actividad financiera origen de dicho movimiento.

En base a estas características, podemos establecer una distinción entre la Teoría de la economía privada y la Teoría de la economía pública. La primera estudia las necesidades y actividades económicas de individuos y grupos parciales. Mientras que la segunda estudia las necesidades colectivas y las actividades financieras con que el Estado intenta satisfacerlas.

La Hacienda pública puede ser definida como aquella parte del análisis económico que se refiere a la actividad económica del Estado como organización política de la sociedad, esto es a la actividad financiera. J. DUE

La Hacienda Pública estudia la actividad financiera o actividad Económica del Estado como proceso ingreso-gasto dirigido a la consecución de diversos objetivos: satisfacción de necesidades, redistribución de la renta y estabilización. Richard. MUSGRAVE.

1.2. HACIENDA PÚBLICA VERSUS ECONOMÍA DEL SECTOR PÚBLICO

Algunos Hacendistas distinguen la Hacienda Pública como una parte de la actividad económica desarrollada por el grupo público; en concreto, aquella parte de la actividad económica del grupo público que atiende más a los medios que a los fines, y por lo tanto, estos autores asumen el carácter parcial de la Hacienda Pública frente al general de la Economía del Sector Público.

La Economía Pública o Economía del Sector Publico, está destinada a sustituir progresivamente a la Hacienda Pública como forma de denominar a esta rama de la Ciencia económica. Las principales diferencias son de contenidos y método. Los contenidos que estudia la Economía del Sector Público son en principio más amplios, se incluyen más temas dedicados a gastos y algunos a los fallos del sector público. En cuanto al método como todas las ciencias que terminan en inglés en "ics" (*statistics, econometrics, mathematics, physics*...), su método se acerca más a las ciencias puras con predominio de modelos econométricos. Algunos autores como Brown y Jackson definen la Economía del Sector Público como: la ciencia económica que examina la relación entre gastos públicos, impuestos y el comportamiento de los agentes económicos. Se extiende el ámbito de estudio al intervencionismo como respuesta a los fallos del mercado, se ha sobrepasado el límite del estudio del presupuesto- medio- y se extiende el análisis desde la perspectiva económica al comportamiento de ese agente denominado Sector público, a la eficiencia de los programas, a cómo inciden en el comportamiento de los agentes y mercados, a cómo se gestiona un ingreso o un gasto...

A modo de resumen, las diferencias de la Economía del sector Público frente a la Hacienda Pública Tradicional son:

1) El campo de investigación se ha ampliado respecto a las preocupaciones iniciales de los hacendistas. Sin embargo, el estudio de la política fiscal se reduce.

2) Se produce un cambio metodológico, más separado de las ciencias sociales y cercanos a las ciencias matemáticas, econometría. Se utiliza una metodología más formalizada.

3) Este cambio metodológico, no implica forzosamente un cambio en la orientación ideológica hacia una ciencia más positiva y menos normativa, donde prima la eficiencia frente a la equidad. Se trataría de una influencia puntual.

4) En la Economía Pública se nota una evolución desde el estudio del Estado como un Dictador Benevolente hasta los planteamientos de los autores de la escuela de la *Public Choice* del análisis de los Fallos del Estado. Pasamos de una simplificación, un sistema tributario optimo- a una realidad más compleja en un mundo imperfecto.

5) La equidad y la eficiencia aparecen como objetivos coincidentes, pasamos de la utopía de la Hacienda Pública a un escéptico realismo de la gestión Pública en la Economía del Sector Público.

La economía del Sector Público como disciplina de estudio incluiría un programa más amplio de contenidos que la Hacienda Pública; sin embargo en el ámbito docente todavía se mantiene mayoritariamente la denominación de Hacienda pública, ya que las programaciones docentes de ambas acotan el objeto de estudio según la división tradicional y además éstas se ajustan a la definición más amplia de la Hacienda Pública de Musgrave donde la Hacienda Pública no solo atiende a los medios de la actividad financiera sino también a los fines u objetivos, esto es: satisfacción de necesidades, (asignación eficiente de recursos), redistribución de la riqueza y renta (f. redistributiva) y estabilización económica (f. estabilizadora) y por lo tanto alejada de la versión más restringida y tradicional de la Hacienda Pública. Al plantearse los diversos programas de ingresos gastos la moderna teoría de la Hacienda Pública ha experimentado en los últimos años un proceso de expansión que conducen a minimizar las diferencias entre Economía del Sector Público y Hacienda Pública. Desde una perspectiva meramente pedagógica mantenemos el termino de Hacienda Pública, al tratarse de una asignatura básica; en el programa de estudio que se ofrece de hacienda Pública las diferencias reales son insignificantes; por lo tanto, nos encontramos solo ante matices de ámbito metodológico y terminológico que no aportan valor añadido al estudio del programa. No obstante, existe una legitima discrecionalidad en la utilización diferenciada de ambos términos en atención a estos matices.

II. EL CAMPO DE LA ACTIVIDAD FINANCIERA: El SECTOR PÚBLICO

2.1 LA ECONOMÍA MIXTA: ÁMBITO DE ACTUACIÓN, CRITERIOS Y AGENTES

La mayoría de las economías del mundo, por no decir la totalidad de ellas son economías mixtas. En palabras de Paul Samuelson, la economía mixta es una economía que combina la dura disciplina del mercado con la justicia del control gubernamental equitativo. En otras palabras, podemos decir que en una economía mixta conviven: 1) el mercado y los precios como instrumentos de la actividad económica y 2) el principio de beneficio como criterio de actuación y la actividad financiera con los presupuestos como instrumento de la misma y el principio político como criterio de actuación.

2.1.1. Cuestiones a las que debe responder y objetivos económicos

El sistema de economía mixta se caracteriza por la intervención del Estado para corregir los desajustes del mercado. El sector público y el sector privado no son compartimentos estancos, sino que conviven y están en continua interacción.

Podemos decir que los objetivos del sistema de economía mixta son:

- Establecer el marco jurídico-institucional: sin la existencia de unas normas básicas no sería posible que las familias y las empresas pudieran desarrollar sus actividades sin que nadie se viera perjudicado (p. ej. salario mínimo).
- Suministrar bienes públicos: hay una serie de bienes que la sociedad considera que deben ser disfrutados por todos y que son ofrecidos por el Estado (educación, sanidad, carreteras). Además, existen servicios que, dada su importancia estratégica, necesitan ser gestionados por el sector público (ejército, justicia, policía).
- Redistribuir la renta: teniendo en cuenta que no todas las personas nacen con las mismas oportunidades, el sector público trata de corregir esas diferencias socioeconómicas con el fin de lograr el bienestar para todos (pensiones, becas, subvenciones...).
- Suavizar la inestabilidad cíclica: como el sistema de económica de mercado alterna fases de expansión y de recesión, es responsabilidad del Estado que las transiciones entre ambas fases sean lo más suaves posibles.

2.1.2. Criterios por los que se rigen las decisiones

En los sistemas de economía mixta la asignación de recursos la llevan a cabo tres agentes económicos (El Estado, las empresas y las economías domésticas) informados por dos principios: un principio político caracterizado por la autoridad y la coacción; y un principio económico caracterizado por beneficio y la aceptación del libre funcionamiento del sistema de precios.

- En el sector privado las decisiones se toman en los mercados en base al principio económico de maximizar el beneficio o la utilidad.
- En el sector público las decisiones se toman en base al principio político de autoridad y coacción. Cualquier agente económico que actúe en base a este principio estará detrás del Estado.

De estos tres agentes económicos, las economías domésticas se rigen por el principio económico y el Estado por el principio político; el problema surge en el caso de las empresas públicas. Estas se rigen por el principio político, que es el principio por el que siempre optan, pero se pueden orientar el principio económico. En la gestión de las empresas públicas confluyen ambos criterios, aunque según los casos concretos puede primar uno de ellos sobre el otro.

2.1.3. Los agentes económicos

Para delimitar el Sector Público como Actividad financiera y, en consecuencia, como ámbito de estudio de la Hacienda Pública vamos a revisar las instituciones que se esconden tras los tres protagonistas de una economía mixta. Una vez analizados los elementos que componen estos tres sujetos procederemos a analizar en qué instituciones prima la aplicación del principio político frente al económico y por lo tanto cuáles entran en el campo de estudio de la actividad financiera.

A. El Estado

El Estado debe ser entendido como personificación de las Administraciones Públicas de distinto nivel y distinto grado de autonomía. Con esta denominación no solo se incluyen a los órganos en los que se plasma el poder legislativo, ejecutivo y judicial; sino también a los órganos gestores de fondos independientes del presupuesto del Estado cuyas actuaciones pertenecen al ámbito del derecho público (como p. ej. los órganos gestores del sistema de Seguridad Social).

Todas estas instituciones se caracterizan porque en el seno de las mismas la gestión de recursos públicos está informada por el principio político.

B. Las empresas

En sentido amplio, la empresa es aquella organización social en la que se combinan diversos factores de producción para producir bienes y servicios. Esta definición ampliada comprende a los Organismos autónomos del Estado, a las Empresas públicas, y a las Empresas privadas.

a) Organismos autónomos del Estado

Se trata de organismos que pese a actuar con autonomía del Estado (teniendo incluso personalidad jurídica propia) tienen la finalidad de auxiliar a través de su actividad comercial o financiera a los órganos de la Administración. Es el caso de las fábricas de municiones, las imprentas para los servicios de publicaciones oficiales (p. ej. BOE).

La alternativa a la actividad de estos órganos es acudir a las empresas privadas, de ahí que estos organismos formen parte del sector empresarial; siendo su nota característica el hecho de que el Estado es su cliente exclusivo. En consecuencia, como su financiación procede del Estado, a través de asignaciones directas de los presupuestos del Estado, estos organismos se rigen por el principio político tomando sus decisiones en base a decisiones políticas y no en base a la maximización de beneficios.

b) Empresas públicas

El Estado puede actuar también como empresario estableciendo explotaciones comerciales, industriales o financieras. Esto da lugar a empresas públicas en las que pueden darse varias situaciones.

- La empresa pública puede ser una empresa del Estado sin tener forma jurídica societaria.
- O puede ser una sociedad en la que el Estado sea el accionista exclusivo, mayoritario o minoritario, pero con capacidad de control sobre la sociedad para así imponer su criterio político. Esta última característica es lo que caracteriza a cualquier empresa pública, y lo que nos permite saber qué distingue a una empresa pública de una privada. Existen dos notas diferenciadoras entre las empresas públicas y privadas, esto es:
  - o La empresa pública tiene unas posibilidades de financiación distintas a las de las empresas privadas, ya que pueden acceder más fácilmente a los recursos generales gestionados por el grupo público. Por tanto, no está tan condicionada por el principio económico, ya que el Estado no busca en la explotación maximizar sus beneficios.
  - o En la administración, gestión y control de las empresas públicas intervienen criterios políticos que interfieren con los económicos. En la valoración de la gestión es necesario tener en cuenta ambos criterios.

c) Empresas privadas

Las empresas privadas se presentan como explotaciones industriales, comerciales o financieras de propiedad privada informadas por el principio económico.

Su capacidad de financiación es más limitada, y aunque esporádicamente puede recibir financiación del grupo público, su supervivencia les exige guiarse por el sistema de precios. Es decir, las empresas privadas deben autofinanciarse.

C. Economías domésticas

Las economías domésticas son las unidades básicas de consumo, y se guían por el principio económico que las conduce a la maximización de utilidades.

2.2. EL SECTOR PÚBLICO: CONCEPTO Y COMPONENTES

De este análisis de los agentes económicos podemos extraer las siguientes conclusiones:

- La actuación del Estado y de los Organismos autónomos del Estado está informada por el principio político, por lo que deben ser incluidas dentro del sector público.
- La actuación de las Empresas privadas y de las economías domésticas está informada por el principio económico, por lo que deben ser incluidas en el sector privado.
- En el caso de las Empresas Públicas, la cuestión es más compleja, ya que en ellas indicen el principio político (son públicas) y el principio privado (son empresas). De manera que habrá que ponderar el peso de uno u otro principio para situarlas o no dentro del sector público.

Existen dos criterios para delimitar el campo de la actividad financiera. El criterio amplio según el cual la actividad financiera no solo comprendería a las instituciones ligadas a la Administración, sino también a las empresas públicas; de manera que podemos decir que el sector público está compuesto por: el Estado, los Organismos autónomos del Estado y las Empresas públicas (de carácter industrial, comercial y financiera). Este criterio amplio es el más operativo. Hay un segundo criterio, el restringido según el cual el Sector Público estaría formado por el Estado y los Organismos autónomos del Estado, dejando fuera a las empresas públicas.

A la hora de establecer el campo de Estudio de la Teoría de la Hacienda Pública, hay que considerar que el criterio a utilizar es el amplio y por lo tanto el objeto de la Hacienda Pública es la actividad financiera en toda su extensión. La Hacienda pública estudia las actividades realizadas por el sector público en la resolución de los problemas económicos de la sociedad, por lo que es necesario establecer un criterio para diferencias al sector público del sector privado, tal y como hemos explicado. En el cuadro 1.1 se pueden observar las relaciones entre los agentes económicos.

Cuadro 1.1 Economía mixta: Flujo circular de la Renta

2.3. LAS OPERACIONES QUE LLEVA A CABO EL SECTOR PÚBLICO

2.3.1. Tipología

La actividad financiera desarrollada por el grupo político se concreta en una variedad de operaciones. Para entender el significado económico de las mismas procede establecer alguna tipología de acuerdo a principios y convenciones contables.

- Una primera clasificación distingue entre operaciones por cuenta de renta (relativas a movimientos de renta: distribución y utilización de rentas) y operaciones por cuenta de capital (relativas a movimientos de capital: Transferencias recibidas y realizadas de capital, adquisición de terrenos, inversiones públicas, consumo de bienes de capital).
- Una segunda clasificación distingue entre operaciones bilaterales y operaciones unilaterales o transferencias.
  - o Las operaciones bilaterales se refieren a movimientos recíprocos bidireccionales entre el Sector Público y el Sector Privado.
  - o Las operaciones unilaterales o transferencias se refieren a movimientos unidireccionales entre el Sector Público y el Sector Privado.

Ambas clasificaciones no son excluyentes, sino que se complementan dando lugar a las siguientes operaciones:

- Operaciones bilaterales
  - o Por cuenta de Renta: como la compra de manuales escolares por parte del Ministerio de Educación a una empresa privada (Editorial), o la venta de gas a particulares por parte de una empresa pública.
  - o Por cuenta de Capital: como la adquisición de máquinas (scanner) de alta precisión por parte de un Hospital Público.
- Operaciones unilaterales o transferencias
  - o Por cuenta de Renta: como el pago de pensiones por los organismos gestores de la Seguridad Social a las economías domésticas. Dentro de este apartado y por convención contable, también se incluyen el pago de los intereses de la Deuda Pública (en concepto de gastos de transferencia), y la exacción de impuestos que graven la renta generada o la renta gastada (en concepto de ingresos de transferencia).
  - o Por cuenta de Capital: como las transferencias establecidas en los Presupuestos Generales del Estado a favor de empresas privadas para la realización de inversiones en el seno de las mismas (gastos de transferencia).

2.3.2. El sector público en los presupuestos generales

Los presupuestos Generales del Estado[15] constituyen otra importante fuente para conocer el sector público. La estructura que adoptan los presupuestos del sector público atiende a las características de los agentes que lo integran y a la naturaleza de su actividad. Teniendo en cuenta que el presupuesto es un documento contable, en su estructura aparece gastos e ingresos de los sujetos que integran el sector público.

De acuerdo con la Ley General Presupuestaria, el presupuesto de Gastos sigue una triple clasificación: por programas o funcional (en función de las finalidades u objetivos a conseguir), orgánica (atendiendo a la organización del sector público y económica en atención a la naturaleza económica de los gastos). En lo que se refiere a los ingresos del Sector Público, éstos se estructuran siguiendo una doble

---

[15]   La estructura y tipología de gastos en el presupuesto general es aplicable a los niveles inferiores de la administración, esto es, Autonómico y local, con sus peculiaridades en cuanto a las transferencias entre diversos niveles de la administración, capacidad de endeudamiento, amortización de la deuda y fondo de contingencias.

clasificación orgánica y económica en función del origen de las operaciones del sector público; esto es, en base a la naturaleza económica de los gastos e ingresos.

La clásificación económica del presupuesto informa en su vertiente de gastos, de cómo se gasta, ordenando sus créditos según su naturaleza económica, distinguiendo entre los destinados a operaciones corrientes, de capital y financieras. La clasificación económica en relación a los ingresos, los agrupa en función de su origen, diferenciando entre ingresos derivados de operaciones corrientes, de operaciones de capital y de operaciones financieras. Gastos e ingresos que aparecen desagregados por niveles, y cuyo primer nivel responde a capítulos de gastos y capítulos de ingresos.

Veasé el esquema que presentan gastos e ingresos atendiendo a la clasificación económica de los mismos o al presupuesto: clasificación económica Tablas 1.1, 1.2 y 1.3.

Tabla 1.1 ESTADOS DE GASTOS

PRESUPUESTOS GENERALES DEL ESTADO
ESTRUCTURA ECONÓMICA

OPERACIONES CORRIENTES

CAPÍTULO 1: GASTOS DE PERSONAL
CAPÍTULO 2: GASTOS CORRIENTES EN BIENES Y SERVICIOS
CAPITULO 3: GASTOS FINANCIEROS
CAPÍTULO 4: TRANSFERENCIAS CORRIENTES

CAPÍTULO 5: FONDO DE CONTINGENCIA Y OTROS IMPREVISTOS

OPERACIONES DE CAPITAL

CAPÍTULO 6: INVERSIONES REALES
CAPÍTULO 7: TRANSFERENCIAS DE CAPITAL

OPERACIONES FINANCIERAS

CAPÍTULO 8: ACTIVOS FINANCIEROS
CAPÍTULO 9: PASIVOS FINANCIEROS

OPERACIONES NO FINANCIERAS

Tabla 1.2 ESTADO DE INGRESOS: CLASIFICACIÓN ECONÓMICA

PRESUPUESTOS GENERALES DEL ESTADO
ESTRUCTURA ECONÓMICA

OPERACIONES CORRIENTES

CAPÍTULO 1: IMPUESTOS DIRECTOS
CAPÍTULO 2: IMPUESTOS INDIRECTOS
CAPITULO 3: TASAS, PRECIOS PÚBLICOS Y OTROS INGRESOS
CAPÍTULO 4: TRANSFERENCIAS CORRIENTES
CAPÍTULO 5: INGRESOS PATRIMONIALES

OPERACIONES DE CAPITAL

CAPÍTULO 6: ENAJENACIÓN DE INVERSIONES REALES
CAPÍTULO 7: TRANSFERENCIAS DE CAPITAL

OPERACIONES FINANCIERAS

CAPÍTULO 8: ACTIVOS FINANCIEROS
CAPÍTULO 9: PASIVOS FINANCIEROS

OPERACIONES NO FINANCIERAS

A.   Operaciones económicas de gasto

En relación a las operaciones de gastos, su descripción es bastante sencilla. Tal y como se recoge en los presupuestos en su clasificación económica se distinguen operaciones no financieras recogidas en los capítulos I-VII y operaciones financieras capítulos VIII y IX. Las operaciones no financieras se subdividen en operaciones corrientes capítulos 1 al 4 y operaciones de capital capítulos 6 y 7, el capítulo 5 recoge el fondo de contingencia que es de carácter sui generis, aunque en algunos periodos temporales se ha ubicado como operación corriente y en otros como operación de capital, por lo que lo más correcto es mantener su carácter sui generis al margen de ambas clasificaciones.

a)   Operaciones no financieras

- **Los gastos por operaciones corrientes**

    Se trata de gastos de funcionamiento de los servicios (personal y gastos en bienes y servicios), los gastos financieros (intereses) y los gastos de transferencias, esto es:

    o   Capítulo I: gastos de personal (sueldos y salarios). Todo tipo de retribuciones, indemnizaciones, aportaciones a planes de pensiones a satisfacer por el Estado, organismos autónomos u organismos públicos. Cotizaciones obligatorias a satisfacer por los mismos y gastos sociales de personal y protección familiar.

    o   Capítulo II: compra de bienes y servicios a las empresas, gastos necesarios para el ejercicio de las actividades públicas.

    o   Capítulo III: gastos financieros (pago de intereses de la deuda). Carga financiera por intereses de todo tipo de deuda contraída por el Estado y organismos públicos, así como gastos derivados de las deudas y depósitos.

    o   Capítulo IV: transferencias corrientes (a las familias).

- **Capítulo V**: fondo de contingencia y otros imprevistos (gastos cuya financiación no estuviera prevista).

- **Los gastos por operaciones de capital**

    Se trata de gastos en inversiones reales y en transferencias destinadas a financiar operaciones de capital y se recogen en los capítulos VI y VII:

    o   Capítulo VI: Inversiones reales (gastos de inversión realizados directamente por el Sector Público y los destinados a bienes de naturaleza inventariable).

    o   Capítulo VII: transferencias de capital (pagos a empresas privadas para que lleven a cabo proyectos de inversión efectuados sin contrapartida directa por los agentes receptores).

b)   Operaciones financieras

Reflejan las transacciones correspondientes a operaciones financieras, tanto a corto plazo como a medio y largo plazo.

- Capítulo VIII: gastos destinados a la adquisición de activos financieros (gastos destinados a la adquisición de activos: acciones, obligaciones...).

- Capítulo IX: desembolsos destinados a amortizas pasivos financieros (gastos destinados a amortizar títulos previamente emitidos por el Sector Público).

B. Operaciones económicas de ingreso

La clasificación económica del presupuesto de ingresos agrupa los ingresos en función de su origen, diferenciando entre ingresos derivados de operaciones corrientes, de operaciones de capital y de operaciones financieras. En esta clasificación se distinguen las operaciones no financieras (capítulos del I al VII) y las financieras (capítulos VIII y IX), subdividiéndose las primeras en operaciones corrientes (cap. I al V) y de capital (VI y VII). En las operaciones corrientes se recogen los ingresos de carácter tributario o de naturaleza análoga (cap. I-III), Capítulo IV: los ingresos por transferencias corrientes y subvenciones destinadas a financiar gastos corrientes y en el cap. V los ingresos derivados de la explotación del patrimonio de la entidad pública, como rendimiento de depósitos, dividendos, alquileres u otras rentas de bienes inmuebles. Los caps. VI y VII Ingresos procedentes de ventas de inmuebles y otros inmovilizados, así como transferencias y subvenciones a favor de cualquier entidad pública para gastos de inversiones. Las operaciones financieras Cap. VIII y IX reflejan transacciones correspondientes a operaciones financieras a corto, medio y largo plazo.

a) **Operaciones no financieras**

- **Los ingresos corrientes**

En los ingresos corrientes se distinguen los impuestos directos y cotizaciones sociales, los impuestos indirectos, las tasas, precios públicos y otros ingresos, las transferencias y los ingresos patrimoniales; esto es:

o   Capítulo I: impuestos directos. (recursos exigidos sin contraprestación procedentes de la renta, el patrimonio, y las ganancias patrimoniales entre otros).

o   Capítulo II: impuestos indirectos (recursos exigidos sin contraprestación procedentes de las entregas de bienes, prestaciones de servicios, consumo de determinados bienes como el tabaco, alcohol e hidrocarburos o el tráfico exterior entre otros.

o   Capítulo III: tasas y contribuciones especiales (ingresos generados por diversos hechos de solicitud voluntaria o no voluntaria).

o   Capítulo IV: transferencias corrientes (recursos recibidos por el Estado sin contraprestación destinados a financiar operaciones corrientes).

o   Capítulo V: ingresos patrimoniales (ingresos procedentes de rentas de la propiedad o patrimonio, p. ej. intereses y dividendos percibidos por acciones de propiedad del Sector público, depósitos bancarios, alquileres de propiedades públicas, precios cobrados por entrada a museos públicos…).

- **Los ingresos de capital**

o   Capítulo VI: enajenación de inversiones (venta de propiedades públicas, fincas, solares y otros terrenos o inmuebles).

o   Capítulo VII: transferencias de capital (transferencias percibidas para financiar proyectos de inversión u operaciones de capital).

b) **Operaciones financieras**

En las operaciones financieras se distinguen activos financieros y pasivos financieros.

o   Capítulo VIII: activos financieros (ingresos procedentes de la venta de activos financieros, enajenación de obligaciones y bonos, privatización de empresas públicas, reintegro de préstamos concedidos…).

o   Capítulo IX: pasivos financieros (ingresos recibidos por la emisión de deuda pública y la obtención de préstamos).

Tabla 1.3. Distribución de Gastos e ingresos del Presupuesto por capítulos

Gastos		Ingresos	
OPERACIONES NO FINANCIERAS		OPERACIONES NO FINANCIERAS	
OPERACIONES CORRIENTES		*OPERACIONES CORRIENTES*	
CAP I	GASTOS DE PERSONAL	CAP I	IMPUESTOS DIRECTOS
CAP II	COMPRAS	CAP II	IMPUESTOS INDIRECTOS
CAP III	GASTOS FINANCIEROS	CAPIII	TASAS Y OTROS ingresos
CAPIV	TRANSFERENCIAS CORRIENTES	CAP IV	TRANSFERENCIAS CORRIENTES
		CAP V	INGRESOS PATRIMONIALES
CAP V	*FONDO DE CONTINGENCIA*		
OPERACIONES DE CAPITAL		*OPERACIONES DE CAPITAL*	
CAP VI	INVERSIONES REALES (10)	CAP VI	ENAJENACIONES INVERVERSIONES REALES.
CAP VII	TRANSFERNCIAS DE CAPITAL	CAP VII	TRANSFERNCIAS DE CAPITAL
OPERACIONES FINANCIERAS		OPERACIONES FINANCIERAS	
CAP VIII	VARIACIÓN DE ACTIVOS FINANCIEROS	CAP VIII	VARIACIÓN DE ACTIVOS FINANCIEROS
CAP IX	VARIACION DE PASIVOS FINANCIEROS	CAP IX	VARIACION DE PASIVOS FINANCIEROS

La clasificación económica se divide en tres niveles: capitulo, artículo y concepto y estos últimos a su vez en subconceptos, a los efectos de dar la información de forma desagregada.

2.4. LA MEDICIÓN DEL SECTOR PÚBLICO

Para poder tener una idea de la importancia del Sector Público en el marco de la economía nacional existen unos **índices de medición**. Se puede decir que el objetivo de estos índices es ofrecer una visión sintética y general del peso que tiene la actividad financiera en relación con toda la actividad económica de un país. Es decir, cuál es el peso de Sector Público en relación de la Demanda Agregada, o cuál es el peso de alguna parte del gasto o de los ingresos en relación con el total de los mismos. Con el fin de relacionar el Sector Público y la economía nacional, se utilizan <u>Ratios</u> como índices de medición que expresan la proporción o o relación cuantificada entre dos magnitudes.

Existen diversos índices de medida del sector público dependiendo de que se empleen los gastos, los ingresos o bien otros estimadores de índices. Por otra parte, existe también otra clasificación, que permite diferenciar entre índices agregados y desagregados. Los índices agregados proporcionan información global del sector público como agente económico respecto a la actividad económica total del país; esto es, se relacionan, los gastos, ingresos u otros estimadores en relación con los agregados económicos (PIB, RN). Los índices desagregados entran en el detalle y matizan algún aspecto de esa imagen general que proporcionan los índices agregados, por ejemplo, analizar la composición del gasto respecto al total del gasto o la de los ingresos respecto al total de los mismos.

2.4.1. Índices de gastos del sector público

Son aquellos índices que miden la actividad que lleva a cabo el sector público a través de sus gastos.

A. Agregados

Indicador de gastos: $R_1 =$ (Gastos totales / PIBcf) x 100.

GT= Gasto Total del Sector Público, entendido como Gasto Total no Financiero (capítulos I-VII de Gastos).
Como esta ratio existen otras en las que el denominador cambia, PIBpm, PNB pm, PNB cf, RN.
La diferencia entre estos índices se puede atribuir a las diferencias entre las magnitudes macroeconómicas utilizadas en el denominador. La ratio mayor se obtendrá utilizando en el denominador la RN, puesto que es el denominador con valor más reducido. Por otra parte, se prefieren los agregados económicos en términos brutos frente a los netos, esto es PNB frente a PNN debido a que el cálculo de la depreciación se puede calcular atendiendo a diversos sistemas contables (a precio histórico, a precio mercado, a precio de reposición, amortización acelerada)

y, a los efectos del análisis comparado, los resultados pueden plantear diferencias contables. La tercera consideración a tener en cuenta se refiere a la preferencia a utilizar PIB o PNB a Coste de factores –Cf– frente al mismo indicador a Precio de mercado –Pm–puesto que para pasar de una valoración de Pm a Cf hay tener en cuenta la imposición indirecta y las subvenciones y se pueden introducir algunas inexactitudes en la medición según se repercuta íntegramente o no la imposición indirecta sobre los precios. PIB pm= PIBcf+IInd-Subv.

Por lo tanto en índice de Gasto agregado más adecuado sería **R1=(GT/PIBcf) x100**.

Una variante de Indicador agregado sería la Ratio Demanda Final del Sector Público **R₂=(GT-GTrans/PIBcf)x100**. Este indicador solo tendría en cuenta los gastos realmente gestionados por el Sector Público ya que los gastos de transferencia los terminarían gestionando sus beneficiarios.

B. Desagregados

Nos dan información sobre la composición del gasto.
R₃=(GC/GT) x100 Gasto público destinado al Consumo.
R₄= (GI/GT) x100, Gasto público destinado a la inversión.
Información que resulta relevante para saber si el Sector Público contribuye o no al crecimiento económico.

2.4.2. Índices de ingresos del sector público

A. Agregados

Los ingresos coactivos (impuestos) totales del Sector Público vienen medidos por **la Presión Fiscal.**

R₅ =Presión Fiscal= (Total de Impuestos / PIB cf) x 100

Presión Fiscal = (ID+II+CCSS/PIBcf) x100

ID= Impuestos Directos.

II= Impuestos Indirectos.

CSS= No son impuestos sino cuotas obligatorias.

Este índice indica cuál es el peso de los impuestos sobre la económica del país. Es un indicador muy utilizado para comparaciones internacionales. Sin embargo los diferentes sistemas seguidos por los diferentes países para financiar la Seguridad Social, pueden influir en el resultado final; a modo de ejemplo, en Dinamarca las Contribuciones a la seguridad Social suponen un 0,1% del PIBcf, mientras que en Alemania para el mismo periodo de estudio(2020)[16] suponen un 16,6%. Este índice tiene ciertas limitaciones, cabe pensar que un sector Público que registra una mayor presión fiscal sea más eficiente y positivo para la economía. Una reducción de la presión fiscal puede considerarse negativa o positiva según venga acompañada o no de un incremento en el déficit público.

En el caso de la presión fiscal hay distintas variedades en función del concepto utilizado. Si utilizamos el concepto amplio de Ingresos coactivos se incluiría en el numerador además de los impuestos y las cotizaciones de la seguridad social, otros tributos. Finalmente, también podríamos utilizar un concepto más restringido de presión fiscal, incluyendo en el numerador únicamente los impuestos directos y los indirectos sin las Cotizaciones de la Seguridad Social.

---

[16]   Taxation trends in the European Unión.2022 Edition

Cuando se habla de **Carga Fiscal** se habla de la fracción de renta detraída por el Sector Público pero referida a un contribuyente o grupo de contribuyentes.

Para saber si los impuestos son muchos o pocos en relación con la renta per cápita se utiliza otro índice: el índice de Frank o esfuerzo fiscal.

R_6=**Índice de Frank**= (presión fiscal / PIB per cápita) x100. No es lo mismo una misma presión fiscal entre dos países que tienen distinta renta per cápita o PIB per cápita distinto. Una presión fiscal del 40% puede suponer un sacrificio pequeño en un país con la renta per cápita alta, pero una misma presión fiscal puede tener un indicador muy alto y suponer un gran sacrificio para un país donde los ingresos medios de las familias son bajos. Por lo tanto, la idea que subyace en este indicador es decir cuál es el esfuerzo fiscal que realiza una economía para mantener su sector público, ya que relaciona la presión fiscal con el PIB per cápita. En el caso de España, con una presión fiscal inferior a Alemania, tiene un esfuerzo fiscal superior al alemán.

B. Desagregados

Otro indicador para obtener información sobre los impuestos, en este caso de forma desagregada sería distinguir el peso de los impuestos directos e indirectos sobre el total de los impuestos, p. ej. (impuestos directos / total de impuestos) x 100. Este indicador mide cual es el peso de los impuestos directos sobre los impuestos totales.

$$R_7=(ID/IT) \text{ x100}$$
$$R_8=(II/IT) \text{ x100}$$

Estos índices nos permiten distinguir entre impuestos directos e indirectos en la composición de la estructura impositiva de un país.

2.4.3 Otros índices de medición del Sector Público

Existen otros índices de naturaleza diversa que nos proporcionan información sobre las cuentas del Sector Público. Entre los cuales podemos señalar dos:

R_9= **(población activa ocupada en el sector público / población activa ocupada total del país) x 100.** Este indicador mide cual es el peso de los trabajadores del sector público dentro del mercado laboral.; o lo que es lo mismo (Empleo del Sector Público/ Empleo Total)x100.

R_{10}=**Desequilibrio de las cuentas del Sector Público**= [(IT-GT)/PIBcf]x 100 que mide el **déficit o superávit** del Sector Público.

IT = ingresos no financieros.

GT=gastos no financieros.

En el caso de que el resultado sea positivo nos encontramos ante un caso de superávit y por lo tanto el Sector Público tiene capacidad de Financiación. En el caso de que el resultado sea negativo, el Sector Público tiene necesidad de financiación.

Para medir **el nivel de endeudamiento del Sector Público** como porcentaje del PIB, tenemos el índice R_{11}=**(Deuda/PIBcf) x100.** Puede calcularse de dos maneras: Deuda Bruta, recoge el total de pasivos financieros en porcentajes del PIB y Deuda Neta: recoge la diferencia entre el total de pasivos financieros y los activos en poder del S.P, en porcentajes del PIB. El más fiable es el índice de la deuda Bruta, pues no descuenta los derechos de cobro cuya exigibilidad es dudosa.

III. EL SECTOR PÚBLICO EN LA ECONOMÍA ESPAÑOLA

3.1. DEFINICIÓN Y ESTRUCTURA

En España, la definición y estructura del Sector Público es una creación de la Contabilidad Nacional recogida en el art 139 del Real Decreto Legislativo 1091/1988 por el que se aprueba el Texto refundido de la Ley General Presupuestaria, antecedente inmediato de la Actual **Ley General Presupuestaria - LGP– Ley 47/2003 de 26 de noviembre texto consolidado**.

A los efectos de la contabilidad nacional, el Sector Público Estatal se subdividirá en:
Sector Público Administrativo.
Sector Público Empresarial.
Sector Público Fundacional.

3.1.1 El Sector Público Administrativo

- Administración **estatal o Central.** Nivel de la administración cuya competencia se extiende a todo el territorio Nacional, su importancia está disminuyendo en paralelo al proceso de descentralización administrativa. Forman parte de la Administración Estatal: La Administración General del Estado, los Organismos Autónomos (INE,AECI,SEPE etc), las autoridades administrativas independientes, las Universidades Públicas no transferidas, las Entidades Gestoras que prestan servicios sociales (INSS) Los organismos y entidades Estatales de Derecho Público, vinculados o dependientes de la Administración general del Estado cuya actividad principal no consista en la producción en régimen de mercado de bienes y servicios y que no se financien mayoritariamente con ingresos comerciales.

- Administración **autonómica**: Nivel de la Administración con Competencias en parte del territorio, es decir a nivel autonómico. Existen comunidades autónomas de régimen común y aquellas de régimen foral con competencias para establecer su propio régimen tributario. Forman parte de la Administración Autonómica: la administración autonómica, los Organismos Autónomos, y Entidades Autonómicas de Derecho Público distintas de los organismos autónomos y los organismos y entidades Estatales de Derecho Público, vinculados o dependientes de la Administración Autonómica cuya actividad principal no consista en la producción en régimen de mercado de bienes y servicios y que no se financien mayoritariamente con ingresos comerciales.

- Administración **local**: Nivel de la administración cuya competencia se extiende a parte del territorio caracterizado por su menor tamaño y por su cercanía a la ciudadanía y que está formado por: Municipios, provincias, Entidades Locales menores (mancomunidades, comarcas, pedanías, concejos...), e islas (cabildo u consejo insular) del territorio Nacional. Forman parte de la Administración Local: la administración Local (ayuntamientos), los Organismos Autónomos, y Entidades Locales de Derecho Público distintas de los organismos autónomos y los organismos y entidades Estatales y Autonómicas cuya actividad principal no consista en la producción en régimen de mercado de bienes y servicios y que no se financien mayoritariamente con ingresos comerciales.

3.1.2 Sector Público Empresarial

- Sector Público Empresarial **estatal**: entidades públicas empresariales estatales, Sociedades mercantiles estatales, Entidades estatales de Derecho Público, vinculados o dependientes de la Administración General del Estado, los consorcios y los fondos sin personalidad jurídica no incluidos en el sector público administrativo no incluidas en el Sector Público Administrativo, y consorcios dotados de entidad propia.
- Sector Público Empresarial **autonómico**
- Sector Público Empresarial **local**

3.1.3 Sector Público fundacional

- Sector Público Fundacional **Estatal.** Integrado por las fundaciones del Sector Público estatal.
- Sector Público Fundacional **Autonómico.** Integrado por las fundaciones del Sector Público autonómico.
- Sector Público Fundacional **local.** Integrado por las fundaciones del Sector Público local..

Para conocer en detalle el elenco de entes del Sector Publico estatal, autonómico y local la Intervención General del Estado dispone de una base actualizada de los mismos ,base de datos INVENTE https://www.igae.pap.hacienda.gob.es/sitios/igae/es-ES/BasesDatos/invente/paginas/inicio.aspx

Esquema 1.1 Sector Público Español: estructura

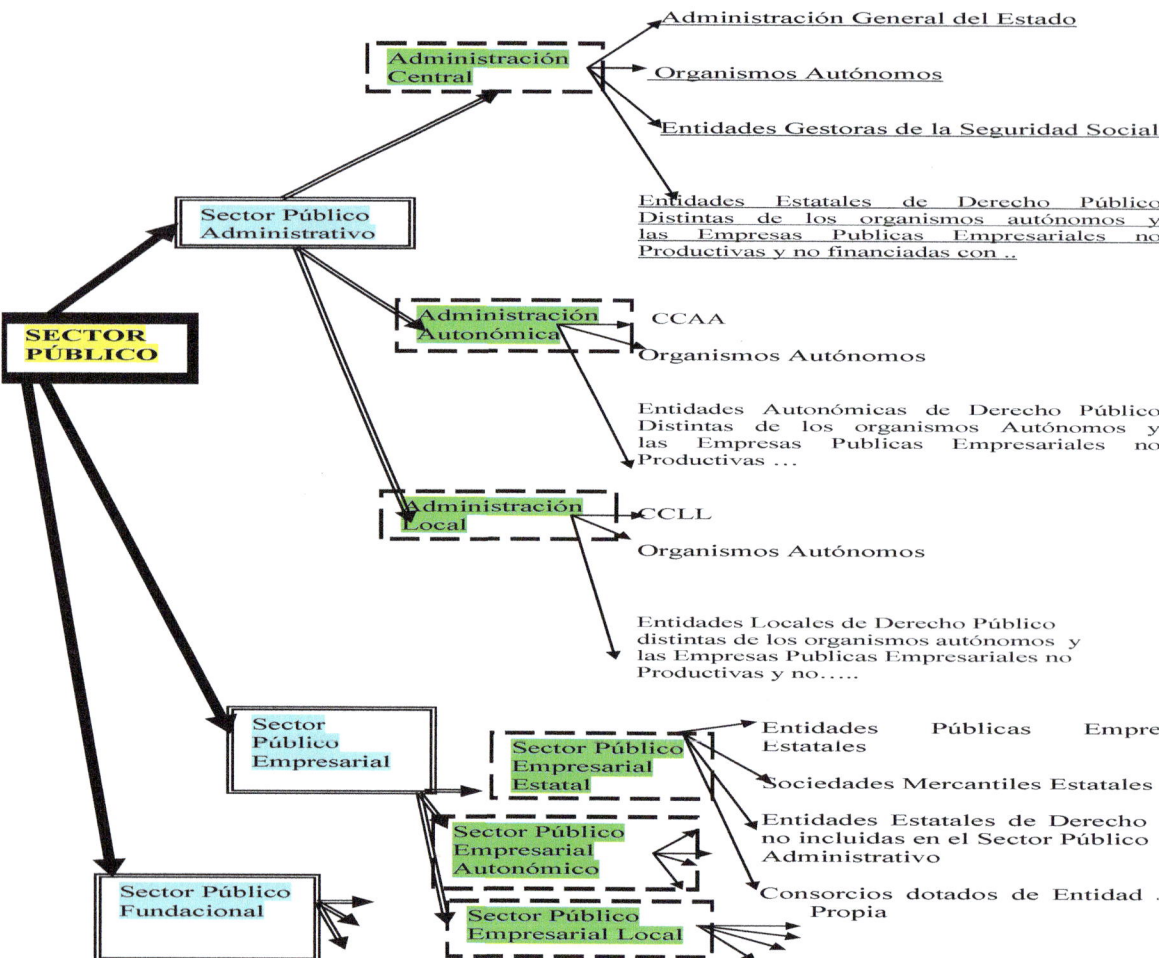

3.2. MEDICIÓN DEL SECTOR PÚBLICO ESPAÑOL

Para terminar el análisis del Sector Público en España vamos aportar un cuadro con los principales índices de Sector Público español en los últimos años. Un examen más completo implica hacer un estudio comparado con los países de la UE en general, con la media de la UE27 y con la media de la UE UE19 para esos mismos años, en particular para el año 2021. A modo de conclusión sobre el sector público español, podemos decir que el gasto es ligeramente inferior respecto a la media UE27, la presión fiscal es superior respecto a los mismos indicadores de la UE27, el esfuerzo fiscal superior, y los dos indicadores de estabilidad económica Déficit y Deuda pública superior a las medias y además está incumpliendo los límites del Pacto de Estabilidad y Crecimiento.

Tabla 1.4 Sector Público Español. Principales índices de medición

	2016	2017	2018	2019	2020	2021	2022	2023
Gasto público (%)	42,5	41,3	41,8	42,3	51,8	50,6	47,8	45,4
Presión Fiscal (%)	33,7	33,9	34,7	34,8	37,0	37,9	37,7	37
Esfuerzo Fiscal (%)	0,1417	0,1387	0,1394	0,1382	0,1662	0,1601	0,1520	0,144
PIB per cápita (€)	23780	24440	24890	25180	22260	23670	24810	25620
Población activa ocupada SPú 2T (%)	16,4	16	16,1	16,1	17,3	16,9	16,4	16,9
Deuda Pública (%)	102,8	101,9	100,5	98,3	120,0	118,4	113,4	107,7
Déficit Público (%)	-4,3	-3,1	-2,6	-3,1	-10,3	-6,9	-4,8	-3,5

Fuente : Elaboración propia con datos de Eurostat + European Commission: Directorate-General for Taxation and Customs Union, Annual report on taxation 2025 – Review of taxation policies in the EU Member States, Publications Office of the European Union, 2025, https://data.europa.eu/doi/10.2778/6367826

Gráfico 1.1 España: Indicadores de Finanzas Públicas –Pacto de Estabilidad y Crecimiento–

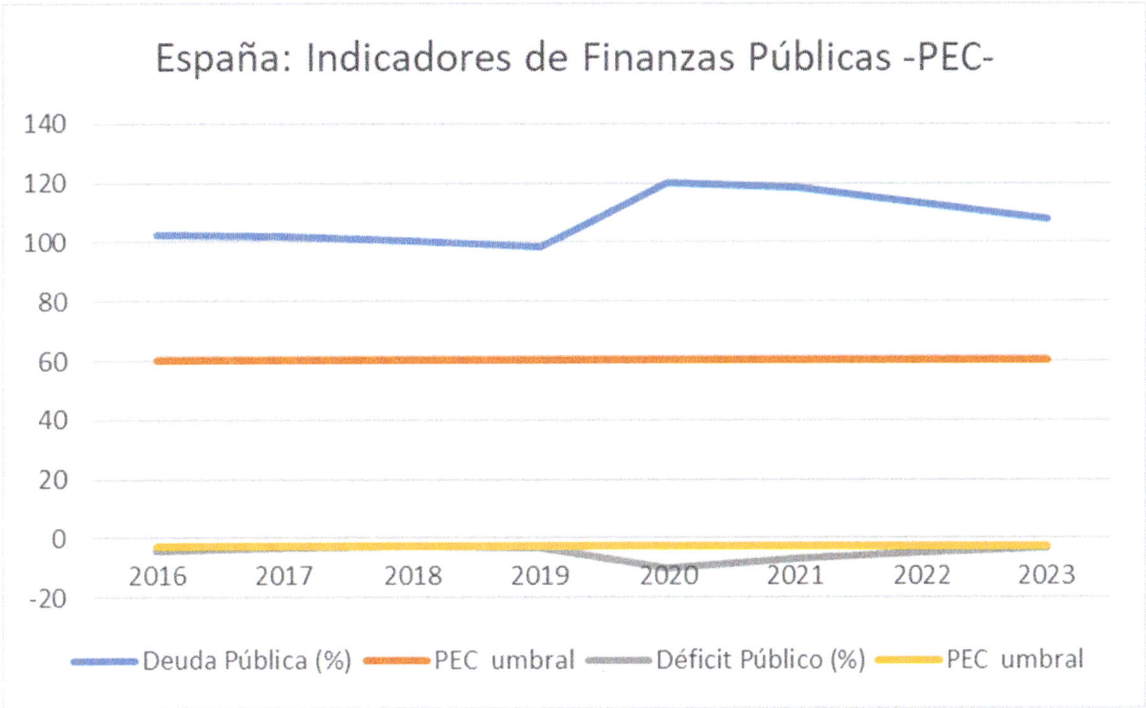

IV. BIBLIOGRAFÍA

ALBI, E., GONZÁLEZ-PÁRAMO, J.M., ZUBIRI, I. (2017): Economía Pública I, Ed. Ariel, Barcelona. Capítulos 1 y 2.

AAVV (2005) Economía Derecho y Tributación. Aquilafuente Nº 92, Salamanca. Cap. de Gimeno Ullastres J. ¿Economía Publica o Hacienda Pública?

GARCÍA VILLAREJO, A. y SALINAS SÁNCHEZ, F.J. (1994), Manual de Hacienda Pública. Tecnos. Capítulo I.

BUSTOS GISBERT, A. (2017), Curso básico de hacienda Pública. Civitas-Thomson Reuters, 4ª ed. Capítulo 1.

GAMAZO CHILLÓN, J.C y VEGA MOCOROA, I. (2020) Notas para el Estudio de hacienda Pública. Universidad de Valladolid. Capítulo 1.

GUTIÉRREZ JUNQUERA, P. (1998). Curso de Hacienda Pública, Ediciones Universidad, Salamanca. Capítulo 1.

STIGLITZ, J. E. (2009). La Economía del Sector Público, Antoni Bosch Editor, 3ª ed. Barcelona. Capítulo 1.

VEGA MOCOROA, I. (2024), Compendio Básico de Hacienda Pública. Ediciones Universidad de Valladolid. Valladolid. Capítulo I.

V. EJERCICIOS

1. Comenta el siguiente texto de J.E Stiglitz. "El Estado es sólo una de las innumerables organizaciones de nuestra sociedad que realizan actividades de índole económica . Nuestro objetivo reside en identificar las diferencias subyacentes entre el Estado, considerado como organización económica, y otras organizaciones, y deducir, a partir de tales diferencias, en qué tareas posee el Estado una ventaja comparativa. Yo diría que existen dos características distintivas del Estado, de las que derivan la mayor parte de las diferencias entre él y el resto de las organizaciones económicas. El Estado es universal, y tiene ciertos poderes de coerción de los que carecen otras organizaciones" ¿Qué características del Estado (grupo político) identificas en el texto y cuales echas de menos?

2. Clasifique las siguientes operaciones económicas que forman parte de la actividad financiera del Sector Público.
    1. Pago efectuado por la Consejería de Economía en concepto de Alquiler de un edificio para atender a los ciudadanos.
    2. Construcción de una Escuela encargada por la Consejería de Educación.
    3. Pago de una multa de tráfico por un ciudadano.
    4. Tasa pagada por un Estudiante de Derecho.
    5. Donación de un particular a su Ayuntamiento.
    6. Ayuda económica del Estado a los plataneros de la Palma.
    7. Venta de gas por parte de una empresa pública a los particulares.
    8. Adquisición de maquinaria para diagnóstico de precisión por parte de un hospital público.

3. Disponemos de la información siguiente sobre el sector público de un país

Recaudación del IRPF (1)	41250
Intereses de la deuda pública pagados (2)	7370
Compra de activos financieros (3)	3450
Pagos del seguro de desempleo (4)	22000
Subvenciones a fabricantes de alimentos básicos (5)	8470
Amortizaciones de la deuda emitida (6)	13450
Fondos recibidos del FEDER (7)	15560
Sueldos de los Funcionarios y empleados públicos (8)	61540
Gastos en infraestructuras(autovías y carreteras) (9)	18630
Venta de terrenos cercanos a una mina (10)	3940
Cotizaciones sociales (11)	48750
Impuesto sobre el vino y otras bebidas alcohólicas(12)	9700
Fondo de contingencias (13):	X
Impuesto sobre el tabaco (14)	1205
Pensiones (15)	46000
Compras a empresas (16)	59790
Recaudación Impuesto sobre las ventas –IVA (17)	43750
Rentas dividendos e intereses percibidos (18)	1710
Recaudación de impuestos sobre los hidrocarburo (19)	20645
Tasas y otros Tributos (20)	3300
Recaudación del impuesto de sociedades (21)	7860

En UM (€)(unidades monetarias -euros)

a) Elaborar el presupuesto de ingresos y gastos del sector público de ese país utilizando la clasificación económica y sabiendo que, la diferencia entre ingresos y gastos se cubrirá en un 85% por la Emisión de nueva deuda y el resto por privatización de empresas públicas. El fondo de contingencia se dotará con un 4% del gasto total no financiero.

b) Calcular los principales índices de medida del sector público basados en ingresos y gastos (GP y PF). Sabiendo que el PIB es de 600000 € y la deuda pública acumulada de 240.000 €.

4. De acuerdo con la Ley General Presupuestaria actualmente vigente, elabore un esquema explicativo de su estructura (composición: Sector Público Administrativo, Sector Público Empresarial) y adjunte un ejemplo actual de cada componente del Sector público recogido en su esquema.

5. Elabore una tabla comparativa para la UE27 de los siguientes índices: Gasto público; Presión Fiscal, Déficit Público; Deuda Pública y comente los resultados obtenidos para el caso español.

6. Con el fin de asentar los conceptos y explicaciones del tema, después de la lectura del tema y sin copiar del manual, realice un mapa conceptual del tema y de sus principales capítulos en un folio blanco; posteriormente, contraste con el manual si lo ha completado satisfactoriamente

TEMA 2 NATURALEZA DE LA HACIENDA PÚBLICA

En este tema estudiaremos las principales cuestiones metodológicas relativas a la Hacienda Pública, se trata de explicar en qué consiste el análisis positivo y descriptivo que no requiere juicios de valor, y el análisis normativo que necesita de un sistema de normas éticas para determinar lo que es bueno y como se debe de actuar; por lo tanto, nos movemos en dos campos distintos el positivo: cómo son las cosas y el normativo: cómo deberían ser. En ocasiones ambos enfoques están unidos. El enfoque normativo ha sido predominante en Hacienda pública desde la aparición de la economía del bienestar y se ha identificado con el enfoque normativo tradicional; sin embargo, veremos que este enfoque no está libre de ciertas limitaciones y que en la actualidad la moderna Hacienda Pública lo ha corregido. La Moderna Hacienda Pública incluye algunos nuevos ámbitos de estudio e instrumentos de análisis que serán objeto de estudio en este curso.

I. ASPECTOS METODOLÓGICOS DE LA TEORÍA DE LA HACIENDA PÚBLICA

La actividad financiera constituye una actividad económica característica del grupo público y por lo tanto la naturaleza, peculiaridades y problemas del mismo inciden en la actividad financiera. La actividad financiera se puede estudiar desde distintas perspectivas o análisis: económico, ético-filosófico, político y contable; sin embargo, nos vamos a centrar en el análisis económico de la Hacienda Pública (actividad financiera) y en base a esta consideración procede estudiar una cuestión metodológica básica para todo el análisis económico cual es la del enfoque o método que explica la actividad financiera.

1.1. LOS DISTINTOS ENFOQUES

Desde la obra *"Objeto y método de la Economía Política"* de Keynes, se distinguen dos enfoques o métodos de análisis económico: el positivo y el normativo. El método predominante permite distinguir entre economía positiva (cuerpo sistematizado de conocimiento referido a lo que es), y economía normativa (cuerpo sistematizado de conocimiento que fija criterios sobre lo que debe ser). Los economistas y hacendistas suelen ser incapaces de someter la realidad económica a experimentos cuidadosamente controlados como hacen los científicos, por lo que al analizar los efectos de las distintas políticas económicas sobre el comportamiento de los agentes económicos ambos enfoques tienen cabida en la Hacienda pública.

1.1.1   Enfoque positivo: La Hacienda Pública positiva trata de explicar la actividad financiera sin realizar ninguna valoración sobre la misma. Se trata de entender por qué los grupos políticos deciden satisfacer una serie de necesidades humanas a través de instituciones públicas, cómo se lleva a cabo la actividad financiera, mediante qué procesos se adoptan las decisiones de ingresos y gastos, y cuáles son los efectos de estos programas sobre los agentes económicos. Para ilustrar el modo en que se lleva a cabo el análisis positivo en la hacienda pública solemos recurrir al análisis empírico, aunque los hacendistas llegan a la conclusión que los números nunca hablan solos pues siempre hay algún número ilimitado de variables en los modelos que cambian en el tiempo. La teoría nos ayuda a conocer el modo en que las personas reaccionan ante los cambios que se producen en su entorno económico, así como la manera en que se interpretan los resultados, pero difícilmente pueden indicarnos la magnitud de las respuestas. Los hacendistas hacen uso de herramientas empíricas para analizar los aspectos positivos de la hacienda pública. Estas herramientas del análisis positivo son: las entrevistas, los experimentos y los estudios econométricos (análisis estadístico de los datos económicos). A pesar de la objetividad de estas herramientas también tienen riesgos. En el caso de las encuestas puede que los sujetos no reaccionen en la realidad tal y como han declarado en la encuesta, en el de los experimentos los riesgos surgen por la dificultad en obtener una muestra aleatoria y por el coste de los experimentos, y en el de la econometría existe el riesgo de elegir un modelo matemático equivocado o incluso de omitir alguna variable relevante.

1.1.2   Enfoque normativo: La Hacienda Pública normativa trata de establecer las bases para conseguir una **gestión eficaz** de la misma. No trata de construir una teoría que explique la actividad financiera y que ayude a predecir cómo sería la misma en distintos escenarios (como en el caso anterior). Sino que trata de valorar cuales son los programas de ingresos y gastos óptimos para la consecución de sus objetivos. Sin un marco de análisis sistemático, cada programa público termina siendo evaluado con criterios ad hoc y resulta imposible desarrollar una política económica coherente. El marco general que utilizan la mayor parte de los hacendistas es la economía del bienestar, una rama de la teoría económica que se centra en la deseabilidad social de situaciones económicas alternativas.

Tradicionalmente la Hacienda Pública normativa se desarrolla en tres niveles:

- En un primer nivel se **definen los objetivos** fijados por el grupo político para su actividad financiera, valorando el grado de complementariedad o incompatibilidad entre los mismos.
- En un segundo nivel, se **valoran los programas** alternativos de ingresos y gastos con los que puede instrumentarse la actividad financiera del grupo.
- En un tercer nivel, se **valoran** el grado de **adecuación** de los diferentes programas de ingresos y gastos para la consecución de diversos objetivos.

1.2 FUNDAMENTACION DEL ENFOQUE NORMATIVO

El enfoque normativo es el que predominó en el siglo XX en detrimento del enfoque positivo como consecuencia de la aparición de la **Economía del Bienestar.** En el campo de las ciencias sociales es difícil que la repetición de un experimento conlleve siempre el mismo resultado, puesto que la realidad social está en continuo cambio. La Economía del Bienestar se centra en la deseabilidad social de situaciones económicas alternativas, busca la maximización del bienestar, lo que conllevaba la necesidad de valorar qué es lo mejor para el grupo político, introduciendo por tanto connotaciones morales o de ética social. Pero al mismo tiempo al tratarse de una ciencia, su análisis obliga a no caer en el subjetivismo. La teoría se emplea para distinguir las circunstancias en las que puede esperarse que los mercados funcionen bien de aquellas otras en las que no son capaces de generar los resultados deseados en detrimento del enfoque positivo. La teoría de la economía del bienestar proporciona un marco analítico común para reflexionar sobre los aspectos del deber ser vgr. ¿Cómo deben financiarse los gastos público?

Con el fin de no caer en desacuerdos ocasionados por el subjetivismo ideológico, procede recurrir a la objetivación de valores, de forma que los valores sean lo más objetivos posibles. De este modo, el enfoque normativo de la Hacienda Pública se centra en la utilidad de las personas y en el modo de hacerla máxima; se trata de una teoría extremadamente individualista.

La Hacienda pública Normativa se construye sobre unas bases filosóficas compuestas por tres elementos esenciales:

1.- La ética individualista, que a su vez se muestra en dos consideraciones básicas:

- El bienestar del grupo político se identifica con el bienestar de cada uno de sus miembros; por tanto no cabe hablar del bienestar del Estado como algo independiente del bienestar de los miembros.
- El individuo es el mejor juez en lo que respecta a su propio bienestar; por tanto la Hacienda Pública no debe entrar a valorar las preferencias del consumidor, votante o contribuyente.

2.-La consideración de que el bienestar de los individuos depende de la cuantía de bienes y servicios que tienen a su alcance. Cuanto más tenga, mayor será su nivel de bienestar.

3.- El rechazo del enfoque normativo de la Hacienda Pública a establecer comparaciones entre el bienestar de distintos individuos. Una actuación del Estado que beneficie a unos pero perjudique a otros difícilmente obtendrá un consenso unánime, y en consecuencia carecerá de bases objetivas que permitan calificarla como de mejora del bienestar de la comunidad.

Estos elementos se plasman en **tres juicios de valor**, cuyo fin es garantizar la objetividad de la actuación pública.

- Juicio de valor 1: el bienestar de un grupo político se identificar con el bienestar de todos y cada uno de sus miembros.
- Juicio de valor 2: todo individuo debe ser considerado como el mejor juez de su propio bienestar.
- Juicio de valor 3: cualquier cambio en la asignación de recursos que incremente el bienestar de al menos un individuo sin reducir el bienestar de otro, debe ser considerado como un cambio deseable.

Conseguir el bienestar común de forma objetiva implica cumplir dos criterios con los que trabaja la Hacienda Pública moderna:

- **Criterio de eficiencia productiva**: se dice que los recursos productivos están eficientemente asignados si no resulta posible incrementar la producción de un bien sin reducir la producción de otro. De manera que el paso de una situación de ineficiencia a una de eficiencia productiva debe ser calificado como un cambio deseable, ya que el coste de oportunidad es nulo. En el gráfico 2.1 podemos observar como el punto C es ineficiente frente a: A, B y D.

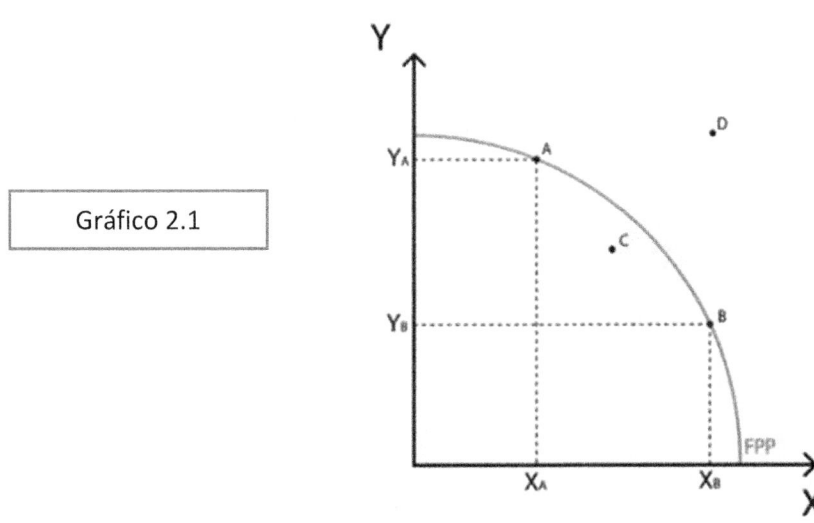

Gráfico 2.1

- **Criterio de eficiencia económica u óptimo de Pareto**: se dice que la asignación de recursos entre usos alternativos es óptima de Pareto (eficiente) si no es posible incrementar el bienestar de un individuo sin reducir el bienestar de otro. El cambio de una situación ineficiente a una de óptimo de Pareto recibe el nombre de movimiento de Pareto.

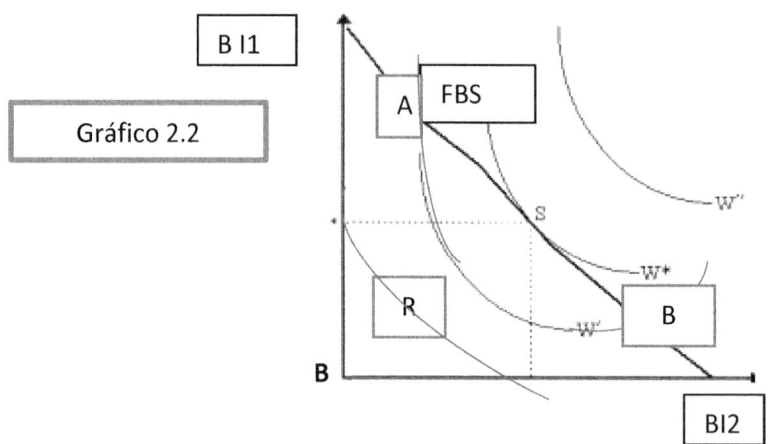

Gráfico 2.2

En el gráfico 2.2 representamos niveles de bienestar para 2 individuos (I1 e I2).Todos los puntos de la frontera de bienestar (FBS) son óptimo de Pareto, son eficientes, no es posible mejorar el bienestar de un individuo sin empeorar el de otro el, pero ¿cuál es óptimo de Pareto socialmente deseable?. Esta elección ya no competería a los economistas sino a los políticos que deberán decidir cuál es el nivel de redistribución deseable por el grupo. Solamente en términos conceptuales, el análisis económico podría resolver mediante la Función de bienestar social del colectivo –W–, calculada a través del bienestar de los individuos y representada gráficamente a través de las curvas de indiferencia social- CIS-. En atención a este planteamiento el punto de óptimo de Pareto más deseable se correspondería con el punto de tangencia entre la curva de indiferencia social más a la derecha y la frontera de bienestar social, en nuestro gráfico punto S, ya que cumple con una eficiencia más igualitaria en función de la equidad. La Eficiencia de Pareto es el criterio de referencia de los economistas para juzgar el funcionamiento eficiente de la economía. El teorema fundamental de la Economía del Bienestar establece que, si se cumplen ciertas condiciones, el funcionamiento de los mercados competitivos conduce a resultados eficientes en el sentido de Pareto. Sin embargo, no está claro que la eficiencia paretiana pueda defenderse como una norma ética, ya que la Sociedad puede preferir una asignación ineficiente basándose en razones de equidad, justicia u otro criterio, lo que proporciona una justificación a la intervención pública en la economía. (A o B más eficientes que R, y S más que A o B por estar en una curva de indiferencia social más a la Derecha. En ocasiones la intervención pública resulta necesaria para lograr una distribución justa de la utilidad.

II. LA TEORÍA DEL PRESUPUESTO ÓPTIMO

Una visión sintética del panorama ofrecido por el enfoque normativo de la Hacienda Pública se refleja en la Teoría del presupuesto óptimo propuesta por Musgrave como aquella disciplina que estudia la actividad financiera como proceso de ingreso -gastos dirigido a la consecución de diversos objetivos.

Según esta teoría, la actividad financiera de los grupos políticos desempeña **tres** funciones en las sociedades modernas: una función estabilizadora, una función redistributiva, y una función de asignación de recursos. Estas funciones han identificado una serie de objetivos que son perseguidos por tres ramas de la actividad financiera que actúan de forma independiente. El primer paso que hay que dar en cada Rama es identificar los objetivos que persigue la misma, con independencia de las otras ramas. Una vez identificados esos objetivos hay que determinar en qué medida esos objetivos no son garantizados por el mercado, y en su caso qué instrumentos puede utilizar el Estado para conseguirlos.

2.1. RAMA DE LA ASIGNACIÓN

El objetivo de esta rama es la asignación eficiente de recursos, lo que implica conseguir una situación de Óptimo de Pareto.

Existen una serie de situaciones en las que el funcionamiento autónomo del mercado no garantiza este objetivo; esto es:

1. Cuando se trata de producir bienes que por sus características se les conoce como bienes públicos o de consumo colectivo. Para que podamos hablar de bienes públicos tienen que darse simultáneamente dos circunstancias:
    a. Que su consumo no sea rival entre distintos individuos.
    b. Que no se pueda aplicar el principio de exclusión.

    Los bienes privados son rivales en cuanto a su consumo (p. ej. el consumo de un melocotón), esto es, solo pueden ser consumidos por una persona, y además se les aplica el principio de exclusión; si hemos pagado el precio estipulado por ese bien, ya es nuestro y deja de estar en el mercado. Sin embargo, el consumo de los bienes públicos (p. ej. alumbrado, Defensa) no es rival entre distintos individuos, se puede consumir simultáneamente por distintos individuos y además ,una vez producidos no puede excluirse a nadie de su consumo, aunque no estén dispuestos a pagar un precio por los mismos. Ello hace que sea difícil determinar cuáles son las preferencias de los consumidores, por lo que el mercado no puede garantizar su producción de forma eficiente.

2. Cuando se trata de producir bienes de los que se deriven efectos para terceros que no quedan reflejados en el sistema de precios. Es decir, que tengan economías externas (p. ej. el tabaco)
3. Cuando existen imperfecciones en el funcionamiento del mercado debido a la existencia de cierto poder monopolístico, a la existencia de información deficiente, o a la conservación de ciertos recursos productivos.

En estas tres situaciones los mecanismos del mercado fallan, haciendo necesaria la intervención del Estado para evitar que los poderes monopolísticos abusen de los consumidores. Como en ciertos casos la competencia perfecta no es posible, se acude a lo que se denomina "mercados regulados".

Los instrumentos con los que cuenta el Estado para conseguir una asignación eficiente son muy variados. El Estado puede implantar gravámenes a actividades de las que se deriven economías externas negativas, o conceder subvenciones cuando se trate de economías externas positivas. El Estado también puede aprobar leyes que regulen las actividades con economías externas o que controlen los monopolios.

La rama de la asignación puede ser implementada por los niveles inferiores de las Administraciones Públicas. De esta forma se introduciría una sana competencia entre los gobiernos locales que redundaría en una mayor eficacia en el suministro público de bienes y servicios. Además los niveles inferiores de la administración conocen mejor las necesidades de los ciudadanos y los servicios públicos que estos necesitan y que varían en función de las características del territorio, p. ej. Costero o de interior.

2.2. RAMA DE LA ESTABILIDAD

El objetivo de la rama presupuestaria de la estabilidad económica persigue la consecución simultanea de dos objetivos:

- El pleno empleo; es decir, que todos los recursos productivos estén siendo utilizados en una actividad productiva.

- La estabilidad de precios; es decir, que los índices generales de los precios no experimenten variaciones importantes.

Ahora bien, ¿hasta qué punto el sistema de precios no garantiza estos objetivos? La respuesta puede abordarse desde dos perspectivas.

- Desde una **perspectiva práctica**, la historia ha demostrado que las economías de mercado tienen una evolución cíclica, alternando fases de expansión y fases de recesión con altas tasas de paro y de inflación.
- Desde una **perspectiva teórica**, muchas teorías han demostrado que el sistema de precios no garantiza el funcionamiento estable del sistema. La teoría que más impacto ha causado en el pensamiento económico moderno es la *"Teoría General"* de Keynes. Según esta teoría, los desajustes que el paro y la inflación causan en la demanda agregada, (desequilibrio del mercado, recursos ociosos...) difícilmente pueden resolverse por si mismos; sino que es necesaria la intervención del Estado.

Para corregir esos desajustes, el Estado cuenta con un instrumento: la **política presupuestaria**, que se traduce en un control de la actividad presupuestaria. Antes de nuestro ingreso en la eurozona, el Estado contaba con otro instrumento de actuación: la política monetaria. Pero en la actualidad, la política monetaria de la eurozona recae en el Banco Central Europeo y el Sistema Europeo de Bancos Centrales; ningún país de la eurozona puede alterar unilateralmente los tipos de interés, los tipos de cambio, o aumentar la cantidad de dinero en circulación.

Los instrumentos de la rama de la estabilización deben estar centralizados en el nivel superior del Estado; ya que de cara a Bruselas y al cumplimiento de la coordinación de las políticas presupuestarias y el Pacto de Estabilidad y Crecimiento, el representante es el Estado español.

2.3. RAMA DE LA REDISTRIBUCIÓN

El objetivo de esta rama presupuestaria que corresponde a la actividad financiera es conseguir aquella distribución de la renta y de la riqueza entre los miembros del grupo político que sea decidida por el mismo a través de sus órganos de decisión. Se trata de una definición que cambia con el tiempo y que puede resultar ambigua por la coincidencia de tres dimensiones en su objetivo:

- La dimensión ética al definir qué grado de desigualdad puede ser socialmente aceptable. Las nociones de "lo justo" y lo "injusto" han de ser tenidas en cuenta al establecer un objetivo social.
- La dimensión política latente en la distribución de la renta, ya que, por encima de determinados niveles de desigualdad, la estabilidad del sistema político y del orden social pueden entrar en peligro.
- La dimensión económica, pues la cantidad de bienes producidos no es ajena al sistema de incentivos. No todos los sistemas de incentivos motivan de igual forma a los propietarios de los recursos productivos a incorporar los mismos a las actividades productivas. La búsqueda de rentas constituye un elemento importante en el sistema de incentivos.

La ponderación de estas tres dimensiones en las cuestiones distributivas es distinta dependiendo del momento histórico o del grupo político.

En un primer momento tenemos que preguntarnos ¿hasta qué punto el funcionamiento autónomo del mercado garantiza un nivel de distribución coincidente con el socialmente deseable? y cuando el mercado no garantice el cumplimiento de este objetivo es cuando interviene el Estado a través de su actividad financiera. La respuesta a la pregunta planteada puede abordarse desde dos perspectivas.

- Desde una perspectiva práctica. Desde un enfoque práctico se puede afirmar que la historia de los gobiernos democráticos ha demostrado que las desigualdades provocadas por el mercado exceden los límites de lo considerado socialmente deseable.
- Desde una perspectiva teórica, hay argumentos que demuestran que el mercado no puede conseguir este objetivo. El mercado retribuye a cada miembro del grupo según su productividad para satisfacer las necesidades de quienes tienen capacidad de compra para influir en la asignación de recursos realizada por el sistema de precios. En consecuencia, el mercado no garantiza la promoción igualitaria ni la supervivencia de aquellos miembros que no tienen capacidad para ser productivos de acuerdo con el sistema de precios (p. ej. un minusválido), condenándolos de este modo a vivir sin recursos. El Mercado resulta ser un instrumento distributivo imperfecto, por lo que se hace necesaria una intervención del Estado de carácter redistributivo.

Hay que tener en cuenta que el Estado pretende con su intervención que no haya grandes desigualdades. Para llevar a cabo esa función redistributiva, el Estado cuenta con dos tipos de instrumentos:

- Instrumentos no fiscales: políticas legislativas que regulen el derecho de propiedad, que aumenten las pensiones, que establezcan becas o impuestos progresivos, que creen servicios públicos gratuitos…
- Instrumentos fiscales. Estos se concretan en transferencias para aquellos miembros del grupo cuya renta se considera que se debe incrementar.

Teniendo en cuenta la gran movilidad de los contribuyentes dentro del territorio nacional, es obvio que la función distributiva debe ser centralizada en el nivel superior del Estado. Además, dado que los gastos de educación, sanidad, son muy elevados, solo el Estado puede hacer frente a los mismos a través de sus impuestos. Si existiese una hacienda municipal que fijase una actividad fuertemente redistributiva, los contribuyentes con mayor carga fiscal se mudarían a municipios vecinos; mientras que a ese municipio solo irían a empadronarse los pobres (voto con el pie), lo que haría que la redistribución fuera imposible. Sin recaudación no se puede redistribuir a través del gasto público.

2.4. COORDINACION Y CONFLICTO ENTRE FUNCIONES

Desde una perspectiva teórica puede pensarse que es fácil que entre las tres ramas no surjan interferencias, y que se consigan coordinadamente todos los objetivos. Por tanto, habría:

- Un presupuesto estabilizador diseñado en base a los impuestos y los gastos necesarios para ajustar la demanda agregada, sin interferir en la distribución de la renta.
- Un presupuesto redistributivo diseñado en base a los impuestos y transferencias. Este presupuesto estaría equilibrado y consideraría que el pleno empleo y la asignación eficiente de recursos están garantizados por otras vías.
- Un presupuesto diseñado para suministrar bienes públicos financiados con impuestos. Este presupuesto se confeccionaría con la hipótesis de que el pleno empleo y la justa distribución de la renta están garantizados.

Estos tres presupuestos se podrían consolidar en un presupuesto global, de modo que, en teoría, sería posible una coordinación perfecta entre las tres ramas que diera como resultado la consecución simultanea de todos estos objetivos.

Este planteamiento no ignora las interferencias que en la práctica se pueden dar entre unas funciones y otras. Sin embargo, la teoría normativa marca las pautas a través de las cuales el Estado puede diseñar un presupuesto óptimo que canalice la actividad financiera en función de los objetivos socialmente deseables.

III. LOS LÍMITES DEL ENFOQUE NORMATIVO

El enfoque normativo es el que siempre ha predominado en el pensamiento hacendístico. Pero hemos de señalar algunas de sus limitaciones, que se empezaron a detectar a partir de la 2ª mitad del siglo XX.

1. En primer lugar, el enfoque normativo se presenta como un sistema científico incompleto, con lagunas. Esto se debe a la consideración de que todos los problemas relacionados con los procesos presupuestarios son ajenos a la Teoría de la Hacienda Pública. Efectivamente, la Teoría del Presupuesto óptimo ignora los problemas relativos a las tomas de decisiones colectivas, centrándose solo en analizar qué decisiones son las correctas para conseguir los tres objetivos.

En principio esta laguna podría inducir a pensar que el enfoque normativo carece de una teoría del Estado. El enfoque normativo parte de la falsa hipótesis de que el Estado está personificado en un dictador omnipotente y benevolente asesorado por un grupo de expertos y que solo lleva a cabo las políticas que maximizan el bienestar social. Los dictadores no se caracterizan por su benevolencia ni por su predisposición a la maximización del bienestar social y la mayoría de los Estados modernos se caracterizan por ser estados donde la práctica política se desarrolla a través de instituciones democráticas. En definitiva, se aprecia claramente una falta de realismo en el enfoque normativo tradicional.

2. En segundo lugar, el enfoque normativo introduce elementos de "esquizofrenia metodológica" en la construcción de una Teoría de la Hacienda Pública. En vez de trabajar con una estructura unificada para la comprensión del comportamiento humano, trabaja con un análisis dual:

- En el ámbito de la economía privada se hace uso del racionalismo metodológico para elaborar una teoría del comportamiento de los individuos. Para ello se parte de la hipótesis de que los individuos actúan como si maximizaran su utilidad. Pero es imposible valorar todas las conductas (tanto las individuales, como las del grupo).
- En el ámbito de la economía pública, se abandona el racionalismo de las conductas individuales y se ignora el funcionamiento de las instituciones y de las reglas de decisión colectivas. De manera que implícitamente parece que el individuo desdobla su personalidad al pasar al sector público, y como burócrata, político, votante o miembro de un grupo de presión, actúa con el fin de maximizar "el bienestar social".

A esta segunda limitación, cabe achacar tres deficiencias en el enfoque tradicional.

A) Relega a un segundo plano al enfoque positivo de la vertiente presupuestaria del gasto público. Es decir, no se plantea la idea de que el enfoque positivo también se podía aplicar a los gastos. En la Hacienda tradicional siempre ha existido un enfoque positivo que completa al normativo. Sin embargo, hay una parte de la doctrina que considera que la parte positiva de la actividad financiera se ha limitado a la vertiente de los ingresos públicos.

Mientras se potenciaba el análisis económico de la incidencia y los efectos económicos de los impuestos, se abandonaba el análisis explicativo y predictivo el gasto público. Se establecía así una asimetría analítica, ya que si una actividad económica era desarrollada por el mercado, se consideraba adecuado el análisis económico, pero si era desarrollada por el sector público, el análisis económico se consideraba materia reservada a politólogos o sociólogos.

B) Incurre en un "non sequitur" lógicos. Cuando el enfoque normativo detecta deficiencias en la asignación de recursos, hace que se considere necesaria la intervención del Estado. Sin embargo, no se puede justificar que el Estado como mecanismo asignador de recursos sea como en una obra literaria el personaje que está libre de toda sospecha, es decir que aunque los fallos del mercado son indicios razonables para justificar la intervención del Estado, no podemos prejuzgar que siempre el resultado final sea la intervención del Estado. Para elaborar un fallo racional y suficientemente fundado es necesario probar hasta qué punto la intervención del Estado superara las deficiencias del mercado. En definitiva, las deficiencias del mercado son condición necesaria pero no suficiente para que intervenga el Estado. El saltar de lo primero a lo segundo constituye un "non sequitur" lógico.

C) Establece conclusiones normativas insuficientemente fundadas. La ambición normativa del enfoque tradicional excede la fundamentación teórica construida para sustentarla. A la hora de valorar las intervenciones públicas y de elegir entre las distintas alternativas, el enfoque normativo va más allá de sus fundamentos analíticos. El desconocimiento de los mecanismos de decisión colectiva hace que las recomendaciones sobre la actividad financiera caigan en el vacío al estar basadas en opiniones insolventes.

3. En tercer lugar, otra limitación del enfoque normativo es que ubica al análisis normativo en un nivel escasamente operativo. La Hacienda normativa tradicional se centra exclusivamente en el análisis de los resultados de los procesos fiscales, ignorando a los procesos mismos. Todo ello resulta escasamente operativo a la hora de lograr una gestión más eficaz. En cambio, tomar los resultados observados, y retrotraerse a los procesos que los originan es más racional y operativo; se trata de actuar a nivel de causas y no de resultados (Ej. Valoración de los resultados de los partidos de fútbol, muchas lesiones pocos goles, formas de valorarlo y actuar).

Como resultado del análisis de estas limitaciones a finales del siglo XX surgen nuevos planteamientos en la Hacienda Pública que superan los planteamientos de la Hacienda Pública normativa tradicional. La Hacienda Pública moderna se interesa por los mecanismos de la toma de decisiones y utiliza el análisis económico para elaborar una teoría del Estado como Institución (teoría de la elección colectiva). La Hacienda Pública moderna aplica el enfoque positivo tanto a los ingresos como a los gastos públicos y finalmente la Hacienda Pública moderna presta más atención a los procedimientos para alcanzar y mejorar los resultados que a los resultados por sí mismos (Economía constitucional).

IV. BIBLIOGRAFÍA

GARCÍA VILLAREJO, A. y SALINAS SÁNCHEZ. F.J. (1994), Manual de Hacienda Pública. Tecnos. Capítulo II.

BUSTOS GISBERT, A. (2017), Curso básico de hacienda Pública. Civitas-Thomson Reuters. 4ª ed. Capítulo 2.

ALBI, E., GONZÁLEZ-PÁRAMO, J.M., ZUBIRI, I. (2017): Economía Pública I y II, Ed. Ariel, Barcelona. Capítulo 1.

GAMAZO CHILLÓN, J.C. y VEGA MOCOROA, I. (2020) Notas para el Estudio de hacienda Pública. Universidad de Valladolid. Capítulo 2.

GUTIÉRREZ JUNQUERA, P. (1998). Curso de Hacienda Pública, Ediciones Universidad, Salamanca. Capítulo 2.

ROSEN, H.S. (2002) Hacienda Pública McGraw Hill 5ª ed. Capítulos 3 y 4.

STIGLITZ, J.E. (2009). *La Economía del Sector Público*, Antoni Bosch Editor, 3ª ed. Barcelona. Capítulo 1.

VEGA MOCOROA, I. (2024), Compendio Básico de Hacienda Pública. Ediciones Universidad de Valladolid. Valladolid. Capítulo II.

V. EJERCICIOS

1. Lea y comente el art 40.1 de la Constitución española de 1978 Art 40.1:

Artículo 40.

1. Los poderes públicos promoverán las condiciones favorables para el progreso social y económico y para una distribución de la renta regional y personal más equitativa, en el marco de una política de estabilidad económica. De manera especial realizarán una política orientada al pleno empleo.

2. ¿Con qué rama de la Hacienda Pública relaciona el artículo 131 de la CE? y¿ por qué?

Artículo 131.

1. El Estado, mediante ley, podrá planificar la actividad económica general para atender a las necesidades colectivas, equilibrar y armonizar el desarrollo regional y sectorial y estimular el crecimiento de la renta y de la riqueza y su más justa distribución.

Analice el art 128,2 de la CE de1978 y explique cómo se determina el interés general:

Artículo 128.

1. Toda la riqueza del país en sus distintas formas y sea cual fuere su titularidad está subordinada al interés general.

2. Se reconoce la iniciativa pública en la actividad económica. Mediante ley se podrá reservar al sector público recursos o servicios esenciales, especialmente en caso de monopolio y asimismo acordar la intervención de empresas cuando así lo exigiere el interés general.

3. Determine la veracidad o falsedad de las siguientes afirmaciones. Razone su respuesta:

"La existencia de un fallo del mercado justifica siempre la intervención del Sector Público"

"La intervención pública es innecesaria para que la economía alcance una situación de estabilidad económica"

4. Determine la proposición que <u>no es normativa</u> y razone su respuesta:
   a) *El presupuesto de sanidad debería crecer a una tasa superior al crecimiento del PIB.*
   b) *El gobierno debe de jugar un papel económico limitado, asegurando el marco jurídica e institucional de la economía.*
   c) *La guerra de Ucrania debe financiarse con impuestos sobre los consumos específicos.*
   d) *La enseñanza secundaria obligatoria ha elevado el nivel cultural de los grupos sociales menos favorecidos.*

3. Con el fin de asentar los conceptos y explicaciones del tema, después de la explicación correspondiente y de la lectura del tema y sin copiar del manual, realice un mapa conceptual o esquema del tema y de sus principales capítulos en un folio blanco; posteriormente, contraste con el manual si hay aspectos del esquema que no ha completado satisfactoriamente y reflexione sobre el porqué si es por falta de estudio o de comprensión.

TEMA 3   EL SUJETO DE LA ACTIVIDAD FINANCIERA: ANÁLISIS ECONÓMICO DEL ESTADO

De acuerdo con la Hacienda Pública Normativa Tradicional, el Sector Público y los agentes que lo conforman, identificados con el Estado como representación de todos ellos, son el sujeto de la actividad financiera. La actividad financiera constituye una actividad económica característica del grupo público y por lo tanto las decisiones se toman por el grupo. Una de las principales limitaciones de la Hacienda Normativa radicaba en que la Teoría del presupuesto optimo ignoraba todo aquello que estaba relacionado con la toma de decisiones colectivas. El enfoque normativo carecía de una Teoría del Estado, tomándola prestada de otras disciplinas más unidas a la actividad política. La Hacienda Pública moderna intenta superar estas limitaciones aplicando el análisis económico al comportamiento de los agentes económicos que condicionan los resultados de la acción pública, o a las consecuencias que se derivan de la adopción de las distintas formas de realizar las votaciones. El Estado es un agente económico formado por individuos para proveerse colectivamente de aquellos bienes y servicios que el mercado no suministra de forma eficiente o equitativa. Si todos los individuos que forman el grupo público fueran iguales y sus preferencias por la provisión colectiva fueran las mismas, la toma de decisiones sería muy sencilla; sin embargo, la realidad es otra y las preferencias de los individuos que forman parte del grupo público son distintas, por lo que se plantea el problema de cómo agregar preferencias individuales diferentes en una elección colectiva. Al análisis de cómo se realiza esta agregación es a lo que se conoce como Teoría de la Elección Colectiva (*Public Choice*), una de las nuevas parcelas de estudio de la Hacienda Pública moderna que aplica el análisis positivo al comportamiento del Sector público. En este tema vamos a estudiar el origen del Estado, la aplicación del análisis económico al mismo, a su funcionamiento, al comportamiento de los protagonistas de la democracia y a los fallos de eficiencia de los mismos en sus actuaciones .

I. EL ORIGEN DEL ESTADO

1.1. NECESIDAD DE UN ANÁLISIS DEL ESTADO EN LA TEORÍA DE LA HACIENDA

La Hacienda Pública tiene como objeto de estudio la actividad financiera del Estado. En consecuencia, cualquier desarrollo teórico de esta disciplina conlleva una determinada concepción del Estado. Por lo tanto, es necesario estudiar qué es el Estado y cómo funciona. Una parte de la teoría tradicional de la Hacienda Pública se centraba exclusivamente en el estudio de los factores estrictamente económicos y consideraba cualquier elemento político como dado. Pero en la actualidad este planteamiento no es adecuado por las siguientes razones:

- Porque este planteamiento extremo de la Hacienda Pública Tradicional rompe con la línea seguida por los pensadores clásicos, los cuales siempre tuvieron en cuenta los factores sociales económicamente relevantes (tanto de carácter económico como de carácter político).

- Porque la mera distinción entre factores económicos y factores políticos resulta artificial. Además, teniendo en cuenta que los hacendistas clásicos no estudiaban el origen y funcionamiento del Estado, su teoría se basaba en una concepción de Estado tomada de otras ramas.

- Porque en el siglo pasado se ha puesto de manifiesto hasta qué punto la economía moderna cuenta con técnicas analíticas valiosas en el estudio del comportamiento humano y de los fenómenos sociales que no acontecen necesariamente en el ámbito del mercado, pero que son incorporadas por la Hacienda Pública moderna.

- Porque la teoría de la Hacienda Pública no puede explicar la actividad económica del Estado si no toma en consideración el estudio de temas políticos como: qué es el Estado, o cómo funciona.

La Hacienda Pública europea continental siempre ha demostrado sensibilidad por este tipo de planteamientos, pero solo a partir de la II Guerra mundial (con el predominio de la Hacienda Pública sajona), parecen olvidarse estas cuestiones que finalmente son recuperadas en los últimos años. Sin conocer la naturaleza y el funcionamiento del Estado, difícilmente podremos entender cómo surge la actividad financiera ni establecer predicciones sobre la misma.

La elección pública (*public choice*) es un enfoque para estudiar la toma de decisiones en un ámbito que no es el del mercado. En inglés se conoce como *nonmarket decision making*. El análisis de decisiones fuera del mercado, se refiere a decisiones que tienen un alcance público o colectivo, que pueden ser tomadas obviamente desde el sector público (la política, la burocracia) o que tienen el carácter de decisiones colectivas, o cuyos resultados tienen consecuencias colectivas o públicas. Por ello, el enfoque de la elección pública también se considera como la aplicación de la economía o de la teoría económica a la ciencia política. En este sentido, el campo de análisis de la elección pública coincide con el de la ciencia política: la teoría del estado, las reglas de voto, el comportamiento del votante, los partidos políticos, la democracia y la burocracia. El campo de análisis coincide, aunque el enfoque metodológico difiere del enfoque convencional de la ciencia política.

1.2. DISTINTOS ENFOQUES TEÓRICOS EN TORNO AL ORIGEN DEL ESTADO

El estudio y la elaboración de una teoría del Estado es muy antiguo en las ciencias sociales, sin embargo todavía no hay consenso sobre la respuesta a cómo surge el Estado, hay tantos conceptos de Estado como estudiosos del tema; sin embargo podemos agruparlos en torno a tres enfoques:

- **Enfoque contractual puro**

Este enfoque considera que el Estado nace a través de la pura voluntariedad de los individuos, los cuales consideran que la firma de un "contrato social" y el acatamiento de sus términos favorece a sus intereses. El individuo percibe la realidad social del género humano y sabe que toda actividad humana está influenciada por la actividad desarrollada por otros individuos. Ante esta realidad puede reaccionar de dos maneras: mediante una relación de competencia con los demás, o mediante una relación de cooperación. La elección entre una u otra alternativa dependerá de los beneficios o pérdidas que le proporcione cada una. De manera que, según el enfoque contractual puro, el individuo elegirá la relación de cooperación.

Esta situación se repite para múltiples objetivos humanos y de este modo surge el Estado como una asociación de asociaciones para conseguir esos múltiples objetivos. Algunos de esos objetivos tienen una dimensión material, por lo que el Estado no solo necesitara de individuos asociados para su existencia, sino también de un territorio o conjunto de recursos materiales.

- **Enfoque contractual mixto**

Este enfoque acepta la complementariedad necesaria que existe entre el carácter voluntario y el carácter coactivo del Estado.

Según la teoría anterior, el "contrato social" da lugar al nacimiento del Estado; sin embargo, hay que tener en cuenta que los individuos tienen un incentivo para que su actuación no respete los términos establecidos en dicho contrato. Al individuo le resulta más ventajoso quebrantar el acuerdo unilateralmente. De manera para que el "contrato social" se mantenga, es necesario que exista un mecanismo de control de las actividades individuales. A tal fin se concede cierto poder de coacción al Estado que será responsable de que el contrato se respete en todos sus términos por las partes

- **Enfoque de coacción**

A diferencia de los enfoques anteriores, donde la voluntariedad primaba sobre cualquier otra consideración, este enfoque considera que el elemento fundamental es el de la coacción. La coacción no solo sustenta al Estado, sino que da origen al Estado.

No puede decirse que unos individuos suscriben un "contrato social", cuando solo algunos de ellos tienen el monopolio del poder en atención a circunstancias precontractuales. Los términos del "contrato social" son establecidos por los poderosos en función de sus intereses. Mientras que el resto de individuos firma el "contrato" coaccionado, ya que no hay otra alternativa salvo la muerte o el exilio. Por tanto, la organización del Estado y la estructura de toma de decisiones serán diseñadas para servir a esa clase social poderosa, aunque es de esperar que ésta administre su poder de forma inteligente para evitar situaciones revolucionarias que pongan en peligro el sistema de explotación.

1.3. APLICACIÓN DEL ANÁLISIS ECONÓMICO A LA TEORÍA DEL ESTADO

Existen concepciones organicistas del Estado en las que el individuo no tiene relevancia analítica y el análisis económico no ofrece respuestas a las mismas ni a las cuestiones que plantean. Sin embargo, en toda idea del Estado existe un elemento de cooperación que puede ser enfocado a través del prisma analítico de la teoría económica.

El análisis económico del Estado se fundamenta en la idea de que el Estado es un conjunto de normas e instituciones resultado de la cooperación entre individuos a través de las que actúan colectivamente en vez de privadamente. Se trata de explicar por qué el individuo opta por la vida en orden dentro de un Estado, frente a la vida en anarquía fuera del Estado. En esta línea, la metodología seguida por el análisis económico es una metodología individualista en la que los individuos tratan de maximizar su bienestar personal. El individuo se comporta de forma racional al ordenar las alternativas de elección que se le presentan. En términos axiomáticos, podríamos explicar el comportamiento del individuo como enfrentado a distintas alternativas: x, y, z. Entre dichas alternativas, cabe hablar de:

- Una relación de preferencia.
   P. ej. x P y significa que la opción x es preferible a la opción y.
- Una relación binaria de indiferencia.
   P. ej. y I z significa que la opción y es indiferente a la opción z.
- De ello se deriva el axioma de transitividad
   según el cual si x P y, e y P z, entonces x P z.

El análisis económico trata de explicar por qué el individuo enfrentado a la alternativa entre la vida fuera del Estado y la vida dentro del Estado, opta racionalmente por lo segundo. Esta situación es la misma a la que se enfrentan <u>las empresas oligopolistas de oferta</u> para decidir si actúan en competencia (competencia perfecta) o en colisión con el resto de empresas del mercado (monopolio).

Por analogía podríamos aplicar este modelo a la explicación de cómo surgen los Estados. Cuando los costes de mantenimiento de un acuerdo sean inferiores a los beneficios que se derivan del mismo para los individuos partícipes en él, las posibilidades de que surja un Estado serán grandes. En el caso contrario, la posibilidad es mínima.

El número de personas, las dificultades de comunicación, las distancias geográficas, la heterogeneidad ideológica, cultural o religiosa etc., son factores que elevan el coste de garantizar el pacto social y lo dificultan, favoreciendo la existencia de múltiples Estados en vez de uno.

Una formulación paralela para explicar la opción del individuo de vivir en orden dentro del Estado se puede explicar en base a la teoría de juegos. Esta teoría consiste en analizar situaciones en las que los resultados que se derivan de la actuación de un jugador dependen de la actuación seguida por otro jugador. La teoría de juegos estudia, en una decisión, cuál es la elección óptima de un individuo cuando los costes y beneficios de cada opción no están prefijados, sino que dependen de las elecciones de otros individuos. Cada individuo (jugador) puede ganar o perder en función de lo que los demás escojan. Por tanto, el resultado final del juego está definido conjuntamente por las estrategias elegidas por todos sus participantes, es decir, el resultado de la decisión de cada participante depende de las acciones del resto. El problema clásico de la teoría de juegos es el dilema del prisionero, que estudia los incentivos que tienen dos sospechosos de un robo para delatar a su compañero o guardar silencio.

El dilema se expone de la siguiente forma:

Dos ladrones, que se encuentran en dos celdas separadas, pueden confesar o no un robo que han cometido juntos. Si el primero delata a su cómplice y este no, el cómplice será condenado a una pena de diez años, y el primero será liberado. Si el primero calla y el cómplice delata, el primero recibirá esa pena y será el cómplice quien salga libre. Si ambos confiesan, ambos serán condenados a cinco años. Si ambos niegan el robo, solo podrán condenarlos durante un año por un cargo menor. Cada prisionero persigue su propio interés y, como no sabe lo que hará el otro, la estrategia más segura para él será delatar a su compañero, pues es la forma de asegurarse una condena menor, aunque la solución conjunta sea peor que si ambos cooperasen (pues no confesando solo recibirían un año de condena). El definitiva se trata de una solución que no es un óptimo de Pareto, frente a la cooperación (pacto social) que si lo sería, pero que depende de la conducta del otro "jugador". Por lo tanto, para asegurar el cumplimiento del pacto se necesitaría un sistema de control o vigilancia que recaería en el Estado y que conllevaría unos costes. También podríamos explicar que existirán muchas posibilidades de que surja el Estadio cuando los beneficios extraordinarios que obtienen los individuos al actuar cooperativamente sean muy superiores a los costes de mantenimiento del pacto social.

Para terminar, a través del análisis económico (teoría de juegos) aplicado a un ejemplo de actuación racional de dos individuos en materia económica, vamos a explicar cómo nace el Estado al demostrar cómo todos los individuos (agentes económicos – "jugadores") salen ganando cuándo deciden entregar a un tercero el monopolio de la coacción, el control y la vigilancia .

El individuo A (agente económico A) es agricultor y se dedica a la siembra y producción de trigo y el individuo B (Agente económico B) es ganadero y se dedica a la cría y explotación de ovejas.

Utilizando cada uno todos sus factores de producción, (mano de obra, tierra, capital...) dedicado a su actividad económica puede actuar de forma autónoma en autarquía, en cuyo caso su renta será el resultado de las unidades obtenidas y la venta de las mismas o bien recurrir al intercambio con el otro agente, en cuyo caso establecerán un contrato social entre ellos que respetarán de forma voluntaria, y la renta que obtendrán sería resultado del intercambio y del consumo propio.

La situación sería la siguiente, A agricultor produciría 12 TN de cereal Trigo, B Ganadero produciría 20 ovejas, el precio de venta del mercado será de 200 € oveja y de 320 € TN de trigo. En autarquía A tendría una renta de 3.840 € procedente de su actividad agrícola y B de 4.000 € procedente de la ganadería. Según el contrato que voluntariamente suscribirían A intercambiaría a B 5 TN a cambio de 8 ovejas ya que el valor de mercado de las 8 ovejas sería igual que el de las 5 TN. (Cuadro 3.1)

Si aplicamos la teoría de juegos, si ambos agentes económicos son honrados y mantienen su pacto los dos ganarían pues mantendrían su renta pero accediendo a una gama variada de productos beneficiosa para su alimentación. Sin embargo, si uno de los dos agentes resulta honrado y el otro intenta ampliar su beneficio personal incumpliendo el acuerdo y "robando Producto " a su socio, éste mejoraría su situación personal frente al socio honrado, situaciones del cuadro 3.1, (fila 1, columna 2 y fila 2 columna 1). En ambas situaciones además disminuye la producción total del socio honrado, puesto que al detectar robos en su producción debe dedicarse también a vigilar y proteger su producción. La renta de uno de los dos agentes disminuiría en beneficio del ladrón y el grupo perdería riqueza. En esta situación, roto unilateralmente el acuerdo de consenso, los dos agentes pueden optar por actuar en beneficio propio y actuar como ladrones, el resultado en términos económicos es malo, pierden los dos, su renta se reduciría al no poder dedicarse íntegramente a producir y llevar a cabo tareas de control y vigilancia y además haber sufrido disminución de la producción resultado del robo del otro agente económico. Ante tal situación ambos agentes económicos pueden decidir delegar en un tercero la función de vigilar y controlar y dedicarse a producir para intercambiar pero no por la vía voluntaria sino bajo la existencia del Estado (tercer agente, en quien se delega la capacidad de coacción para hacer cumplir con el contrato social y no delinquir). Pero ¿cuándo y bajo qué condiciones nacería el Estado?; y estaríamos ante un enfoque mixto en el origen del mismo. A y B pueden decidir que exista un tercero Estado que proteja sus propiedades y castigue las infracciones siempre y cuando no suponga un pago conjunto superior a 1240 € repartidos en función de los perjuicios que cada uno soportaría de la no existencia del Estado. La existencia de las normas constitucionales se explicaría por la necesidad de limitar las posibilidades de acción del único titular del uso de la violencia esto es del ESTADO.

Cuadro 3.1. Cuadro de Estrategias de Intercambio (teoría de Juegos)

Estrategias	B colabora	B roba
A colabora	B 4000 · 12 ovejas= 2400 / 5 TN cereal=1600 · TOTAL GRUPO 7840 · A 3840 · 7 TN = 2240 / 8 ovejas=1600	B 5280 · 20 ovejas=4000 / 4 TN cereal=1280 · TOTAL GRUPO 7200 · A 1920 · 10-4 TN = 1920 / 0 ovejas
A roba	B2000 · 17-7 ovejas=2000 / 0TN cereal · TOTAL GRUPO 7240 · A 5240 · 12 TN=3840 / 7 ovejas=1400	B 3280 · 17-7 ovejas=2000 / 4 TN cereal=1280 · TOTAL GRUPO 6600 · A3320 · 10-4TN=1920 / 7 ovejas=1400

Fuente: Elaboración propia

II. EL FUNCIONAMIENTO DEL ESTADO Y DE LAS INSTITUCIONES PÚBLICAS

Todos los individuos están constantemente obligados a tomar decisiones, y el Estado, como asociación de individuos, también lo está. Pero al pasar del nivel individual al nivel colectivo surge una nueva dimensión: la forma en que se agregan las decisiones de los individuos para dar lugar a una única decisión, la de la colectividad representada por el Estado. En los Estados democráticos, la toma de decisiones se hace mediante votación. Los votos son declaraciones formales de las preferencias de los individuos sobre situaciones particulares.

Los procesos de votación ofrecen diversos elementos que requieren una consideración independiente.

2.1. LA CONSTITUCIÓN

El proceso de votación puede ser considerado un juego en el que participan todos los miembros del Estado. Uno de los elementos básicos del proceso de votación es la Constitución, porque todo juego necesita de una constitución, es decir una regla o conjunto de reglas que marquen las pautas del juego y que den respuesta a preguntas como: ¿Quiénes están legitimados para participar en la toma de decisiones colectiva?, ¿Qué tipos de decisiones puede adoptar el Estado?, ¿cómo se identifica la voluntad preponderante? o ¿Qué sistema debe seguirse en la agregación de voluntades individuales?...

Existen dos tipos de decisiones tomadas por el Estado:

- Las Decisiones ordinarias que son aquellas decisiones normales que el Estado se ve obligado a tomar en el normal funcionamiento de sus instituciones.
- La Constitución engloba aquellas decisiones sobre cómo deben adoptarse las decisiones ordinarias.

¿Qué puede aportar el análisis económico sobre la constitución como proceso de toma de decisiones colectivas? A tal fin vamos a centrarnos en el estudio de lo que podemos denominar " la Constitución óptima" y como actúa frente a la misma un individuo estándar a la hora de tomar decisiones, en función a los costes de las mismas (gráfico 3.2).

Gráfico 3.2

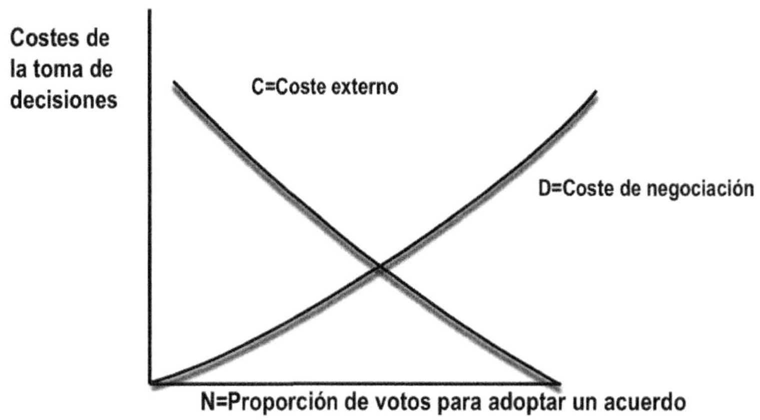

En cualquier decisión colectiva la regla utilizada para llegar a ella tiene gran importancia. Una norma aprobada con el acuerdo de los interesados nace con una perspectiva de costes de aplicación menor que los que surgirían si el acuerdo no se hubiera producido. Una estrategia de consenso tiene como resultado una situación óptima de Pareto ya que ninguna de las partes sale perjudicada respecto a la situación previa. La forma de tomar decisiones tiene costes, por una parte, los relacionados con el proceso de negociación y por otra parte aquellos relacionados con la regla de la votación para la aprobación de una determinada norma.

Para el individuo estándar, la toma de decisiones conlleva dos tipos de coste:

- El coste externo, que está ligado a la regla de votación o constitución que rija las tomas de decisiones del colectivo. (Curva C).
- El coste en tiempo y esfuerzo de negociación, que también está ligado a la regla de votación. (Curva D).

En relación a la curva C, cuando la regla que rija la toma de decisiones exija un numero ínfimo de votos (p. ej. 1), los costes externos del individuo estándar serán muy elevados. Y es que el individuo espera que el colectivo adoptará múltiples decisiones contrarias a su voluntad. A medida que la regla que rige la toma de decisiones es más estricta y requiere un mayor número de votos, el individuo estándar esperará que el número de decisiones contrarias a su voluntad sea menor, y por tanto la función C decrecerá. La función será igual a 0 en aquel punto en el que la regla que rige la toma de decisiones exija un número de votos igual al número de miembros, es decir, cuando haya unanimidad. En este caso, el individuo estándar tiene derecho de veto, lo cual le garantiza que el colectivo nunca adoptará una decisión contraria a su voluntad, por lo que no habrá ningún coste externo.

Por lo que se refiere a la curva D, cuando la regla que rija la toma de decisiones exija solo un voto, el coste en tiempo y esfuerzo para llegar a un acuerdo será ínfimo. A medida que la regla exige un número mayor de votos, comienzan a entrar en juego las acciones estratégicas, la necesidad de discusión y negociación, y por tanto la función D crecerá. Finalmente, cuando la regla sea tan estricta que exija la unanimidad, los costes de tiempo y esfuerzo de negociación serán tan elevados que pueden considerarse infinitos.

La suma de ambas funciones (C+D), es igual a los costes que tiene para el individuo estándar la existencia de una regla que exija un número determinado de votos; o lo que es lo mismo, el acuerdo de un número determinado de miembros del colectivo. La suma de C+D tiene forma de U, lo cual significa que existe una constitución óptima. Demuestra que no da lo mismo cualquier regla, sino que existe una regla (la que exige N=Número de votos = mínimo función C+D), que minimiza el coste que se deriva para el individuo estándar, por lo que será la regla preferida.

Ahora bien, no hay que suponer que el número de votos exigido por la constitución óptima (N0), es igual a la mitad más uno o a cualquier otro porcentaje. La regla óptima no es igual a regla de la mayoría.

La cuestión básica gira en torno a la siguiente pregunta ¿qué es más eficiente para el conjunto de la sociedad, reducir costes de aplicación de una política concreta llegando al consenso de las partes o realizar una reforma, aunque algunos de los grupos de interés la rechace. No existe una única respuesta, ya que casos diversos exigen respuestas distintas. La aprobación de normas por mayoría simple puede resultar conveniente en algunos casos mientras que en otros casos se pueden requerir mayorías cualificadas amplias e incluso la unanimidad (p. ej. en materia fiscal en la UE)

Por último, veamos cual es la relación que existe entre el número de actividades que el individuo estándar desea que sean desarrolladas por el Estado, y la regla que rige la toma de decisiones en el seno del mismo.

Gráfico 3.3

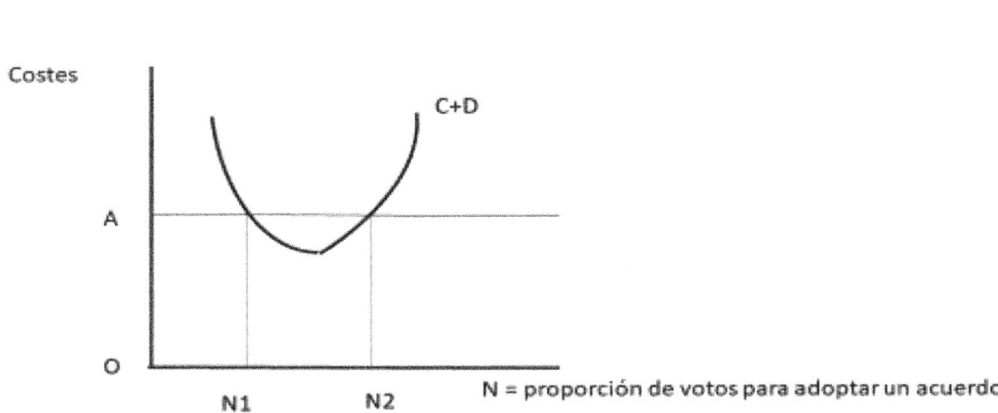

Si comparamos los costes derivados de las reglas (C+D) con los costes externos que para el individuo estándar conlleva una determinada actividad desarrollada por el mercado (OA), el individuo solo deseará la colectivización de esa actividad cuando la regla exija un número de votos comprendido entre N1 y N2. Y es que solo en ese caso C+D es menor que OA. Sin embargo, si la regla exigiese un número de votos mayor de N2 o inferior a N1, su coste sería superior al coste derivado de que esa actividad se desarrollase privadamente. Por lo que el individuo no apoyaría la estatalización de esa actividad, sino su privatización.

Si la "constitución" está muy cercana a la óptima, el individuo querrá que un mayor número de actividades sean desarrolladas en ese ámbito. Mientras que, si está muy lejana, deseará lo contrario.

2.2. EL SISTEMA DE VOTACIÓN

Los elementos básicos del proceso de votación están recogidos en la constitución, la cual determina el sentido de los resultados. Pero cómo se identifica la voluntad preponderante y qué sistema debe seguirse en la agregación de voluntades es lo que vamos a estudiar en este epígrafe ya que el resultado del proceso electoral depende del sistema de agregación de preferencias elegido por la constitución .

En democracia las decisiones públicas (generalmente conllevan ponderar intereses contrapuestos) se adoptan por votación entre los individuos cuando los individuos votan directamente las cuestiones públicas, hablamos de democracia directa p. ej. un referéndum; sin embargo, la mayoría de las cuestiones públicas no las deciden directamente los votantes, sino sus representantes elegidos, democracia representativa. Bajo ciertas condiciones la democracia directa y representativa conducen a las mismas decisiones de provisión pública, es por ello que vamos a estudiar los distintos mecanismos de votación en las mismas y a utilizar ejemplos con grupos reducidos. Entre los distintos sistemas de votación, la votación mayoritaria suele ser el mecanismo preferido colectivamente frente a los demás´. Con todas esta premisas vamos a estudiar el funcionamiento de la votación frente a la existencia de tres alternativas X, Y, Z (p. ej. tres distintos programas de gastos) y de tres grupos de votantes A,B,C según la preferencia elegida en primer lugar. A los meros efectos de elegir un ejemplo de fácil comprensión para el alumnado en su vida de estudiante, vamos a suponer que en un aula los estudiantes se reúnen para decidir cuál será el destino de su viaje de fin de curso. A tal fin se proponen 3 destinos :

- X México (Cancún).
- Y Francia (Paris).
- Z España (Picos de Europa).

Supongamos que el colectivo está formado por 100 individuos que se enfrentan a estas tres alternativas X, Y, Z; y en el grupo rige la regla de la mayoría. Sin embargo, no todos los alumnos tienen las mismas preferencias, supongamos que hay cuatro grupos de individuos. Según el sistema de votación mayoritaria el orden en la preferencia manifiesta el orden de la alternativa elegida . xPyPz significa que Vota en primer lugar México, en segundo lugar, Paris y en tercer lugar Picos de Europa. Realizadas las votaciones y ordenadas las preferencias de los votantes el resultado es:

- Para 50 individuos xPyPz.
- Para 40 individuos zPyPx.
- Para 4 individuos, yPxPz.
- Para 6 individuos, yPzPx.

Consideremos distintos sistemas de ponderación de los votos o voluntades de los alumnos y veremos cómo de cada uno de ellos se derivan distintas decisiones a pesar de que todos ellos parten de las mismas preferencias.

I. Supongamos un sistema de votación que refleja una estructura de ponderación (1:0:0), es decir, que da a cada individuo un voto y este voto recae sobre la primera preferencia.
    - La alternativa X recibiría 50 votos.
    - La alternativa Y recibiría 10 votos.
    - La alternativa Z recibiría 40 votos.

Por tanto, la ordenación de preferencias seria xPzPy y el grupo de alumnos viajaría a México

II. Supongamos un sistema de votación que refleja una estructura de ponderación **(2:1:0)**, es decir, que da a cada individuo 3 votos para que conceda 2 a la primera opción y 1 a la segunda.

- La alternativa X recibiría 104 votos (50x2 + 4x1)
- La alternativa Y recibiría 110 votos (50x1 + 40x1 + 4x2 + 6x2)
- La alternativa Z recibiría 86 votos (40x2 + 6x1)

Por tanto, la ordenación de preferencias seria yPxPz y el grupo de alumnos viajaría a Paris

III. Supongamos un sistema de votación en el que se conceda libertad absoluta para que cada individuo pondere las alternativas. Por ejemplo concediendo 100 votos a cada individuo para que los reparta entre las tres alternativas. Supongamos que los 50 individuos del primer grupo son moderados, los 40 del segundo son fanáticos, y el resto son indiferentes.
Para 50 individuos, la ponderación seria 50:30:20
Para 40 individuos la ponderación seria 90:10:0
Para 4 individuos la ponderación seria 40:35:25
Para 6 individuos la ponderación seria 40:35:25
- La alternativa X recibiría 2790 votos.
- La alternativa Y recibiría 2300 votos.
- La alternativa Z recibiría 4910 votos

Por tanto, la ordenación de preferencias seria zPxPy y el grupo viajaría a Picos de Europa.

En definitiva, vemos que, aunque las preferencias son las mismas, al utilizar distintos sistemas de ponderación de las preferencias de la votación, los resultados también son distintos. Por lo que sabiendo que la utilización de un sistema u otro puede afectar al resultado final, debemos apuntar a la importancia que tiene el conocimiento de la mecánica del procedimiento por el que se guía el funcionamiento del Estado para conocer el resultado de las mismas.

2.3. PROBLEMAS DE LOS SISTEMAS DE VOTACIÓN

Cualquier criterio de agregación, se puede utilizar como regla de elección colectiva, sin embargo, en las sociedades democráticas solo son aceptables aquellas reglas que cumplan determinados criterios de coherencia y respeto a las preferencias de los individuos. Las distintas reglas de votación deben de cumplir una serie de requisitos tales como que el resultado de la regla de votación no debe ser arbitrario, debe ser representativo de las preferencias de los votantes y no debe ser distorsionado por el comportamiento estratégico. La regla de votación más utilizada es la votación mayoritaria (mayoría simple) donde se requiere la mitad más uno de los votantes para que la medida sea aprobada.
El ejemplo más sencillo de mayoría simple sería aquel que considera 3 opciones y tres votante; sin embargo si cada votante elige una opción distinta, no se podría resolver aplicando la regla de la mayoría simple y se plantearía los siguientes problemas : ¿Cómo llegar a una solución para adoptar una medida? Y ¿ en qué casos nos encontramos con peculiaridades que pueden ser presentadas como problemas existentes en los mismos?.

2.3.1. La paradoja del voto y el problema de las mayorías cíclicas

En la práctica, la regla de votación más utilizada es la de la mayoría simple, según la cual, la propuesta que reciba más votos resulta vencedora. En el caso de número impar de votantes al menos se tiene que cumplir que la alternativa sea preferida por (n-1)/2 +1. Pero en determinados colectivos, la aplicación de esta regla puede originar decisiones inestables o arbitrarias. Esto se debe a que la opción vencedora depende del orden en el que se consideren las alternativas.

Supongamos que **A, B, C** son tres votantes que tienen las siguientes preferencias:

- Votante A: xPyPz.
- Votante B: yPzPx.
- Votante C: zPxPy.

Cuando existen más de dos alternativas, como en nuestro ejemplo, los votos de éstas deben de analizarse por un proceso sucesivo de dos a dos. Esto es:

I.   Si comparamos la alternativa X y la alternativa Y:
     - La opción X recibiría los votos de A y de C (2 votos).
     - La opción Y recibiría el voto de B (1 voto).

Luego **xPy**

II. Si comparamos la alternativa Y a la alternativa Z:
     - La opción Y recibiría los votos de A y de B (2 votos).
     - La opción Z recibiría el voto de C (1voto).

Luego **yPz**

Por lo que la alternativa X resultaría vencedora. Parece claro que xPy, y que yPz. Por tanto, según el axioma de la transitividad, xPz. Sin embargo, esto no es así, ya que, si comparamos la alternativa X y la alternativa Z, tendremos que:

     - La opción Z recibiría los votos de B y de C (2 votos).
     - La opción X recibiría el voto deA (1 voto).

Por lo que alternativa Z seria vencedora. Es decir, zPy Pero este resultado es incongruente con los anteriores. La conclusión que podemos extraer es que la alternativa que recibirá mayor número de votos es arbitraria, porque depende del orden en que se establezca la votación de los distintos pares de alternativas. Esto es así porque las preferencias son intransitivas, ninguna alternativa es preferida colectivamente, el proceso de votación se extendería indefinidamente sin alcanzar una decisión o equilibrio único, a las preferencias intransitivas se las denomina cíclicas. En este caso nos encontramos frente al fenómeno denominado "la paradoja del voto", donde el resultado final dependerá de la secuencia en la que se voten las alternativas, es arbitrario y además manipulando el orden de las votaciones se puede asegurar un resultado favorable. En esta situación estamos ante un modelo de picos múltiples. En el gráfico 3.3 se reconoce por tener forma de V asimétrica con dos máximos relativos en X y Z. La existencia de perfiles de preferencia de doble pico es condición necesaria pero no suficiente para que se produzca la paradoja del voto o problema de las mayorías inconsistentes. Cuando existe un problema de mayorías inconsistentes, no se cumple el teorema de la transitividad de las preferencias.

Gráfico 3.3. Paradoja del voto

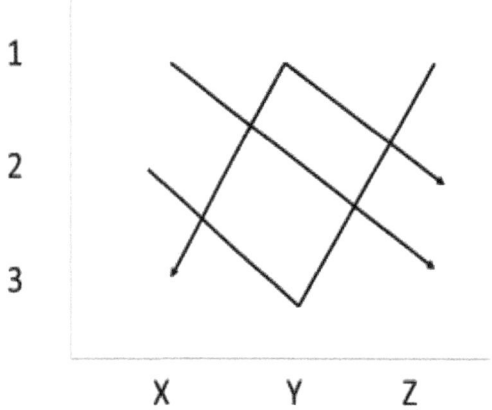

Pero esto no tiene por qué ocurrir siempre. Existen situaciones que no originan una ordenación social de preferencias inestable y cíclica, como ilustra el siguiente ejemplo, donde para que la regla de la mayoría conduzca a resultados no arbitrarios, la estructura de las preferencias debe de ser de un solo pico. Single peaked o máximo único y los votantes tienen preferencias unimodales (Gráfico 3.4). Esto es,

- Votante A: xPyPz
- Votante B: yPzPx
- Votante C: zPyPx

I. Si comparamos la alternativa Y y la alternativa Z:
- La alternativa Y recibiría los votos de A y de B (2 votos).
- La alternativa Z recibiría el voto de C (1 voto).

Luego **yPz**

II. Si comparamos la alternativa X y la alternativa Z:
- La alternativa X recibiría el voto de A (1 voto)
- La alternativa Z recibiría los votos de B y C (2 votos)

Luego **zPx**

III. Si comparamos la alternativa X y la alternativa Y:
- La alternativa X recibiría el voto de A (1 voto)
- La alternativa Y recibiría los votos de B y C (2 votos)

Luego **yPx**

Y si analizamos la relación entre X e Y, llegamos igualmente a la conclusión que yPx

De manera que el orden de preferencias seria yPzPx, un orden único y estable. La diferencia entre esta situación y la anterior es que ahora las preferencias del votante C ya no son zPxPy, sino zPyPx.

Gráfico 3.4. Single peaked, resultado único y estable

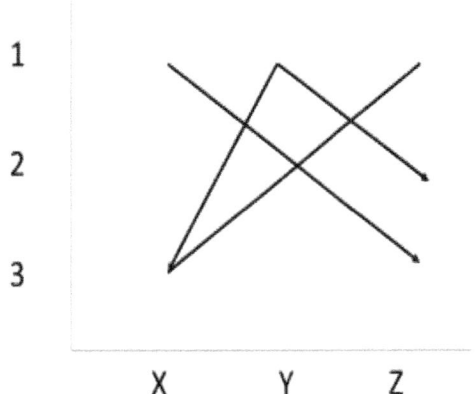

Esta diferencia hace que el grafico 3.3 presente una forma de V asimétrica con dos máximos; mientras que el grafico 3.4 presenta un único máximo (**single peaked**).

Podemos concluir que siempre que en un colectivo existan perfiles de preferencia de máximo único no existirá peligro de mayorías cíclicas que den lugar a decisiones arbitrarias. Esto es muy importante para la Hacienda Pública, ya que la mayor parte de las decisiones presupuestarias se adoptan en base a las preferencias de máximo único, lo que aminora el problema de las mayorías cíclicas, aunque sin llegar a anularlo.

2.3.2 El problema del intercambio de voto o *logrolling*

Los procesos de votación que hemos analizado eran **unidimensionales**, ya que se planteaban en torno a un único tema o cuestión. Sin embargo, en el funcionamiento normal de los Estados modernos, en los procesos de toma de decisiones se plantean decisiones sobre varias cuestiones simultáneamente, o sobre distintos programas de gasto público. En estos casos puede ocurrir también que la regla de aprobación por mayoría simple plantee un problema si ninguna propuesta la consigue. En estos casos es muy frecuente que se dé explícita o implícitamente el fenómeno del logrolling o intercambio de votos. Dicho problema consiste en la posibilidad de que a través del intercambio de votos o logrolling, un colectivo pueda adoptar **decisiones ineficientes**, es decir, que generen más costes que beneficio. Veamos un ejemplo.

Tabla 3.5. Propuestas de gastos (beneficios netos)

Grupo Político	Propuesta de Gasto I	Propuesta de Gasto II	Propuestas de Gasto I y II
A	800	-600	200
B	-700	1000	300
C	-500	-300	-800
Total	-400	+100	-300

Si los programas I y II se votaran de forma independiente, ninguno alcanzaría la mayoría, El Programa I solo ocasionaría beneficios al grupo político A y solo contaría con su apoyo y el Programa II por la misma razón solo contaría con el voto favorable del Grupo B, por lo que todos serian rechazados. Pero esto no ocurre si A, B y C relacionan los dos proyectos e **intercambian** votos entre sí.

Así p. ej. el votante A puede intercambiar votos con B. Si B vota el proyecto I (que beneficia a A), A vota al proyecto II (que beneficia a B). Este intercambio resulta positivo para ambos, pues A obtendría un beneficio de 200, y B un beneficio de 300. El gran **perjudicado** sería C, cuyos costes (-800) son superiores al beneficio conjunto de A + B (500) y por lo tanto el resultado final para el grupo sería ineficiente.

La solución óptima para el grupo sería que se aprobara solo la propuesta II pues el beneficio neto para la sociedad sería de 100.El intercambio de votos se puede dar con más programas y grupos, pero la mecánica de intercambio de votos según los intereses de cada grupo para buscar aliados es la misma.

Lo que muestra este supuesto es que es posible aprobar ambos proyectos, pero ello produce un resultado negativo para el colectivo. La conclusión es que el intercambio de votos constituye un problema, porque puede dar lugar a resultados o decisiones ineficientes, aunque no tiene que ser siempre así.

A diferencia de lo que ocurría con el problema de las mayorías cíclicas, en este caso las peculiaridades de las decisiones presupuestarias agudizan las posibilidades de que se dé este problema.

2.3.3 El caso del votante mediano

El votante mediano, es la situación que refleja con mayor exactitud el comportamiento del poder público cuando adopta sus decisiones. Supongamos que tenemos tres grupos políticos con tres distintas preferencias en relación al nivel de gasto que debe realizar el sector público. Según el ideario de cada grupo político su nivel de preferencia por el gasto público será distinto. Sea cual sea el orden en el que se presenten las alternativas se aprobará un nivel medio de gasto público, que es la opción preferida por el votante que tiene una posición intermedia en el conjunto. En los procesos políticos son precisamente los grupos que ocupan la franja intermedia los que logran con cierta facilidad que los resultados de las votaciones parlamentarias reflejen sus preferencias. Tabla 3.6 y Gráfico 3.7.

Tabla 3.6. Tabla de preferencias de Gasto (el votante mediano)

Grupo\Preferencia	1ª	2ª	3ª
Liberal/Conservador	Bajo	Medio	Alto
Centro	Medio	Bajo	Alto
Social/demócrata	Alto	Medio	Bajo

Gráfico 3.7

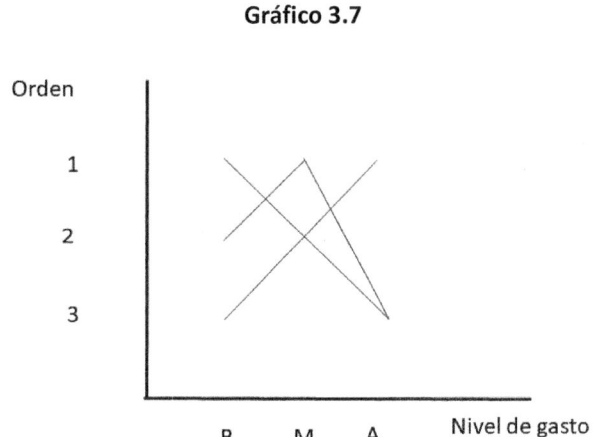

III. PROTAGONISTAS DE UNA DEMOCRACIA REPRESENTATIVA

Hasta ahora hemos trabajado con la hipótesis de que todos los miembros del Estado participan en la toma de decisiones del mismo. Sin embargo, la realidad es que en los Estados democráticos modernos, los ciudadanos no participan directamente en la toma de decisiones del Estado, sino que lo hacen a través de representantes (políticos). Es decir, tenemos un sistema de democracia representativa.

El análisis económico nos proporciona dos argumentos sobre por qué es mejor una democracia representativa.

- Argumento en términos de coste de oportunidad: participar en la toma de decisiones del Estado conlleva unos costes en tiempo y esfuerzo que no todos pueden asumir. Por lo que el esfuerzo es relegado a un grupo de ciudadanos especializados en esa actividad: los políticos. Cabe esperar que ellos sí que dediquen tiempo y esfuerzo para informarse y para negociar la solución más correcta.
- Argumento en términos de economía de escala: a medida que los Estados acogen a más ciudadanos, el sistema de participación directa incurre en deseconomías de escala al hacerse más complejo y costoso. En cambio, el sistema de la democracia representativa se ofrece como un sistema más eficiente; si bien las técnicas de comunicación y de procedimiento de datos aminoran la fuerza de este argumento.

Existen cuatro tipos de agentes protagonistas en los procesos de votación: votantes, políticos, burócratas, y grupos de presión. La teoría económica se ha ocupado de analizar el comportamiento de estos agentes que influyen en la actividad del sector público analizando los criterios de optimización por los que se mueven para satisfacer sus intereses y las restricciones a las que están sometidos.

3.1. VOTANTES

La existencia de un sistema de democracia representativa no quiere decir que los ciudadanos no tengan su protagonismo, pues desempeñan un papel crucial para el funcionamiento de la misma. El votante es quien elige a sus representantes políticos y al Gobierno, por lo que indirectamente es responsable de las decisiones que estos adopten.

Teniendo en cuenta que el ciudadano votante es el responsable último de las decisiones que adopten sus representantes políticos hay que preguntarse si los votantes solo están motivados por votar a aquellos políticos que propugnan solo políticas eficientes y justas. En esta línea, el análisis económico rompe con la dicotomía de que el individuo actúa en el mercado como un homo economicus (buscando su máximo beneficio), y en la esfera pública, buscando el bienestar común. Y en su lugar, considera que la intervención del votante en la toma de decisiones se guiará por el objetivo de maximizar su propio beneficio. Es decir, se parte de la hipótesis de que, *ceteris paribus*, el votante votará aquel candidato cuyo programa le proporcionará mayores beneficios. Esta hipótesis parece garantizar que los políticos propugnaran aquellas políticas que beneficien al mayor número de individuos.

Otra cuestión distinta es el grado de consciencia que el individuo tenga de esa motivación. Múltiples mecanismos sociológicos entraran en funcionamiento para autoconvencerse de que aquello que le favorece a él se identifica con el bien común, por lo que el voto se emite en base a consideraciones ajenas a su beneficio. La consecuencia de esta hipótesis es que nada garantiza que el votante vote aquellas políticas eficientes, pues si una política maximiza el beneficio individual de un votante será votada por este, aunque de ella se deriven más costes que beneficios.

En el análisis del comportamiento del votante podemos trabajar con otra hipótesis, la de ignorancia racional: los votantes están menos informados sobre sus decisiones políticas que sobre sus decisiones privadas en el mercado.

En cuanto a la información necesaria para tomar una decisión, los costes son mayores en las decisiones políticas que en las decisiones privadas. A este desequilibrio en los costes cabe añadir un desequilibrio en los beneficios, pues después de soportar los elevados costes, nada garantiza al votante que su partido salga vencedor, o (si sale vencedor) que implante su programa al 100%. Es decir, en las decisiones colectivas, los beneficios obtenidos de la información son muy inferiores respecto a las decisiones privadas.

Otra cuestión importante que merece la pena estudiar es la que se refiere a qué tipos de variables influyen en que los votantes se acerquen a las urnas y ejerzan su derecho al voto. Para dar respuesta a esta cuestión Downs propuso el siguiente modelo:

R= BxΠ+D-C, donde:

R= Acción de votar.

B= Beneficios que reporta al votante que gane el grupo político que prefiere. (beneficios individualizables).

Π= Probabilidad de que su comportamiento afecte al resultado de la votación. (Si la elección el muy reñida y su decisión puede afectar al resultado π será grande.

C=Costes que le supone acudir a votar en términos de actividades a las que debe renunciar para ejercer su voto. (votación en días laborales o festivos, lluviosos o soleados).

D= Beneficios que le produce al votante el hecho de participar en un proceso electoral como parte de un grupo y sentirse parte de una victoria colectiva.

3.2. LOS POLÍTICOS

Los políticos, en cuanto representantes del pueblo, son los más directos protagonistas en la toma de decisiones. Para ellos, los costes que conlleva el diseño de la política, se ven compensados por los beneficios que obtienen de participar más directamente que el resto de ciudadanos. Veamos cuales son las pautas de su actuación:

El análisis económico considera que no hay por qué romper con la presunción de la motivación del comportamiento humano en el mercado. El hombre público (político), ceteris paribus, actuará guiado por la maximización de votos que le permita mantenerse en el poder en la próxima campaña; ésto no quiere decir que no esté dispuesto a propugnar políticas beneficiosas para la sociedad, pero ello siempre que le garanticen la supervivencia política. Ahora bien, en base a esta hipótesis de maximización del voto, el político se verá obligado a propugnar aquellas políticas que sean deseadas por el electorado.

De esta hipótesis se derivan las siguientes consecuencias:

- En los países cuyo sistema electoral sea de carácter mayoritario y se genera una tendencia al bipartidismo, los grupos políticos tenderán a ocupar el centro políticos y sus ofertas electorales serán bastante similares. Sin embargo, cuando el sistema electoral sea proporcional y el resultado sea de tendencia al multipartidismo se generan soluciones inestables por la entrada potencial de competidores en los extremos.

- Con el objetivo también de maximizar los votos en periodo pre-electoral hay un importante aumento del gasto y las medidas menos populares (importantes aumentos del gasto) se adoptan cuando aún falta mucho tiempo para una consulta electoral.

- Peligro de que se genere una "ilusión política". De toda decisión política se derivan beneficios y costes, pero no siempre son detectados por el electorado. Dada la ignorancia racional que informa la actuación del votante, y la maximización de votos que informa la actuación del político, cabe esperar que los procesos políticos generen aquellas políticas en las que los beneficios sean más evidentes y los costes más ocultos. Y ello con independencia de que sean eficientes o ineficientes.

- El político tenderá a favorecer a aquellas políticas que conlleven beneficios importantes para grupos pequeños, y costes reducidos pero extendidos entre todos los miembros de la colectividad; y ello, aunque los costes superen con creces a los beneficios, y se trate por tanto de políticas ineficientes. Apoyado en la ignorancia racional del votante, el político sabe que propugnando aquellas políticas que favorecen los intereses de un grupo específico, puede ganarse el voto de dicho grupo sin que los costes asociados a él le hagan perder votos, puesto que los costes se tratan de distribuir para que ningún colectivo salga perjudicado. Por eso el mayor o menos grado de ignorancia racional es decisivo, ya que si el electorado detecta este desequilibrio entre costes y beneficios castigará al político retirándole su voto.

3.3. BURÓCATRAS (FUNCIONARIOS)

El término burocracia se ha aplicado tanto a instituciones públicas como privadas, pero existen diferencias.

- La burocracia de las instituciones privadas tiene que pasar por el test del mercado. Es decir, sus productos o servicios son ofrecidos a un precio.

- Las instituciones privadas actúan en competencia con otras instituciones que suministran el mismo tipo de bienes.

Ninguna de estas características es aplicable a la burocracia de las instituciones estatales, pues los bienes que éstas suministran no se financian a través de precios recaudados por el mercado, y además, estas instituciones actúan como únicos oferentes (monopolios de oferta).

Por tanto, vamos a centrarnos en la burocracia de las instituciones públicas. Cuando hablamos de burócratas en general tenemos que distinguir entre "los burócratas" propiamente dichos o funcionarios que son otros de los protagonistas del sector público, y la agencia que entrega los fondos y que puede ser el responsable político o el parlamento, y por lo tanto relacionados con el proceso de votación. Una vez que el poder legislativo adopta una decisión política, ésta debe ser implementada por las instituciones burocráticas; de manera que los burócratas no solo participan en la toma de decisiones, sino que también influyen en ella.

El análisis económico parte de la hipótesis de que el funcionario se guía por la maximización de su bienestar personal, lo cual, en términos de actuación de las instituciones públicas se traduce en el objetivo de maximizar el presupuesto adjudicado.

El sistema de promoción burocrática hace que solo puedan alcanzar puestos directivos aquellos funcionarios que están convencidos de la importancia del servicio suministrado por su organismo, y de la conveniencia de una asignación presupuestaria mayor. El funcionario busca maximizar el beneficio del Estado o minimizar sus costes, pero esto es solo en teoría. P. ej. si a un funcionario le dan 10.000€ de presupuesto, y solo gasta 9.000€ realizando el mandato encomendado significa que ha actuado bien, pues ha ahorrado dinero para el Estado. Sin embargo, desde otro punto de vista, el funcionario pierde prestigio, porque se considera que podía haber hecho algo más. En consecuencia, el año siguiente se le reducirá la asignación a 9.000€ de presupuesto y también el personal de apoyo del que dispone.

Conclusión: el funcionario debe gastar todo para ser considerado bueno en su trabajo. Los políticos no saben lo que cuestan las cosas (eso lo saben los funcionarios), por lo que siempre elegirán los proyectos más caros para así tener más prestigio y más presupuesto. De manera que la función tiende a maximizar el gasto. Como el funcionario va a cobrar lo mismo gaste mucho o poco, gasta todo. Para cambiar esta tendencia es necesario cambiar el sistema de incentivos.

Esta hipótesis tiene las siguientes consecuencias:

- Peligro de una "ilusión burocrática": las instituciones burocráticas, buscando incrementar los presupuestos asignados, y basándose en una presumible ignorancia racional de los políticos, intentan incrementar el suministro de los servicios más visibles y fácilmente medibles, en detrimento de otros más eficaces y necesarios.

- Peligro de que las instituciones burocráticas, y por tanto el sector público, actúe con presupuestos mayores a los que realmente necesita, siendo por tanto ineficiente. Este peligro existe por la fuerza negociadora que tiene la burocracia a la hora de negociar con los políticos los presupuestos. Para combatir este riesgo el Estado debe de utilizar informaciones adicionales o expertos independientes que evalúen el coste real de los servicios.

3.4. GRUPOS DE PRESIÓN

Los grupos de presión son grupos organizados de individuos y/o instituciones que están unidos por un interés común- la defensa de sus propios intereses -y que actúan de forma solapada, esto es, al margen del proceso electoral para influir en las decisiones políticas que les afectan, p. ej. sindicatos, asociaciones, Cámaras de Comercio, la Patronal, Tabacaleros, ONG…Los grupos de presión tienen su origen en grupos ya establecidos de forma voluntaria o coactiva y posteriormente deciden utilizar sus medios para influir en los resultados de la acción gubernamental. Los medios de los que disponen son de distinta índole y van desde la entrega de fondos para la elección de aquellos candidatos que pueden defender sus intereses desde el parlamento o gobierno (los límites sobre los mismos se establecen en las normas sobre financiación/ingresos de los partidos) hasta el suministro de información tanto a los votantes como al sector público que tiene que poner en marcha distintas medidas de política económica y necesita información ante las deficiencias en la información existente. En ambos casos, la solución pasa por consultar a los grupos de presión que disponen de la misma y que mejorará la capacidad de decisión racional al disponer de una mayor información. El peligro estriba en que la información facilitada por los grupos de presión tienda a favorecer los intereses de los grupos de presión, no sea completa y no sea neutral. A veces, la información que los grupos de presión pasan al Estado, es sesgada. En materia de costes, hay empresas privadas que pueden engañar fácilmente al Estado, especialmente cuando esa empresa es el único suministrador. Y por último está problema de los precios. Así p. ej. como la Sanidad es gratis, se consume por encima del nivel deseado.

El funcionamiento de la política fiscal nos informa de la influencia que ejercen estos grupos. En las decisiones relacionadas con el gasto público suelen influir grupos de consumidores o de productores, mientras que en las decisiones relacionadas con los impuestos suelen influir grupos concretos de contribuyentes. De hecho, el elevado porcentaje de gastos fiscales parece más el fruto de estas presiones, que de decisiones desinteresadas de la autoridad fiscal.

¿Cómo afectan estos grupos al funcionamiento del Estado? Los miembros del Estado que no formen parte de ningún grupo de presión pueden votar lo mismo que aquellos que si que forman parte de un grupo de presión, por lo que los resultados electorales serían los mismos. Sin embargo, como la actuación de los votantes se caracteriza por la ignorancia racional, y lo mismo cabe esperar de la actuación de los políticos, los grupos de presión pueden jugar un papel decisivo.

- A nivel de los políticos pueden informarles de hasta qué punto existe un interés en una determinada dirección.
- A nivel de los votantes, pueden informarles de hasta qué punto la actuación del político va a favor o en contra de sus intereses.

La última cuestión relevante sobre los grupos de presión se refiere a los motivos por los que un individuo o empresa decida participar en un grupo de presión. A cualquier agente económico le resulta más rentable beneficiarse de las acciones de los grupos de presión que incurrir en los costes que supone la pertenencia a un grupo de presión. Podemos decir que es más fácil la formación de grupos de presión cuando el número de integrantes de un grupo con los mismos intereses es menor, ya que el comportamiento *free rider* se producirá en los grupos más amplios. El problema de los grupos de presión es el desequilibrio en su representación de intereses.

- Aquellos intereses que afectan a un gran número de personas son difíciles que consigan originar un grupo para su defensa. Ello se debe a la existencia de *free riders*, es decir personas que no quieren contribuir a la formación de tal grupo porque una vez que se haya formado se beneficiarán igualmente hayan o no contribuido.
- En cambio, los intereses que afecten muy fuertemente a un número reducido de personas fácilmente originaran un grupo de presión, pues hay menos *free riders*.

A modo de **resumen** podemos decir que la motivación de cada protagonista es:

- En el caso el votante, que salga elegido el partido que mejor representa sus intereses.
- En el caso del político, ser elegido para formar parte de la clase política.
- En el caso del funcionario, su importancia o la vocación de ayuda al Estado.
- En el caso de los grupos de presión, influir en las decisiones políticas que les afecten.

IV. BIBLIOGRAFÍA

GARCÍA VILLAREJO, A. y SALINAS SÁNCHEZ, F.J. (1994), Manual de Hacienda Pública. Tecnos. Capítulo III.

BUSTOS GISBERT, A. (2017), Curso básico de Hacienda Pública. Civitas-Thomson Reuters. 4ª ed. Capítulo 3.

ALBI, E., GONZÁLEZ-PÁRAMO, J.M., ZUBIRI, I. (2017): Economía Pública I, Ed. Ariel, Barcelona. Capítulo 4.

GAMAZO CHILLÓN, J.C y VEGA MOCOROA, I. (2020) Notas para el Estudio de hacienda Pública. Universidad de Valladolid. Capítulo 3.

GUTIÉRREZ JUNQUERA, P. (1998). Curso de Hacienda Pública, Ediciones Universidad, Salamanca. Capítulo 8.

ROSEN, H.S (2002) Hacienda Pública McGraw Hill 5ª ed. Capítulos. 3 y 4.

STIGLITZ, J. E. (2009). *La Economía del Sector Público*, Antoni Bosch Editor, 3ª ed. Barcelona. Capítulo 7

VEGA MOCOROA, I. (2024), Compendio Básico de Hacienda Pública. Ediciones Universidad de Valladolid. Valladolid. Capítulo III.

V. EJERCICIOS

1   Las preferencias de A, B y C respecto a tres opciones ordenadas de mayor a menor preferencia son las siguientes: A= xPyPz, B= yPzPx y C= zPxPy. Para la elección utilizamos la regla de la mayoría simple, comparando dos a dos.

   a) Se producirá ciclicidad en el resultado, sin alcanzarse nunca el equilibrio, porque las preferencias de B son bimodales.

   b) Si cambiásemos las preferencias de C por unas nuevas C'= zPyPx no se produciría la paradoja del voto.

c) Todas las anteriores.

d) Ninguna de las anteriores.

2   La Cámara de representación territorial de las 17 CCAA tiene que pronunciarse sobre 2 proyectos de inversión, aplicando la regla de la mayoría absoluta, esto es 9 sobre 17.

El Proyecto I causa ingresos valorados en 400 Meuros a 5 comunidades autónomas y sus costes son de 100 Meuros por cada Comunidad Autónoma y el Proyecto II causa ingresos de 300Meuros a 6 CCAA y los costes son similares al proyecto I. Construya un cuadro para valorar los ingresos y gastos de ambos proyectos.

a) Si se votasen independientemente ambos proyectos ¿Cuál sería el resultado? ¿se aprobaría? ¿sería eficiente?

b) En un sistema de concesiones mutuas ¿Cómo funcionaría el intercambio de votos? ¿se aprobaría? ¿sería eficiente?

3   Con el fin de asentar los conceptos y explicaciones del tema, después de la exposición correspondiente y de la lectura del tema y sin copiar del manual, realice un mapa conceptual o esquema del tema y de sus principales capítulos en un folio blanco; posteriormente, contraste con el manual si hay aspectos del esquema que no ha completado satisfactoriamente y reflexione sobre el porqué si es por falta de estudio o de comprensión.

TEMA 4   LOS BIENES PÚBLICOS

Existen situaciones en las que el funcionamiento autónomo del mercado no garantiza una asignación eficiente de recursos, de forma genérica, decimos que nos encontramos ante fallos del mercado. Cuando el mercado resuelve de forma eficiente los problemas de la asignación de recursos, esto es: qué producir, a qué precio y cómo producirlos, el papel del sector público es muy limitado; sin embargo, cuando nos encontramos que el mercado falla en la asignación de recursos, interviene el sector público para suplir las deficiencias del mercado. En este capítulo vamos a estudiar el caso de los bienes públicos o de consumos colectivo y cómo el Estado se encarga de su provisión, aunque no se encargue directamente de su producción. La cuestión clave se centra en cómo se financia la producción de los bienes públicos.

El capítulo está estructurado en tres partes: en la primera parte revisaremos el funcionamiento del Mercado puro, en una segunda parte vamos a estudiar sus características por diferencia con los bienes privados y finalmente, cómo se produce un suministro eficiente de los mismos por el sector público.

I. LA ASIGNACIÓN EFICIENTE DE RECURSOS DE UNA ECONOMÍA PURA DE MERCADO (SIN GOBIERNO)

Con carácter previo al estudio de la intervención del Estado en el funcionamiento del sistema económico procede repasar las principales características de la Economía de Mercado o Economía "pura" de Mercado. En una Economía de Mercado, el Estado no utiliza su poder coactivo para establecer impuestos, ni interfiere en la determinación de los precios, simplemente es un "Estado policía" que se limita a garantizar el respeto de los derechos de propiedad y normas de intercambio.

1.1. CARACTERÍSTICAS DE LA ECONOMÍA DE MERCADO

La Economía de mercado se caracteriza por lo siguiente:

1. El comportamiento de los agentes económicos este guiado por el intento de maximizar su utilidad.
    *   Las economías domésticas en su consumo distribuyen sus rentas entre los bienes para maximizar el bienestar que perciben por el mismo.
    *   Las empresas en su actividad productiva asignan los factores de producción para maximizar su beneficio.
2. Los diversos agentes económicos solo obtienen utilidad de sus propias actividades de consumo o de producción, sin que interfieran las actividades de consumo o producción realizadas por otros agentes.

3. Las actividades productivas solo generan bienes privados puros, los cuales se caracterizan por ser rivales y aplicárseles (técnica y económicamente) el principio de exclusión.
4. En los mercados de competencia perfecta existe un numero suficientemente grande de compradores y vendedores, de forma que ninguno de ellos pueda influir en el precio.

1.2. FUNCIONAMIENTO DE LA ECONOMÍA DE MERCADO

1.2.1 Vertiente de la demanda

En la economía de mercado, cada individuo demanda aquella cantidad de X para la que la utilidad de la última unidad comprada es igual a la utilidad de los bienes a los que debe renunciar para adquirir el bien X.

Gráfico 4.1 Curva de Demanda del bien X para un individuo

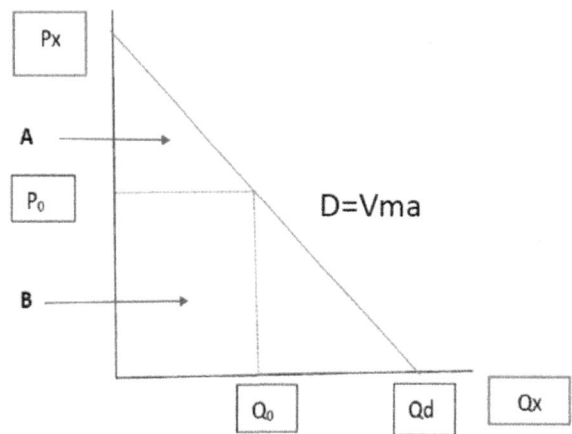

El carácter decreciente de la curva de demanda indica que este individuo está dispuesto a pagar un precio cada vez menor a medida que aumenta la cantidad consumida de X. Una interpretación del carácter decreciente de la curva de demanda identifica a ésta con el Valor marginal que supone para el individuo el consumo de distintas cantidades de un bien, esto es cuando se consume una unidad el VMa es muy elevado pero a medida que aumentan las unidades consumidas, el VMa va disminuyendo hasta llegar a 0. El VMa expresado en unidades monetarias es el precio del bien, en nuestro caso será su precio en euros (€). Por todo lo anteriormente dicho, la curva de demanda refleja el valor marginal (expresado en términos monetarios) que para dicho individuo tienen las distintas cantidades consumidas de X. Así, cuando el consumo de X es 0, el individuo está dispuesto a pagar un precio alto por la primera unidad. Pero a medida que se incrementa el consumo de X, el valor marginal disminuye, llegando a ser 0 cuando la cantidad consumida es Qd.

Como este individuo es precio-aceptante, para maximizar su utilidad compra aquella cantidad de X para la que el precio coincide con su valor marginal. Si este precio es p_0, el individuo maximizará su utilidad consumiendo q_0. El consumo de q_0 proporciona una <u>utilidad</u> correspondiente al área comprendida por debajo de la curva de demanda (A y B); pero como para adquirir q_0 unidades, el individuo tiene que incurrir en un <u>gasto</u> (área B), al final el individuo tiene un excedente de utilidad - área A - (UT-G). Esto es lo que se denomina excedente del consumidor.

Cuando queremos hallar la demanda de un colectivo de individuos, el grupo más pequeño estaría formado por dos individuos (i+j), la demanda total de X que corresponda a un colectivo será igual a la suma horizontal de las demandas de X de cada individuo del colectivo (en el caso del grupo reducido la suma de la demanda de i + la demanda de j del bien X y la QE será la suma de las Q_x para el mismo precio de los individuos del colectivo).

Gráfico 4.2 Curva de Demanda total

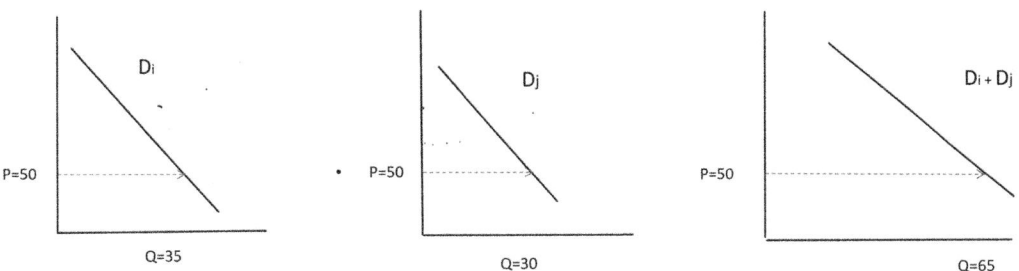

1.2.2. Vertiente de la oferta

En la economía de mercado, las empresas producirán aquella cantidad de bienes que les haga maximizar sus beneficios. De manera que las empresas producirán más unidades de X cuando los ingresos adicionales que obtengan de ese incremento sean superiores a los costes adicionales que lleve su producción. Es decir, las empresas máximizadoras de beneficios producirán más unidades del bien X siempre que los ingresos marginales derivados de ese incremento de producción sean superiores a los costes marginales derivados de la misma. La maximización de beneficios se obtendrá en aquel nivel de producción de X para el que el Coste marginal CMa sea igual al precio de X en el mercado.

Como las empresas son precio aceptante, sus ingresos marginales son el precio, por lo que maximizaran beneficios cuando el coste marginal (parte ascendente a partir del mínimo) representa la oferta de cada empresa e indica la cantidad producida para cada precio en el mercado. La curva de coste marginal representa la oferta de la empresa.

Gráfico 4.3 Curva de Oferta para un bien X para una empresa

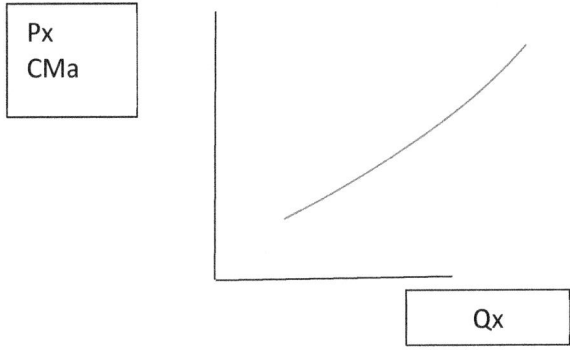

La oferta total de X será la suma de las cantidades ofrecidas por las distintas empresas. La oferta total de X, además de mostrar la relación entre el precio y cantidad producida, refleja también el valor de otros bienes que (en caso de pleno empleo) podrían haberse producido. Por lo tanto, para que las empresas produzcan una unidad más de X, esta unidad adicional ha de ser intercambiada a un precio al menos igual a su coste marginal. Lo cual supone que los consumidores deben valorar esta unidad adicional al menos tan alto como valoran aquellos bienes a cuya producción se renuncia al producir esa unidad de X.

A modo de ejemplo, vamos a estudiar el caso de un mercado compuesto por 2 empresas: A y B.

Como la empresa A y B incurren en unos costes marginales crecientes, la oferta total de ese bien en el mercado solo se incrementará cuando suba el precio. Así, para un precio P_0, la empresa A maximizara beneficios produciendo QA; y la empresa B produciendo QB. De manera que la oferta total es igual a QA + QB.

Gráfico 4.4

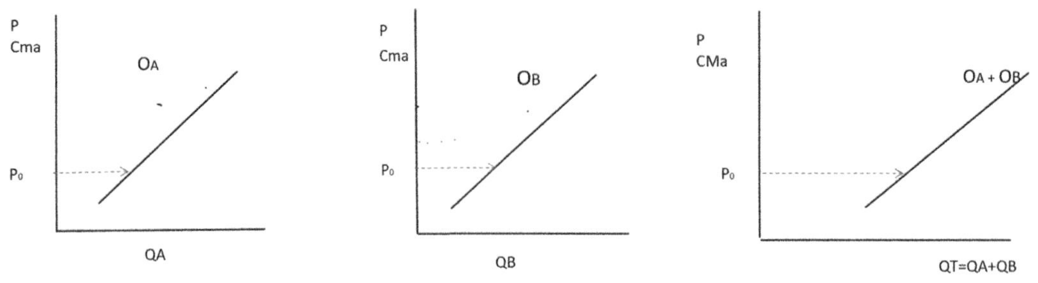

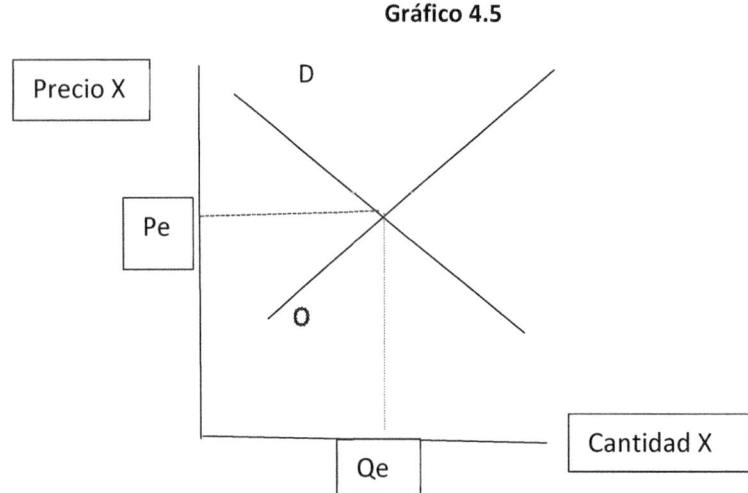

1.2.3. Equilibrio de mercado

Los consumidores de X solo estarán satisfechos con el consumo de aquella cantidad de X para la que el precio sea igual a su valor marginal. Mientras que las empresas solo mantendrán la cantidad producida si el precio de X es igual al coste marginal. Cuando la Vma de los consumidores y el Cma de las empresas sean ambas iguales al precio, la cantidad ofrecida por los productores y la demandada por los consumidores serán iguales y el mercado de X está en equilibrio.

Gráfico 4.5

La función D mide el valor marginal de X, mientras que la función O mide el valor marginal de otros bienes a los que se ha renunciado para producir X.

Podemos decir que el nivel de equilibro es óptimo de Pareto, es decir, económicamente eficiente. Pues ninguno puede mejorar su situación sin que alguien vea empeorada la suya. Esta es la situación deseable, pero en la práctica nos encontramos con que el mercado falla, no se produce una asignación eficiente de recursos de la cantidad producida lo que hace necesaria la intervención del Estado.

II. CONCEPTO Y NATURALEZA DE BIENES PÚBLICOS

Uno de los supuestos en los que se basaba la economía de mercado es que en la misma solo había bienes privados; esto es, aquellos que se caracterizan por ser rivales y aplicárseles (técnica y económicamente) el principio de exclusión; sin embargo, en la realidad existen otro tipo de bienes con unas características distintas de las de los bienes privados. La denominación de bienes públicos no tiene nada que ver con el suministro público, sino que se refiere a cierto tipo de bienes caracterizados por la no rivalidad, y la no aplicación del principio de exclusión.

2.1. LA NO RIVALIDAD DEL CONSUMO

Un bien es no rival cuando varias personas pueden consumirlo simultáneamente, sin que el consumo de una persona entre en rivalidad con el de las otras. Por eso, también se denominan bienes de consumo colectivo, de beneficios indivisibles o de oferta conjunta (que no tienen nada que ver con la producción conjunta).

El ejemplo típico de bien no rival es la Defensa, pues ésta alcanza por igual a todos los ciudadanos de un país con independencia del lugar de residencia. Pero que sea no rival, no quiere decir que todos los ciudadanos la valoren igual; algunos la valorarán positivamente, otros relativamente y otros negativamente. Sin embargo, lo cierto es que todos ellos consumen la misma cantidad.

La Defensa alcanza a toda la geografía nacional, pero no ocurre lo mismo con un faro, que, a pesar de ser un bien no rival, solo puede ser consumido por los pescadores de esa zona. Estas limitaciones geográficas que caracterizan a la no rivalidad de algunos bienes públicos condiciona el nivel de administración financiera de su suministro.

Los bienes privados son rivales, y esta rivalidad es lo que permite al mercado "racionar" dichos bienes en base al sistema de precios. En términos de mercado, se efectúa la asignación o racionamiento de los bienes privados, concediendo el consumo de las unidades de un bien privado producido a quienes manifiesten una mayor valoración de ese bien. El que valore más el bien y esté dispuesto a pagar un mayor precio, será quien lo consuma. En cambio, como los bienes públicos son no rivales no hay ningún problema de "racionamiento", y por tanto el mercado como asignador de recursos no es necesario.

2.2. LA NO APLICABILIDAD DEL PRINCIPIO DE EXCLUSIÓN

En los bienes privados se puede excluir del beneficio de su consumo a aquellos que no estén dispuestos a pagar el precio estipulado. Sin embargo, esta exclusión no puede aplicarse a los bienes públicos. La no aplicación del principio de exclusión en el caso de los bienes públicos puede tener un origen doble.

- En algunos casos la aplicación del principio de exclusión es **técnicamente imposible**. P. ej. la Defensa.
- En otros casos, la aplicación del principio de exclusión es técnicamente posible, pero **económicamente no**, ya que su aplicación resultaría demasiado costosa. P. ej. el tráfico por el centro de las ciudades "en hora punta" es rival con el de otros coches. En teoría el Ayuntamiento podría aplicar el principio de exclusión obligando a pagar un peaje para circular por una determinada calle. De manera que aquellos cuya valoración fuese superior al peaje circularían por dicha calle, y el resto serían excluidos. Sin embargo, sus elevados costes hacen que no sea económicamente factible.

Otra cuestión a tener en cuenta es que no siempre es fácil distinguir entre la no rivalidad y la no aplicabilidad del principio de exclusión. Cuando un bien reúna ambas características será un bien público puro. Pero hay bienes que solo reúnen una de ellas. Así p. ej. hay bienes que son **no rivales**, pero **sí** que se les aplica el principio de **exclusión**. P. ej. la televisión por cable, o los partidos de futbol. Es por ello por lo que no se considera bienes públicos a los espectáculos en general ya que en estos casos no se da una de las dos características definitorias de los bienes públicos, son bienes no rivales pero se puede aplicar el principio de exclusión.

2.3. EL PROBLEMA DE LOS *FREE RIDERS*

El hecho de que los bienes públicos reúnan esas dos características, da lugar al problema de los *free riders* o "consumidores libres de carga". Una vez que el bien público ha sido producido, **beneficia por igual** a todos los consumidores, tanto a los que colaboran en su financiación como a los que no. Estos últimos son los denominados con el termino anglosajón de *free riders*; nadie puede excluir por definición a los *free riders* del consumo de un bien público.

Este problema no se da en los **bienes privados**, donde el racionamiento de los mismos es realizado por el mercado. Solo aquellos consumidores cuya valoración sea al menos igual al precio lo consumirán, y el resto quedarán excluidos.

El fenómeno de los *free riders* es un **problema** porque hace que el mercado no sirva como instrumento de asignación, el sistema de precios falla.

El problema de los *free riders* guarda relación con el tamaño del colectivo de consumidores a quienes afecte la producción de bienes públicos.

- Supongamos que en el caso del faro el colectivo lo forman solo **40** pescadores. En este caso, la posibilidad de que surjan *free riders* existe, pero es **más aparente que real**. Si la construcción del faro cuesta 4.000.000 €, puede acordarse que cada pescador aporte 100.000€. Si uno de ellos decide actuar como *free rider* negándose a pagar, técnicamente podría hacerlo y los demás acabarían asumiendo su parte del coste, en este caso asumiendo cada uno 102.564€. Sin embargo, esto es más teórico que real, puesto que, si más pescadores deciden actuar igual, existe el peligro de que el faro nunca se construya. Cuando el colectivo es **reducido,** por ejemplo, **5 pescadores**, el peligro de los *free riders* **se reduce**, ya que el riesgo de que no se llegase a construir el faro sería mayor. Siguiendo con nuestro ejemplo, si un pescador actuara como *free rider* incrementaría el coste financiación de los otros, asumiendo entre todos el 20% del *Free Rider* y puede que alguno dejara de estar interesado al no poder hacer frente a este incremento y la obra no se llegará a ejecutar; por lo que si el interés y la necesidad de que la obra se realice es real ninguno de los beneficiarios actuaría como *free rider*.
- En cambio, si el colectivo es muy **grande**, el peligro de los *free riders* es mucho **mayor**, ya que cada pescador pensará que su no contribución no conlleva ningún riesgo para la construcción del faro. Es decir, cada pescador pensará que tiene asegurado el consumo del faro, aunque no contribuya a su financiación pues el resto asumirá el coste y el Faro se construirá.

Podemos concluir que en el caso de los bienes públicos que afectan a un colectivo muy amplio (p. ej. Defensa, alumbrado), la existencia de *free riders* es algo más que una posibilidad. En el resto de casos, de bienes públicos que afecten a colectivos muy reducidos, la posibilidad es más teórica que real.

2.4. CLASIFICACIÓN DE LOS BIENES

Vamos a utilizar las dos características de consumos posible, (rival y no rival) junto con el principio de exclusión para determinar la naturaleza de los bienes económicos y realizar un cuadro clasificatorio de todos los bienes económicos que nos sirva para ubicar y determinar conceptualmente a los bienes públicos.

Los bienes económicos podemos clasificarlos en tres categorías distintas:

- Bienes **privados puros**: son aquellos bienes rivales a los que se les aplica el principio de exclusión. P. ej. alimentos, ropa.

- Bienes **públicos puros**: son aquellos bienes no rivales a los que no se les aplica el principio de exclusión. P. ej. Defensa, alumbrado, bomberos, faro.
- Bienes **privados impuros**: son aquellos que reúnen una característica de cada tipo de bien. Existen dos posibilidades:
   - Que sean bienes **rivales**, pero que **no** se les aplique el principio de **exclusión**. P. ej. el tráfico por una calle congestionada.
   - Que sean bienes **no rivales**, pero que sí que se les aplique el principio de **exclusión**. P. ej. transportes públicos, la televisión por cable, los espectáculos públicos...

Estas categorías intermedias, según los casos, pueden recibir un tratamiento más afín a los bienes públicos puros o a los bienes privados puros, pero en todo caso no son bienes públicos puros y no podemos incluirlos en dicha categoría.

Cuadro 4.6

	Aplicabilidad del Principio de exclusión	
Característica del consumo	Es Aplicable	No es Aplicable
Rival	Bien **privado** puro Alimentos, ropa	Categoría intermedia Bien privado no puro Calle congestionada
No rival	Categoría intermedia Bien privado no puro Espectáculos, programas de televisión	Bien **Público** Puro Defensa, justicia, seguridad ciudadana

III. SUMINISTRO EFICIENTE DE LOS BIENES PÚBLICOS

En el caso de los bienes públicos el mercado falla como mecanismo de asignación de recursos, es el sector público quien se encarga de la provisión de los bienes públicos, sin embargo, existe un mecanismo hipotético que cumpliría las funciones del mercado. El estudio de estos sistemas hipotéticos de asignación es lo que constituye el estudio del modelo teórico que determina la cantidad óptima de provisión de bienes públicos.

3.1. LAS CONDICIONES DE EFICIENCIA EN LA PROVISIÓN DE BIENES PÚBLICOS

En el modelo más sencillo para los bienes públicos puros, las condiciones de eficiencia cambian respecto al mercado. Vamos a analizar la curva o pseudocurva de Demanda de bienes públicos en un mecanismo de pseudomercado. Vamos a simular utilizar los criterios que guían al mercado en equilibrio con unos bienes que no son privados y por lo tanto con unas curvas de demanda ajustadas a las características de los bienes públicos.

En este modelo sencillo vamos a suponer que existen dos grupos de demandantes (A y B) para un mismo bien público "**G**". En el caso de los bienes públicos no es posible que A y B dispongan de cantidades diferentes del bien público, ya que se trata de un bien de consumo no rival y por lo tanto que se consumen simultáneamente por ambos grupos de demandantes. En estas circunstancias la demanda total del bien público no se calcula sumando cantidades como ocurría en el mercado puro (gráfico 4.2). En este caso la suma de las curvas de demanda no se realiza en horizontal sino en vertical, esto es: teniendo en cuenta que las unidades del bien se consumen simultáneamente tenemos que estudiar ¿Cuánto está dispuesto a pagar el grupo A por una Q de bien G? y ¿cuánto estará dispuesto a pagar el grupo B? El foco de atención ha de ponerse en la VMa (D) de cada grupo y la demanda total de la sociedad responderá al precio que estaría dispuesta a pagar la sociedad y que se correspondería con la suma de los precios que estarían dispuestos a pagar ambos grupos. La demanda total de un bien público se obtiene sumando para cada cantidad posible, los precios que están dispuestos a pagar los distintos demandantes. Teniendo en cuenta que los precios están situados en el eje vertical del gráfico, se dice que la demanda total de un bien público se representa sumando verticalmente las demandas individuales.

Gráfico 4.7 Demanda total de bienes públicos

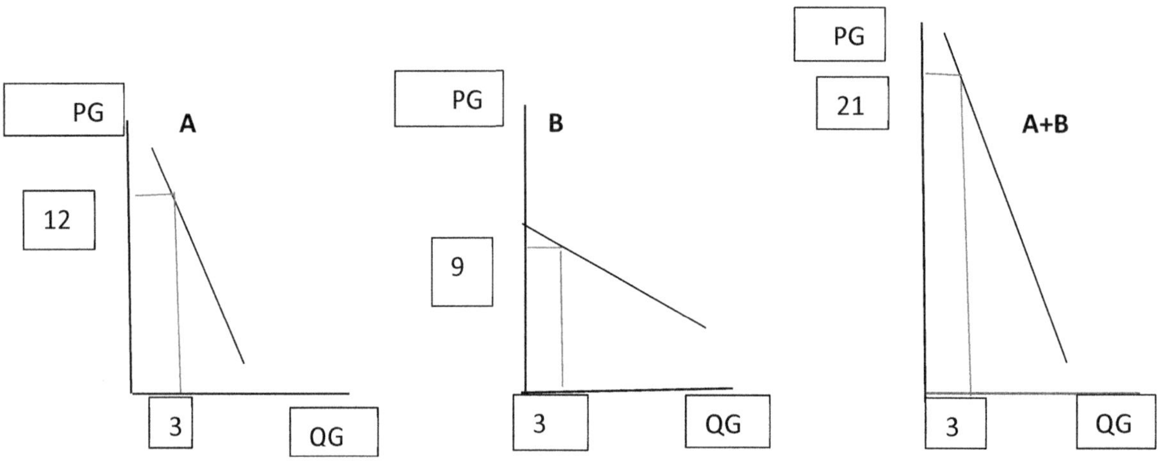

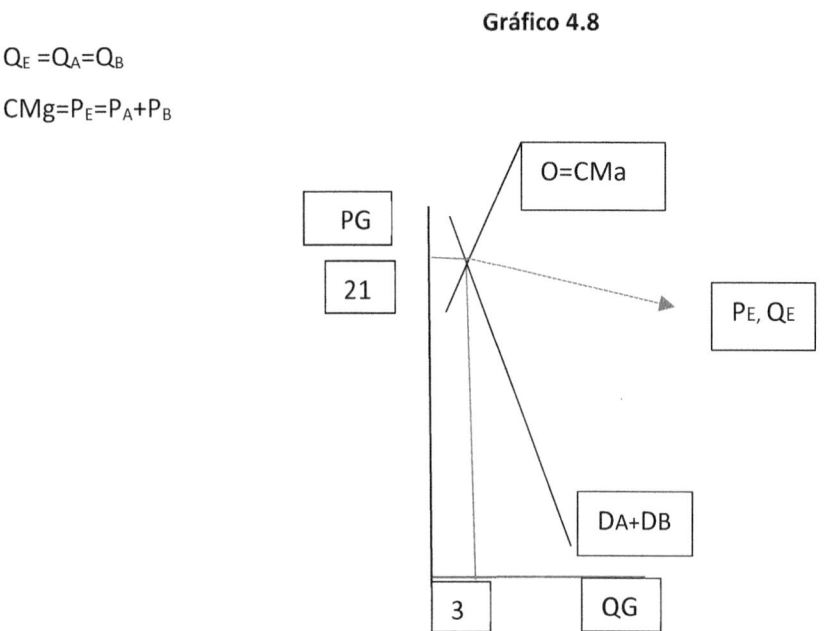

Una vez obtenida la demanda total de bienes públicos para conocer las condiciones de la eficiencia en la provisión de los mismos deberíamos incluir la oferta de forma que podamos establecer la condición de equilibrio en este hipotético mercado. En este mecanismo de mercado las condiciones de asignación se invierten con respecto a las estudiadas en el caso de los bienes privados. En el mercado la cantidad de equilibrio era la suma de las cantidades demandadas por los distintos grupos de consumidores y, aquí la cantidad de equilibrio es la misma para todos los demandantes y sin embargo el precio de equilibrio será igual a la suma de los precios de los demandantes y simultáneamente al coste marginal de producción.

Gráfico 4.8

$Q_E = Q_A = Q_B$

$CMg = P_E = P_A + P_B$

Este mecanismo o pseudo mercado plantea una serie de problemas a los que vamos a intentar dar respuesta estudiando un modelo de equilibrio parcial sencillo con 2 consumidores con distintas Valoraciones Marginales o curvas de demanda que nos indicarán lo que estarían dispuestos a pagar los distintos individuos pero que no significa necesariamente que el reparto en la financiación del bien público se ajusta a las mismas. Este reparto respondería claramente a la aplicación del principio del beneficio en el reparto, sin ninguna otra finalidad de carácter redistributivo y que requiere de un consenso en el reparto por parte de los consumidores que caso de existir *free riders* no se aceptaría.

3.2. ASIGNACIÓN EFICIENTE DE RECURSOS EN LA PRODUCCIÓN DE LOS BIENES PÚBLICOS: ANÁLISIS EN UN MODELO DE EQUILIBRIO PARCIAL

El estudio de la asignación eficiente de recursos en la producción de bienes públicos, al igual que en el caso de los bienes privados, puede abordarse desde dos enfoques: el del equilibrio parcial, y el del equilibrio general. A nosotros nos interesa solo el primero de ellos.

El enfoque parcial, parte de la base de que los gastos, las rentas del consumidor, y los precios, son datos que nos vienen dados. De manera que en base a estos datos podemos establecer la situación de equilibrio entre el precio y la cantidad producida de un bien G.

La producción eficiente de un bien público será aquella en la que el coste marginal de producir G es igual a la valoración marginal que de él tengan los consumidores.

A continuación, vamos a analizar 3 casos distintos y veremos en qué caso podemos decir que existe una asignación eficiente para el colectivo (A+B) y en cuales no y por lo tanto en qué casos el Estado tiene que intervenir al no existir acuerdo o cooperación entre los demandantes del sector público, teniendo por resultado una asignación ineficiente de recursos el mecanismo del pseudomercado presentado.

Supongamos que el coste marginal de G es constante; es decir que el coste unitario (coste medio) es el mismo independientemente de la cantidad producida (e igual al coste marginal). Y supongamos también que solo hay dos consumidores: i y j, los cuales tienen una valoración marginal distinta.

- i está dispuesto a pagar un máximo de 80 por el bien G.
- j está dispuesto a pagar un máximo de 60 por el bien G.

En el primer caso producir una unidad cuesta 100, luego Cmg =Cme =100; en este caso ninguno está dispuesto a pagar esa cantidad, el bien G no se llegaría a producir.

Gráfico 4.9

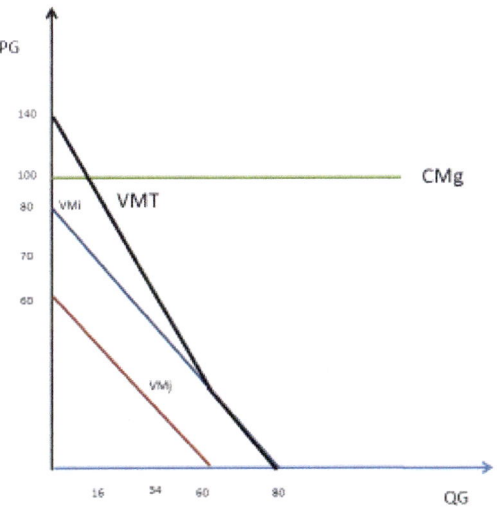

ASIGNACIÓN EFICIENTE DE RECURSOS EN LA PRODUCCIÓN DE LOS BIENES PÚBLICOS: Sin colaboración

La función de valoración marginal del colectivo se denomina ***pseudo curva de demanda***, y es igual a la suma vertical de las curvas de demanda (o de valoración marginal) individuales. La razón por la que no se suman las curvas horizontalmente (como ocurría con los bienes privados) es por la no rivalidad.

La valoración conjunta de la primera unidad es de 140 (60+80). Desde la unidad 60 hasta la 80, la valoración del colectivo se identifica con la valoración de i, ya que la valoración de j a partir de la unidad 60 es cero.

Como ya hemos señalado, la actuación independiente de los miembros del colectivo hace que en este caso no se llegue a producir ninguna unidad. Pero esto no ocurre siempre.

En el segundo caso, mantenemos las dos curvas de demanda o pseudodemandas, pero suponemos que los costes de producción de G son de 70. En este caso, j no demandaría ninguna unidad, puesto que lo máximo que está dispuesto a pagar es 60. Pero como i está dispuesto a pagar un máximo de 80, y de acuerdo al axioma de maximización de utilidad, i demandaría 16 unidades, ya que en este punto se cortan su curva de demanda y los costes.

De manera que se producirían 16 unidades, las cuales serían consumidas simultáneamente por **i** y por **j (quien actuaría como un *free rider*).** Pero la valoración marginal del colectivo es notablemente superior al coste marginal, por lo que la producción de 16 unidades no es una asignación eficiente. Se dice que el **mercado "falla"**, porque la producción no es eficiente.

Gráfico 4.10

ASIGNACIÓN EFICIENTE DE RECURSOS EN LA PRODUCCIÓN DE LOS BIENES PÚBLICOS: Sin colaboración

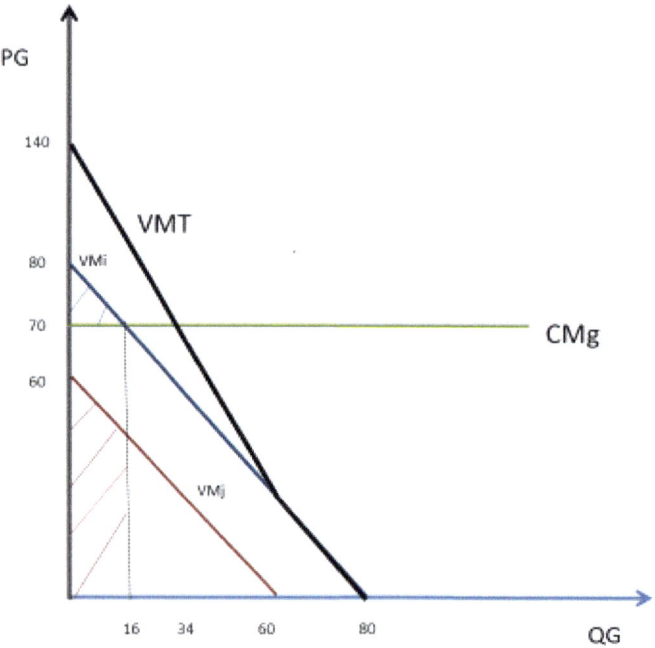

En el tercer caso mantenemos todos los supuestos del segundo caso pero en vez de actuar independientemente deciden **cooperar voluntariamente,** la producción aumentaría hasta las 34 unidades (punto de corte entre la curva de coste marginal y la curva de valoración marginal colectiva). Como la unidad 34 de X cuesta 70 U.m, ambos deberían repartirse los gastos en función de su valoración. Y así," j" pagaría 10, e "i" 60.

Gráfico 4.11

ASIGNACIÓN EFICIENTE DE RECURSOS EN LA PRODUCCIÓN DE LOS BIENES PÚBLICOS: vía voluntaria

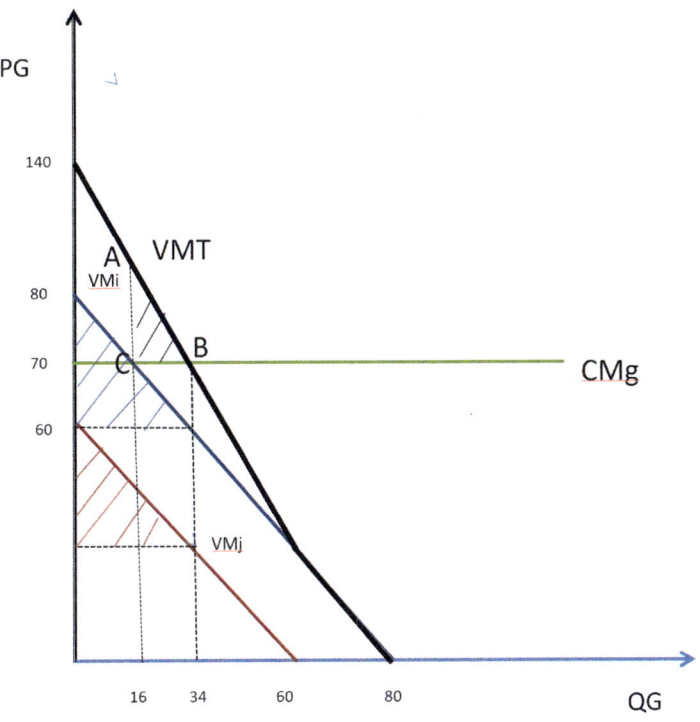

Esto plantea **dos cuestiones**.

- En primer lugar, desde la **perspectiva global** del colectivo, no hay duda de que el paso de la situación de equilibrio independiente a la situación de equilibrio global constituye un movimiento de Pareto. Si suponemos que la actuación conjunta no conlleva ningún gasto, el incremento de bienestar se identificaría con el área del triángulo ABC. Sin embargo, las actuaciones conjuntas suelen llevar algún **gasto**, por lo que al área ABC habría que restarle el coste de la actuación colectiva.

- En segundo lugar, desde la **perspectiva individual**, para el individuo i el paso de la situación de equilibro del gráfico 4.9 al gráfico 4.10 le supone un incremento de su excedente del consumidor. Sin embargo, en el caso de j no sucede lo mismo. Éste en el gráfico 2 consumía 16 unidades sin cargar con ningún coste, mientras que en el gráfico 4.10 paga 10 por cada unidad consumida. La **clave** está en que el área sombreada por debajo de la curva VMgj sea superior en el gráfico 4.10 que en el 4.9. A pesar de esta incidencia que se da con j, hay que tener en cuenta que la situación del gráfico 4.10 es la mejor que se podría tener, pues como solo hay dos individuos, existe el peligro de que no se llegase a producir ninguna unidad si uno actúa de free rider, pero el riesgo de que esto ocurra es bajo, pues también sabe que si no colabora puede ser que no se produzca el bien público.

Para llegar a la actuación colectiva eficiente se pueden seguir dos **vías**: la voluntaria y la coactiva.

- Cuando la colectividad está compuesta por **pocos miembros**, llegar a una actuación colectiva por la vía **voluntaria** es posible. Ej. del faro y nuestro tercer caso.

- En cambio, cuando la colectividad está compuesta por **muchos miembros**, el peligro de los free riders es algo más que una mera posibilidad. En estos casos, como existe el problema de que los miembros oculten sus preferencias, y la posibilidad de acuerdo voluntario prácticamente inexistente, por lo que la actuación colectiva requiere seguir la **vía coactiva**, lo que implica la necesaria intervención del Estado. Sin embargo, esto no soluciona todos los problemas, porque para llegar a un suministro eficiente hay que saber cuál es la valoración del colectivo y el nivel de producción eficiente. El Estado a través del proceso político ha de adoptar decisiones que reflejen la valoración del colectivo.

IV. BIBLIOGRAFÍA

GARCÍA VILLAREJO, A. y SALINAS SÁNCHEZ, F.J. (1994), Manual de Hacienda Pública. Tecnos. Capítulo VI.

BUSTOS GISBERT, A. (2017), Curso básico de Hacienda Pública. Civitas-Thomson Reuters. 4ª ed. Capítulo 5.

ALBI, E., GONZÁLEZ-PÁRAMO, J.M., ZUBIRI, I. (2017): Economía Pública I, Ed. Ariel, Barcelona. Capítulo 3.

GAMAZO CHILLÓN, J.C y VEGA MOCOROA, I. (2020) Notas para el Estudio de Hacienda Pública. Universidad de Valladolid. Capítulo 4.

GUTIÉRREZ JUNQUERA, P. (1998). Curso de Hacienda Pública, Ediciones Universidad, Salamanca. Capítulo 5.

ROSEN, H.S (2002) Hacienda Pública McGraw Hill. 5ª ed. Capítulos 3 y 4.

STIGLITZ, J.E. (2009). *La Economía del Sector Público*, Antoni Bosch Editor, 3ª ed. Barcelona. Capítulo 6.

VEGA MOCOROA, I. (2024), Compendio Básico de Hacienda Pública. Ediciones Universidad de Valladolid. Valladolid. Capítulo IV.

V. EJERCICIOS

1. En la tabla adjunta se recogen los datos sobre la Demanda de un producto por dos consumidores, Consumidor A y Consumidor B. Supongamos que la curva de oferta de este bien refleja un coste marginal constante e igual a 400.

Precio	100	200	300	400	500	600	700
Q_A	300	250	200	150	100	50	0
Q_B	500	450	400	350	300	250	200

Se pide:

1. Obtener la demanda total en el mercado, representar gráficamente la curva de demanda total y la curva de oferta y comprobar cuáles son las condiciones de eficiencia, si el producto en cuestión es un bien privado.
2. Realizar el mismo análisis del apartado anterior en el caso de que el producto estudiado sea un bien público.

2. Determine si las siguientes afirmaciones son verdaderas o falsas y razone su respuesta.

1. La provisión por parte del Sector Público de los bienes públicos puros implica que tales bienes deben ser producidos por empresas públicas.
2. La característica de no exclusión de los bienes públicos puede deberse a motivos técnicos o de carácter económico.
3. Las características de no rivalidad en el consumo y de no aplicación en la exclusión siempre se presentan simultáneamente.

3. Con el fin de asentar los conceptos y explicaciones del tema, después de la explicación correspondiente y de la lectura del tema y sin copiar del manual, realice un mapa conceptual o esquema del tema y de sus principales capítulos en un folio blanco; posteriormente, contraste con el manual si hay aspectos del esquema que no ha completado satisfactoriamente y reflexione sobre el porqué, si es por falta de estudio o de comprensión.

TEMA 5

ECONOMÍAS EXTERNAS
Y EL PAPEL DEL ESTADO

I. CONCEPTO Y NATURALEZA DE LAS ECONOMÍAS EXTERNAS

En este tema vamos a estudiar otro fallo del mercado que se produce cuando los costes sociales (totales: internos y externos)son mayores que los costes privados (internos), o cuando los beneficios sociales (totales internos y externos) son mayores que los beneficios privados (internos) y por lo tanto el mercado lleva a una asignación de recursos no óptima y el sector público ha de intervenir como sector asignador, especialmente si el consumo o la producción se dan en el seno de un grupo de dimensión amplia. Algunas de las cuestiones sobre las que se centrará este tema son: ¿por qué el consumo de tabaco lleva un impuesto especial? ¿Por qué las vacunas están subvencionadas?

1.1. CONCEPTO

Se dice que existen economías externas cuando se produce una interacción entre las funciones de utilidad o de producción de dos o más agentes económicos ya sean economías domésticas o empresas, sin que sea recogida en los precios de los bienes intercambiados por dichos agentes económicos. En ocasiones, la producción o el consumo de determinados bienes conlleva unos efectos para agentes terceros, que no son ni los productores ni los consumidores de los mismos y que no quedan recogidos en el precio del bien, por lo tanto, quedan fuera del sistema de precios. A estos efectos externos se les denomina economías externas.

Así, por ejemplo, la vacunación. La vacuna afecta directamente a la persona que se la pone, pero también conlleva efectos para terceras personas que ven disminuido su peligro a ser contagiados. Esto se conoce como economías externas, ya que sus efectos quedan fuera del sistema de precios. En el caso de la tan necesaria vacuna del COVID-19, sus efectos sobre la población son muy importantes y van más allá del efecto de la vacuna sobre la persona que se vacuna o consumidor de la misma. Estaríamos en presencia de una economía externa o externalidad. En algunas ocasiones esos efectos indirectos son minúsculos, pero en otras ocasiones son muy grandes, resultando problemáticos como ocurre en el caso de la contaminación o del tabaco (economías externas negativas). Las externalidades constituyen una de las principales razones que llevan a los gobiernos a intervenir en el ámbito económico. Las rentabilidades y los costos privados para los consumidores y productores son diferentes de los que asume la sociedad en su conjunto. Puede definirse como efecto económico externo o externalidad la ganancia o la pérdida experimentada por una o más unidades económicas como consecuencia de una acción económica emprendida por otra unidad económica.

1.2. CLASIFICACIÓN DE LAS ECONOMÍAS EXTERNAS

La mayoría de las acciones económicas iniciadas por un agente económico ocasionan efectos económicos que afectan a la situación económica de otros. La existencia de economías externas o externalidades es frecuente y, tal y como se aprecia en los ejemplos anteriores, existe una amplia gama de situaciones a las que se refiere el termino de economías externas. Es por ello que resulta necesario el estudio de las distintas clases de economías externas o externalidades en atención a distintos aspectos.

1. **Según sus efectos:**
   Podemos definir un efecto económico externo como una ganancia o pérdida experimentada por una o más unidades económicas como consecuencia de una acción económica emprendida por otra unidad económica (de consumo o de producción).
   Si la unidad iniciadora es de consumo buscará obtener una utilidad, satisfacción o bienestar y la unidad de producción actuará motivada por la obtención de un beneficio. Cuando el que recibe el efecto recibe una ganancia en el mismo sentido que el agente económico que inicia la acción estamos en presencia de una ganancia externa de consumo o de producción positivo, podemos hablar de un efecto externo positivo. En el caso en que se produzca una reducción de utilidad o de beneficio por el receptor, estaríamos en presencia de una pérdida externa ya sea de consumo o de producción y podemos decir que existe un efecto externo negativo. Esto es:
   1. Las Economías externas negativas: conllevan efectos perjudiciales para terceros.
   2. Las Economías externas positivas conllevan efectos beneficiosos para los receptores o terceros.

2. **Según su dirección:**
   Las economías externas pueden ocurrir de una unidad de consumo/ producción a otra o de una unidad del mismo género en una o dos direcciones. Cuando ocurren simultáneamente en dos direcciones decimos que existen economías externas reciprocas, en caso de que solo ocurran en una única dirección hablamos de economías externas no reciprocas. P. ej. economías externas recibidas por una plantación de manzanos y economías externas para los cultivadores de miel obtenida gracias a la plantación de manzanos (Las abejas se alimentan de las flores de los manzanos y transmiten el polen de una flor a otra, lo que permite la expansión de la plantación de manzanos y el aumento de la producción de miel simultáneamente).
   1. Economías externas recíprocas: acontecen simultáneamente en dos direcciones.
   2. Economías externas no reciprocas: acontecen solo en una dirección.

3. **Según las partes involucradas:**
   Podemos distinguir también, economías externas en las que en las que están involucradas solo dos partes y externalidades en las que están involucradas múltiples partes.
   1. Economías externas de dos partes. Vgr (un fumador y un "no fumador").
   2. Economías externas de múltiples partes. Vgr (un niño vacunado y sus compañeros de clase).

4. **Según el tipo de actividades afectadas:**
   Podemos clasificar las economías externas según el tipo de actividad de la que resulten, si se trata de una actividad de consumo y por lo tanto el agente económico que inicia la actividad es un consumidor y el receptor del efecto externo es otro consumidor, hablamos de economías externas de consumo. Si la actividad económica inicial es de producción, el agente económico que inicia productor, buscará su beneficio y el receptor de la economía externa es otro productor hablamos de economías externas de producción.

1. De consumo: Un acto de consumo puede provocar efectos externos de consumo p. ej. el consumo de tabaco.
2. De producción: P.ej. Un acto de Producción puede provocar efectos externos de producción. P. ej. Producción de papel y la contaminación de la fábrica en el rio, que afecta a otras empresas de la zona p. ej. a una piscifactoría.
3. Pueden darse casos mixtos, es decir donde una actividad de consumo puede causar una economía externa de producción y una actividad de producción causar una economía externa de consumo una fábrica con hornos nuevos contaminantes, pueden afectar negativamente a los residentes de la zona consumidores de aire contaminado.

5. **Según su naturaleza (distinción más relevante, planteada por Jacob Viner)**

Según este criterio de clasificación en atención a la naturaleza de las economías externas, podemos distinguir dos tipos de economías externas: pecuniarias y tecnológicas. En las pecuniarias los efectos a terceros (receptores) derivados de acciones de consumo o de producción, quedan reflejados en los precio. En las tecnológicas no quedan reflejados en el precio; sus efectos externos no pueden ser evaluados por el mercado, son indivisibles en lo relativo a la posibilidad de aplicarles un precio y tampoco se les puede aplicar el principio de exclusión. Por lo tanto, esta categoría de externalidades: las tecnológicas es la más importante en relación con la intervención del sector público como sector asignador.

1. Pecuniarias: aquellas en las que los efectos derivados a terceros quedan reflejados en el precio. P. ej. la renta que obtienen los rentistas cuando los pisos ubicados alrededor de una universidad se revalorizan. En este caso, desde el punto de vista del sistema de precios, los efectos a terceros son internos, por lo que no son auténticas economías externas en relación a la definición aportada.
2. Tecnológicas: aquellas en las que los efectos no se reflejan en el precio y que son las relacionadas con la intervención del sector público como sector encargado de determinar su asignación.

Por lo que se refiere a la naturaleza de las economías externas, hay que destacar que en ellas concurren alguna de las características de los bienes públicos: no son rivales y no se les puede aplicar el principio de exclusión para que se les pudiera aplicar un precio, por lo que podemos decir que las externalidades son bienes públicos impuros.

Los efectos que se derivan para terceros son subproductos no buscados por quien desarrolla la actividad. La unidad "iniciadora" de la actividad busca su utilidad o beneficio individual, los efectos sobre terceros son sobrevenidos. Así p. ej. quien se vacuna pretende proteger su salud, y no la de terceros.

Precisamente, esta similitud que existe entre los bienes públicos y las externalidades es lo que dificulta la asignación eficiente de recursos por parte del mercado. Los consumidores o productores solo tendrán en cuenta los beneficios o costes que se derivan para ellos individualmente, por lo que el mercado producirá unos niveles por exceso o por defecto de los de eficiencia teniendo en cuenta al conjunto de los agentes afectados.

Clasificación: Síntesis

1. En atención a sus beneficios o perjuicios (positivas y negativas).
2. En atención a su dirección (reciprocas, no reciprocas).
3. En atención a las partes involucradas (dos partes, múltiples partes).
4. En atención al tipo de actividades afectadas (de consumo, de producción).
5. En atención a su naturaleza (pecuniarias, tecnológicas).

II. ECONOMÍAS EXTERNAS DE CONSUMO

Las economías externas de consumo son los efectos que las actividades de consumo ocasionan a terceros y que no aparecen recogidas en el precio. En estos casos se produce una interferencia entre las funciones de utilidad de los consumidores que inician la actividad económica y de los terceros afectados o agentes económicos que recibe el efecto externo. El consumidor inicial busca su utilidad, satisfacción o bienestar y los consumidores que reciben el efecto externo pueden obtener también una ganancia externa en términos de utilidad y bienestar o una perdida externa si disminuye su utilidad o bienestar.

U es la utilidad del individuo i, y está en función no solo de los bienes consumidos directamente por el individuo i, U_i (X_{1i}, X_{2i}, X_{3i},...X_{ni}, Y_j), sino también por el bien Y consumido por el individuo J. El efecto de Yj sobre Ui puede ser positivo, si genera un beneficio, en cuyo caso se trata de una economía externa positiva o negativo, si causa un perjuicio, en cuyo caso se trata de una economía externa negativa. En ambas situaciones el mercado no consigue una asignación eficiente.

2.1. EXTERNALIDADES NEGATIVAS

Las externalidades de consumo negativas son condición necesaria pero no suficiente para que se produzca la intervención del sector público como asignador de recursos. La dimensión del grupo en el que se produzca la externalidad es importante.

En los casos de grupos reducidos el sujeto individual puede estar motivado por contribuir voluntariamente al pago del bien económico que el consume "conjuntamente" con otros sujetos económicos Caso A. El Sector privado o mercado puede resolver la situación creada.

Cuando se trata de un grupo de dimensión amplia, ningún sujeto individual estará motivado a contribuir voluntariamente al pago del bien que el consume conjuntamente, (aunque no en la misma cantidad que los demás) con otros sujetos individuales "Caso B". En este caso, la acción correctora ha de provenir del Sector público a través de impuestos y subvenciones.

CASO A

Supongamos una actividad de consumo que conlleva economías externas negativas sobre otro individuo receptor y ésta pérdida de bienestar o utilidad en el segundo individuo no queda recogida en el precio. P. ej. imaginemos dos estudiantes, uno fuma y el otro, no solo no fuma sino que además le molesta el humo; es asmático y el humo que exhala el fumador le perjudica a la salud.

Supongamos que la valoración marginal del fumador j es VM j; y la del no fumador i es VM i (negativa).

Supongamos que el precio por cajetilla es P_0.

Grafico 5.1

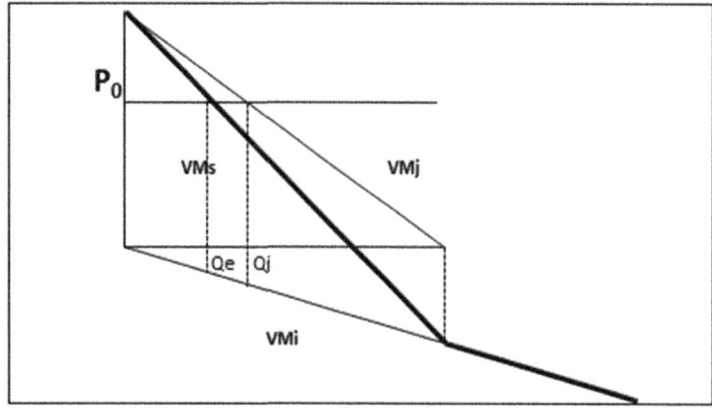

Una actuación independiente conduce a un nivel de equilibrio Qj, que es donde coinciden la VM j y el P$_0$. Pero este nivel no es eficiente, ya que el último pitillo consumido por j no le proporcionaría ningún beneficio. Mientras que originaría una VM negativa para i =VMi (-).

Pero si ambos estudiantes negocian, pueden llegar a alcanzar un nivel eficiente. Si sumamos verticalmente VMj y VMi obtendremos VMs (la valoración marginal del colectivo). El nivel eficiente sería Qe, que es donde coinciden la VMs y el P$_0$.

A este mismo nivel se puede llegar si se tiene en cuenta la parte de beneficios (ganancias en términos de utilidad) Bj y costes (pérdidas en términos de utilidad) Cij que se recogen en el gráfico 5.2.

Gráfico 5.2

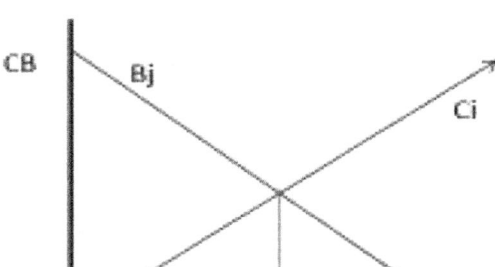

En esta parte tenemos:

• Ci: que representa el coste marginal que conlleva el fumar para i. Es decir, el máximo que i está dispuesto a pagar para que no se produzca la actividad.

• Bj: que representa el beneficio marginal que conlleva el fumar para j. Es decir, la compensación mínima que j exige por no fumar.

El nivel eficiente seria también Qe, ya que en ese nivel C=B. Por tanto, vemos cómo la negociación puede "internalizar" las economías externas. En este caso la acción correctora del efecto externo negativo sobre terceros, consiste en internalizar o corregir el efecto negativo externo en los beneficios privados hasta que la ganancia de bienestar social del grupo coincida con el precio. En este caso, el beneficio social inferior al privado se produce por la negociación.

CASO B

Ahora bien, no todas las economías externas afectan siempre a dos partes, pues lo normal es que afecten a un colectivo muy amplio. En esos casos, llegar a un nivel eficiente a través de la negociación es imposible, entre otras cosas, por el problema de los *"free riders"*. De manera que es necesaria la intervención del Estado.

Supongamos que:
• La curva de demanda de los **fumadores** es VM$_F$;
• El precio (coste marginal privado) por cajetilla es **P$_0$**.
• La valoración marginal de los **no fumadores** es **VM$_{NF}$** (negativa).
• **C$_{NF}$** es el coste marginal de esa actividad que recae sobre los no fumadores.

Gráfico 5.3

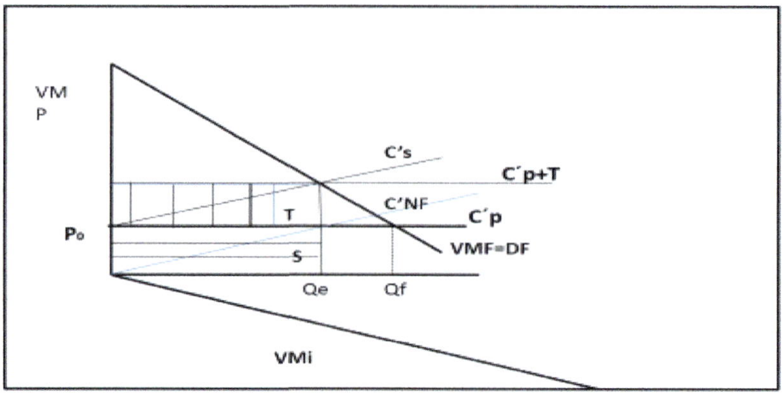

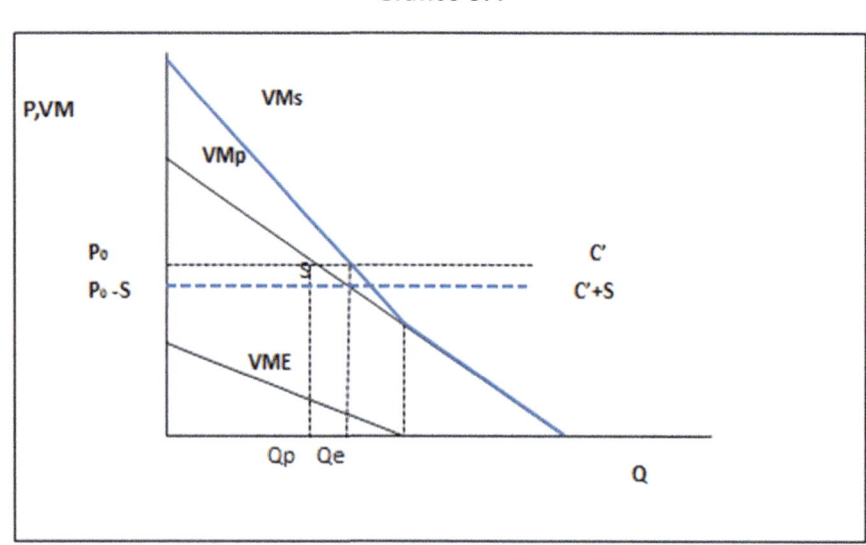

Si sumamos **P₀, precio** del tabaco y por lo tanto coste marginal privado para los fumadores y **C' NF,** obtendremos la curva **C's**, que representa el coste marginal total para la sociedad.

En esta situación el mercado conduce a un nivel de equilibrio Qf, que es donde VMf = P₀. Pero este nivel no es eficiente, ya que Cs > VM f.

El Estado podría intervenir fijando un impuesto T, que desplazaría la curva de coste marginal privado de los fumadores, es decir, el P 0; el precio final de la unidad de tabaco (cajetilla) pasaría a ser C'P+T (P₀+T) . De esta forma, los fumadores se ven" incentivados" a reducir su consumo, que pasa de Qf a Qe (punto en el que C's = VM f).

Con este impuesto el Estado obtendría unos ingresos correspondientes al área "T" |||||||||, con los cuales puede establecer unos subsidios, área "S" ▤▤▤ para compensar a los no fumadores.

2.2. EXTERNALIDADES POSITIVAS (BENEFICIOS EXTERNOS)

En el caso de las economías externas positivas, el agente económico que lleva a cabo la actividad de consumo, no puede reclamar a los afectados una compensación por los beneficios externos que reciben de su consumo. De manera que el mercado tampoco consigue una asignación eficiente.

Gráfico 5.4

Tomemos como ejemplo la vacunación contra enfermedades contagiosas, y supongamos que:

- **VMp** representa la curva de demanda de los consumidores de vacunas.
- **VME** representa la suma vertical (ya que su consumo es no rival) de las valoraciones marginales de todos los terceros que salen beneficiados.
- **VMs,** que es la suma de las curvas anteriores, representa la valoración marginal global.

Si el precio de cada vacuna es de P_0 (que es igual al coste marginal privado), el mercado conduce a una situación de equilibrio Qp, ya que para ese nivel el VM p = P_0. Pero este punto no es eficiente, ya que la VM s > C'.

El nivel eficiente es Qe, ya que en este nivel VM s = C'. Para conseguir esta cantidad, el Estado puede intervenir estableciendo un subsidio al consumo de vacunas que reduzca el precio a P_0 − S. De esta forma, los consumidores se verían incentivados a ampliar la cantidad consumida hasta Qe.

III. LOS BIENES PREFERENTES

Existe un tipo de bienes que mantiene una relación "peculiar" con las economías externas. Son los denominados **"merit goods"**, o bienes preferentes, una denominación utilizada por primera vez por Richard Musgrave; sin embargo, éste no define lo qué son los bienes preferentes, sino que se limita a decir que: "son aquellos que satisfacen lo que él denomina **merit wants**", o necesidades preferentes. Es decir, necesidades valoradas socialmente de forma tan meritoria, que su satisfacción se realiza a través del presupuesto por encima de los suministros realizados por el mercado y pagados por los consumidores privados.

Para los consumidores es muy difícil valorar los beneficios que se derivan del consumo de los *merit goods*, por lo que son consumidos en un nivel inferior al deseable en términos de eficiencia. De ahí que se justifique la intervención del Estado para incrementar el consumo de los mismos. Algunos ejemplos son la enseñanza gratuita, los servicios de sanidad, las viviendas de protección oficial, comidas en los colegios...

En el lado opuesto se encuentran los *demerit goods* o bienes no deseables. En este caso, para los consumidores es muy difícil valorar todos los perjuicios que se desprenden del consumo de estos bienes, por lo que van a ser consumidos en el mercado en un nivel superior al deseable en términos de eficiencia. De ahí que se necesaria la intervención del Estado. Algunos ejemplos son el consumo de bebidas alcohólicas y el consumo de drogas.

Los bienes preferentes tienen tres características que se dan en mayor o menor grado de forma simultánea en la mayor parte de los ejemplos de bienes preferentes:

1. Cierto grado de publicidad: al existir importantes economías externas derivadas de su consumo. El consumidor encuentra dificultades para valorar individualmente el beneficio social indirecto difuminado para toda la sociedad. De ahí que no demanden la cantidad eficiente. P. ej. educación o sanidad.

2. En los bienes referentes concurren aspectos redistributivos. Los objetivos distributivos no solo se fijan en términos de renta, sino también en términos de acceso a un mínimo de determinados bienes o servicios. P. ej. la igualdad en el acceso a la educación y la sanidad. Es por ello que existen niveles en educación y diferencias en prestaciones sanitarias de diversa índole. Existe algún tipo de valor por parte de la sociedad que considera que determinados bienes y servicios deben ser accesibles a todas las personas o que debe haber un mínimo nivel de renta para todos.

3. Existe un problema de preferencias deformadas por parte de los consumidores en relación con los bienes preferentes. Debido a la falta de información o a la información incorrecta, el consumidor muestra unas preferencias no acordes con su bienestar (p. ej. consumo de alcohol o drogas). De ahí que sea necesaria la intervención del Estado dirigida a corregir esas preferencias deformadas que le impidan alcanzar su bienestar.

4.- En el caso de los bienes no deseados, la sociedad estima que más que bienes son males y que su consumo debe ser dificultado o incluso prohibido, de ahí que se los denomine también bienes prohibidos.

El bienestar de los individuos y sus preferencias están íntimamente ligados, pues los individuos preferirán aquello que incremente su bienestar. Sin embargo, no ocurre lo mismo en el caso de los bienes no deseables, en los que diversos factores influyen en el individuo deformando sus preferencias y desintonizándolas de su verdadero bienestar como ocurre en el caso del consumo de alcohol o drogas.

Autores como Burkhead o Miner consideran que la intervención del Estado no respeta las preferencias de los individuos, sino que las interfiere y justifica esta interferencia por entender que hay una deformación en sus preferencias, y que las preferencias del individuo no son buenas para él. De manera que se abre así una peligrosa puerta para justificar cualquier interferencia del Estado en las preferencias individuales. Esta justificación implicaría que la intervención estatal se produce por la existencia de economías externas y que la existencia de los bienes preferentes como tipología peculiar se podría considerar innecesaria.

IV. ECONOMÍAS EXTERNAS DE PRODUCCIÓN

Nos referimos solo a las economías externas tecnológicas, y no pecuniarias. Es decir, aquellas situaciones en las que una empresa desarrolla una determinada actividad productiva que no puede ser compensada por todos los beneficios, o que no puede ser obligada a cargar con todos los costes que se derivan como resultado de su actividad productiva para otras empresas o miembros de la sociedad.

4.1. BENEFICIOS EXTERNOS

En ocasiones, el coste social de producir una determinada cantidad de un bien es menor que el coste privado que soporta la empresa para producirlo. Y ese coste no queda reflejado en el precio del bien. Algunos ejemplos: el servicio de bomberos que tiene una factoría en un polígono industrial (que reduce el riesgo de incendio en las fábricas adyacentes), o la construcción de un pantano (que beneficia a todos los vecinos del alrededor).

En estos ejemplos, las empresas no pueden cargar los beneficios por estas actividades y cobrar a los beneficiarios por las mismas, y en consecuencia, la cuantía de su producción será inferior a la óptima. El mercado tiende a infravalorar la producción de estos bienes, por lo que para alcanzar un nivel óptimo de producción existen dos alternativas:

- Internalizar la economía externa; es decir que la empresa realice la actividad generadora de las economías externas y también la actividad beneficiada por las economías externas, lo cual no siempre es factible.

- Que intervenga el Estado para incrementar la producción de dicha actividad hasta un nivel eficiente.

4.2. COSTES EXTERNOS

En ocasiones, el coste social de producir una determinada cantidad de un bien es mayor que el coste privado que soporta la empresa para producirlo, y ese coste no queda reflejado en el precio del bien.

En una época donde la concienciación ecológica es muy fuerte, este tipo de economías externas constituye un problema muy importante. El ejemplo más claro es el de una industria química que contamina las aguas de los ríos con sus vertidos. En estos casos la empresa solo tiene en cuenta el coste de los inputs, ignorando los costes adicionales (polución, contaminación de aguas...); costes negativos para empresas turísticas de la zona, o para otras empresas productoras de alimentos (empresas hortofrutícolas, piscifactorías...). Si las empresas tuvieran que cargar con los costes sociales, producirían menos cantidad. Pero, lo cierto es que el agente económico que realiza directamente la actividad productiva, tiene en cuenta exclusivamente el coste de sus inputs en el proceso productivo, sin considerar los costes adicionales de su proceso productivo provocados por la contaminación. El funcionamiento del mercado tiende a producir una cantidad excesiva de aquellos bienes de los que se derivan economías externas negativa, de ahí que sea necesaria la intervención del Estado para que reduzca la cantidad producida de los bienes que contaminan hasta los niveles óptimos de producción de dichos bienes.

V. LA CONTAMINACIÓN DEL MEDIO AMBIENTE Y LOS INSTRUMENTOS DE CONTROL ESTATAL DE LA CONTAMINACIÓN DEL MEDIO AMBIENTE

La contaminación del medio ambiente es el ejemplo más claro y preocupante de economía externa negativa en la actualidad, por lo que requiere un estudio más exhaustivo del mismo. Teniendo en cuenta que la contaminación en sentido amplio (en todas sus diferentes variedades) es un subproducto derivado de los procesos productivos, se trata en este epígrafe de estudiar la ineficiencia del mercado en la asignación del nivel de producción eficiente de los bienes que provocan una economía externa negativa en términos de contaminación. El coste social de la contaminación supera ampliamente el individual de cada proceso de producción.

Desde el reconocimiento del fallo del mercado y la justificación de la intervención del Estado hay que analizar diversos aspectos importantes distintos a los tradicionales; por lo que procede plantear previamente aspectos como la relación entre la contaminación y los costes derivados de su control con la calidad del medio ambiente como producción de un bien, y la valoración marginal de los diversos niveles de calidad del medio ambiente. La asignación eficiente de la calidad del medio ambiente vendrá también determinada no por el mercado sino por el Estado.

Otro aspecto importante objeto de estudio especial consiste en el estudio de un aspecto institucional importante sobre los derechos de propiedad del medioambiente y los costes de la acción colectiva necesaria para mantener los niveles de calidad medioambiental eficientes.

Finalmente, procede entrar a analizar los distintos instrumentos existentes de intervención o control de la contaminación del medio ambiente y considerar qué instrumento de intervención es más adecuado en cada caso:

A) Adjudicación de los derechos de propiedad.
B) Impuestos sobre las actividades o sustancias contaminantes.
C) Subsidios públicos.
D) Regulación y venta de permisos de contaminación (emisión de derechos sobre niveles permisibles de contaminación: Comercio de Derechos de Emisión -CDE-).

Dada la constante evolución y adaptación de estos instrumentos a la situación actual de la contaminación y sus preocupantes valores a nivel global y particular, esta parte del tema se reserva para la realización de trabajos de aprendizaje cooperativo y /o individuales según las circunstancias de los distintos cursos académicos y el número de alumnos matriculados.

VI. BIBLIOGRAFÍA

Básica

GAMAZO CHILLÓN, J.C y VEGA MOCOROA, I. (2020), Notas para el Estudio de Hacienda Pública. Universidad de Valladolid. Capítulo 5.

GARCÍA VILLAREJO, A. y SALINAS SÁNCHEZ, F.J. (1994), Manual de Hacienda Pública. Tecnos. Capítulo VII.

BUSTOS GISBERT, A. (2017), Curso Básico de Hacienda Pública, Editorial Civitas Thomson Reuters, Madrid. Capítulos 5 y 6.

VEGA MOCOROA, I. (2024), Compendio Básico de Hacienda Pública. Ediciones Universidad de Valladolid. Valladolid. Capítulo V.

Complementaria

ALBI, E., GONZÁLEZ-PÁRAMO, J.M., ZUBIRI, I. (2017), Economía Pública I, Ed. Ariel, Barcelona. Capítulo 3.

GUTIÉRREZ JUNQUERA, P. (1998), Curso de Hacienda Pública, Ediciones Universidad, Salamanca. Capítulo 6.

HERBER. B.P. (1975), Hacienda Pública Moderna. IEF. Capítulo 2.

STIGLITZ, J. E. (2009), *La Economía del Sector Público*, Antoni Bosch Editor, 3ª ed. Barcelona. Capítulos 4 y 9.

VII. EJERCICIOS

1. A lo largo del Rio "Aguas rápidas" hay diversas empresas que utilizan el agua del rio en sus procesos productivos y otras que vierten residuos de los mismos al rio, en un radio de 1km de la última parte de su curso se localizan 2 empresas. La primera es una papelera, Arzabalzapaper que vierte residuos químicos al rio y cuyo coste marginal de producción es de 1000 um por unidad de producto. La segunda 1 km más abajo del curso del Rio una piscifactoría dedicada a la cría de truchas. Por cada TN de papel mueren 100 truchas cuyo precio es de 10€. La curva de demanda del papel responde a los siguientes datos:

Precio	5000	4000	3000	2000	1000	0
Cantidad	0	50	100	150	200	250

    a) A qué solución llegaría el mercado si se le deja funcionar libremente.

    b) ¿Cuál sería la solución óptima respecto a la cantidad producida de papel, teniendo en cuenta que existe una externalidad negativa de producción?

    c) ¿Qué alternativa propondría al sector público para alcanzar la cantidad de producción óptima en el caso de la externalidad propuesta.

2. Determine si las siguientes afirmaciones son verdaderas o falsas y razone sus respuestas.

    2.1 La razón fundamental de que se produzca un fallo del mercado en el caso de la existencia de efectos externos está relacionada con la falta de incentivos económicos. ¿verdadero o falso?

    2.2 La razón fundamental por la que el 1 de abril de 2025 entra en vigor un impuesto sobre el consumo de líquidos para cigarrillos electrónicos, bolsas de nicotina y otros productos de nicotina (nuevo impuesto sobre el vapeo) busca equiparar la tributación de estos productos con la de otros relacionados con el tabaco y desincentivar su uso. ¿verdadero o falso?

3. Con el fin de asentar los conceptos y explicaciones del tema, después de la exposición correspondiente y de la lectura del tema y sin copiar del manual, realice un mapa conceptual o esquema del tema y de sus principales capítulos en un folio blanco; posteriormente, contraste con el manual si hay aspectos del esquema que no ha completado satisfactoriamente y reflexione sobre el porqué si es por falta de estudio o de comprensión.

TEMA 6　　　　IMPERFECCIONES DE LA COMPETENCIA Y OTROS FALLOS DEL MERCADO

I.　IMPERFECCIONES DE LA COMPETENCIA

En este tema vamos a estudiar otro fallo del mercado que se produce cuando los mercados tienen una estructura muy alejada de la que caracteriza a la competencia perfecta. En estos casos la asignación eficiente de recursos a la que conduce teóricamente la economía de mercado no se da y tiene que intervenir el Estado. Hablamos genéricamente de competencia imperfecta en todas las situaciones en las que no se cumplen las condiciones de la competencia perfecta. Algunas de las cuestiones a las que se responderá en este tema son: ¿por qué el consumo electricidad lleva un precio regulado? ¿Por qué se nacionalizan empresas privadas?

1.1. CONCEPTO

Se dice que existen imperfecciones de la competencia en aquellas situaciones en las que el mercado no determina eficientemente cuál es la cantidad óptima bienes a producir y cómo producirla. Las condiciones de producción óptimas del mercado se derivan de la teoría del equilibrio general, que presupone que todos los mercados son de competencia perfecta. Las condiciones necesarias para el logro de la asignación óptima a través del mercado son: 1) la existencia de numerosos compradores y vendedores en cada industria, tanto en el mercado de productos como en el de factores. 2) Información perfecta de los mercados de productos y factores, tanto por todos los vendedores como por todos los compradores sobre los precios y calidades de los productos. 3) Movilidad perfecta de los recursos productivos. 4) El máximo beneficio como motivación de todas las empresas y la máxima utilidad como motivación de todos los consumidores. El incumplimiento de dichas condiciones, en especial de la primera constituye un argumento para justificar la intervención del sector público en la asignación de recursos. En realidad, existen múltiples situaciones en las que la condición primera no se da; son muchos los mercados que presentan una estructura muy alejada de la de competencia perfecta. Estas situaciones que no cumplen las condiciones de competencia perfecta se denominan "imperfecciones de la competencia", y pueden ser originadas por la demanda, por la oferta, o por la combinación de ambas. Por lo tanto, existirían diversas clasificaciones de mercados imperfectos, o de imperfecciones de la competencia, pero hay un caso que sobresale respecto al resto, se trata del monopolio de oferta, y en él vamos a centrar nuestro estudio. En el monopolio de oferta existen muchos demandantes y un oferente.

En resumen, las situaciones en las que no se cumplen las condiciones de la competencia perfecta (mercados con estructura alejada del de competencia perfecta) son imperfecciones de la competencia, y se clasifican en: imperfecciones de la competencia de demanda, de oferta y mixtas.

1.2. LA PÉRDIDA DE BIENESTAR SOCIAL

Un monopolio de oferta conduce inevitablemente a una asignación ineficiente de recursos. La pérdida de bienestar social del monopolio se considera como un argumento válido a favor de una intervención del Estado en este tipo de mercado.

Vamos a analizar cómo caso de estudio el del monopolio ya que implica una asignación ineficiente (QM), con beneficios extraordinarios del monopolista y con pérdida del bienestar social. Para poder comparar el grado de ineficiencia en la asignación de recursos del monopolio, vamos a comparar la pérdida de bienestar social del monopolio con la situación de competencia en un mismo gráfico (gráfico 6.1).

En competencia perfecta, la empresa tiene una curva de oferta que se identifica con la función de costes marginales, por lo que el equilibrio vendría definido por el nivel de producción qc y el precio Pc. Qc es el nivel de producción eficiente puesto que el coste de producción coincide con la valoración marginal otorgada en el mercado. VM = C'. El nivel de asignación eficiente en un mercado de competencia perfecta es donde coinciden el precio o coste marginal (Pc), y la curva de demanda o valoración marginal.

 En nuestro modelo de comparación de la competencia perfecta con el monopolio de oferta vamos a suponer para simplificar el análisis que los costes medios son constantes y, por tanto, iguales a los costes marginales para cualquier volumen de producción. C*=C'

La empresa monopolística es maximizadora de beneficios y producirá solo el nivel de producción en el que coincida la función de costes marginales y la de ingresos marginales. La empresa monopolista solo producirá la cantidad qm que es donde maximiza beneficios, es decir, donde coinciden el coste marginal y el ingreso marginal. Y la venderá a un precio Pm. Es evidente que este nivel no es eficiente, ya que el coste marginal de producir la unidad qm es notablemente inferior a su valoración marginal.

Gráfico 6.1

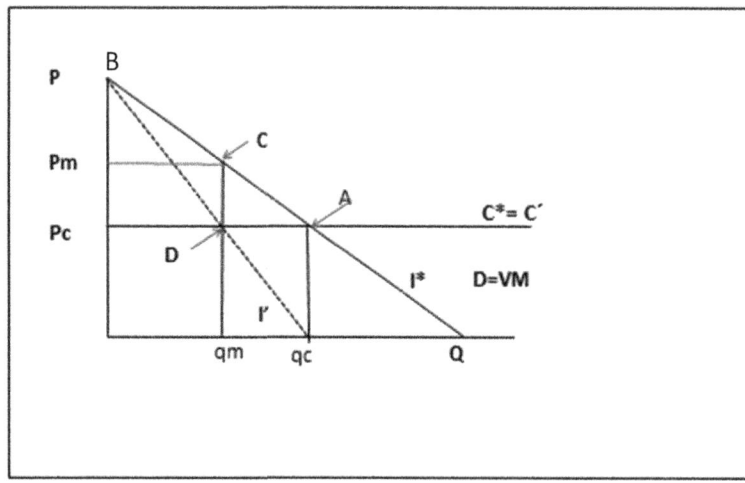

Una comparación entre las situaciones de equilibrio qc y qm nos permitiré identificar la "pérdida de bienestar del monopolio". En la situación de equilibrio de competencia perfecta qc, el excedente del consumidor se corresponde con el área BAPc. Pero en la situación de equilibrio del monopolio qm, el excedente del consumidor se corresponde con el área BCPm. El área correspondiente a PmCDPc serían los beneficios extraordinarios del monopolista ; y el área correspondiente a CAD se pierde y es lo que se considera como índice de la perdida de bienestar social del monopolista en comparación con la asignación eficiente de recursos del mercado de competencia perfecta. Esta pérdida de bienestar social es lo que justifica la necesaria intervención del Estado.

Estudio de casos y Prácticas

Análisis del caso del monopolio con costes distintos (más bajos) en relación al caso de competencia perfecta. Comparativa.

Gráfico 6.2

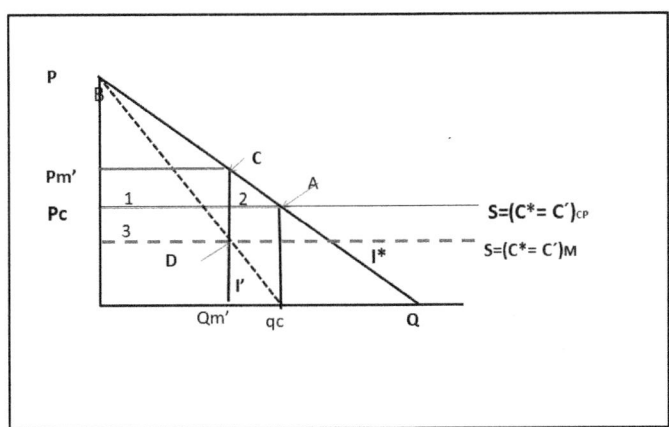

Área 1 = Pérdida del excedente del consumidor que se convierte en beneficio por el empresario.

Área 2 = Pérdida del excedente del consumidor no recuperada.

Área 3 = Beneficios del empresario porcedentes de la redución de costes del monopolio.

1.3. POLÍTICAS DE INTERVENCIÓN

Teniendo en cuenta que el Estado tiene justificada su intervención para incrementar el grado de eficiencia de los mercados imperfectos, el Estado puede tomar las siguientes medidas para incrementar la eficiencia:

a)   Nacionalización de la industria

El Estado puede adquirir la propiedad de la empresa monopolista. La propiedad de la empresa puede pasar de manos privadas a manos del Estado. Pero desde el punto de vista de <u>la asignación eficiente</u> de recursos, esta medida no soluciona el problema de la pérdida de bienestar social. Para ello el Estado, además de nacionalizar la empresa, tendría que adoptar una política distinta a la de la empresa privada.

Como la empresa al pasar a ser pública (P) pierde el incentivo del beneficio que tenía cuando era privada, descuida su eficiencia en el proceso productivo incurriendo en un incremento de los costes. En el gráfico vemos el desplazamiento hacia arriba de la curva de costes medios (C^*) =costes marginales (C') que provoca una nueva situación de equilibrio Ap (qp, Pp).

Gráfico 6.3

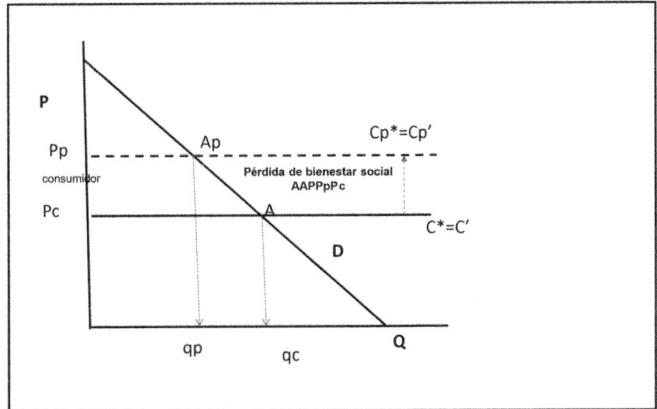

De manera que, aun suponiendo que la empresa pública actúe de manera eficiente, es decir produciendo qp a un precio Pp, se origina una pérdida del excedente del consumidor que constituye una pérdida de bienestar social AApPpPc . La gestión empresarial, al perder el incentivo del beneficio que tenía en monopolio, descuida la eficiencia del proceso incurriendo en una elevación de costes, se produce así una pérdida del excedente del consumidor y por lo tanto una pérdida de bienestar social. Es posible que esta pérdida sea incluso mayor que la del monopolio; un dato que hace que nos cuestionemos la racionalidad de la medida. No obstante, esta es una cuestión empírica, no se puede dar una respuesta genérica, hay que analizarla caso por caso.

b) Establecimiento de un impuesto

El Estado también puede utilizar su poder fiscal para fijar impuestos: un canon por licencia, un impuesto por unidad de producto, un impuesto sobre los beneficios extraordinarios. Pero desde el punto de vista de la asignación eficiente de recursos, los impuestos no parecen una medida idónea, ya que no solucionan el problema de la asignación ineficiente de recursos. En este caso el Estado actúa a nivel de resultados no de causa.

c) Potenciar el establecimiento de nuevas empresas

El Estado también puede potenciar el establecimiento de nuevas empresas para reducir el grado de monopolio existente en este tipo de mercados. Así p. ej. el Estado puede constituir una empresa que actúe en mercados monopolísticos, o puede conceder subsidios o facilidades fiscales a las empresas que se incorporen a esos mercados para así aumentar el nivel de competencia existente.

El problema de este tipo de medidas es la dificultad de calcular de antemano el grado de éxito obtenido, así como el riesgo de que las ayudas fiscales a las empresas nacientes se mantengan indefinidamente.

Una variante sería la existencia de una amenaza real de entrada de otras empresas que puedan arrebatar al monopolista su situación privilegiada (vg concesión administrativa). El monopolista procurará no subir los precios por encima del coste medio para no perder su situación inicial y su correspondiente concesión.

d) Fijación de un precio máximo

El Estado también puede fijar un precio máximo igual al de una situación de competencia; de manera que como la empresa monopolística no puede cobrar un precio superior al de competencia, pero si inferior, aumentará su nivel de producción hasta una cantidad aproximada a la de competencia.

El problema de este tipo de medidas es el coste que conlleva la acción reguladora del Estado: costes de información en los que se base la decisión y costes de ejecución. De manera que a priori es imposible saber si la intervención del Estado es racional o no. Todo depende de que los costes de regulación sean inferiores a las potenciales ganancias de bienestar, y ésta es una cuestión empírica que hay que analizar caso por caso, es decir, para cada caso concreto no se puede dar una respuesta general.

e) Política antitrust

Las medidas de intervención expuestas plantean problemas, de forma que los países han optado también por la vía legislativa, promulgando leyes contra las prácticas restrictivas de la competencia en el marco de una política antitrust. Esta acción legislativa necesita amplios periodos de tiempo para que se noten sus efectos y las empresas suelen intentar burlar la vigilancia que esta acción supone. La legislación antitrust también suscita criticas importantes que van desde originar costes superiores a los derivados de los mercados imperfectos hasta desincentivar a las empresas para esforzarse en su crecimiento y penetración mayor en el mercado, ya que sus beneficios extraordinarios resultan más inalcanzables con la existencia de una legislación antitrust.

Al tratarse de una acción legislativa, será objeto de estudio detallado en cursos superiores en asignaturas de Derecho Mercantil donde se estudiará la legislación antitrust y las leyes origen de la misma:1) la Sherman ACT que prohibía los monopolios y los abusos de una posición dominante y su matización a través de la denominada Rule of Reason y 2) la Clayton Act y la Federal Trade Commission ACT que pretendían evitar la formación de monopolios a partir del acuerdo o la fusión de empresas independientes.

II. MONOPOLIOS NATURALES

2.1. PLANTEAMIENTO GENERAL, PECULIARIDADES Y SOLUCIONES FRENTE A LA INEFICIENCIA

Existe un tipo de imperfección de la competencia que merece una especial atención por las peculiaridades que presenta: los monopolios naturales. En ocasiones, las empresas se encuentran sujetas a amplias economías de escala en relación con la capacidad de absorción del mercado, siendo su coste medio decreciente para niveles de producción capaces de ser absorbidos por el mercado. En consecuencia, la eficiencia productiva aconseja que el suministro de dicho bien se realice por una única empresa, el monopolio natural. De lo contrario al incurrir en unos costes de producción muy elevados. P. ej. el suministro de agua, de gas, de electricidad, si el suministro se hiciera por varias empresas diferentes, cada una tendría que hacer frente a esos costes tan elevados y sin embargo compartir el mercado con el resto de empresas; por lo que dichas empresas acabarán quebrando.

La razón por la que existen este tipo de situaciones es una razón tecnológica. Hay empresas en las que existe una fuerte desproporción entre los costes fijos (que son muy elevados) y los costes variables (que son más reducidos pues están relacionados con la utilización del servicio por los consumidores). Esto hace que los costes medios, suma de los fijos y los variables, decrezcan a medida que aumenta el nivel de producción. En estos casos, las circunstancias tecnológicas exigen como condición necesaria, aunque no suficiente, que el mercado se estructure en régimen de monopolio de oferta.

Gráfico 6.4

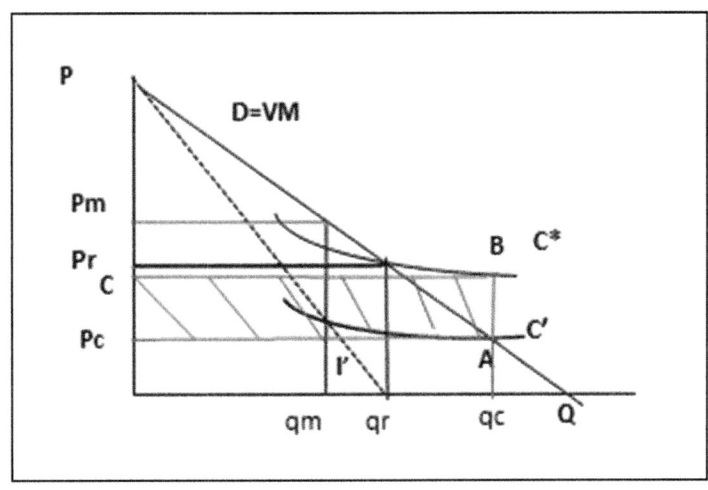

1. Como vemos en el gráfico 6.4, la capacidad de absorción del mercado que presenta la demanda, no agota las economías de escala que ofrece la estructura de costes de la empresa monopolística. Si no hay regulación estatal, **el monopolista** maximizador del beneficio producirá **qm**, (que es donde coinciden el ingreso marginal y el coste marginal), y lo venderá a un precio **Pm**.

    Pero esta situación no es eficiente. No solo porque es un servicio fundamental y su nivel de producción es menor que en Competencia perfecta, al mismo tiempo que su precio resulta superior al de la Competencia perfecta, sino porque además el coste marginal es inferior a la valoración marginal del producto, lo que indica que su bienestar social se puede aumentar. Para incrementar el bienestar social, hay que aumentar el nivel de producción por encima de **qm** y para ello es necesaria la intervención del Estado. En este caso además tenemos que tener en cuenta que el coste medio está por encima del coste marginal y también es decreciente. La solución a esta situación ineficiente pasa por la intervención del Estado a través de diversas opciones de fijación de precios en empresas públicas con costes decrecientes.

2. La intervención del estado en el caso de los monopolios naturales puede ser problemática según la solución que se adopte. En principio el Estado debería guiarse por el principio de Pareto y conseguir un nivel de producción **qc** y a un precio **Pc** que es donde el **C'** se identifica con su **VMa**, esto implica **establecer un precio competitivo, como el del mercado de competencia perfecta.** Pero esta solución no está exenta de problemas. Para este nivel de equilibrio **qc- Pc del gráfico 6.4,** la empresa monopolista incurre en pérdidas, las cuales se corresponden con el área **ABCPc.** Independientemente de si la empresa es pública o privada, estas pérdidas se cubrirán con fondos presupuestarios, vgr una subvención pública obtenida de los impuestos, lo cual produce un doble problema: eficiencia y redistribución.

    Por lo que se refiere a la eficiencia, la concesión de subvenciones a la empresa monopolista requiere el establecimiento de impuestos nuevos o la elevación de los ya establecidos. Si los impuestos fueran neutrales no habría ningún problema, pero como casi todos los impuestos originan desajustes en la asignación de recursos, se corre el riesgo de que la eficiencia que se gana con el nivel **qc Pc,** se pierda con el establecimiento de impuestos que sirvan para conceder las subvenciones con las que enjugar sus pérdidas.

    Por lo que se refiere al aspecto retributivo, esta solución también genera problemas, ya que con la fijación del precio **Pc** se está subvencionando indirectamente a los consumidores de dicho bien, a costa de todos los contribuyentes a través de la subvención concedida por el Estado para enjugar las pérdidas de la empresa. Esto en ciertas circunstancias puede considerarse injustificado desde el punto de vista redistributivo, puesto que el nivel de renta de los consumidores no justifica dichas transferencias.

Debido a estos problemas, la doctrina hacendística propone tres políticas de precios distintas sin que haya una opción unánime al respecto de cuál es más conveniente.

1.- Precio Ramsey (P = Cme)

Algunos autores defienden producir el nivel **qrPr.-** Gráfico 6.4.-, que es donde se cortan el **Cme (C*) y el Ime** (Función de demanda). De esta forma el monopolista no obtendría beneficios extraordinarios, pero tampoco pérdidas. El nivel de producción **qr** no sería el eficiente, pero se aproximaría bastante a él; y como no incurriría en pérdidas se evitarían los problemas de financiación. El precio cargado es **pr,** un precio igual al **Coste medio.** Aunque la cantidad producida está por encima de la de monopolio no llega al nivel eficiente de producción de competencia perfecta, sin embargo, en este caso no existirían pérdidas con lo que se evitarían los problemas que genera la financiación de las mismas.

2.- Precio en función de la demanda

Para algunos autores como Baumol y Bradford tampoco es una solución aceptable, óptimo Pareto. Una solución más acertada es la de fijar un precio superior al coste marginal en cuantía que esté relacionada inversamente con la elasticidad de la demanda precio. Si la demanda es muy inelástica, un precio muy por encima del coste marginal reducirá muy poco la cantidad demandada, en consecuencia, la asignación de recursos se alejará muy poco de la asignación eficiente de Pareto. Cuanto mayor sea la elasticidad de la demanda del bien, la diferencia entre el precio y el coste marginal debe ser menor. Se trata de la fijación de un precio por encima del coste marginal en una relación inversamente proporcional a la elasticidad de la demanda, es decir, cuanto mayor sea la elasticidad de la demanda, menor será la diferencia entre el precio del bien y el coste marginal.

3.- Precio descompuesto en dos partes

Por último, otros autores como Lewis o Coase proponen cargar al usuario del servicio una tarifa o precio descompuesto en dos partes, es lo que se denomina tarifa en dos partes (tenencia del servicio y utilización del mismo).

La primera parte, denominada <u>cuota fija o cuota de enganche</u>, serviría para financiar los costes fijos en concepto de tenencia del servicio. Si todos los consumidores o demandantes son idénticos su cálculo es sencillo. " **e**" es la (cuota de enganche), **e = CT-IT/N**, siendo N el número de consumidores del mercado. En el caso en que los consumidores sean distintos, se debe encontrar el modo de calcular cómo deben ser estas ofertas, de modo que se separe los distintos tipos de consumidores. (tarifas auto-selectivas).

Y la segunda parte, <u>precio por unidad consumida del bien</u> en concepto de utilización del servicio, serviría para financiar los costes variables y correspondería a los costes variables. Sin embargo, a menos que la cuota fija sea igual al excedente de cada consumidor, la producción caerá por debajo del nivel eficiente. Por lo que sería un sistema similar al del precio Ramsey.

Prácticas y gráficos a desarrollar e identificar de cada situación

Gráfico 6.5

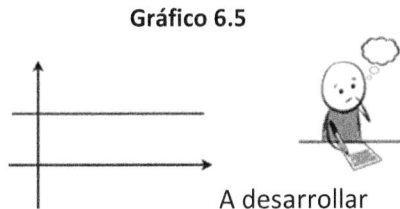

A desarrollar

2.2. PROBLEMAS ADICIONALES: VARIACIONES DE LA DEMANDA

En muchos de los casos de monopolio natural se da el problema de que existan importantes fluctuaciones de la demanda que afectan a los costes marginales. Así p. ej. en servicios como el transporte público, hay horas en que la demanda se incrementa dando lugar a un congestionamiento. El coste marginal que supone la utilización del metro a media tarde es prácticamente cero, puesto que a esa hora existe un exceso de capacidad de ese servicio. Mientras que en las horas punta la demanda supera la capacidad del mismo, y el coste marginal es mayor que en otras franjas horarias. Además de las economías externas que se producen por los retrasos, viajes de pie etc..

A priori cabe pensar que la solución eficiente seria aplicar un precio igual al coste marginal; es decir ajustar el precio a la demanda, lo que implicaría cargar un precio mayor en las horas punta, ya que los costes marginales habrían aumentado como consecuencia de la congestión. En algunos casos esta solución es posible, pero en otros casos no es tan clara. Esta solución no sería válida para todos los servicios, pues a veces podría dar lugar a un doble problema.

A nivel de la asignación eficiente de recursos, la aplicación de precios superiores en hora punta incrementaría la utilización del transporte privado, dando lugar a un incremento en la congestión del tráfico privado y público, elevando el coste privado y social del transporte en sí y empeorando la asignación de recursos en su conjunto.

A nivel distributivo, la aplicación de precios superiores en hora punta tendría efectos negativos, pues los usuarios del metro en hora punta son trabajadores; mientras que los usuarios en hora no punta son persona que van de compras y que presumiblemente gozan de mayor poder adquisitivo.

En conclusión, en algunos servicios está justificado aplicar una variación del precio paralela a la variación de la demanda, pero en otros casos no. Por lo tanto, no se puede considerar que la variación de precios paralela a la variación de la demanda sea una norma general que se pueda aplicar a todo tipo de servicios.

III. OTROS FALLOS DEL MERCADO

Para que la producción en el sector privado sea óptima tiene que realizarse en un mercado de competencia perfecta en el que se cumplen ciertas condiciones a las que nos hemos referido anteriormente, tales como la perfecta movilidad de recursos productivos, y el conocimiento perfecto de los mercados de productos y factores tanto por todos los vendedores como por todos los compradores. Cuando estos requisitos no se dan también se producen otros fallos del mercado.

3.1. MOVILIDAD DE LOS FACTORES DE PRODUCCIÓN

Cuando se dice que en la economía pura de mercado se consigue a largo plazo una asignación eficiente de recursos, implícitamente se está trabajando con la hipótesis de mercados de competencia perfecta en los que existe movilidad de factores de producción.

Cuando los factores productivos no son libres de moverse, se rompe la presunción de eficiencia, y se dice que el mercado falla como mecanismo asignador de recursos. Este fallo, que puede darse respecto al factor capital o respecto al factor trabajo, es lo que hace necesaria la intervención del Estado. La propia naturaleza del equipo capital imposibilita o hace difícil la movilidad geográfica del factor capital. El factor trabajo que por naturaleza plantea menos problemas, también puede presentar restricciones a la entrada en nuevos puestos de trabajo, y presentar importantes grados de inmovilidad que justifique la intervención del Estado a través de programas encaminados a incrementar la movilidad de factores y mejorar la asignación de recursos. El Estado puede diseñar programas encaminados a facilitar información gratuita sobre las posibilidades del mercado de trabajo a través de oficinas de información laboral o a través de deducciones impositivas.

3.2. INFORMACIÓN DEFECTUOSA

Cuando se dice que en la economía pura de mercado se consigue a largo plazo una asignación eficiente de recursos, implícitamente se está trabajando con la hipótesis de mercados de competencia perfecta en los que los consumidores adoptan sus decisiones en función de sus preferencias. Para ello es necesario que el consumidor tenga información fiable de las distintas alternativas de consumo a su alcance. De lo contrario, el consumidor no maximiza su bienestar y se dice que el mercado falla como mecanismo asignador de recursos.

La información puede ser imperfecta por los siguientes motivos: a) Porque el consumidor ignora que hay otros precios, b) Porque ignora que hay otros bienes sustitutivos, c) Porque, aunque conoce la existencia de bienes sustitutivos, desconoce las verdaderas propiedades de alguna de las alternativas, sobrevalorando otras y d) Porque, aunque tenga información sobre las alternativas, algún aspecto de las mismas es erróneo como consecuencia de una propaganda persuasiva. Todas estas circunstancias hacen necesaria la intervención del Estado, para que éste facilite el acceso a una información veraz a través de la vía legislativa y de la potenciación de la formación de asociaciones de consumidores, de forma que el Estado garantice unos mínimos de calidad sobre los productos e imposibilite la manipulación de la información.

3.3. NECESIDAD DE CONSERVACIÓN DE CIERTOS RECURSOS PRODUCTIVOS

Hay recursos productivos, cuya conservación resulta importante para la sociedad. La conveniencia de explotar este tipo de recursos a largo plazo, es un argumento que justifica la intervención del Estado. Éste puede actuar de diversas maneras: desde la regulación, hasta la explotación directa. En estos casos no se considera necesario el pleno empleo de estos factores, como por ejemplo la riqueza forestal, sino una explotación racional desde la perspectiva del largo plazo con el mantenimiento de la riqueza forestal.

IV. BIBLIOGRAFÍA

Básica

GAMAZO CHILLÓN, J.C y VEGA MOCOROA, I. (2020), Notas para el Estudio de Hacienda Pública. Universidad de Valladolid. Capítulo 6.

GARCÍA VILLAREJO, A. y SALINAS SÁNCHEZ, F.J. (1994), Manual de Hacienda Pública. Tecnos. Capítulo VII.

BUSTOS GISBERT, A. (2017), Curso Básico de Hacienda Pública, Editorial Civitas Thomson Reuters, Madrid. Capítulos 5 y 6.

VEGA MOCOROA, I. (2024), Compendio Básico de Hacienda Pública. Ediciones Universidad de Valladolid. Valladolid. Capítulo 6.

Complementaria

ALBI, E., GONZÁLEZ-PÁRAMO, J.M., ZUBIRI, I. (2017), Economía Pública I, Ed. Ariel, Barcelona. Capítulo 3.

GUTIÉRREZ JUNQUERA, P. (1998), Curso de Hacienda Pública, Ediciones Universidad, Salamanca. Capítulo 6.

HERBER. B.P (1975) Hacienda Pública Moderna. IEF. Capítulo 2.

STIGLITZ, J. E. (2009). *La Economía del Sector Público*, Antoni Bosch Editor, 3ª ed. Barcelona. Capítulo 4.

V. EJERCICIOS

1º La curva de demanda del producto X responde a los siguientes datos

Q	0	200	400	600	800	1000
P	1000	900	800	700	600	500
Img	1000	800	600	400	200	0

La fabricación del producto X tiene costes constantes valorados en 600 u.m.

SE pide:

A) Comparar las soluciones a las que llegaría el mercado de Competencia perfecta y un monopolio si ambos se enfrentaran a los mismos costes.
Representa gráficamente ambas situaciones posibles y evalúa los costes de bienestar que genera el monopolio.

B) Realizar el mismo análisis del apartado anterior para el caso de que el monopolista pueda suministrar el producto a un coste constante de 400.

2º Una empresa (monopolio natural) se encarga del suministro de agua de una pequeña localidad. Se sabe que cada consumidor compra 5 unidades de producto y conocemos los siguientes datos sobre la demanda y los costes.

Q	100	200	300	400	500	600	700	800
P	9500	9000	8500	8000	7500	7000	6500	6000
IMg	9000	8000	7000	6000	5000	4000	3000	2000
CMe	9100	8500	8300	7600	7200	7000	6900	6800
CMg	8500	8000	7500	7100	6700	6300	6100	6000

Se pide:

  a) Representar gráficamente la situación de la empresa.
  b) Estudiar las posibles alternativas de fijación de precios y completar la siguiente tabla.

Alternativa	Precio	Cantidad	Excedente	Beneficio/pérdidas	Ex+Bº
Tarifa en 2 partes					
Precio Ramsey					
Precio monopolista					

  c) Comentar los resultados del cuadro anterior y analizar qué tipo de fijación de precios resultaría más conveniente para el consumidor.

3º Con el fin de asentar los conceptos y explicaciones del tema, después de la exposición correspondiente y de la lectura del tema y sin copiar del manual, realice un mapa conceptual o esquema del tema y de sus principales capítulos en un folio blanco; posteriormente, contraste con el manual si hay aspectos del esquema que no ha completado satisfactoriamente y reflexione sobre el porqué si es por falta de estudio o de comprensión.

TEMA 7

EL PRESUPUESTO: ASPECTOS INSTITUCIONALES

I. CONCEPTO DE PRESUPUESTO

En este tema vamos a abordar el estudio del presupuesto, como instrumento a través del cual se canaliza la actividad económica del Sector Público; podríamos decir que el presupuesto es al Sector público lo que el mercado al Sector Privado, esto es su instrumento central. Es por ello que en este capítulo vamos a analizar las principales cuestiones relativas al presupuesto; esto es: el concepto, el ciclo presupuestario, los principios presupuestarios y el presupuesto en España. Así mismo, revisaremos los objetivos de la hacienda pública y su enmarque en el presupuesto.

El concepto de presupuesto que vamos a analizar es de carácter descriptivo. El presupuesto es: "un Documento jurídico político elaborado periódicamente en el que de forma contable se recoge la autorización del techo de gastos y las previsiones de ingresos que realizará la Hacienda Pública durante el ejercicio económico correspondiente en consonancia con el plan económico de la misma". De esta definición podemos sustraer 6 elementos fundamentales o características que en conjunto ilustran convenientemente lo que es el presupuesto.

1) Carácter jurídico del Presupuesto. El Presupuesto es una Institución jurídica fundamental de Derecho Público que sanciona la competencia del poder legislativo para controlar la actividad financiera del Estado debido al carácter de órgano representativo de la soberanía popular que tiene el Parlamento. El presupuesto es una Ley y como toda ley se publica en el BOE.

2) Carácter político. El carácter político del presupuesto resulta obvio en atención a su origen histórico ya que nace en el siglo XVIII con el Estado parlamentario y se generalizó en el siglo XIX. Su finalidad es de control político. Es un documento netamente político en el que se concretan en cifras y datos los resultados de numerosas presiones, tensiones y negociaciones llevadas a cabo a través de un proceso político de toma de decisiones.

3) Elaboración periódica. El presupuesto es un documento de elaboración periódica. Su finalidad es el control de la actividad financiera del Estado con vocación de permanencia en el tiempo, pero el control para ser efectivo tiene que tener una vigencia temporalmente limitada. La vigencia del presupuesto salvo excepciones es anual. En España la vigencia de cada presupuesto es anual, coincidiendo con el año natural.

4) El presupuesto adopta una forma contable. El presupuesto siempre tiene que estar formalmente equilibrado, pero este equilibrio puramente contable, es económicamente

irrelevante. Por definición el presupuesto siempre se presenta formalmente equilibrado, aunque económicamente el presupuesto pueda cerrar con déficit o con superávit. En el primer caso habrá que recurrir a préstamos y en el segundo el Estado generará ahorro.

5) El presupuesto constituye una autorización del techo de gasto y una previsión de ingresos; en el caso de los gastos se establece cual será el volumen máximo, en el caso de los ingresos una previsión que puede resultar exacta o inexacta, y en este último supuesto, inferior o superior. De ahí la importancia política y económica de las técnicas de previsión. Políticamente la exactitud es fundamental para conseguir la finalidad de control. Económicamente la exactitud es fundamental dada la importancia de la intervención del Estado.

6) El presupuesto presenta la concreción del Plan económico de la Hacienda Pública. El Estado como unidad económica tiene unos recursos y unos objetivos. La articulación de los recursos y los objetivos del Estado exige un plan económico, cuya importancia económica supera los límites del Sector Público y afecta al funcionamiento del sistema económico global. El plan económico tiene una importancia que desborda los límites del sector público. En las economías de mercado con intervención estatal, el Estado se encarga de dirigir la economía nacional y de su plan económico depende que alcance o no los objetivos de pleno empleo, crecimiento, equilibrio interno y externo...

II.   FASES DEL PROCESO PRESUPUESTARIO

La vida del presupuesto abarca 36 meses (3 años), distinguiéndose cuatro fases: elaboración, aprobación, ejecución, y control. Este proceso es el mismo en todos los países, lo único que cambia es el nombre y el órgano competente. Denominamos "Ciclo presupuestario" al Proceso que sigue el presupuesto en su tramitación.

Existen 4 fases en el ciclo vital del presupuesto en las que el protagonismo corresponde a cada uno de los poderes del Estado, esto es:

- La Elaboración es atribuida al poder ejecutivo.
- La discusión y aprobación es asignada al legislativo.
- La Ejecución corresponde al ejecutivo.
- El Control es encomendado al poder judicial, y se lleva a cabo por el tribunal de cuentas.

En este capítulo vamos a estudiar el ciclo presupuestario en el caso español.

Esquema 7.1 Ciclo presupuestario

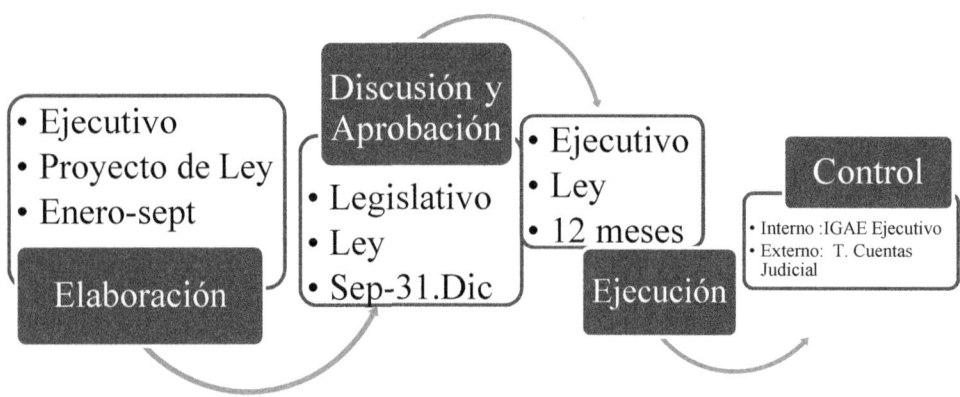

2.1. FASE DE ELABORACIÓN

Según la Constitución Española art 134, en España la iniciativa presupuestaria corresponde al Gobierno, la elaboración del anteproyecto de Ley corresponde al Ministerio de Hacienda y Administraciones Públicas, es decir, al **Ejecutivo**, que deberá tener en cuenta en su elaboración los siguientes aspectos:

- Las previsiones económicas del ejercicio siguiente (cuadro macroeconómico). En dicho cuadro se refleja la evolución del nivel de renta (crecimiento),el empleo, la tasa de inflación y los tipos de interés.
- Los anteproyectos de gastos de los distintos ministerios. Los gastos dependen del nivel de desempleo, del sueldo del personal de las administraciones públicas y del pago de los intereses.
- Las estimaciones de ingresos. La recaudación económica depende de la actividad económica y de las decisiones aprobadas en materia impositiva (tipos impositivos, deducciones...).

El Consejo de Ministros aprobará el anteproyecto como Proyecto de Ley, y a continuación el Gobierno lo enviará a las Cortes Generales junto con las previsiones económicas y el Proyecto de Ley de acompañamiento de los Presupuestos con las modificaciones normativas de gastos e ingresos correspondientes. Este envío deberá realizarse como mínimo **tres meses** antes de que expiren los presupuestos del año anterior. Es decir, como muy tarde se debe enviar el 1 de octubre, para que sean aprobados como muy tarde el 31 de diciembre.

Esquema 7.2 Ciclo presupuestario I

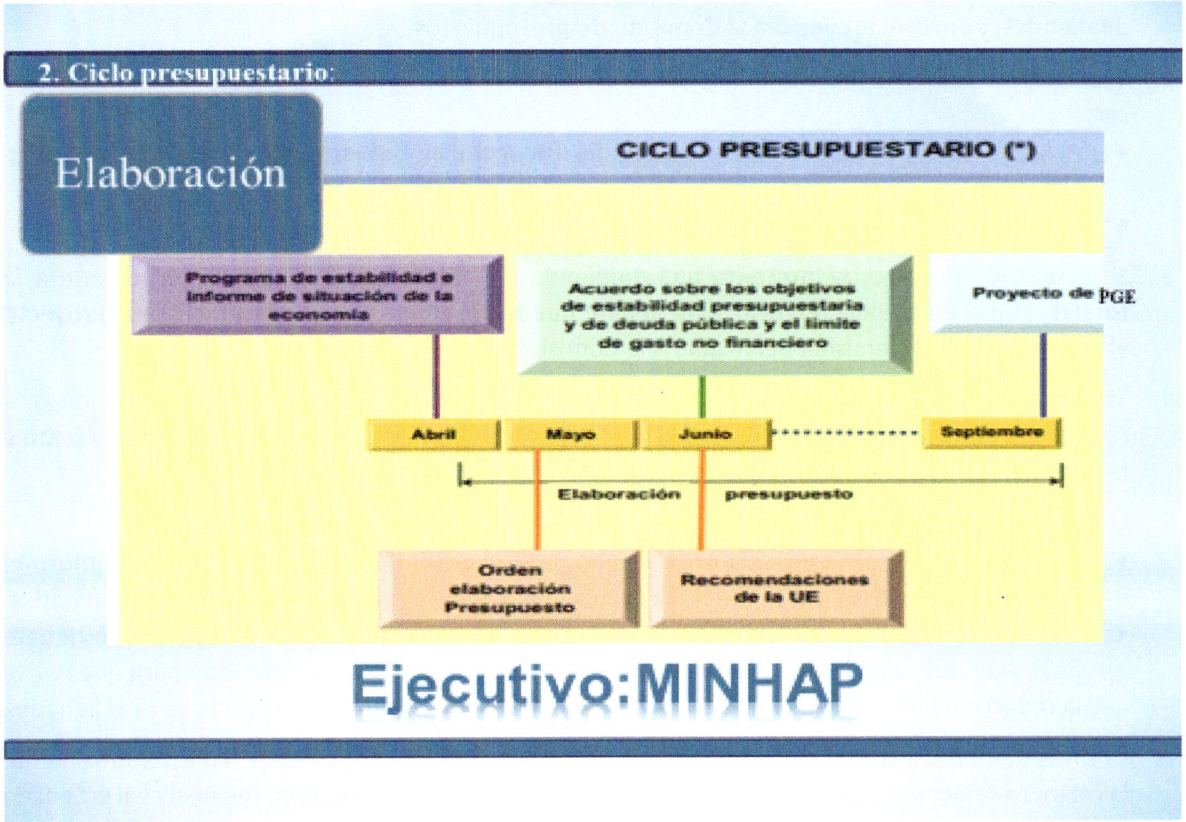

2.2. FASE DE DISCUSIÓN Y APROBACIÓN

Esta segunda fase corresponde al Legislativo. Su origen se encuentra ligado al nacimiento del presupuesto, que tuvo lugar con la implantación del parlamentarismo. El Presupuesto surgió como instrumento del Legislativo para controlar la actividad financiera desarrollada por el Ejecutivo (establecimiento de tributos, establecimiento del volumen de gasto...). En la actualidad, una de las características que define al Estado intervencionista es el predominio del poder Ejecutivo sobre el Legislativo. En un principio el Parlamento pretendía frenar los excesos de la monarquía y sus ministros, pero en el actual Estado del bienestar esta tendencia se ha invertido, y se corre el peligro de que el aumento del gasto público no vaya acompañado de un aumento de ingresos, incurriendo por tanto en déficit. En la actualidad el Parlamento está sometido a dos limitaciones jurídicas:

- Limitación del derecho de iniciativa legislativa: las propuestas legislativas relativas al gasto público corresponden en exclusiva al Gobierno.

- Limitación del derecho de enmienda parlamentaria (art 134.6CE): esta limitación existe tanto en la discusión y aprobación de la Ley Presupuestaria, como en la discusión y aprobación de leyes no presupuestarias, pero con repercusiones financieras. Cualquier enmienda que suponga un incremento del gasto o una disminución de los ingresos, requiere el consentimiento del Ejecutivo.

- Prórroga automática del presupuesto (art 134.4 CE): si una vez iniciado el ejercicio fiscal las cámaras no han aprobado el presupuesto, se entiende automáticamente prorrogado el presupuesto anterior. De manera que la vida económica del país no llega a paralizarse nunca. Esta limitación supone una pérdida de importancia del parlamento, pues en caso de no aprobarse el presupuesto presentado por el gobierno en tiempo y forma se prorroga el presupuesto del año anterior.

La fase de discusión y aprobación se inicia cuando el Proyecto de Ley y la documentación anexa llega a las Cortes.

1. La Mesa del Congreso ordena la publicación del Proyecto, abre el plazo para la presentación de enmiendas, y envía el Proyecto a la Comisión de presupuestos.

2. El plazo para presentar las enmiendas es de 15 días desde su publicación. Las enmiendas pueden ser:
   - A la totalidad: si piden la devolución del Proyecto al Gobierno y/o proponen un texto alternativo.
   - Al articulado: si proponen la supresión, modificación o adición de un artículo.

3. Si trascurrido el plazo, se presenta una enmienda a la totalidad, tendrá lugar un debate a la totalidad en el Pleno del Congreso. Este debate puede desembocar en la devolución del Proyecto al Gobierno, o en la remisión del mismo a la Comisión de presupuestos.

4. Si no se presentan enmiendas a la totalidad, si no se aceptan enmiendas de devolución o la enmienda a la totalidad presenta una redacción alternativa, el Proyecto se remite directamente a la Comisión de presupuestos.

5. La discusión en el seno de la Comisión de presupuestos consta de tres fases:
   - En la primera fase la Comisión designa a uno o varios ponentes para que elaboren un informe.
   - En la segunda fase la Comisión debate el articulado, la autorización de gastos, y las enmiendas.
   - En la tercera fase, la Comisión emite un dictamen y se lo envía al Congreso para un debate final. Si el dictamen es rechazado por el Congreso, se devolverá a la Comisión para que revise la redacción inicial. De lo contrario, si la votación resulta positiva, el Proyecto pasa al Senado.

6. La Mesa del Senado abre el plazo para la presentación de enmiendas que es de 4 días. Normalmente la premura de tiempo obliga a la Mesa a seguir el procedimiento de urgencia, según el cual el Senado cuenta con 20 días para aprobar el Proyecto, introducir enmiendas, u oponer su veto.

7. Si hay enmiendas y/o propuestas de veto, el Proyecto no tiene que pasar previamente por el Pleno del Senado (como en el caso del Congreso), sino que entra directamente en la Comisión de presupuestos.

8. La Comisión elabora su dictamen, que será debatido en el Pleno del Senado.

9. Los Proyectos que hayan sido vetados o enmendados por el Senado son remitidos al Congreso. El dictamen se acompaña de las enmiendas o vetos no aceptados. Si las enmiendas obtienen la mayoría

simple de los votos se incorporarán. En el caso de los vetos, el Congreso puede levantar el veto, se somete a votación el texto inicialmente aprobado por el Congreso, y si este obtiene la mayoría absoluta de los votos, en primera votación o la mayoría simple en segunda votación, el veto sería desestimado y el proyecto aceptado ; de lo contrario el proyecto sería definitivamente rechazado.

Esquema 7.3 Ciclo presupuestario II

2.3. FASE DE EJECUCIÓN

Una vez que el Presupuesto es aprobado por las Cortes Generales, se convierte en Ley. Y con la entrada del año fiscal comienza la fase de ejecución, que corresponde de nuevo al Poder Ejecutivo.

La ejecución es la actividad de la Administración dirigida a la realización de los ingresos y gastos previstos. En esta fase, la Administración actúa vinculada al presupuesto y a las vías procedimentales.

Vinculación al presupuesto:

*   Por lo que se refiere a los gastos, la autorización del Parlamento ha de marcar el techo máximo de gastos. En caso de que por un error de cálculo sea necesario superar ese techo máximo, las Cortes deberán aprobar un crédito suplementario previa solicitud del Gobierno. Pero si esa necesidad se debe no a un error sino a una catástrofe o algún otro imprevisto, las Cortes aprobarán lo que se conoce como crédito extraordinario. En el caso de que suponga un aumento del gasto por encima de lo autorizado inicialmente debe ser aprobado por ley. Con esta finalidad fue con la que se creó el fondo de contingencia (2% del gasto previsto) (Ley 18/2001). Si este fondo no se utiliza, no se acumula para años siguientes. Desde la aprobación de dicha ley el procedimiento y modificación de las partidas de gasto van a ser diferentes dependiendo de su contenido y pueden clasificarse en: gastos extraordinarios, suplemento de gastos, ampliación de gastos, transferencia de gastos,

incorporación de gastos, generación de gastos, habilitación de gastos, otras modificaciones presupuestarias.

En la ejecución de los gastos estos pasan por 5 fases recogidas en la LGP L47/2003, esto es: 1) autorización del gasto, 2) Compromiso del Gasto, 3) Liquidación del gasto, 4) ordenación del pago y 5) realización del pago.

- Por lo que se refiere a los ingresos, estos pueden ser de dos tipos:
  - o Ordinarios: Fundamentalmente los de carácter tributario impuestos, tasas, exacciones… En estos casos el presupuesto recoge una estimación de los mismos que vincula la gestión de la Hacienda Pública.
  - o Extraordinarios: empréstitos que recibe el Estado por la emisión de deuda pública. En estos casos la situación es muy parecida a la de los gastos públicos, ya que el Parlamento cuando lo autoriza marca un techo máximo de endeudamiento, superar este techo de endeudamiento exige una autorización del legislativo.

2.4. FASE DE CONTROL

El control presupuestario es la última fase del proceso presupuestario comprende una serie de técnicas políticas, contables, y jurisdiccionales que pretenden ajustar la gestión de la Hacienda Pública a la normativa fiscal. Existen **dos tipos** de control: interno y externo.

- **Control interno**

El control interno es el que lleva a cabo la propia Administración y se solapa con la fase de ejecución. En España el control corresponde:

- A cada dependencia ministerial, en lo relativo a la gestión de fondos públicos.
- A la Intervención general de la Administración del Estado –IGAE–, que actúa a través de intervenciones delegadas en los Ministerios y organismos autónomos, y que fiscaliza todos los expedientes administrativos de contenido económico. Se trata de un control desarrollado por la propia administración pero externo al centro de gasto concreto.

- **Control externo**

El control externo es el que llevan a cabo los órganos judiciales y políticos. En principio, este control corresponde a las Cortes Generales, pero estas delegan en un órgano especializado: el Tribunal de Cuentas (art 136 CE).

- El Tribunal de Cuentas es el supremo órgano fiscalizador de las cuentas y la gestión económica del Estado, así como del Sector público que dependerá directamente de las Cortes Generales y ejercerá sus funciones por delegación de ellas.
- El Tribunal enviará anualmente a las Cortes Generales un informe comunicándole las infracciones o responsabilidades.
- Los miembros del Tribunal gozarán de la misma independencia, inamovilidad y estarán sometidos a las mismas incompatibilidades que los jueces.
- El Tribunal de Cuentas tiene dos funciones distintas: fiscalización de las cuentas del Sector público y enjuiciamiento de la responsabilidad contable en que puedan incurrir quienes manejan caudales o efectos públicos.

Por último, las Cortes Generales además de controlar la legalidad y discrecionalidad administrativas, aprueba el cumplimiento de los principios de eficiencia y economía. Con la ley de Aprobación de las Cuentas Generales del Estado termina el ciclo presupuestario.

III. LOS PRINCIPIOS PRESUPUESTARIOS

Los principios presupuestarios son las pautas que deben guiar el comportamiento del presupuesto en sus diferentes aspectos. Hay que tener en cuenta que, con los cambios de los últimos años, la formulación y aplicación de estos principios ha sufrido una modificación. El objetivo de tales principios es el de responder a tres preguntas básicas que plantea una deseable racionalidad presupuestaria:

- ¿Quién debe diseñar el presupuesto? Para dar respuesta a esta pregunta se formulan los principios políticos.
- ¿Cómo debe ser este diseño? Para dar respuesta a esta pregunta se formulan los principios contables.
- ¿En base a qué criterios económicos ha de diseñarse? Para dar respuesta a esta pregunta se formulan los principios económicos.

Esquema 7.4 Principios Presupuestarios

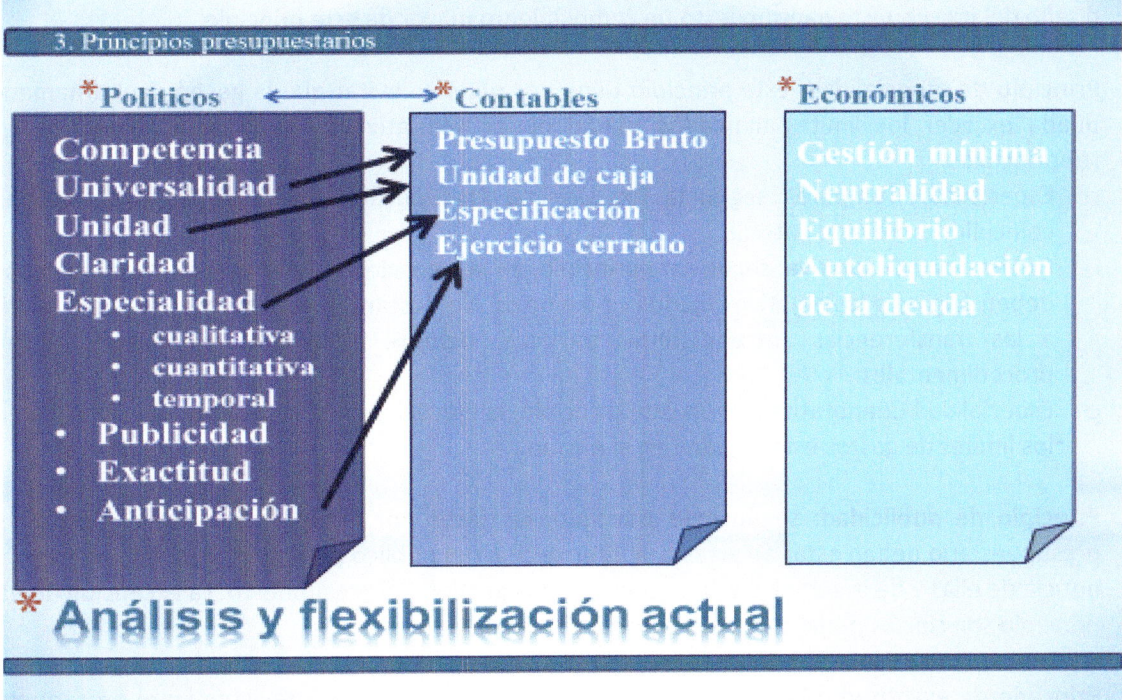

3.1. PRINCIPIOS POLÍTICOS

Los principios políticos constituyen un conjunto de reglas con las que se pretende fundamentar el carácter básico exigible al presupuesto como instrumento de equilibrio de poderes y de distribución de competencias correspondientes a un Estado Constitucional. Estos principios nacen con la configuración del Estado Liberal.

1. **Principio de competencia. S**egún este principio, corresponde al pueblo como titular de la soberanía fijar todo cobro y pago del Estado. En base a este principio y a un deseable equilibrio de poderes se establece el siguiente reparto de funciones o competencias: 1) al poder Legislativo (Parlamento) le corresponde la aprobación y promulgación del presupuesto; 2) al poder Ejecutivo (Gobierno) el desarrollo y ejecución del presupuesto, y 3) al Judicial (Tribunal de Cuentas) el control y fiscalización del mismo. Hay que destacar que en los últimos años se ha acentuado el protagonismo del Ejecutivo.

2. **Principio de universalidad.** Según este principio, el presupuesto debe recoger la totalidad de ingresos y gastos que origine la actividad financiera del Estado, pues solo de esta forma el Parlamento podrá ejercer su función de control. Los presupuestos extraordinarios o especiales son peligrosos, ya que facilitan el incremento del gasto y dificultan la deseable visión de conjunto de la actividad financiera del Estado. No obstante, la aplicación de este principio se ha flexibilizado como consecuencia de la mayor intervención del Estado en la economía, lo que obliga a presentar presupuestos distintos, rompiendo la regla del presupuesto único.

3. **Principio de unidad y claridad.** Según este principio, el documento presupuestario debe de presentarse en un único documento y con una estructura metódica según criterios uniformes para de este modo facilitar el control parlamentario. Es decir, los ingresos y gastos deben presentarse en un documento único, en el que de forma clara conste la procedencia de los ingresos y el destino de los gastos. En realidad, el presupuesto es un documento necesario complejo por su dimensión y variedad, la práctica presupuestaria cubre unos mínimos contribuyendo a un mayor cumplimiento de este principio La incorporación de nuevas técnicas presupuestarias y de la información y en el diseño del presupuesto han supuesto un cumplimiento mayor de este principio.

4. **Principio de especialidad**: Este principio tiene por objetivo evitar que la gestión gubernamental pueda exceder los límites marcados por el poder legislativo y se divide a su vez en tres subprincipios:
   o Especialidad Temporal: según la Ley General Presupuestaria, el ejercicio presupuestario coincidirá con el año natural.
   o Especialidad Cualitativa: según este principio, en la ejecución del presupuesto, los recursos se deben asignar a los objetivos fijados y no a otros. No obstante, en la práctica se suele recurrir a las transferencias entre distintas partidas, siempre y cuando respeten las normas procedimentales.
   o Especialidad Cuantitativa: según este principio, la ejecución del presupuesto no debe superar los límites de gastos establecidos en el mismo.

5. **Principio de publicidad**: según este principio, las fases por las que atraviesa el documento presupuestario deben estar abiertas a la información del público para que los ciudadanos tengan noticia de ellas y de la actuación del ejecutivo en la gestión del presupuesto. La excepción de este principio son ciertas partidas ligadas a las funciones de Defensa.

6. **Principio de exactitud**: según este principio, los ingresos y gastos previstos en el presupuesto, deben acercarse lo más posible a lo que se prevé serán los ingresos y gastos correspondientes en la ejecución presupuestaria en la realidad. En la práctica, sin embargo, la ejecución dista de lo previsto en el presupuesto. Es cierto que las modernas técnicas estadísticas aumentan la exactitud de las previsiones. Pero también es cierto que la inflación, la crisis monetaria, y la crisis económica son factores que aumentan la incertidumbre. El cumplimiento de este principio en la práctica presupuestaria es muy desigual bien por deficiencias en el funcionamiento del presupuesto, bien por inexactitud deliberada en la construcción del presupuesto o bien por combinación de estos factores u otros que originen el incumplimiento del principio.

7. **Principio de anticipación**: según este principio, el presupuesto debe ser sancionado por el Parlamento antes de que empiece el año presupuestario en el que debe regir. No obstante, cuando por diversas circunstancias comienza el año presupuestario sin que se haya aprobado en el Parlamento el presupuesto, se busca un *second best* como solución, esto es se prorroga el presupuesto el anterior.

3.2. PRINCIPIOS CONTABLES

Los principios contables están relacionados con los principios políticos. Los principios contables son el modo en el que se traducen los principios políticos a criterios de contabilidad. Se trata de la aplicación práctica de los principios políticos traducida en técnica contable, encargada de recoger los valores de los bienes y servicios que se aplican al presupuesto y a su gestión.

1. **Principio de presupuesto bruto**: según este principio, las partidas presupuestarias deben establecerse sin detracción alguna (sin aumentos ni disminuciones). Esto impide deducir de los ingresos los gastos de recaudación, y de los gastos los beneficios que pudieran rendir. La posibilidad de deducir dificultaría la verdadera actividad del Estado. Este principio está relacionado con el principio político de universalidad.

2. **Principio de unidad de caja**: según este principio, los ingresos y gastos deben centralizarse en una tesorería única- la cuenta del tesoro-, a la que corresponde la gestión de todos los caudales públicos. Los ingresos no se pueden afectar a ningún tipo específico de gasto, sino que todos revierten a fondos generales de donde se asignan los recursos para los distintos programas de gastos. Este principio se corresponde con el principio de claridad y unidad de la gestión presupuestaria. Hay que destacar que la aparición de servicios públicos autónomos con cajas especiales, lo que ha dado lugar a la existencia de cajas autónomas de la general.

3. **Principio de especificación**: según este principio, todos los ingresos y gastos deben clasificarse de acuerdo a criterios lógicos establecidos en base a su naturaleza objetiva. Así p. ej. los ingresos impositivos deben clasificarse en capítulos de acuerdo con las figuras impositivas y los gastos según su destino. Según este principio las transferencias de unas partidas a otras estarían prohibidas. Este principio corresponde con el de especialidad cualitativa y cuantitativa.

4. **Principio de ejercicio cerrado**: según este principio, el presupuesto solo debe recoger los ingresos y gastos ejecutados durante la vigencia del presupuesto. Esto impide que el gasto previsto para un año se lleve a cabo en otro; sin embargo, cosa distinta es que el pago se realice en el año siguiente. Este principio se relaciona con el de especialidad temporal.

3.3. PRINCIPIOS ECONÓMICOS

Los principios económicos nos ofrecen una idea del carácter dinámico con que corresponde considerar el presupuesto como documento básico de la actividad financiera. Se trata de normas que deben regir la práctica presupuestaria que garantiza la racionalidad económica. Estos principios en su formulación original se fundamentan en la teoría económica clásica; en concreto en la idea de responsabilidad y disciplina fiscal. Con las aportaciones de los keynesianos al pensamiento financiero se cuestionó la deseabilidad de dichos principios, en la actualidad algunos de estos principios han sido reformulados. Las circunstancias cambiantes en que opera el presupuesto modulan lo que se considera correcta actuación presupuestaria. Lo que resulta valido en un periodo histórico puede no serlo en otro. Desde esta perspectiva dinámica y teniendo en cuenta el origen clásico de los principios económicos estos se concretan en:

1. **Principio de gestión mínima o limitación del gasto público. S**egún este principio, el presupuesto debe ser lo más reducido posible. La justificación inicial de este principio radicaba en la concepción del gasto como un mal necesario. Pero en el actual Estado del Bienestar, como la Hacienda es una Hacienda de servicios, ya no se guía por este principio que pierde sentido puesto que la cuantía de los ingresos y gastos del presupuesto viene determinada por la funcionalidad de los mismos en la consecución de determinados objetivos sociales. En la actualidad se defiende la contención del gasto no productivo y la importancia de la claridad del Sector público.

2. Principio de **equilibrio presupuestario** y principio de **estabilidad presupuestaria** (Ley 1/2012 de Estabilidad Presupuestaria y art 135 CE). Según este principio, los gastos presupuestarios (= gastos totales) deben ser financiados por los ingresos ordinarios. La justificación política de este principio es que el déficit carga la deuda a las generaciones futuras y genera una ilusión fiscal que oculta el coste-oportunidad del gasto, lo que incentiva la irresponsabilidad fiscal. La justificación económica es el peligro del efecto que los planteamientos keynesianos introducen en el pensamiento financiero por la función estabilizadora de la economía pública; por ello el principio del equilibrio económico pasa a ser un principio de carácter orientador en la práctica. El presupuesto, anualmente no debe preocuparse por su equilibro económico, sino más bien por el sentido del desequilibro para compensar las tendencias desequilibradoras de los ciclos económicos y por lo tanto el principio del equilibrio económico anual de los clásicos se considera como una reliquia del pasado. En la actualidad este principio se ha flexibilizado y se ha reconvertido en el principio de estabilidad del presupuesto, entendido como equilibrio o superávit estructural y que estudiaremos en el cap. IX. En el caso español, el Principio de estabilidad presupuestaría se recoge en la Ley 18/2001, en el Art 135. CE, el art 26 LGP y en la Ley 2/2012.

3. **Principio de autoliquidación de la deuda. S**egún este principio, en el caso excepcional de que se tenga que recurrir al empréstito; éste solamente ha de ser utilizado para financiar gastos públicos de inversión capaces de generar recursos suficientes para hacer frente al pago de los intereses y a la devolución del principal. Se entiende que la suma de los ingresos ordinarios ha de ser suficiente para atender los gastos totales del Sector público. Principio de autoliquidación de la deuda.

4. **Principio de neutralidad impositiva**. Según este principio, los impuestos y cambios legislativos deben afectar lo menos posible a las decisiones económicas de los agentes económicos. Dado que el individuo es el mejor juez para valorar su interés, el Estado no debería condicionar las decisiones del ciudadano, en materia de consumo, ahorro, esfuerzo laboral o adopción de riesgos utilizando la legislación fiscal. Los impuestos deben servir para recaudar y no debe tratar de alterar las conductas de los particulares.

3.4. CRISIS DE LOS PRINCIPIOS PRESUPUESTARIOS: FLEXIBILIZACIÓN

Estos principios responden a las circunstancias políticas y económicas del siglo **XIX** y principios del siglo **XX**. Por lo que los cambios que se han producido en la organización política de las democracias occidentales y en la teoría económica que explica la economía de mercado; han hecho que estos principios entren en crisis. Sin embargo, no han desaparecido, sino que se han reformulado o se han flexibilizado. Quiebran los principios económicos de neutralidad de los impuestos, equilibrio presupuestario y limitación del gasto público, tal y como acabamos de ver. También quiebran los políticos de unidad, especialidad, anualidad y publicidad y los contables de unidad de caja, especificación y ejercicio cerrado.

En el caso de los principios **políticos**, se han reforzado las competencias del ejecutivo en materia presupuestaria; sin embargo, el principio de **competencia**, sigue manteniendo la distribución clásica de funciones, aunque se aprecia un mayor peso del ejecutivo.

- El principio de universalidad aún conserva su vigencia y valor.

- El principio de unidad y claridad es el que más ha cambiado. Debido a la extensión y complejidad de las tareas desempeñadas por el Sector Público es imposible recoger en un único documento todas las actividades gestionadas por el Sector Público. La aplicación práctica de este principio se ha flexibilizado debido a la intervención del Estado en la actividad económica, a la multiplicación de fondos y cajas autónomas con ingresos propios y a la proliferación de transacciones entre distintos entes del sector público. Todo esto obliga a la presentación de presupuestos distintos ignorando la regla de presupuesto único.

- El principio de especialidad ha sufrido también muchas transformaciones. Las restricciones de este principio chocan con la flexibilidad en la gestión que exigen las transferencias de fondos de unas partidas a otras, gastar por encima de lo presupuestado o dejar un importante valor de gasto para el futuro. Esto se ha manifestado no en el abandono de éste principio, sino más bien en el nivel de vinculación de ese principio.

- El principio de publicidad tiene excepciones en el caso de los gastos diplomáticos, los de carácter militar o los denominados fondos reservados, si bien el control parlamentario es posible a través de la Comisión de Secretos Oficiales.

Dentro de los principios **contables**, los que han presentado cambios han sido:

- El principio de unidad de caja presenta una aplicación bastante flexible, pues los cambios acontecidos en la realidad político social han llevado a la apertura de cajas autónomas de la general.

- En el principio de especificación se han introducido nuevos sistemas de clasificación que se complementan entre sí y que pueden arrojar nueva luz sobre los fines a los que se dedican los recursos públicos.

- El principio de ejercicio cerrado se ha flexibilizado pasando a englobar los ingresos y los gastos que proceden de un ejercicio anterior, pero cuya gestión ha de ejecutarse en otro presupuesto posterior, en una cuenta especial llamada" de resultados".

IV. EVOLUCIÓN DEL PRESUPUESTO

El presupuesto nace muy ligado a la preocupación por el control del gasto lo que dio lugar a la generalización de la práctica presupuestaria anual; sin embargo, con el paso del tiempo se amplía la finalidad de la presupuestación esto es: sus objetivos y el control se hacen más complejos, evolucionando en paralelo la técnica presupuestaria.

4.1. OBJETIVOS

El presupuesto constituye un instrumento de control del gasto del poder ejecutivo por el Parlamento, pero en la actualidad se han ido añadiendo otras funciones. El presupuesto constituye también un elemento de gestión de la Administración Pública ya que expresa el coste monetario, el tiempo y los resultados esperados de la actividad financiera y por último, el presupuesto constituye un instrumento de política económica, en cuanto cumple funciones económicas múltiples que pueden resumirse en alcanzar los objetivos económicos de asignación eficiente de recursos, estabilidad económica, crecimiento y distribución de la renta. Véase esquema 7.5.

Esquema 7.5 El presupuesto como instrumento de política fiscal

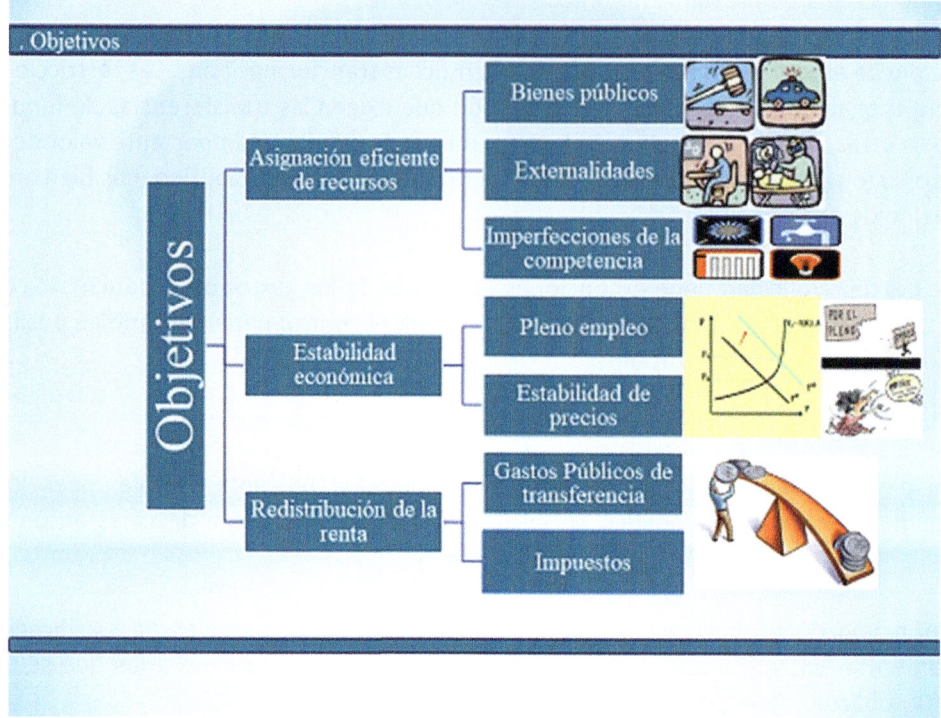

4.2. ASPECTOS TECNICOS DE LA ELABORACIÖN DEL PRESUPUESTO

El presupuesto se ha convertido en un instrumento de política económica que ha ido aumentado el papel y la influencia que tiene sobre la economía nacional. Ésta es la causa por la que el marco temporal del mismo ha pasado a ser más amplio y esto ha tenido su traducción en las técnicas presupuestarias relativas a la elaboración del presupuesto. Por lo tanto, el presupuesto no puede considerarse exclusivamente un instrumento de política fiscal. El presupuesto es asimismo una técnica cuya complejidad ha seguido la evolución económica de los diferentes países y de la mayor participación que el Sector público ha tenido en dicha evolución. En sus orígenes el presupuesto era mínimo y sus técnicas se limitaban a un mero estado contable en el que los gastos e ingresos estaban equilibrados. Poco a poco el papel del presupuesto iba aumentando de acuerdo con las nuevas funciones que se fueron asignando al sector público- Estado. Los presupuestos públicos fueron haciéndose más cuantiosos y complejos, se fue perfeccionando la clasificación de los gastos y los ingresos y apareció la clasificación funcional. Sin embargo, estos perfeccionamientos se mostraron insuficientes para manejar técnicamente los presupuestos y fueron surgiendo mejoras en sus técnicas, entre las que caben destacar, el Presupuesto de ejecución o por objetivos, el Presupuesto por Programas –PPBS– y el Presupuesto Base Cero –PBO–.

El Presupuesto de Ejecución o por Objetivos no solo presenta una clasificación económica de los gastos y los ingresos, sino cuales son los objetivos o funciones del ente público y cómo se organiza la administración financiera para atender a las actividades que el Estado realiza.

El presupuesto por Programas constituye un intento de integrar la formulación de políticas de gasto a medio plazo con la asignación anual de los recursos. Esta técnica persigue mejorar la planificación económica y racionalizar las decisiones del Sector público.

El Presupuesto Base Cero empezó a aplicarse en estados Unidos, intenta ir un poco más allá de las técnicas presupuestarias anteriores, tratando no solo de asignar los nuevos recursos de la mejor manera posible, sino sometiendo además a revisión continua los programas que están en marcha.

Pretende romper con la inercia de todo presupuesto en relación al incremento de las partidas de gastos existentes en el periodo precedente.

V. EL PRESUPUESTO EN ESPAÑA

En el caso de España las normas que regulan la institución presupuestaria son: la Constitución Española arts. 134-136; la LGP de 2003 y la LOEPySP de 2012.

El Gobierno es el responsable de la elaboración de los Presupuestos Generales del Estado y las Cortes Generales responsables de su examen, enmiendas y aprobación si procede. Los Presupuestos Generales del Estado tendrán carácter anual, incluirán la totalidad de los gastos e ingresos del sector público estatal y en ellos se consignará también el importe de los beneficios fiscales que afecten a los tributos del Estado.

El desarrollo de la legislación presupuestaria se lleva a cabo a través de la Ley General Presupuestaria, cuyo texto actualmente vigente es la Ley 47/2003, de 26 de noviembre, -Ley General Presupuestaria- y la Ley Orgánica 2/2012 de 27 de abril Ley Orgánica de Estabilidad presupuestaria y Sostenibilidad financiera LOEPySF. Y cada año la propia ley de anual de presupuestos.

De acuerdo con el art 26 de la LGP, la programación presupuestaria se regirá por los principios de estabilidad presupuestaria, plurianualidad, transparencia y eficiencia en la asignación y utilización de los recursos públicos, conforme a lo dispuesto en la Ley 18/2001, de 12 de diciembre, General de Estabilidad Presupuestaria.

En el art 27 LGP se establece que la gestión del sector público estatal estará sometida al régimen de presupuesto anual aprobado por las Cortes Generales y enmarcado en los límites de un escenario plurianual, luego, conviven dos técnicas presupuestarias: la de un presupuesto tradicional administrativo anual y la de un escenario presupuestario plurianual presupuesto ajustado a la estabilidad presupuestaria.

En relación con la estructura del presupuesto, los Presupuestos Generales del Estado estarán integrados por:

a) Los presupuestos de los órganos con dotación diferenciada y de los sujetos que integran el sector público administrativo.

b) Los presupuestos de operaciones corrientes y los de operaciones de capital y financieras de las entidades del sector público empresarial y del sector público fundacional.

c) Los presupuestos de los fondos a que se refiere el artículo 2.2 de la LGP actualmente en vigor.

Por otra parte, conviene teniendo en cuenta que el presupuesto es un documento contable, que sigue las normas contables de contabilidad por partida doble gastos e ingresos, hacer referencia a la estructura de gastos y a la de ingresos.

El art 40LGP se refiere a la Estructura de los estados de gastos de los Presupuesto Generales del Estado que se realizará de acuerdo con una triple clasificación:

a) La clasificación orgánica que agrupará los créditos asignados a los distintos centros gestores de gasto de los órganos con dotación diferenciada en los presupuestos.

b) La clasificación por programas, que se adecuará a los contenidos de las políticas de gasto contenidas en la programación plurianual.

c) La clasificación económica, que agrupará los créditos por capítulos separando las operaciones corrientes, las de capital, las financieras y el Fondo de Contingencia de ejecución presupuestaria.

Esquema 7.6 Estructura del Gasto

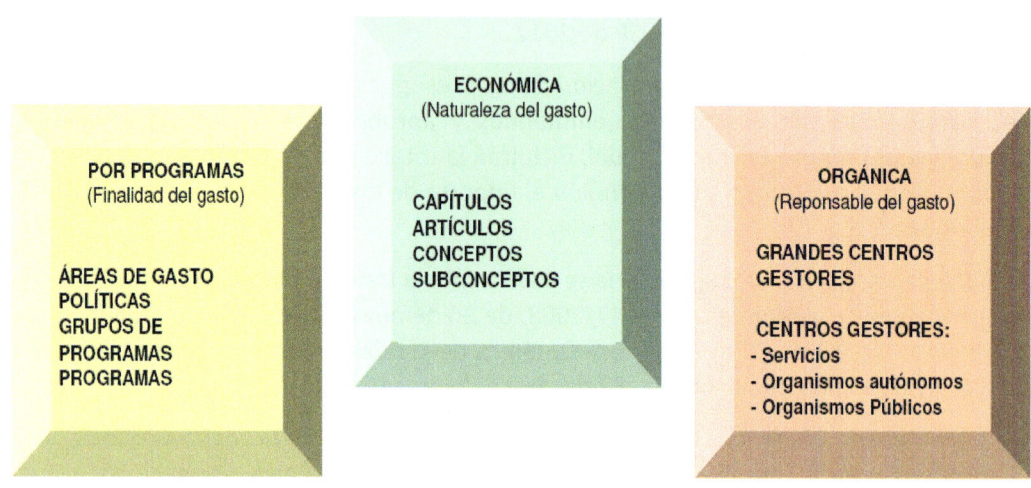

Gráfico 7.7 Evolución del Gasto público (Clasificación económica del gasto)

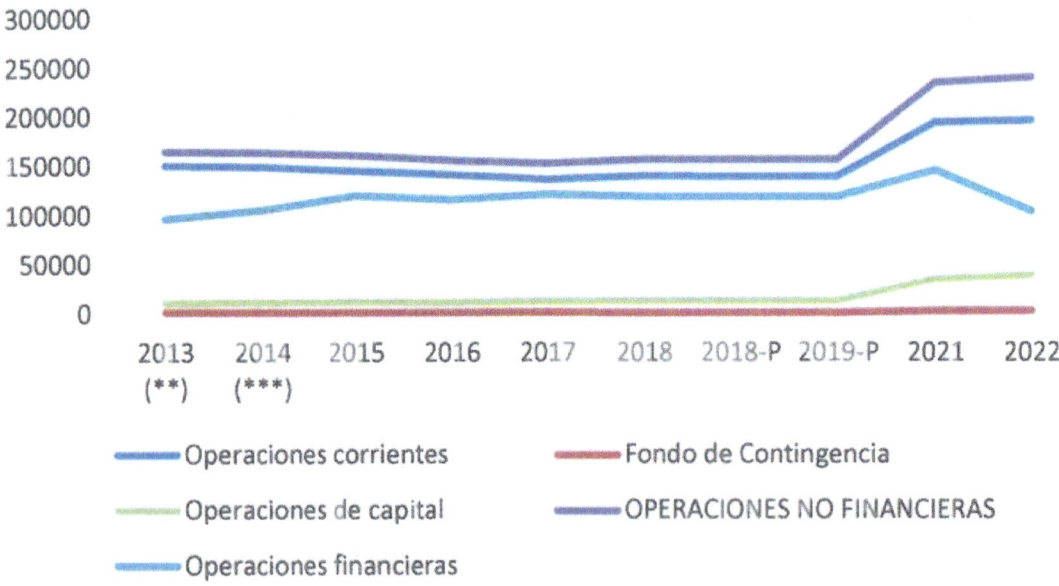

En el gráfico 7.7 podemos observar la evolución del gasto público de acuerdo con las principales categorías del mismo por su naturaleza económica. La tendencia general durante los últimos 10 años ha sido ascendente en todas las categorías con la excepción de los fastos financieros en los últimos 3 años. En los gráficos 7.8 y 7.9 podemos observar la evolución de los gastos corrientes y de capital. El notable incremento en los gastos de Transferencia están relacionados con el COVID y las ayudas para paliar la crisis sanitaria y económica derivada del mismo.

Gráfico 7.8 Evolución del Gasto Corriente (Clasificación económica del gasto)

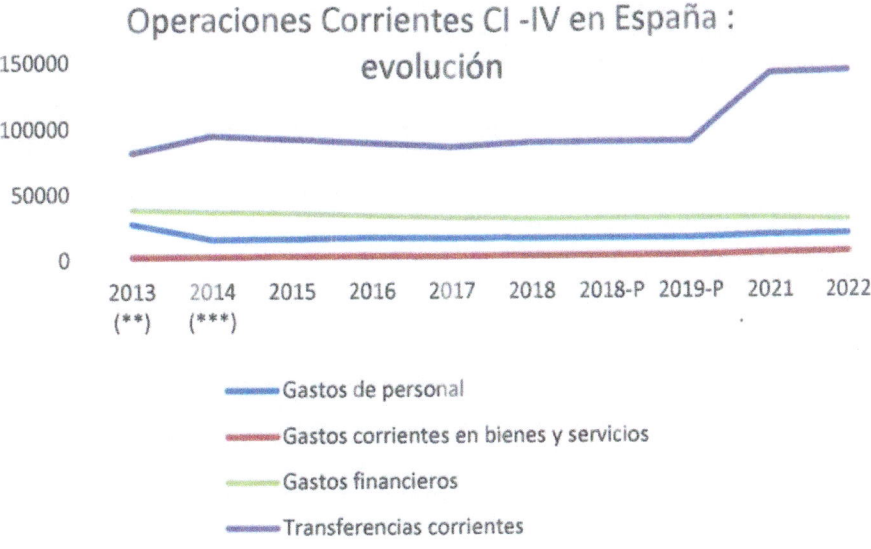

Gráfico 7.9 Evolución del Gasto Corriente (Clasificación económica del gasto)

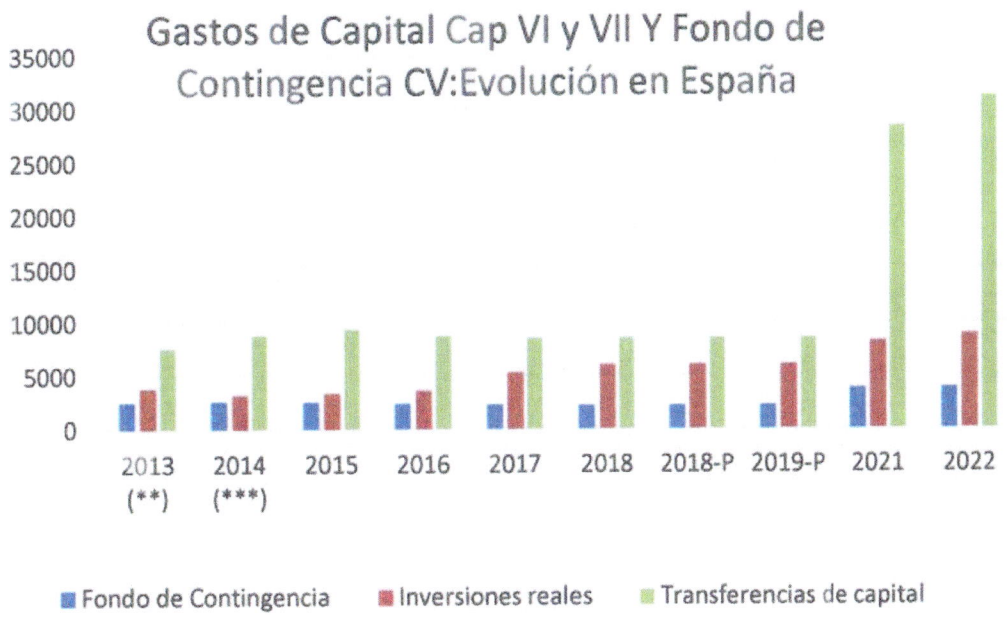

En relación con la estructura de los ingresos y su tipología. el art 41 LGP establece dos clasificaciones: la orgánica y la económica: a) La clasificación orgánica distinguirá los ingresos correspondientes a cada uno de los organismos de la Administración y los de otras entidades y b) La clasificación económica agrupará los ingresos, separando los corrientes, los de capital, y las operaciones financieras.

En la tabla 7.10 podemos ver la evolución de las distintas categorías de ingresos, corrientes, de capital y operaciones no financieras, observando una tendencia creciente en las 3 categorías de ingresos.

Tabla 7.10 Evolución de los ingresos (Clasificación económica)

 A. PRESUPUESTOS
2. PRESUPUESTO DEL ESTADO

2.3. Ingresos. Clasificación económica
Millones de euros

Capítulos	2013	2014	2015	2016	2017	2018	2018-P	2019-P	2021	2022
Impuestos directos	66.181	68.608	68.398	69.404	67.763	69.491	69.491	69.491	70.211	77.878
Impuestos indirectos	40.734	37.688	44.156	43.476	44.532	47.191	47.191	47.191	51.480	57.880
Tasas, precios y otros ingresos	4.324	3.549	3.696	6.858	8.168	10.971	10.971	10.971	10.544	9.889
Transferencias corrientes	9.211	10.238	10.532	8.267	5.962	6.446	6.446	6.446	7.944	13.409
Ingresos patrimoniales	5.913	7.238	6.411	5.180	5.063	5.603	5.603	5.603	8.229	6.471
Operaciones corrientes	126.363	127.320	133.193	133.185	131.487	139.702	139.702	139.702	148.408	165.527
Enajenación inversiones reales	135	319	124	199	213	101	101	101	474	109
Transferencias de capital	527	520	394	1.389	1.354	1.504	1.504	1.504	6.412	17.268
Operaciones de capital	661	839	518	1.588	1.568	1.605	1.605	1.605	6.885	17.377
OPERACIONES NO FINANCIERAS	127.025	128.159	133.712	134.773	133.055	141.307	141.307	141.307	155.294	182.904
Activos financieros	1.520	1.867	7.705	2.774	2.369	1.779	1.779	1.779	1.821	14.556
TOTAL CAPÍTULOS 1 a 8	128.545	130.026	141.416	137.547	135.424	143.086	143.086	143.086	157.115	197.460

Fuente:
Presupuestos Generales del Estado

VI. BIBLIOGRAFÍA

Básica

CORONA, J. y DIAZ, A. (2000), Introducción a la Hacienda Pública. Ariel Economía. Capítulo 7.

GAMAZO CHILLÓN, J.C y VEGA MOCOROA, I. (2020), Notas para el Estudio de Hacienda Pública. Universidad de Valladolid. Capítulo. 7.

GARCÍA VILLAREJO, A. y SALINAS SÁNCHEZ, F.J. (1994), Manual de Hacienda Pública. Tecnos. Capítulos XIV y XVI.

BUSTOS GISBERT, A. (2017), Curso Básico de Hacienda Pública, Editorial Civitas Thomson Reuters, Madrid. Capítulo 4.

VEGA MOCOROA, I. (2024), Compendio Básico de Hacienda Pública. Ediciones Universidad de Valladolid. Valladolid .Capítulo 7.

Complementaria

ALBI, E., GONZÁLEZ-PÁRAMO, J.M., ZUBIRI, I. (2017), Economía Pública I, Ed. Ariel, Barcelona. Capítulo 2.

GUTIÉRREZ JUNQUERA, P. (1998), Curso de Hacienda Pública, Ediciones Universidad, Salamanca. Capítulo 1.

HERBER. B.P. (1975), Hacienda Pública Moderna. IEF. Capítulo2.

VII. EJERCICIOS

1. Estudie los siguientes artículos de las normas españolas en materia presupuestaria e identifique a qué principios o cuestiones presupuestarias se refieren y sus repercusiones para el funcionamiento del Sector Público Español.

   Art.134.2 CE, art.134.4 CE, art.134.6 CE, art. 135.3 CE, art. 136.1 CE, art.136.2 CE,Art.27 LGP, art34 LGP, art46 LGP y art 47 LGP.

2. Con el fin de asentar los conceptos y explicaciones del tema, después de la exposición correspondiente y de la lectura del tema y sin copiar del manual, realice un mapa conceptual o esquema del tema y de sus principales capítulos en un folio blanco; posteriormente, contraste con el manual si hay aspectos del esquema que no ha completado satisfactoriamente y reflexione sobre el porqué si es por falta de estudio o de comprensión.

TEMA 8

EL PRESUPUESTO Y LA POLÍTICA FISCAL

I. INTRODUCCIÓN: DEFINICIÓN DE POLÍTICA FISCAL

Uno de los fallos del mercado es que el sistema de precios no siempre permite alcanzar los objetivos de pleno empleo y estabilidad de precios. De ahí que sea necesaria la intervención del Estado. Alguna de las cuestiones que vamos a estudiar en este capítulo son:

¿Qué es la política Fiscal?, ¿Cuáles son los efectos económicos que se derivan de la introducción de variables fiscales en modelos de equilibrio general? ¿Cuál es el grado de incidencia que esos efectos tienen sobre los objetivos de pleno empleo y estabilidad de precios? ¿qué es el déficit público? ¿Cómo se crea? ¿Qué efectos se esperan de la aplicación de la política fiscal sobre el crecimiento económico y sobre la redistribución de la Renta? En definitiva, se trata de conocer el sentido de los efectos que se producen en la economía cada vez que el Estado actúa a través de los presupuestos: Política Fiscal.

La política fiscal o política presupuestaria se puede definir como el uso del gasto público y de los impuestos como instrumentos con los que el Estado intenta influir en la economía. Los cambios en el nivel y composición de los impuestos y el gasto público pueden influir en ciertas variables de la economía y en sus objetivos económicos, en particular, en la estabilidad económica, el crecimiento, la redistribución de la renta y el equilibrio externo. Se trata de una política de demanda, (pues afecta a variables de la demanda agregada), que se refiere al efecto global de los resultados del presupuesto en la actividad económica. Las tres posiciones posibles de la política fiscal son:

- Política fiscal Expansiva. implica un aumento neto del gasto público, es decir un presupuesto deficitario, a través de un aumento del gasto, una disminución de la recaudación impositiva o una combinación de ambos. La política fiscal expansiva se asocia generalmente con el déficit fiscal.
- Política fiscal contractiva, se produce cuando el gasto neto del gobierno se reduce, ya sea por una mayor recaudación fiscal, una reducción del gasto público o una combinación de ambas. Esto llevaría a un déficit fiscal menor o a un superávit. La política fiscal contractiva se asocia a un superávit presupuestario.
- Política Fiscal neutral. Se identifica con un presupuesto equilibrado donde el gasto gubernamental es financiado íntegramente por ingresos fiscales. Sin embargo, como estudiaremos en este capítulo, en contra de lo que los autores clásicos proclamaban, si tiene efectos y estos son pro-cíclicos.

A lo largo del capítulo profundizaremos en estas cuestiones.

CONDICIONES DE EQUILIBRIO

Para conocer los efectos de la política fiscal sobre la actividad económica es necesario establecer criterios de simplificación que establezcan modelos de comportamiento con los que medir los efectos de las medidas económicas adoptadas. Un modelo es una representación simplificada de la realidad, que se basa en las siguientes premisas:

Para que la economía esté en equilibrio general se tienen que dar unas condiciones y que este equilibrio, a los efectos de análisis operativo, debe descomponerse en sectores. Estas dos premisas se materializan en:

- Que la demanda sea igual a la oferta. A nivel macroeconómico es necesario que las magnitudes que componen la demanda sean iguales a las ofertas de los distintos sectores.
- Que exista un equilibrio parcial en los tres sectores: real, financiero y monetario. La situación de equilibrio general exige simultáneamente equilibrio parcial en el sector real, financiero y monetario.

Para que exista equilibrio general la demanda total del sistema debe ser igual a la oferta total del sistema y ello exige equilibrio parcial en el sector real, financiero y monetario.

En el sector real hay equilibrio: 1) cuando la demanda de bienes y servicios es igual a la oferta de bienes y servicios y 2) cuando la inversión es igual al ahorro.

En el sector financiero hay equilibrio: 1) cuando la demanda de fondos de financiación es igual a la oferta de fondos de financiación; y 2) cuando la inversión es igual al ahorro.

En el sector monetario hay equilibrio cuando la demanda de dinero es igual a la oferta de dinero.

Para proceder de una forma sistemática vamos a explicar el comportamiento de las diferentes variables económicas en la determinación de las variables de equilibrio, comenzando por la formulación del modelo más sencillo de determinación de la renta, en el que solo se tienen en cuenta de una manera parcial las condiciones de equilibrio del sector real y financiero. Como la segunda condición del sector real coincide con la segunda condición del sector financiero, cuando el sector real está en equilibrio, automáticamente el sector financiero también lo está y por lo tanto nuestro modelo se limitará al estudio del equilibrio del sector real.

II. PRINCIPALES ASPECTOS REALES DE LA POLÍTICA FISCAL: EL MODELO SIMPLE DE DETERMINACIÓN DE LA RENTA

El modelo sencillo de análisis que vamos a utilizar para demostrar que, según los planteamientos Keynesianos, a pesar de encontrarnos en un nivel de renta de equilibrio en la economía no existe ningún mecanismo que nos garantice que esa igualdad se alcance a un nivel de pleno empleo, acepta como válidas una serie de simplificaciones, esto es:

- No existen fenómenos monetarios que afecten a la situación de equilibrio, por lo que solo se tienen en cuenta las condiciones de equilibrio del sector real y financiero.
- Dentro de estos dos sectores, solo el consumo y en correspondencia el ahorro puede variar en atención a magnitudes reales, concretamente a la Renta –Y–. Por lo que $C = f(Y)$.
- La inversión es de carácter autónomo, y no existe ni sector público ni sector exterior.

El sector real está en equilibrio cuando DA = OA, y cuando I = A. Pero hay que tener en cuenta que OA = Y y la DA= C + I.

Por lo que $Y = C + I$.

Una vez establecidas las simplificaciones vamos a estudiar cual es la forma de la función de consumo.

Se recomienda con carácter previo revisar Tema 10 Notas para el estudio de la economía política de Juan Carlos Gamazo Chillón.

2.1. FUNCIÓN DE CONSUMO

Vamos a estudiar la forma de la función de consumo tal y como la concibió Keynes, para ello vamos a apoyarnos en un gráfico donde en el eje de ordenadas se representa la demanda de los gastos de consumo privado (demanda de los consumidores de bienes y servicios para satisfacer sus necesidades) y en el eje de abscisas se representa la oferta, es decir, la renta.

El eje de coordenadas se encuentra dividido en dos partes iguales por su bisectriz que representa el ángulo de 45º y que nos dice que es equidistante de los ejes; la distancia de cada punto de la bisectriz al eje de abscisas y al eje de ordenadas es la misma, por lo tanto, cualquier función de demanda en equilibrio debe pasar por un punto de la bisectriz y ese punto de corte será el que determine la condición de equilibrio donde DA=OA.

Gráfico 8.1

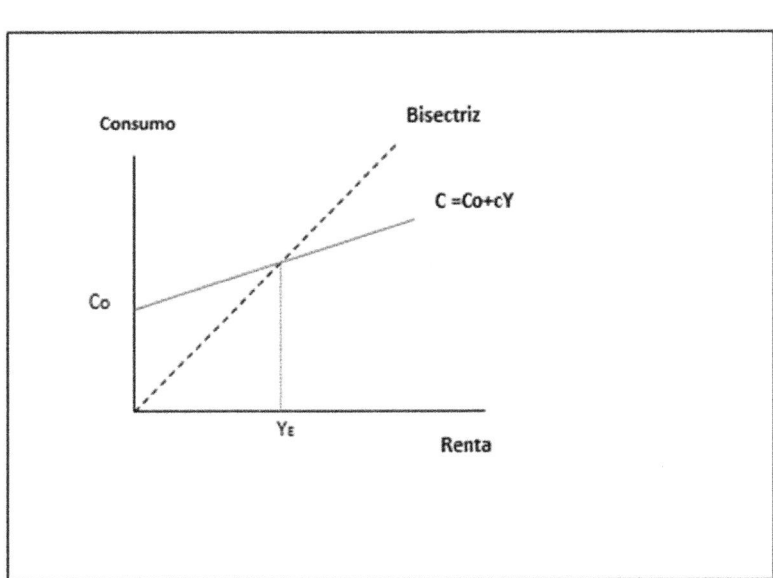

El consumo es una función lineal y creciente que parte de Co.

- Co es la ordenada en el origen o el Consumo autónomo, es decir aquel nivel de consumo que existe cuando no hay ingresos (renta), es el mínimo de subsistencia, siempre se consume algo, bien sea desahorrando, pidiendo limosna o ayudas públicas.
- A medida que aumenta la renta aumenta el consumo en relación con la Propensión marginal al consumo c= PMaC.

La relación entre el consumo y la renta es directa a mayor renta mayor consumo, esto se ve por la pendiente positiva de la función consumo cY =PMaCY. La propensión marginal al consumo mide el incremento en el consumo cuando la renta crece en una unidad monetaria $PMaC=\dfrac{\Delta C}{\Delta Y}$;

Sin embargo, no debemos confundir la PMaC y la PMeC, ya que la Propensión media al consumo $PMeC=\dfrac{C}{Y}$ es un cociente que mide el consumo por unidad de renta, es un promedio.

La PMaC es positiva y decreciente con valores inferiores a la unidad, ya que la PMaC+PMaA=1

Y= C+A opero, tomo incrementos en ambos miembros ΔY=ΔC+ΔA, la igualdad se mantiene y divido ambos miembros por ΔY ; obtengo que $\dfrac{\Delta Y}{\Delta Y}=\dfrac{\Delta C}{\Delta Y}+\dfrac{\Delta A}{\Delta Y}$

Esto es 1= PMaC+PMaA.

En algunos manuales se denomina al ahorro A y en otros S que se corresponde con la nomenclatura en inglés.

La función de consumo en un principio está por encima de los niveles de renta, alcanza un nivel donde es igual a la renta y a partir de ahí es inferior a la renta. Véase gráfico 8.1, Consumo por encima de la renta a la izquierda del punto de corte de la función de consumo con la bisectriz y por debajo de la renta a la derecha del punto de corte donde Y=Co+cY; el consumo es igual a la renta y por lo tanto el Ahorro será cero. Cuando el consumo está por encima del nivel de renta hay desahorro y cuando el consumo es menor que la renta, el ahorro es positivo.

La propensión marginal al consumo (PMaC) representa la parte que de cada incremento de la renta se dedica al consumo, y gráficamente viene determinada por la inclinación de la función de consumo, es decir, el ángulo que dicha función establece con el eje de abscisas (β).

La propensión media al consumo (PMeC) representa la proporción de renta que se dedica al consumo, y gráficamente es el ángulo que forma cualquier punto de la función al eje de coordenadas (α).

Gráfico 8.2

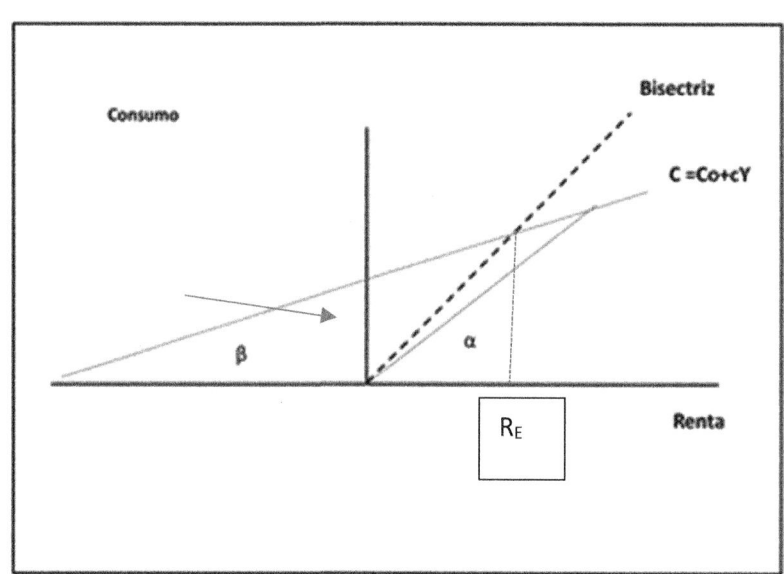

Por lo que se refiere al ahorro, si Y (renta disponible) = C + A ;   A = Y – C. El ahorro es negativo para un nivel de renta inferior a R_E. En R_E es igual a 0 y a partir de RE es positivo.

Teniendo en cuenta que C = Co + PMaCY y que Y = C + A ,la función de ahorro podemos obtenerla a partir de la función de consumo si conocemos esta última, ya que A = Y-C ;

A= Y – (Co + PMaC Y);

Ordeno y saco factor común

A = -Co+ (Y-PMaCY);

A= -Co+ (1-PMaC)Y

Esto es A= -Co+PMaAY o bien A= Ao+PMaAY; El Ahorro autónomo Ao = -Co (-consumo autónomo).

Gráfico 8.3

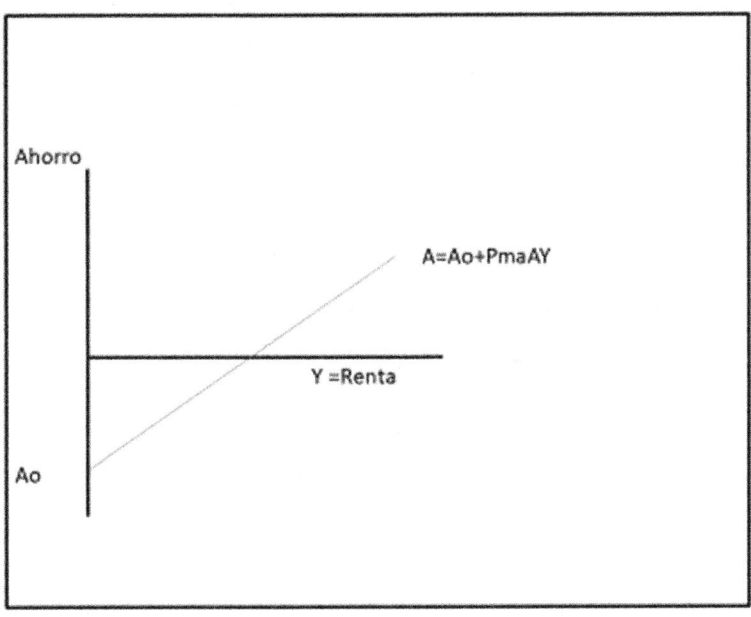

Gráfico 8.4

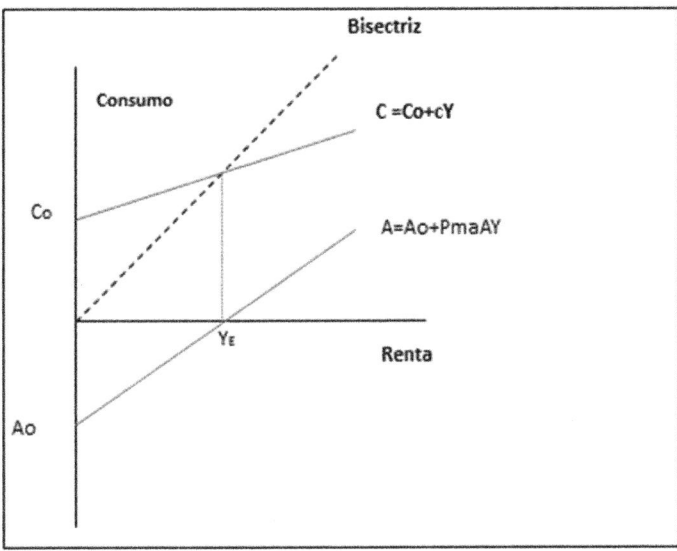

2.2. LA INVERSIÓN AUTÓNOMA

Para completar la demanda, en este modelo tenemos que determinar la Inversión .La inversión es el gasto planeado por las empresas en maquinaria y bienes de capital. El comportamiento de la inversión es menos estable que el consumo, pues está influenciado por las expectativas de los empresarios. En este modelo simplificado de Keynes consideraremos que la inversión es autónoma, es decir se presenta como una magnitud dada, constante, de manera que no cambia, aunque aumente el nivel de renta.

Gráfico 8.5

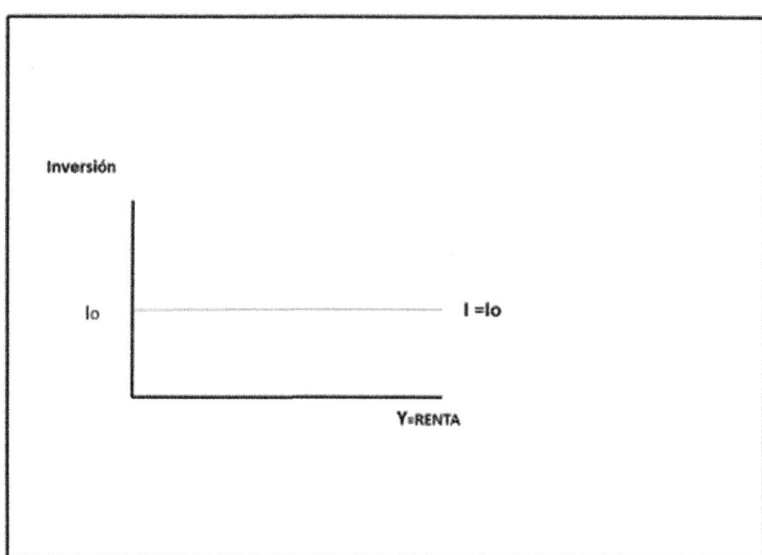

El sector real está en equilibrio cuando Y = C+ I ; o I = A. Por lo que podemos determinar el nivel de renta partiendo de dos condiciones.

Para que exista equilibrio, la demanda Total o DA es igual a la Oferta agregada (OA); la Demanda agregada (función C + I) tiene que ser igual a la oferta agregada (Y).

Esto se consigue en el punto Y_E, que es donde se cortan la función de demanda agregada y la bisectriz.

Del punto E a la izquierda se forman baches inflacionistas, ya que la demanda es mayor que la oferta. Del punto E a la derecha se forman baches deflacionistas, ya que la oferta es mayor que la demanda.

Si partimos de que I = A. Para que exista equilibrio, la inversión tiene que ser igual al ahorro. Esto se consigue en el punto B, que es donde se cortan la función de ahorro y la función de inversión.

El nivel de renta de equilibrio es en ambos casos R_E, tanto si partimos de la primera condición como de la segunda.

Gráfico 8.6

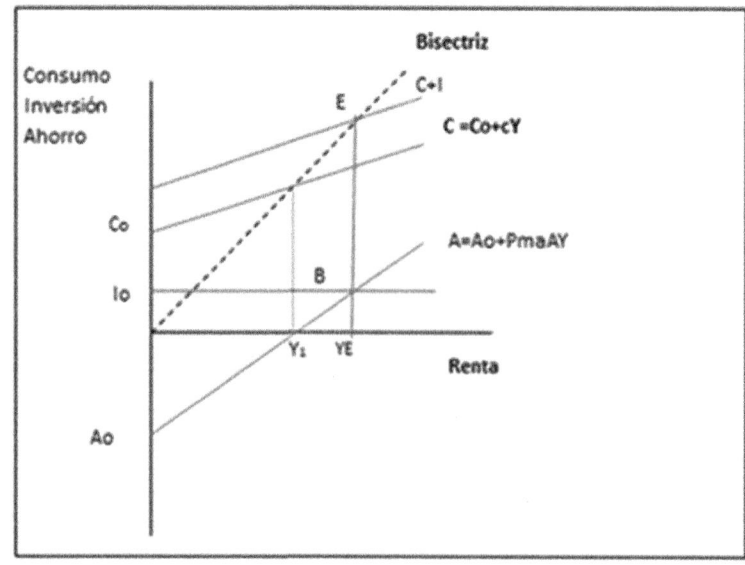

2.3. LA POLÍTICA FISCAL EN EL MODELO DE DETERMINACIÓN DE LA RENTA

Los economistas clásicos y neoclásicos pensaban que el punto de equilibrio general Y_E podía alcanzarse dejando funcionar libremente al mercado. Además, pensaban que ese punto coincidía con el nivel de renta de pleno empleo.

A partir de este momento vamos a cambiar la nomenclatura Y (Renta) =RN (Renta) y a utilizar únicamente la segunda

Gráfico 8.7

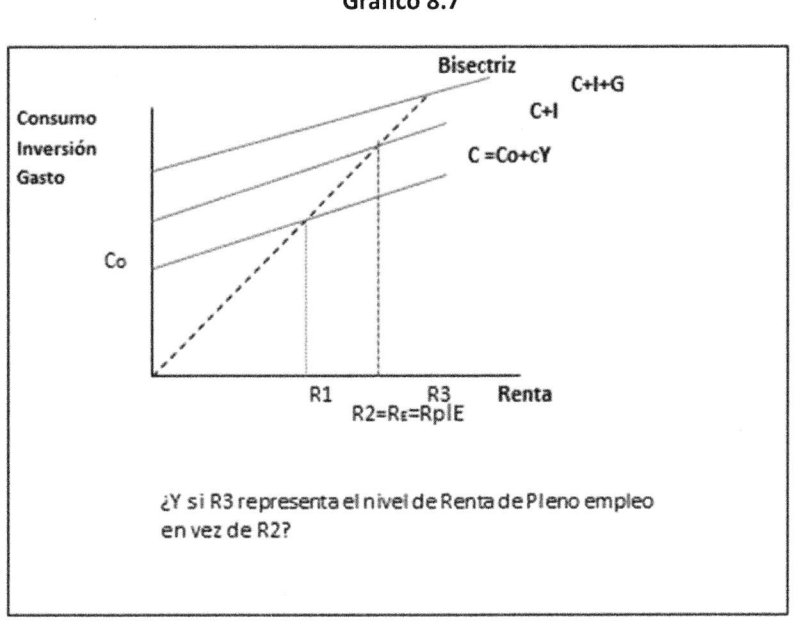

1ª Proposición: La renta de equilibrio R2=Y_E del gráfico 8.7 se alcanza dejando funcionar libremente al mercado

Para demostrar esta primera proposición, los clásicos y neoclásicos partían del supuesto de una completa **flexibilidad** de los **precios** en los mercados de bienes y servicios.

- Imaginemos que estamos en un nivel R1, donde existe un **bache inflacionista** (D > O). Al subir los precios los empresarios verían mejorar sus expectativas de beneficios, por lo que aumentarían su producción hasta RE.
- Imaginemos ahora que estamos en un nivel R3, done existe un **bache deflacionista** (O > D). Al bajar los precios los empresarios verían empeorar sus expectativas de beneficios, por lo que reducirían su producción hasta R2.

- Existiendo completa flexibilidad de precios quedaría demostrado que se puede alcanzar el nivel de Renta de Equilibrio R2 dejando funcionar libremente el mercado

2ª Proposición: Nivel de renta de equilibrio coincide con el nivel de renta de pleno empleo

Para demostrar esta segunda proposición, los clásicos y neoclásicos partían del supuesto de una completa **flexibilidad en los mercados** de factores de producción.

Así p. ej. si los mercados de trabajo son flexibles a la baja, siempre habrá un nivel de salario lo suficientemente bajo como para que trabajen todos los que así lo deseen. Por lo que el nivel de renta de equilibro coincidiría con el nivel de renta de pleno empleo.

De manera que el paro y la inestabilidad de precios serian resueltos por el propio mercado y la **política fiscal no** sería necesaria.

Toda esta teoría fue rechazada por **Keynes**, quien consideraba que los mercados de bienes y servicios y de factores de producción no eran completamente flexibles, sino que estaban sujetos a **rigideces** de tipo técnico e institucional. Por lo que podía haber equilibrio pero con paro e inflación. Según los planteamientos Keynesianos en el mundo moderno resulta difícil aceptar la flexibilidad de precios a la baja . Si es difícil aceptar que exista flexibilidad de precios a la baja, admitir la flexibilidad de los salarios a la baja resulta aún más difícil, pues en este último caso hay que contar con la existencia de sindicatos y de un salario mínimo interprofesional, ajenos al mercado y que impida que los salarios puedan bajar de unos topes determinados.

De manera que **no puede admitirse** la idea de que el nivel de renta de equilibrio puede alcanzarse dejando funcionar libremente al mercado. Y menos aún, puede admitirse que el nivel de renta de equilibrio coincida con el nivel de renta de pleno empleo.

Todo ello hace necesaria la intervención del Estado a través de la **política fiscal**. La política fiscal es el instrumento más adecuado para llenar el bache que media entre nivel de renta de equilibrio y el nivel de renta de empleo. A partir de la teoría Keynesiana, podemos ver como mediante un aumento de los gastos o una disminución de los impuestos, la **demanda agregada** aumentaría, desplazando así el nivel de renta de equilibrio hasta el nivel de renta de pleno empleo y conseguir de ese modo que la renta de equilibrio coincida con la renta de pleno empleo. Tal y como podemos observar en los gráficos 8.7 y 8.8.

2.4. EL EFECTO MULTILPLICADOR DE LOS GASTOS PÚBLICOS Y SU CÁLCULO

Seguimos trabajando con el modelo simple de equilibrio parcial, con la novedad de que ahora interviene el sector público.

Gráfico 8.8

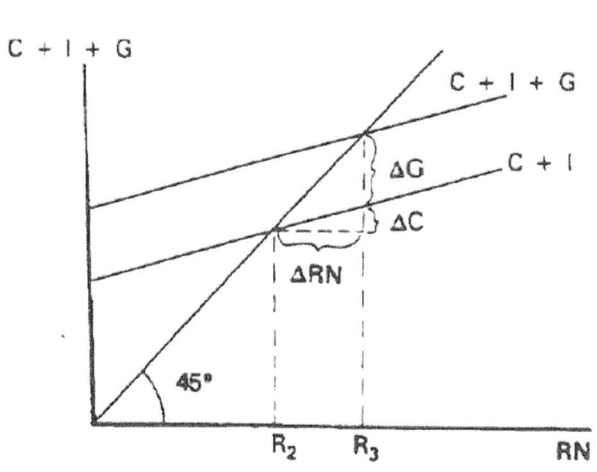

1. La **función C + I** representa la demanda agregada, y da lugar a un nivel de renta R2, que es un nivel inferior al de pleno empleo (R3).
2. En el eje de ordenadas ya no se representa la Demanda agregada (D = C + I); sino la **Demanda agregada incluido el sector público** (D = C + I + G).
3. Para alcanzar un nivel de equilibrio con pleno empleo, el Gobierno interviene a través de la política fiscal **incrementando el gasto** público. De esta forma, la demanda agregada (C + I) se desplaza hasta la demanda del sector público (C + I + G), dando lugar a un nivel de **renta R3**, donde coinciden el nivel de renta de equilibrio con nivel de renta de pleno empleo.
4. En consecuencia, la condición de equilibrio ya no es RN = C + I, sino **RN = C + I + G**, donde G no depende de la renta, sino que depende de la discrecionalidad del sector público- (Presupuesto aprobado por el Sector Público).
5. El incremento del gasto **ΔG** da lugar a un incremento de la renta nacional **ΔRN**, que es mayor que el incremento del gasto (ΔRN > ΔG). Esto es lo que se conoce como **efecto multiplicador del gasto**. El multiplicador del gasto se refiere al efecto incrementado que tiene el aumento del gasto público sobre la economía. (RN) Véase gráfico 8.8. El multiplicador del gasto es un concepto keynesiano que afirma

que un cambio en el gasto público provoca un cambio más que proporcional en la Renta. Conocer el multiplicador del gasto keynesiano es necesario para valorar la eficiencia de las distintas medidas de política fiscal adoptadas en una economía. Por ello, es importante calcular el multiplicador del gasto que nos permita no solo conocer el sentido del efecto expansivo o contractivo de la medida adoptada sobre la actividad económica sino también cuantificar el mismo.

6. El mayor incremento de la renta se puede explicar a través de los efectos inducidos o en cadena que se producen sobre el consumo. El inicial incremento del gasto produce también efectos inducidos sobre el consumo, por lo que lo que podemos decir que **ΔRN = ΔC + ΔG**.

7. Para conocer la magnitud de ese efecto multiplicador o el efecto incrementado que tiene el aumento del gasto público sobre la economía, vamos a calcular la fórmula aritmética del multiplicador estándar del gasto público. El efecto es mayor a uno por cada unidad monetaria invertida por el sector público.

8. Existen dos procedimientos para calcular el multiplicador del gasto uno más sencillo en términos aritméticos y otro más didáctico para conocer la cadena de efectos que conducen al multiplicador.

A) Para el cálculo por el primer procedimiento partimos de las siguientes consideraciones:

- Partimos de que RN = C + I + G,
- SI tomamos Δ , la igualdad se mantiene como **ΔRN = ΔC + ΔI + ΔG**
- Y a su vez el incremento del consumo solo dependerá de la parte del consumo que varía en función de la renta disponible. **ΔC = ΔRN. PMaC**, ya que si el consumo es un componente de la demanda agregada que depende de la renta, para saber qué parte de la renta se dedica al consumo habrá que multiplicar aquella por la propensión marginal al consumo. El consumo autónomo no depende de las variaciones de la renta y por lo tanto no lo consideramos a los efectos del cálculo del multiplicador del gasto.
- Suponiendo que la inversión (I) y el gasto (G) no dependen de la renta, y que solo se tiene en cuenta el incremento del gasto ΔG, al **sustituir** la segunda expresión dentro de la primera tenemos que

ΔRN = (ΔRN PMaC) + ΔG

ΔRN − (ΔRN PMaC) = ΔG

ΔRN (1- PMaC) = ΔG

$$\text{ΔRN} = \frac{ΔG}{1-PMaC} \implies \text{ΔRN} = ΔG\,\frac{1}{1-PMaC} \quad \text{siendo } \frac{1}{1-PMaC} \text{ el efecto multiplicador al que}$$

vamos a denominar K

Por lo que $\mathbf{K} = \dfrac{1}{1-PMaC}$

B) Existe otra forma más didáctica de calcular el efecto multiplicador, a través de los efectos y relaciones entre las variables económicas, que es la siguiente:

- Partimos del desarrollo de los distintos efectos directos e inducidos provocados por el inicial incremento del gasto público =100

ΔG	ΔRN	ΔRD	ΔC
100	100	100	100. PMaC
-	100.PMaC	100.PMaC	100. $PMaC^2$
-	100.$PMaC^2$	100.$PMaC^2$	100. $PMaC^3$
-	100.$PMaC^3$		

....

100$PMaC^{n-1}$

- Cuando el gasto se incrementa en 100, la RN también se incrementa en 100, ya que RN = C + I +G, donde C e I son constantes.
- Como se entiende que no hay impuestos directos, ni ahorro empresarial ni gastos de transferencia, o que de haberlos no varían, ΔRN(Renta Nacional) = ΔRD(Renta disponible).

Por lo que ΔRD es igual a 100 que es el primer efecto directo derivado del incremento del gasto público por esa cantidad.

- Como ΔC =ΔRN. PMaC, el incremento del consumo será igual a 100. PMaC.
- Todo esto se repite sucesivamente hasta el infinito, por lo que el último ΔRN = 100 PMaC^{n-1}.
- El ΔG provoca un **ΔRN** que es **igual** a la **suma** de **todos** los incrementos de la columna RN:
  ΔRN = [100 + (100 PMaC) + (100 PMaC^2) + (100 PMaC^3) + … + (100 PMaC^{n-1})]
- Sacando **factor común**:
  ΔRN = 100 (1 + PMaC + PMaC^2 + PMaC^3 + … PMaC^{n-1})
- Esta expresión es la suma de una **progresión geométrica de infinitos términos y razón PMaC**, por lo que podemos calcular la suma de sus términos aplicando su fórmula :
  $$ΔRN = 100 \left(\frac{1-PmaC^n}{1-PMaC}\right)$$
- Como **n →∞**, y **PMaC < 1**, la PMaC^n →0. Por lo que:
  $$ΔRN = 100 \frac{1}{1-PMaC}$$
- En **definitiva**, que:
  $$ΔRN = ΔG \frac{1}{1-PMaC}$$
  Por lo que $$\mathbf{K} = \frac{1}{1-PMaC}$$

2.5. SUPUESTOS DEL MULTIPLICADOR NORMAL

Para hallar el multiplicador normal o estándar (el más sencillo) partimos de la premisa de que existen determinadas **limitaciones impuestas por el modelo**. Estas limitaciones son **simplificaciones** de la realidad que hay que tener en cuenta si se quiere conocer los efectos de la política fiscal. Nuestro objetivo es aproximarnos al cálculo del multiplicador del gasto de una manera sencilla y comprensible en el sentido de los efectos más que en su cálculo exacto ajustado a la realidad**.** Se trata de comprender qué ocurre en la economía cada vez que el Estado gasta o ahorra, de conocer el sentido de la medida y cuantificar los efectos.

Vamos a revisar las simplificaciones del modelo de forma que cuando alguna se rompa sepamos que el multiplicador normal ya no se dará tal y como lo hemos calculado.

1. **Que haya recursos libres**: Si no hay recursos libres no tiene sentido hablar del efecto multiplicador, pues si todos los recursos se estuvieran empleando, el incremento del G daría lugar a un incremento de la RN en términos monetarios, pero no en términos reales.
2. **Que la PMaC sea constante**: partimos del supuesto de que PMaC = constante, por lo que la función de consumo es lineal. Sin embargo, los estudios han demostrado que la PMaC decrece a medida que aumenta el nivel de renta, ya que el consumo crece en menos proporción que la renta. De manera que en realidad, el efecto multiplicador sería más reducido.
3. **Que RN = RD**: partimos del supuesto de que RN = RD, por lo que los impuestos directos, el ahorro empresarial y los gastos de transferencia no varían cuando aumenta el gasto. Sin embargo, en la realidad, estas tres partidas sí que varían al variar la RN.
4. **Que la inversión sea una variable autónoma**: partimos del supuesto de que la inversión no dependía de la RN. Sin embargo en la realidad, la inversión sí que depende de la RN, ya que el incremento del nivel de renta produce un efecto inducido expansivo sobre la inversión.
5. **Que estemos en una economía cerrada**: partimos del supuesto de que la economía no tiene relaciones con el sector exterior. Sin embargo, en la realidad, las economías están abiertas al sector exterior, por lo que la PMaC se habría de descomponer en dos partes:
   - $PMaC_N$: Propensión marginal al consumo de bienes nacionales
   - $PMaC_M$: Propensión marginal al consumo de bienes importados
   El efecto multiplicador normal solo depende de la primera, por lo que su efecto total es más reducido que el valor del multiplicador normal.

6. **Que se trate de gastos corrientes**: partimos del supuesto de que los gastos son corrientes, ya que solo estos repercutan directamente RN. En cambio, los gastos de transferencia afectan directamente a la RD. De manera que el valor del efector multiplicador normal es mayor que el de los Gastos de Transferencia, pues su primer impacto afectaría a la Renta disponible y no a la RN.

7. **Que los gastos se financien a través de la Deuda pública**: partimos del supuesto de que los gastos se financian a través de la Deuda pública, y no a través de impuestos, ya que el sistema de financiación no puede reducir la demanda global.

8. **Que no haya efectos monetarios**: partimos del supuesto de que el modelo solo recoge los efectos reales de la política fiscal, y no los efectos monetarios. Esto supone aceptar que el tipo de interés es constante y no varía al incrementarse los gastos. Sin embargo, en la realidad, al aumentar la RN, aumenta la demanda de dinero por efecto transacción y ésta hace subir los tipos de interés, lo que tendrá efectos restrictivos sobre el multiplicador.

Para que el multiplicador normal se dé tienen que cumplirse los 8 supuestos anteriores simultáneamente. En el caso de que esto no ocurra el efecto multiplicador del gasto será distinto. Cuando nos encontramos ante cambios en los supuestos 1, 2, y 8 se produce una variación del efecto multiplicador normal en su cuantía o valor; en los demás casos se da un multiplicador distinto. Vamos a estudiar estos otros multiplicadores.

A modo de resumen o síntesis incorporamos el siguiente cuadro que podrá completarse de forma personalizada con las explicaciones sobre los otros multiplicadores.

2.6. LOS OTROS MULTIPLICADORES

SUPUESTOS DEL MULTIPLICADOR NORMAL Y CLASES DE MULTIPLICADORES

Multiplicador Normal

Que existan recursos libres Si no	Varía el valor de la RN en términos monetarios	
Que la PMaC sea constante Si no	Varía el valor del multiplicador normal	
Que los valores de la RN y RD sean iguales Si no	Otro Multiplicador	Estabilizador automático de los impuestos directos Estabilizador automático de las Transferencias Estabilizador automático del ahorro empresarial
Que la I sea una variable autónoma Si no	Otro Multiplicador	Multiplicador con inversión inducida
Que no estemos en una economía abierta Si no	Otro Multiplicador	PMCN (el multiplicador más pequeño)
Que se trate de gastos corrientes Si no	Otro Multiplicador	Multiplicador de los gastos públicos de transferencia
Que la financiación de los gastos sea a través de Deuda Pública Si no	Otro Multiplicador	Multiplicador de los impuestos (multiplicador unitario)
Que no hay efectos monetarios. El tipo de interés es constante Si no	Varía el valor del multiplicador normal	

2.6.1. Los estabilizadores automáticos

Si partimos de que en términos contables la RD=RN-ID(Impuestos directos)-Ae (ahorro empresarial) + GPT (gastos públicos de transferencia), podemos deducir que ahora $\Delta RD = \Delta RN - \Delta ID - \Delta Ae + \Delta GPT$. Estas tres partidas al variar la renta cambian automáticamente en función de esta variación por lo que cambia el efecto del multiplicador dando lugar a los denominados estabilizadores automáticos. El multiplicador keynesiano amplifica el impacto inicial del cambio en el gasto, pero en el caso en el que existan estabilizadores automáticos en la economía como los que acabamos de mencionar (eje. los impuestos), estos estabilizadores amortiguan el impacto inicial sobre la actividad económica.

A) El estabilizador automático de los impuestos directos

Los impuestos directos son aquellos que gravan la renta cuando ésta es adquirida o generada, de tal forma que un incremento de la renta supone un incremento de los impuestos.

- Por lo tanto, ya no se puede decir que $\Delta RD = \Delta RN$ sino que ahora **$\Delta RD = \Delta RN - \Delta ImpD$**.

- $\Delta ImpD$ es una partida que depende de la RN, por lo que **$\Delta ImpD = \Delta RN \cdot t$, siendo t el tipo impositivo.**

- En definitiva, que **$\Delta RD = \Delta RN - \Delta RN \cdot t$**

- Sacando factor común, **$\Delta RD = \Delta RN (1 - t)$**

   El desarrollo del multiplicado con estabilizados de los impuestos o como lo hemos denominado "estabilizador de los impuestos" es el siguiente:

ΔG	ΔRN	ΔRD	ΔC
100	100	$100(1-t)$	$100(1-t)PMaC$
-	$100(1-t)PMaC$	$100(1-t)^2 PMaC$	$100(1-t)^2 PMaC^2$
-	$100(1-t)^2 PMaC^2$	$100(1-t)^3 PMaC^2$	$100(1-t)^3 PMaC^3$

....

$$100(1-t)^{n-1} PMaC^{n-1}$$

- La **suma** de todos los incrementos parciales de RN, es:
   $\Delta RN = 100 + 100(1-t)PMaC + 100(1-t)^2 PMaC^2 + \dots 100(1-t)^n PMaC^n$

- Sacando **factor común**,
   $\Delta RN = 100[1 + (1-t)PMaC + (1-t)^2 PMaC^2 + \dots (1-t)^n PMaC^n]$

- Al ser una **progresión geométrica**, y como $n \to \infty$, y PMaC $(1-t) < 1$
$$\Delta RN = 100\left(\frac{1-(1-t)^n PmaC^n}{1-[(1-t)PMaC]}\right)$$

$$= 100\frac{1}{1-[(1-t)PMaC]}$$

En definitiva, **$\Delta RN = \Delta G \dfrac{1}{1-[(1-t)PMaC]}$**

La existencia de un impuesto directo estabiliza el efector multiplicador haciéndolo más pequeño; y todo ello de forma automática. Esta misma fórmula es aplicable al estabilizador de las transferencias y al del ahorro empresarial.

B) El estabilizador automático del ahorro empresarial $= \Delta G \dfrac{1}{1-[(1-v)PMaC]}$

C) Estabilizador automático de las transferencias $= \Delta G \dfrac{1}{1-[(1-s)PMaC]}$

Propuesta de trabajo de refuerzo del tema deducir ambos estabilizador automáticos tal y como hemos hecho con el de los impuestos directos.

En el caso del Ae la relación entre este último y la RN tiene el mismo sentido que con los Impuestos Directos . Un ΔRN trae consigo un Δ en los beneficios empresariales que suelen dedicarse a ΔAe. Si esto es así el ΔAe=ΔRN v, siendo "**v**" el porcentaje en que aumenta el beneficio no distribuido o Ae con relación a la RN. En el caso de los gastos públicos de transferencias, éstos también varían de una forma automática cuando lo hace la RN, pero en sentido inverso, los gastos sociales y los gastos del subsidio de desempleo disminuyen al aumentar la renta al haber menos necesitados y menos trabajadores en paro. La existencia en la economía de gastos de transferencia estabiliza el efecto expansivo del multiplicador de una forma automática.

El **ΔGPT= -ΔRNs** siendo **s** el tanto por ciento de transferencia.

La ΔRD= ΔRN + ΔGPT;

El ΔRD=ΔRN -ΔRNs ;

ΔRD= ΔRN(1-s)

2.6.2. Multiplicador con inversión inducida

El modelo simple partía del supuesto de que la inversión era autónoma y no dependía de la renta. Sin embargo, en la realidad, la inversión **sí que depende** de la RN, ya que el incremento del nivel de renta produce un efecto inducido sobre la inversión. Al ΔRN se produce un aumento de las expectativas de beneficio y la Inversión se ve afectada de la renta. Por lo que I = f (RN), y además I es una función directa ya que aumenta al aumentar esta última . Ese grado de dependencia lo podemos determinar a partir de la PMaI, siendo **ΔI = ΔRN . PMaI**.

Después de hacer todo el procedimiento que hemos visto para los casos anteriores, tenemos que:

ΔRN = ΔG $\dfrac{1}{1-(PMaC+PMaI)}$

Se supone que ésta es la expresión final porque PMaC + PMaI < 1. Pero si la suma de PMaC y PMaI fuese mayor que la unidad, el efecto final sería impredecible, pues aparecería lo que se conoce como "economía explosiva".

En cualquier caso vemos como el efecto multiplicador **es mayor** que en el multiplicador normal. Ello se debe a que al efecto expansivo que provoca el consumo, hay que añadir el efecto expansivo que provoca la inversión.

Propuesta de *trabajo deducir el multiplicador con inversión inducida.*

2.6.3. Multiplicador en el caso de una economía abierta

Cuando nos encontramos en una economía abierta tenemos que dividir la PMaC en dos partes Propensión marginal al consumo de bienes nacionales y propensión marginal al consumo de bienes importados, esto es $PMaC_N$, y $PMaC_M$ respectivamente. La única PMaC que afecta a la Renta Nacional es la que afecta al consumo de bienes nacionales $PMaC_N$.

Después de seguir el mismo procedimiento que hemos visto para los casos anteriores, tenemos que:

$$\Delta RN = \Delta G \frac{1}{1 - PMaC_N}$$

Este efecto multiplicador será **más reducido**, ya que $PMaC_N$ < PMaC

Propuesta de *trabajo deducir el multiplicador en el caso de una economía abierta.* **Desarrollo del procedimiento.**

2.6.4. Multiplicador de los gastos públicos de transferencia

Cuando lo que se incrementa no son los gastos de bienes y servicios (gastos corrientes), sino los gastos de transferencia (pensiones, subsidios de desempleo, becas....), la RN no se incrementa directamente, ya que el primer impacto de ese ΔG repercute en la RD. De manera que el multiplicador resultante es igual a la **suma de todos** los impactos sucesivos derivados de la medida inicial menos **el primero**. Carece de primer impacto o impacto directo sobre la renta y tiene solamente impactos inducidos a través del consumo. El pago de estos gastos no representa la retribución de factores de producción, por lo que el valor del multiplicador responde a la suma de todos los impactos menos el primero sobre la RN.

Después de hacer todo el procedimiento que hemos visto para los casos anteriores, tenemos que:

$$\Delta RN = \Delta G \text{ transferencia } \frac{PMaC}{1 - PMaC}$$

Este efecto multiplicador será inferior al multiplicador normal, debido a la ausencia del primer impacto del ΔG sobre la RN.

Propuesta de *trabajo deducir el multiplicador de los gastos públicos de Transferencia*

2.6.5. El multiplicador unitario

Hasta ahora hemos analizado los efectos multiplicadores del gasto, pero tendremos que tener en cuenta cómo se financian estos gastos, ya que si se hace a través de impuestos, éstos provocan un efecto contractivo en la economía, se trata de otra medida de política fiscal. . Por lo que podemos decir que los efectos totales de la medida inicial de un incremento en los gastos es igual al **efecto expansivo** de los gastos **menos** el **efecto contractivo** de los impuestos.

Para calcular este efecto total siempre y cuando el incremento de los gastos se financie íntegramente por impuestos en la misma cuantía podemos proceder de dos formas.

1ª Opción

Calcular el multiplicador de los gastos.

P. ej.: Multiplicador normal del gasto corriente : $\Delta RN = \Delta G \dfrac{1}{1-PMaC}$

Y por otro lado, el multiplicador de los impuestos, esto es, el efecto en la economía del incremento de impuestos por la misma cuantía. El incremento de los impuestos no disminuye directamente la RN, sino la RD. Y a través de esta disminución de la RD, disminuye el consumo, $\downarrow$ en –RN. PMaC. Por lo tanto, podemos decir que el multiplicador de impuestos tiene dos características:

- El incremento de los impuestos hace disminuir la RN, de ahí que el multiplicador lleve el signo negativo.
- El primer impacto no se produce sobre la RN, sino sobre la RD.

$$\Delta RN = \Delta Impuestos \frac{-PMaC}{1-PMaC}$$

Propuesta de _trabajo deducir el multiplicador de los gastos y de los impuestos_

El efecto multiplicador total es igual a la **suma** del multiplicador del gasto y del multiplicador de impuestos.

$$\Delta RN = \Delta G \frac{1}{1-PMaC} \;+\; \Delta Imp \frac{-PMaC}{1-PMaC}$$

- Si $\Delta G = \Delta Imp$, sacando factor común ΔG,

$$\Longrightarrow \;\; \textbf{ΔRN = ΔG} \left(\frac{1-PMaC}{1-PMaC}\right) \qquad \textbf{ΔRN = ΔG. 1}$$

El efecto multiplicador es igual a la unidad. De ahí que se denomine multiplicador unitario al conjunto. Si el ΔG se financia con impuestos, el ΔRN será igual al primitivo ΔG

Si el valor del $\Delta G \neq \Delta impuestos$; el efecto total es la suma de los efectos del ΔG y del ΔImp; calculados cada uno por separado.

2º Opción. Si ya sabemos que el gasto se financia íntegramente por impuestos, aplicamos directamente el multiplicador unitario **ΔRN = ΔG** $\left(\frac{1-PMaC}{1-PMaC}\right) \Longrightarrow$ **ΔRN = ΔG. 1,** pero hay que explicar cómo se llega al mismo.

Las otras formas de financiar los gastos, a través de ingresos extraordinarios emisión y venta de Deuda pública no generan efectos reales, solo efectos monetarios y por lo tanto no da lugar a calcular ningún multiplicador.

III. UN MARCO INTEGRAL PARA LA POLÍTICA FISCAL: MODELO DE EQUILIBRO GENERAL

El modelo sencillo solo tenía en cuenta las condiciones de equilibrio del sector real y del sector financiero. Pero el modelo general tiene en cuenta las condiciones de equilibrio de los tres sectores: real, financiero, y monetario, lo que obliga a introducir la variable "r" (tipo de interés), y a modificar el 8º supuesto del modelo sencillo.

Existen dos modelos de equilibrio general: el modelo IS-LM y el modelo DA-OA . En el tema 10 de Economía Política se estudió el equilibrio macroeconómico: demanda agregada y oferta agregada y por lo tanto es el modelo que vamos a estudiar en profundidad y sobre el que vamos a analizar los efectos de la política fiscal sobre el objetivo de la estabilidad económica; sin embargo, de forma somera vamos a hacer una aproximación al otro modelo de equilibrio general que se podría utilizar y que se utiliza de forma más generalizada en las Facultades de Económicas.

3.1. EL MODELO IS – LM

EL modelo Keynesiano se aplicaba cuando existían recursos libres y el nivel de renta de equilibrio era inferior al de pleno empleo, sin tener en cuenta para nada los precios, los cuales se presumían constantes. Sin embargo, para que la economía esté en equilibrio general es necesario que exista un **equilibrio parcial** en los tres sectores. Consideraremos el real y el financiero como uno solo, pues como su segunda condición de equilibrio es la misma, siempre que esté en equilibrio uno, el otro también lo estará. Y la condición es que la Inversión sea igual al ahorro. *Inversment= saving.* En cada punto de la curva IS se da esta condición y por lo tanto son puntos de equilibrio en el sector real y financiero.

3.1.1. Condiciones de equilibrio de los sectores real y financiero (CURVA IS)

En el modelo sencillo:

- C = f (RN)
- I = autónoma
- G = K; K=constante

Pero en el modelo de equilibrio general, y debido a la entrada del sector monetario:

- C = f (RN * r). Pues el consumo ahora no solo depende de la RN, sino también del tipo de interés, de forma directa. La relación entre C y r viene determinada por el ahorro, ya que el consumo es la parte de la renta que no se ahorra. Entre el ahorro (A) y el tipo de interés (r) existe una relación directa, ya que cuanto mayor es el tipo de interés, mayor es el ahorro. El C será mayor cuanto menor sea el A.
- I = f (RN * r). Pues la inversión ahora depende de la RN y del tipo de interés, de forma indirecta. La relación entre I y r es inversa. Dado que para el empresario el r es el coste de financiación de la I, cuanto mayor sea el tipo de interés, menor será el deseo de invertir, y viceversa.
- G = K

Si **sumamos** la función de C y la función de I, obtenemos la función de demanda con relación al tipo de interés (C + I). Si introducimos la **variable G** (que es independiente de RN y de r), obtendremos la función de demanda en una economía con sector público (C + I + G).

Para que el sector real esté en equilibrio RN = C + I + G e I = A

- Si partimos de la **primera condición: RN = C + I +G.** A medida que aumenta la RN tiene que disminuir r, para que así D = O.
- Si partimos de la **segunda condición: I = A.** Si el nivel de renta RN1 aumenta a RN2, el tipo de interés tiene que bajar a r1 para que la inversión siga siendo igual al ahorro.

En el sector real y financiero, la curva IS representa las distintas situaciones de equilibrio, y ello exige que cuando aumente el nivel de renta, baje el tipo de interés.

En cuanto al **desplazamiento** de la curva IS, tal desplazamiento tendrá lugar dependiendo de la inversión privada, los gastos públicos, los impuestos, y las exportaciones (cuando la economía sea abierta). Si la inversión, o los gastos, o las exportaciones aumentan, la curva se desplazará hacia arriba a la derecha. Esto mismo ocurrirá cuando disminuyan los impuestos. En el caso contrario el desplazamiento será hacia abajo a la izquierda.

Gráfico 8.9

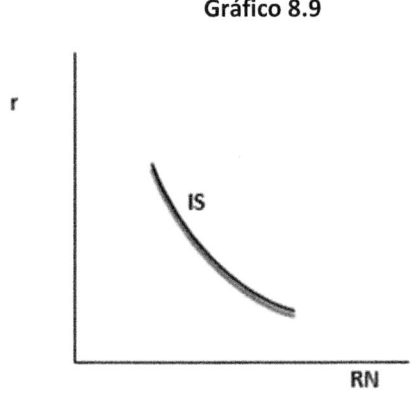

3.1.2. Condiciones de equilibrio en el sector monetario: CURVA LM

El sector monetario está en equilibrio cuando la demanda de dinero es igual a la oferta de dinero. Por lo que cabe preguntarnos de qué depende M^D, y M^{of}.

A. La demanda de dinero (M^D)

Por lo general la gente prefiere tener dinero líquido por tres razones: especulación, transacción, y precaución.

1. Motivo especulación

Por el motivo especulación, el individuo distingue entre mantener el dinero en forma líquida o invertirlo en activos (acciones, obligaciones). Lo que determina al individuo para elegir una opción u otra es lo que él **cree** que va a pasar con el **tipo** de interés. Por el motivo especulación, M^D = f (r).

- Si **piensa** que r es **alto** y que puede bajar, entonces ello hará subir el valor de las obligaciones o bonos, por lo que decidirá **comprar activos** para luego desprenderse de ellos cuando su valor haya subido.
- Si **piensa** que r es **bajo** y que puede subir, entonces ello haría bajar el valor de las obligaciones, por lo que preferiría **quedarse** con el **dinero** en forma líquida para comprar los activos cuando su valor haya bajado.

2. Motivo transacción

Por el motivo transacción, la gente necesita dinero en forma líquida para realizar **transacciones** económicas, las cuales vienen determinadas por el nivel de renta (RN). Si aumenta la RN, aumenta la M^D, y si disminuye la RN, disminuye la M^D. De manera que según el motivo transacción, **M^D = f (RN), cada nivel de RN tiene su propia curva de demanda de liquidez.**

3. Motivo precaución

Por el motivo precaución, la gente desea tener dinero en forma líquida para hacer frente a posibles **eventualidades**. En la actualidad este motivo tiene una importancia secundaria debido a la existencia de seguros.

Por el motivo precaución, **M^D** la actúa de manera similar al motivo transacción, ya que la cantidad de dinero que se tiene por este motivo depende del nivel de RN.

Teniendo en cuenta los tres motivos, podemos decir que M^D = f (r * RN). Es decir, que la demanda de dinero depende del interés y del nivel de renta RN.

B. La oferta de dinero M^{of}

La cantidad de dinero que tenga un país es una decisión discrecional del Banco Central. No depende ni del interés ni del nivel de renta.

De manera que M^{of} = K; K= una cantidad que determina el Banco Central.

Gráfico 8.10

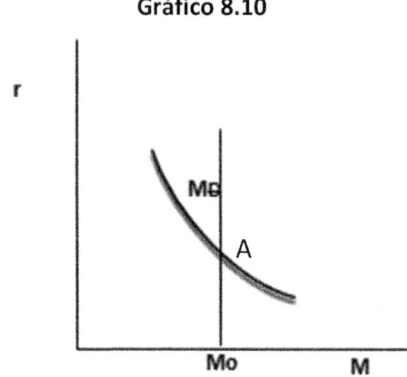

C. El equilibrio monetario

Para cada nivel de RN existe un tipo de interés de equilibrio, que da lugar a los puntos A, B, C, D, etc.; en cada uno de los cuales la demanda de dinero es igual a la oferta de dinero. Si trasladamos estos datos a otro gráfico (8.11) en el que en el que el eje de abscisas representa la RN, obtenernos la **curva LM** (liquidity – money) = situaciones de **equilibrio del sector** monetario. En estos puntos, la demanda de dinero es igual a la oferta de dinero, y a medida que aumenta la RN aumenta también el tipo de interés para que se dé esa condición.

La **variable** que puede provocar el desplazamiento de esta curva es la **oferta** de dinero. Un incremento de la M^{of}, o lo que es lo mismo, un desplazamiento hacia la derecha, supone una disminución de los tipos de interés. Mientras que una disminución de la M^{of}, es decir, un desplazamiento hacia la izquierda, supone una subida de los tipos de interés.

Gráfico 8.11

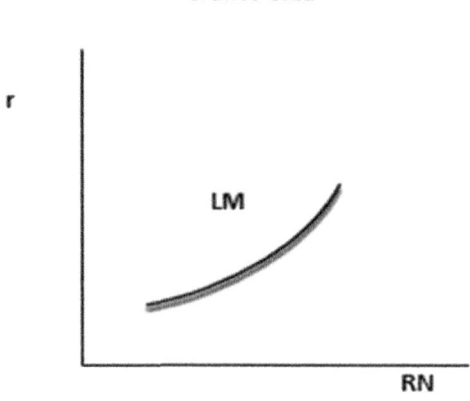

D. El equilibrio general: IS y LM

Para saber cuál es la situación de equilibrio general del modelo, hay que representar en un único grafico las **curvas IS** (equilibrio del sector real y financiero) **y LM** (equilibrio del sector monetario). El punto de **corte** entre ambas curvas (E) representa ese nivel de **equilibrio**, pues solo en este punto la demanda de bienes y servicios es igual a la oferta de bienes y servicios, la inversión es igual al ahorro, y la demanda de dinero es igual a la oferta de dinero.

Gráfico 8.12

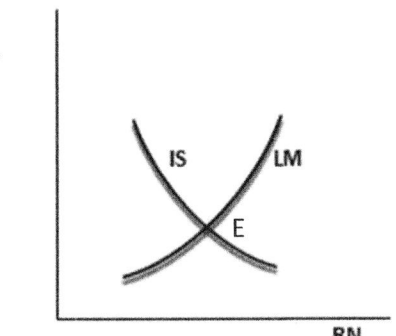

Cualquier otra situación puede ser una situación de equilibrio parcial, pero no general. Por lo que se producirá un **ajuste** hasta llegar al punto de corte entre ambas curvas.

3.2. EL MODELO DE DEMANDA AGREGADA Y OFERTA AGREGADA DA-OA

El modelo de DA y OA de equilibrio general es un modelo de equilibrio general (equilibrio simultaneo en los tres sectores, real, financiero y monetario) en el que se relacionan el nivel de precios y la renta nacional. Una primera aproximación a este modelo de equilibrio general que nos servirá de apoyo para conocer los efectos de la política fiscal sobre la estabilidad económica se estudió en el curso de Economía política, por lo que nos remitimos al tema 10 y a las notas relativas al mismo.

El modelo de DA y OA de equilibrio general debe incluir el equilibrio en los tres sectores, y por lo tanto el sector monetario también. Pero además tenemos que incluir los precios y dar respuesta a cómo responde la demanda real y la demanda monetaria cuando varía el nivel de precios sin que cambie la cantidad de dinero.

3.2.1. La demanda agregada

La curva de demanda agregada es la representación gráfica de la función de demanda agregada. Existe una relación inversa entre el nivel de precios y la demanda agregada. La DA representa lo que estamos dispuestos a comprar los agentes económicos a los distintos niveles agregados de precios, permaneciendo constantes los demás determinantes de la DA.

Para la deducción de la curva de demanda agregada tomamos como punto de partida el modelo simple de equilibrio parcial en los sectores real y financiero por un lado, y el modelo de equilibrio parcial del sector monetario, e introducimos los precios . Vamos a ver cómo afecta el cambio de precios a la demanda real y cómo afecta la variación de los precios al poder adquisitivo del dinero o lo que es lo mismo la cantidad real de dinero ($M^{of).}$. El modelo de demanda agregada – oferta agregada (modelo de equilibrio general) combina el sector monetario y el sector real / financiero, incluyendo la variable **precios**.

Gráfico 8.13

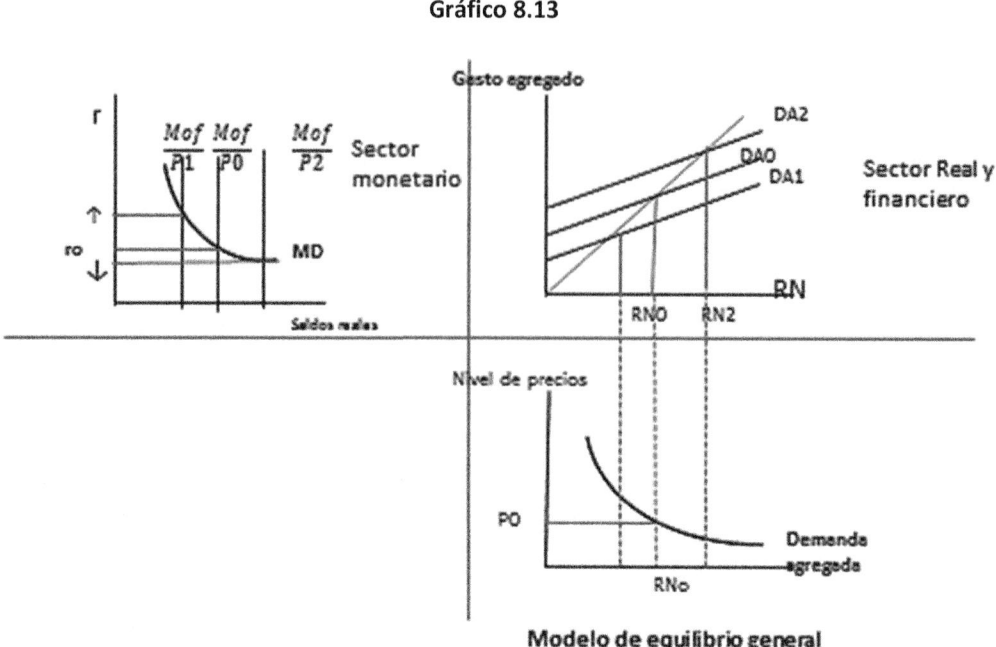

Modelo de equilibrio general

Tomado como punto de partida niveles de equilibrio inicial Mof/Po:

Sector monetario $\frac{Mof}{Po}$=M^D para un tipo de interés r_o; y en el sector real y financiero para ese mismo nivel de precios P_0 OA=DA para un nivel de renta de equilibrio RN$_0$. Establecemos como punto inicial de la demanda agregada del modelo de equilibrio general (P_0, RN$_0$.) A partir de esa premisa de partida. incluimos la variación de los precios y vemos cómo afecta tanto a la cantidad de dinero real como al nivel de producción en el sector real.

SI los precios suben de P_0 a P1, los ajustes serán los siguientes: el aumento de precios disminuye el poder adquisitivo del dinero, es decir la cantidad real de dinero, produciéndose un desplazamiento a la izquierda de la Mof en términos reales y, tiene lugar un exceso de demanda de dinero que provocará a su vez una subida de los tipos de interés. Al subir el tipo de interés la demanda de inversión experimenta una reducción y consiguientemente el gasto agregado se contraerá. Si se produce un descenso en el nivel de demanda agregada, también deberá descender el nivel de producción. En el caso de que los precios bajen de P_0 a P2, siguiendo el mismo razonamiento los efectos serán los contrarios y aumentará la Producción. Véase Gráfico 8.13.

El definitiva, la razón que justifica la pendiente negativa de la curva de Demanda agregada es el efecto de la variación de los precios. La curva de demanda agregada muestra para distintos niveles de precios, el nivel de producción de equilibrio para el que el gasto planeado es igual a la renta y el mercado monetario está en equilibrio. La relación entre los precios y el nivel de producción y gasto que recoge está curva es el resultado de considerar el equilibrio simultaneo en el mercado de bienes y en el mercado de dinero para distintos precios.

Los desplazamientos de la curva de demanda agregada se deben a otros factores al margen de la variación de precios. Podemos dividir estos factores en variables controlables por la política económica y variables externas o autónomas, no controlables por las autoridades económicas y por lo tanto fuera del contexto del modelo de oferta y demanda agregadas.

Entre las variables controlables por las autoridades económicas a través de la política monetaria o de la política fiscal, encontramos la variación de la oferta monetaria, la utilización de los gastos públicos o de los impuestos y entre las variables autónomas, el aumento significativo de la renta del resto del mundo, un aumento del valor de las acciones o propiedades inmobiliarias en un shock externo como la reducción de los precios energéticos.

3.2.2. La Oferta agregada

Una vez estudiada la curva de demanda agregada procede analizar el comportamiento de las empresas como productoras de bienes y servicios, esto es, nos situamos en el lado de la oferta de la economía. La oferta de la economía relaciona el mercado de bienes y el de factores, en particular el de mercado de trabajo y relaciona cantidades producidas y precios, por lo que procede estudiar los factores que determinan los precios.

Al hablar de Oferta nos referimos a los procesos mediante los que las empresas deciden el volumen de producción que lanzan al mercado y como se fijan los precios. La OA hace referencia al output que las empresas de un determinado país están dispuestas a producir y vender a lo largo de un periodo determinado, generalmente un año, a cada nivel de precios y permaneciendo constantes los demás factores.

El factor determinante de la Oferta agregada OA es la capacidad potencial de la economía para producir. En un momento concreto de tiempo, dado el estado de la tecnología, el potencial productivo de una economía viene dado por la cantidad disponible de los factores productivos, tierra o recursos naturales, trabajo y capital. La combinación de los factores productivos o inputs con la tecnología disponible permite alcanzar una cantidad determinada de producto de forma sostenida. La función de producción define la relación entre las cantidades de factores productivos requeridas y la cantidad de productos que puede obtenerse. La demanda de factores productivos por parte de las empresas es una demanda derivada. Los costes de producción determinan el precio de venta de los productos.

La pendiente de la curva de oferta agregada es positiva, en el sentido de que aumentos del output van asociados con aumento de los precios. A corto plazo y debido a la ley de los rendimientos marginales decrecientes, el aumento de la producción va asociado a un incremento de los costes y consecuentemente de los precios. A corto plazo muchos costes son inflexibles y las empresas solo logran incrementar la producción si simultáneamente también se aumentan los precios. La curva de oferta agregada muestra el nivel que están dispuestos a ofrecer las empresas para cada nivel de precios.

Para explicar los desplazamientos de la curva de oferta agregada se deben analizar las variables que además del nivel de precios inciden sobre la oferta agregada. Estas variables son los inputs o factores de producción, la tecnología, los salarios y los demás precios de los factores productivos. El crecimiento de los factores productivos provoca un desplazamiento a la derecha, igual que la tecnología empleada, la reducción de los precios de los inputs lleva consigo una disminución de los costes de producción y un desplazamiento a la derecha de la curva de OA.

Por otra parte, tenemos que recordar que la forma de la curva de Oferta agregada, cambia según se analice a corto o a largo plazo.

- A corto plazo, la curva tiende a ser ascendente, ya que al aumentar la demanda las empresas estarán dispuestas a producir más. Pero esto encarecerá los costes de producción.

- A largo plazo, donde se supone que todos los precios son flexibles, la curva de oferta tiende a ser vertical, ya que el nivel de producción no se verá afectado por los precios.

En definitiva, que a corto plazo es creciente, y a largo plazo sigue la dirección de la producción potencial de pleno empleo.

Gráfico a desarrollar. Gráfico 8.14

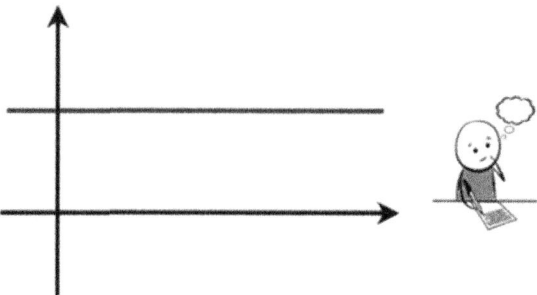

3.2.3. El equilibrio del modelo

Propuesta a los alumnos: Completar los gráficos

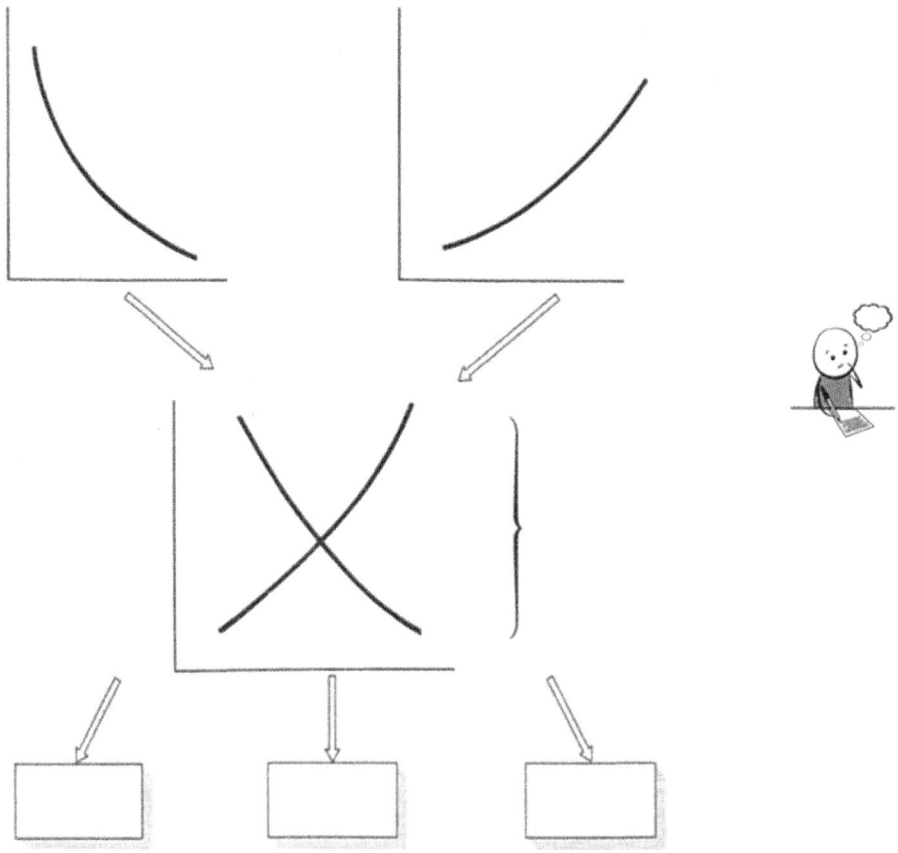

3.2.4. El modelo como base para el análisis de los efectos de la política fiscal sobre los principales objetivos económicos

Para analizar los efectos de las distintas medidas de política fiscal adoptadas por el Estado para conseguir a estabilidad económica, es decir, el pleno empleo con estabilidad de precios, nos basamos no solo en la cuantificación del impacto, sino en lo que es más importante, el sentido de la medida y sus efectos sobre la producción y sobre los precios. Si la medida de política adoptada es un Δ incremento de gastos o una disminución de impuestos, se trata de medidas de política fiscal expansivas, que provocan desplazamientos en la curva de DA, un Δ en la producción o RN, que al existir recursos libres llevará a contratar más factor trabajo y por lo tanto a disminuir el desempleo . Pero este desplazamiento a la derecha de la curva de DA va también acompañado de un incremento de los precios y por lo tanto de la inflación. En el caso de un Δ de impuestos o una disminución de gastos (política fiscal contractiva), los efectos son los contrarios.

Para analizar los efectos sobre el desempleo y la inflación se utiliza la curva de Phillips (a corto plazo) que relaciona la tasa de paro con la tasa de inflación; resulta ser de mucha ayuda al complementar al modelo de DA-OA.

Gráfico 8.15

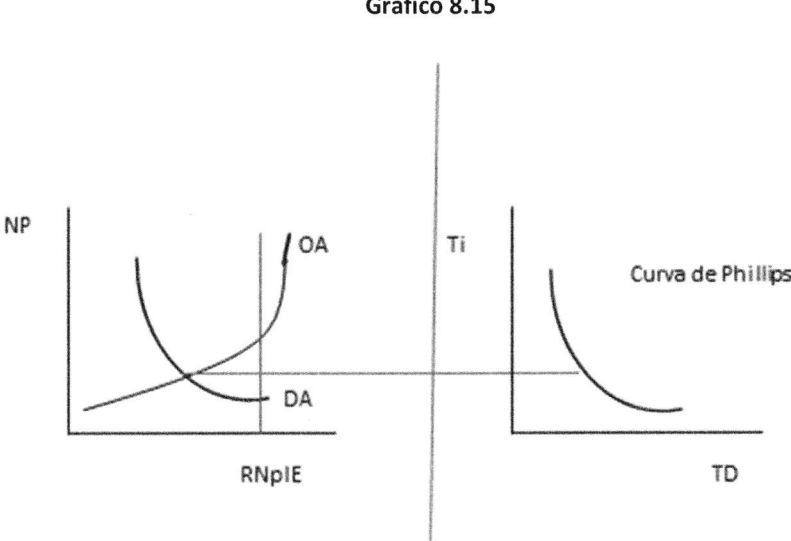

IV. LAS FÓRMULAS PRESUPUESTARIAS Y SUS EFECTOS ECONÓMICOS

Las variaciones sobre las magnitudes fiscales producen efectos económicos sobre la producción y los precios, no obstante, esas partidas de ingresos y gastos se formalizan en un documento contable: el Presupuesto. Según sea el nivel de cobertura de gastos por los ingresos ordinarios, la variación de tales partidas puede dar lugar a situaciones de equilibrio o de desequilibrio. De este modo el análisis de los efectos económicos de la política fiscal debe realizarse atendiendo a la situación que ofrecen los saldos presupuestarios; por lo que debemos determinar previamente las formas de presupuesto que arrojan dichos saldos. Es por ello que podemos dividir los presupuestos en equilibrados y desequilibrados en atención a sus saldos.

4.1. EL PRESUPUESTO EQUILIBRADO

Hay **equilibrio presupuestario** cuando el Estado financia sus gastos a través de los ingresos ordinarios (impuestos). No se trata de ver los efectos del presupuesto equilibrado, sino los efectos que produce una variación de los gastos cuando tales gastos son financiados con impuestos.

Guiados por las ideas de Adam Smith, los autores clásicos y neoclásicos consideraban que la mejor forma de resolver los problemas económicos era a través del simple mecanismo del **mercado**, con la consiguiente abstención de intervenir del Estado.

Por lo tanto, defendían que en caso de intervenir:

- Que el Estado debía **intervenir** lo **menos** posible, solo cuando determinadas actividades económicas no fuesen realizadas por el mercado.

El Estado debía utilizar **presupuestos equilibrados** para así garantizar que su intervención fuese totalmente neutral respecto al funcionamiento de la economía privada. Esta hipótesis de la neutralidad se basaba en que el efecto expansivo de los gastos era contrarrestado por el efecto contractivo de los impuestos; sin embargo, pronto fue criticada por el planteamiento keynesiano.

Según los autores keynesianos, esta hipótesis más que conseguir la neutralidad, lo que hace es desarrollar una actividad paralela a la de la iniciativa privada o pro-cíclica, en el mismo sentido que el ciclo económico; por lo que el resultado es una **acentuación de los defectos** de mercado.

- Así p. ej. en los momentos de **expansión** económica, la fórmula del presupuesto equilibrado, provocará un ΔRN ↑NP que lejos de mitigar la inflación, lo que hace es acentuarla. En un momento de expansión económica un presupuesto equilibrado en gastos e ingresos, un Δ de los ingresos (impuestos), conlleva un Δ de Gastos por el mismo volumen con lo que el presupuesto sigue la misma senda expansiva de la economía.

- Y en los momentos de **recesión** económica, la fórmula del presupuesto equilibrado provocará ▼RN ▼NP y aumentaría el paro.

Por otro lado, estos autores hacen una segunda crítica que está relacionada con el **efecto multiplicador unitario**. Cuando hay recursos libres, no hay duda de que el presupuesto equilibrado no es neutral, sino que da lugar al multiplicador unitario. Por lo que el efecto de este presupuesto es que se incrementan los gastos y por lo tanto no podemos decir que el presupuesto sea neutral en relación a sus efectos, aunque su magnitud sea inferior al caso de financiación del incremento de los gastos con emisión y venta de Títulos de Deuda Pública.

4.2. EL PRESUPUESTO DESEQUILIBRADO

Ya hemos visto que el equilibrio presupuestario no asegura una total neutralidad de la política económica del Estado con relación a la economía privada, pues siempre genera unos ligeros efectos expansivos o contractivos. Sin embargo, es el desequilibrio presupuestario lo que origina fuertes variaciones en las magnitudes económicas, reales y monetarias que pueden cambiar la senda de los acontecimientos económicos.

El presupuesto desequilibrado admite dos formas: desequilibrio con déficit, y con superávit.

4.2.1. Déficit

El déficit surge cuando los gastos públicos son mayores que los ingresos ordinarios, lo que obliga a cubrir esa diferencia mediante la emisión de deuda pública. Existen **cuatro formas** de crear déficit partiendo de una situación inicial de equilibrio:

- Aumentando los gastos, manteniendo constantes los impuestos.
- Disminuyendo los impuestos, manteniendo constantes los gastos.
- Aumentando los gastos y los impuestos, pero en mayor medida aquellos que éstos.
- Disminuyendo los gastos y los impuestos, pero en mayor medida éstos que aquellos.

Es importante conocer como se ha generado el déficit puesto que no todas estas formas producen los mismos **efectos**. En todos los casos se trata de una política fiscal expansiva cuyo efecto es un ΔRN con la consiguiente disminución del paro y una subida en los precios, pero lo que varía es la magnitud del efecto, pues los multiplicadores serán distintos. Los efectos serán distintos dependiendo de si el déficit se debe al aumento de los gastos o a la disminución de impuestos, ya que el efecto multiplicador de los gastos es mayor que el efecto multiplicador de los ingresos.

- El efecto multiplicador del gasto = $\dfrac{1}{1-PMaC}$
- El efecto multiplicador del impuesto = $\dfrac{PMaC}{1-PMaC}$ Ahora con **signo positivo** porque se trata de una bajada de impuestos.

El que la política resulte más o menos expansiva, así como el grado de subida de los tipos de interés dependerá de la forma en que se financie ese déficit; si se compra Deuda pública a los particulares o a los bancos.

4.2.2. Superávit

El superávit surge cuando los ingresos ordinarios son mayores que los gastos. También aquí existen cuatro formas de crear superávit partiendo de una situación inicial de equilibrio:

- Aumentando los impuestos, manteniendo constantes los gastos.
- Disminuyendo los gastos, manteniendo constantes los impuestos.
- Aumentando los impuestos y los gastos, pero en mayor medida aquellos que éstos.
- Disminuyendo los impuestos y los gastos, pero en mayor medida éstos que aquellos.

Los **efectos** son distintos dependiendo de la forma de creación, ya que el efecto multiplicador del gasto es mayor que el efecto multiplicador de los impuestos por los mismos motivos que en el caso anterior. La única diferencia es que, en el caso del superávit, el multiplicador de impuestos lleva **signo negativo**.

Se trata de una política fiscal **contractiva**, ya que produce una disminución de la RN (que hace subir el paro), y una disminución del Nivel de Precios –NP–. El que la política resulte más o menos contractiva, así como el grado de bajada de los tipos de interés dependerá del destino que se dé a los fondos sobrantes. Será más contractiva y bajarán menos los tipos de interés cuando el superávit se utilice para amortizar los títulos en poder del Banco de España.

Propuesta de *trabajo deducir los multiplicadores de las distintas formas de creación de presupuestos desequilibrados: superávit.*

V.　BIBLIOGRAFÍA

Básica

GARCÍA VILLAREJO, A. y SALINAS SÁNCHEZ, F.J. (1994), Manual de Hacienda Pública. Tecnos. Capítulo IX.

GAMAZO CHILLÓN, J.C y VEGA MOCOROA, I. (2020), Notas para el Estudio de Hacienda Pública. Universidad de Valladolid. Capítulo 8.

VEGA MOCOROA, I. (2024), Compendio Básico de Hacienda Pública. Ediciones Universidad de Valladolid. Valladolid. Capítulo 8.

Complementaria

ALBI IBÁÑEZ, E. et ALIA (2017). Economía Pública I. Ariel. Capítulo 6.

VI.　EJERCICIOS

1º　El País "Z" está caracterizado por los siguientes datos.

1. Alta tasa de paro (15%)
2. Inflación moderada (4,2%)
3. Déficit Público importante 7,9%PIB.
4. Deuda Pública 120%PIB

A. En la actualidad la RN es de 300.000.000 u.m. El valor de la **PMaC es 0,6**
　 El gobierno decide aumentar el gasto público en 5.000.000 u.m

Se pide:

- Calcular el multiplicador correspondiente, Analizar las consecuencias económicas de esta medida. Utilice en sus explicaciones como apoyo el modelo de DA - OA.

B.   Analice las consecuencias de dicha medida teniendo en cuenta que el gobierno decide que para cubrir el aumento del gasto público de 5.000.000 u.m, eleva los impuestos de tal modo que no se incurra en un mayor déficit público.

Comente la medida en relación con el país Z.

Se pide:

- Analizar las consecuencias económicas de esta medida. Utilice en sus explicaciones como apoyo el modelo de DA - OA.

2º   Con el fin de asentar los conceptos y explicaciones del tema, después de la exposición correspondiente y de la lectura del tema y sin copiar del manual, realice un mapa conceptual o esquema del tema y de sus principales capítulos en un folio blanco; posteriormente, contraste con el manual si hay aspectos del esquema que no ha completado satisfactoriamente y reflexione sobre el porqué si es por falta de estudio o de comprensión.

TEMA 9   EL PRESUPUESTO Y LOS PRINCIPALES OBJETIVOS ECONÓMICOS

I. EL PRESUPUESTO Y LA ESTABILIZACIÓN ECONÓMICA: EFECTOS ECONÓMICOS SOBRE EL EMPLEO Y LOS PRECIOS

En este tema estudiaremos las diferentes fórmulas presupuestarias y cómo actúan para conseguir el objetivo de la estabilidad económica, para ello utilizaremos los conocimientos adquiridos en el tema precedente. En el caso de los presupuestos compensatorios y en concreto los deficitarios, es el momento de abordar el estudio del déficit público, sus causas y los problemas que provoca. Los efectos económicos de la política fiscal también afectan a otros objetivos económicos como el crecimiento, el desarrollo, la distribución de la Renta y el equilibrio externo.

1.1. FORMULA PRESUPUESTARIA: CONCEPTO

Las fórmulas presupuestarias son las distintas formas de equilibrio que puede tener el presupuesto derivadas de sus gastos e ingresos, en función de si el equilibrio se plantea a corto, medio o largo plazo, o incluso si se plantea como objetivo no necesario.

Su importancia se debe a que las decisiones de política económica requieren más que del conocimiento de las diferentes técnicas de política fiscal, de fórmulas operativas de acción directa para lograr cada objetivo económico concreto. Estas fórmulas aparecieron como la alternativa al presupuesto clásico, ya que éste no garantizaba la estabilidad y el pleno empleo, pero también aspiran a mantener las ventajas del control de la actividad pública.

A continuación, vamos analizar alguna de las formulas presupuestarias ideadas para conseguir la estabilidad con pleno empleo.

1.2. LAS FORMULAS PRESUPUESTARIAS Y SUS ALTERNATIVAS

1.2.1. Presupuesto equilibrado vs presupuesto compensatorio

Existen dos fórmulas presupuestarias extremas y alternativa que corresponden a dos concepciones distintas del mundo económico: los planteamientos clásicos y keynesianos. Estas fórmulas presupuestarias son: la fórmula clásica del presupuesto equilibrado, y la fórmula keynesiana del presupuesto desequilibrado (también llamado compensatorio).

Antes de la crisis de 1929, la única norma aceptada desde el punto de vista presupuestario era que el presupuesto del Estado debía equilibrarse anualmente; siendo la única excepción a esta regla el presupuesto deficitario en los tiempos de guerra.

Existían diversos argumentos a favor del presupuesto equilibrado:

- Esta fórmula implica indirectamente la condena de la intervención pública y la competencia del Estado de utilizar fondos que de otro modo irían a parar a los empresarios privados. En un sistema de mercado corresponde al mismo resolver los problemas económicos; el papel del Estado se limita a suministrar a los ciudadanos bienes que el mercado no es capaz de suministrar, puesto que los objetivos de estabilidad y pleno empleo se confían al mercado a través de los mecanismos correctores de los mercados. Para los clásicos el sector público tiene un carácter subsidiario.

- La fórmula del presupuesto equilibrado es la única que garantiza el adecuado control del Ejecutivo por parte del Legislativo.
- Este planteamiento fue defendido por Adam Smith, Marshall, Ricardo, y Mill. Pero las consecuencias de la gran depresión hicieron que Keynes formulara un nuevo planteamiento, siendo Keynes el primeo en manifestar la falta de mecanismos para alcanzar la estabilidad con pleno empleo.

Según los planteamientos Keynesianos, dada la ausencia de mecanismos correctores del mercado para alcanzar la estabilidad económica, era necesario que alguna autoridad con poder discrecional (El Estado) pudiera corregir los desequilibrios del sistema mediante políticas expansivas o contractivas según la coyuntura del ciclo económico. De esta forma la política fiscal pasó a convertirse en el eje principal de la política económica.

Entre los argumentos a favor del presupuesto compensatorio encontramos los siguientes:

- El presupuesto equilibrado no es la mejor solución a las alteraciones del ciclo económico, ya que como el Estado actúa de manera paralela a la iniciativa privada, los desequilibrios se acentúan. En épocas de recesión baja la recaudación impositiva, como consecuencia para que el presupuesto sea equilibrado han de bajar los gastos, por lo que se acentúa la recesión al disminuir la RN y aumentar el paro, y en épocas de expansión se acentúa la inflación (efecto procíclico).
- Por otra parte, existe una necesidad de que una autoridad corrija las deficiencias del mercado, concediéndole un poder discrecional para compensar los desequilibrios según la coyuntura del ciclo económico. De esta forma, los superávits y los déficits se convirtieron en las mejores soluciones para corregir la alteración del ciclo económico.

La materialización de estas teorías Keynesianas recibe la denominación de Hacienda Funcional cuya premisa básica era que todos los ingresos y gastos públicos debían orientarse en función del logro del objetivo que mejor convenga a la coyuntura económica. Los déficits y superávits se convirtieron en las formas presupuestarias más apropiadas para corregir la iniciativa privada; la escasez de demanda privada se compensa con una política fiscal expansiva (déficit) y viceversa. A este tipo de ideología presupuestaria se le denominó "presupuesto compensatorio". Los impuestos y los gastos públicos se manejaban discrecionalmente para conseguir la estabilidad de precios y el pleno empleo, convirtiéndose este uso de los mismo en la norma corriente de la política fiscal.

El abandono de la formula presupuestaria del equilibrio anual sin embargo conllevaba una falta de control que acabo convirtiéndose en un problema, desatando las críticas contra el presupuesto compensatorio.

Los detractores del presupuesto compensatorio criticaban su falta de control. La fórmula del presupuesto equilibrado permitía controlar al poder ejecutivo por parte del legislativo, y también al poder legislativo; en este caso, el control era necesario para impedir que los diputados cediesen a las presiones de los ciudadanos de pagar menos impuestos y aumentar el gasto público y acabaran dándoles la razón y generando crónicamente situaciones de déficit presupuestarios.

Estas críticas no han de interpretarse como que haya que volver a la fórmula del presupuesto equilibrado, simplemente hay que tener en cuenta las dos fórmulas tienen ventajas e inconvenientes.

- El presupuesto equilibrado, a través del control, establecía una disciplina presupuestaria que impedía el abuso del ejecutivo; pero no era eficaz para resolver los problemas de estabilidad económica.

- El presupuesto compensatorio es eficaz para conseguir los objetivos de estabilidad de precios y pleno empleo; pero rompe con la disciplina presupuestaria, lo que constituye un peligro al consagrar como norma el déficit, independientemente de las necesidades de la coyuntura económica.

En consecuencia, se han planteado fórmulas intermedias, como son la fórmula del presupuesto cíclico, y la del presupuesto de estabilización automática.

1.2.2. El presupuesto cíclico

El presupuesto cíclico es una fórmula intermedia entre el clásico y el compensatorio; ya que por un lado trata de mantener un cierto control presupuestario, y por otro lado considera que una política fiscal discrecional es el mejor método para conseguir los objetivos de estabilidad y pleno empleo.

Los defensores del presupuesto cíclico consideran que la regla del presupuesto anual no era adecuada, ya que con ella el Estado lo que hacía era desarrollar una actividad paralela a la de la iniciativa privada y por lo tanto se propiciaba potenciar los desequilibrios ya existentes en el sistema económico. Por otro lado, consideran que el equilibrio es bueno como principio de disciplina económica. Por todo ello, no hay que empeñarse en respetar la regla del equilibrio anual, sino que basta con que el equilibrio se consiga a lo largo de los años que dura el ciclo económico de modo que los déficits que se creen en las épocas de recesión, se compensen con los superávits de épocas de expansión. De esta forma, el presupuesto estaría equilibrado, solo que al largo plazo. Este plazo tampoco está predeterminado pues depende del ciclo económico, que se consideraba debía durar entre 8 y 10 años.

Gráfico 9.1

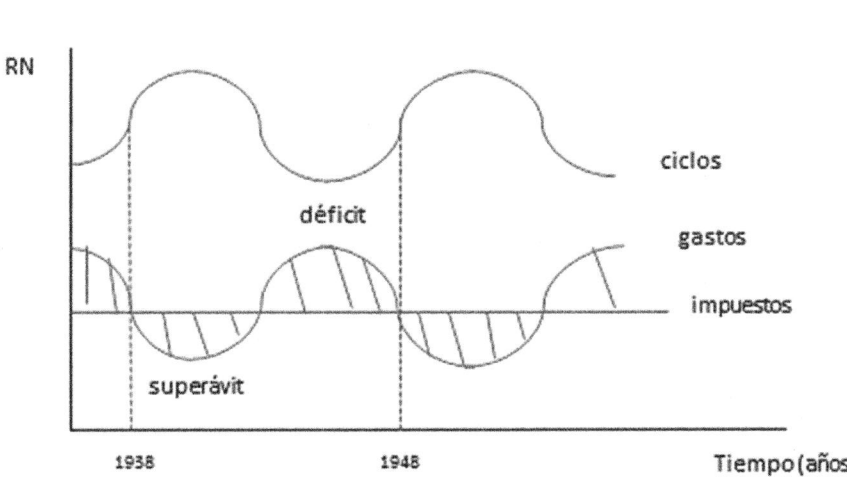

Tal y como vemos en el gráfico 9.1 a lo largo del ciclo económico se alternan etapas de recesión y de expansión, por lo que el presupuesto debe confeccionarse de tal forma que durante la recesión se cree un presupuesto con déficit, ya que la economía exige que aumente la demanda, y esto solo puede hacerlo de manera discrecional el Estado aumentando los gastos y/o bajando los impuestos. En periodos de expansión el planteamiento es el contrario, se necesita crear superávits para contener el crecimiento de la demanda agregada y la inestabilidad de los precios.

El déficit provocará un efecto expansivo que hará que, en los años siguientes, la situación sea la contraria: de exceso de demanda y alza de los precios. En esta situación el Estado deberá crear un superávit disminuyendo los gastos y subiendo los impuestos.

Por tanto, vemos cómo este planteamiento es coherente con la tesis de Keynes de libre creación del déficit y superávit; y con la tesis clásica del equilibrio, la variación está en que en este planteamiento aquí el equilibrio no es anual sino a largo plazo, se consigue a lo largo del ciclo económico.

Esta fórmula que parecía ser la ideal, tampoco está exenta de críticas; pronto empezaron a surgir detractores que decían que lo único que hacía esta fórmula era sustituir la regla tradicional sencilla del equilibrio anual, por otra más compleja y difícil, ya que implica determinar cuál es la duración del ciclo económico.

Ello supone tres inconvenientes:

- El número de años que dura la prosperidad no tiene por qué coincidir con el número de años que dura la depresión. Si no coinciden, el volumen de superávit no coincidirá con el del déficit, por lo que no se podrá garantizar el equilibrio cíclico, ni siquiera a largo plazo.

- La duración del ciclo económico no siempre dura entre 8 y 10 años, ni tan siquiera las fases del ciclo tienen la misma duración. Hay ciclos de onda corta, media y larga que, aunque tengan una cierta prolongación en el tiempo no superan la regularidad que supone el atenerse a un año natural.

- Es muy difícil determinar en cada momento en que haya que confeccionar el presupuesto en qué lugar o fase del ciclo económico nos encontramos. Ello hace que no se acierte con el volumen de desequilibrio, y es posible que la aplicación de la política fiscal sea tardía. También se corre el riesgo de que la situación que impere sea la de crear déficits presupuestarios. Hay que tener en cuenta que mientras que en los periodos de depresión es sencillo para la autoridad crear déficit (bajar impuestos y/o aumentar gastos), en periodos de expansión es muy difícil crear superávit (por la impopularidad de las medidas, que suponen una disminución de la renta de los ciudadanos tales como la subida de los impuestos).

A pesar de estas críticas, hay que reconocer esta fórmula presupuestaria suponía un gran avance en el camino de racionalizar la actividad presupuestaria.

1.2.3. El presupuesto de estabilización automática

Esta fórmula supone un nuevo intento de armonizar las ideas del presupuesto compensatorio y del presupuesto equilibrado. El presupuesto de estabilización automática plantea que debe evitarse el equilibrio anual y permitir que el presupuesto se cierre con desequilibrios, según cuál sea la coyuntura económica. Sin embargo, al contrario de lo que ocurría con el presupuesto cíclico, los desequilibrios deben producirse de forma automática, sin ningún tipo de intervención pública. De manera que la diferencia con respecto al presupuesto cíclico es que aquí se despoja de discrecionalidad al Estado.

Los argumentos que aportan para privar al Estado de discrecionalidad son:

- Que las previsiones hechas por el legislativo suelen mostrar errores de cálculo.
- Y que la aplicación de las medidas por parte del ejecutivo es a veces tardía. De forma que cuando se aplica el déficit o el superávit, la situación ha cambiado y requiere de la política contraria.

El fundamento de esta fórmula es que existan unas partidas presupuestarias que permitan con la flexibilidad necesaria actuar en el sentido contrario de la actividad económica de forma que en épocas de expansión dichas partidas den lugar a superávit presupuestario; y en épocas de depresión creen un déficit. Y todo ello de forma automática sin necesidad de intervención del sector público. Existen partidas presupuestarias que actúan de esta forma tanto en el presupuesto de ingresos como en el de gastos:

- Los **impuestos** son de algún modo función directa de la renta, y por tanto del nivel de la actividad económica. De manera que, si ésta aumenta los impuestos también. Esta relación se da por definición en el caso de los impuestos directos, ya que son un porcentaje de la renta y al aumentar ésta aumentan en proporción al tipo impositivo. Este automatismo dará lugar a mayores o menores recaudaciones en función de los tipos impositivos. EL IRPF y el impuesto de sociedades son los dos impuestos que actúan con mayor grado de automatismo.

- Por lo que se refiere a los **gastos**, se distingue entre gastos corrientes y gastos de transferencia. Los primeros son insensibles a la renta, y en caso de variar, lo hacen en reducida medida y en el mismo sentido que la RN. Mientras que los segundos, sí que dependen fuertemente de la renta, y además varían en sentido contrario a la renta, p. ej.: los subsidios de desempleo. Existen otros gastos que dependen también de la renta, pero en menos medida que los anteriores, se trata de las pensiones por jubilación y los subsidios a la agricultura en época de malas cosechas.

Vamos a explicar el funcionamiento del presupuesto de estabilización automática a través de un ejemplo.

Tomamos como punto de partida una situación en el periodo 1 con crecimiento sostenido, estabilidad de precios, un nivel de empleo adecuado y una Renta de 10 millones de euros. El presupuesto que el Estado ha generado en ese periodo, es un presupuesto equilibrado a un nivel de gastos e ingresos de 3.000 millones de euros distribuidos de la siguiente forma:

Gastos		Ingresos	
Gastos corrientes en bienes y servicios	2.100 MEUR	Impuestos Directos	1.500 MEUR
Gastos de Transferencias	900 MEUR	Impuestos Indirectos	1.500 MEUR
TOTAL	3.000 MEUR	TOTAL	3.000 MEUR

En el periodo 2, la economía entra en recesión y baja la Renta hasta 8.000 MEUR. Los ajustes automáticos que se producen en el presupuesto son los siguientes:

Los gastos corrientes no varían, sin embargo, al disminuir la renta los gastos de transferencia aumentaran hasta 1.200 MEUR. En las partidas de ingresos, se producirá una variación en los impuestos directos en relación al tipo impositivo (t= 15%) disminuyendo hasta 1.200 MEUR.

Gastos		Ingresos	
Gastos corrientes en bienes y servicios	2.100 MEUR	Impuestos Directos	1.200 MEUR
Gastos de Transferencias	1.200 MEUR	Impuestos Indirectos	1.500 MEUR
TOTAL	3.300 MEUR	TOTAL	2.700 MEUR

De forma automática a través de los estabilizadores automáticos del sistema se ha producido un presupuesto desequilibrado, se ha creado un déficit en una época de recesión que es lo que se necesitaba. Este déficit habrá de cubrirse con ingresos extraordinarios.

En una situación distinta de crecimiento económico el mecanismo actuará en sentido contrario, esto es: en el período 3 de expansión económica la renta ha aumentado hasta 12.000 MEUR de forma que los gastos de transferencia disminuyen, pero la recaudación por impuestos directos aumentará, creándose un presupuesto superavitario de forma automática gracias a la flexibilidad que ofrecen ciertas partidas con relación a la renta nacional, lo que crea una política contractiva que es lo que conviene en un periodo de expansión económica.

Gastos		Ingresos	
Gastos corrientes en bienes y servicios	2.100 MEUR	Impuestos Directos	1.800 MEUR
Gastos de Transferencias	600 MEUR	Impuestos Indirectos	1.500 MEUR
TOTAL	2.700 MEUR	TOTAL	3.300 MEUR

Aunque esta fórmula presupuestaria supuso un avance frente a las anteriormente estudiadas, superando la discrecionalidad de los planteamientos Keynesianos y el equilibrio de los clásicos, también surgieron críticas y detractores a dicho planteamiento, en el sentido de que:

- Los estabilizadores automáticos pueden suavizar, pero no impedir plenamente las fluctuaciones económicas. Por lo tanto, es una medida útil, pero no eficaz; suavizan, pero son insuficientes para eliminar las ondas cíclicas.
- Los defensores de esta fórmula son partidarios del equilibrio presupuestario como norma general, pues el déficit y el superávit solo han de existir cuando así lo exija la situación económica.
- Si el fundamento de los estabilizadores es evitar los retardos por parte de la Administración, esto podría corregirse a través de ciertas reformas de carácter administrativo tales como la autorización previa del legislativo al ejecutivo para poder hacer cambios discrecionales cuando lo requieran las circunstancias pero dentro de ciertos límites o como la aplicación de la llamada "flexibilidad mediante fórmula" consistente en aplicar cambios en los ingresos y gastos cuando se producen señales (caída de la producción, del empleo...).

1.3. EL DÉFICIT

Los estudios han demostrado que los superávits han sido la excepción a la regla, pues siempre los déficits presupuestarios se han generalizado. Por lo tanto, procede estudiar en detalle el déficit y los problemas que el mismo suscita en términos de lo que implica el endeudamiento y esta situación en la Unión Europea.

1.3.1. Definición y tipología

El déficit es aquella situación presupuestaria en la que el Estado no puede cubrir sus gastos con los ingresos ordinarios, es decir, los impuestos. En este sentido no se incluyen en el cálculo los gastos ni ingresos extraordinarios (operaciones financieras).

a) Déficit neto y déficit bruto

Esta distinción obedece a si se cumple o no la regla de oro del equilibrio presupuestario, según la cual el déficit solo es preocupante cuando los gastos son gastos de consumo; pero no cuando son gastos de inversión. De manera que el Estado sólo podría endeudarse siempre y cuando con él se financien gastos de inversión (principio de autoliquidación de la deuda).

- El déficit bruto es la diferencia entre los ingresos ordinarios y el total de gasto. Ingresos ordinarios menos Gastos (excluidos los gastos de operaciones financieras).
- El déficit neto es la diferencia entre los ingresos ordinarios y los gastos que no son de inversión. Ingresos ordinarios menos los Gastos que no sean de inversión (excluidos los gastos de operaciones financieras y los de inversión). El déficit bruto no es tan nocivo pues los gastos de inversión se consideran productivos y beneficiarán a la sociedad.

b) Déficit cíclico y déficit estructural

Hasta hace no mucho tiempo se consideraba que la razón de ser del déficit era que en épocas de recesión, tanto los ingresos ordinarios como los gastos tendían a generar situaciones deficitarias, es lo que se denominaría déficit cíclico Los ingresos ordinarios disminuían en épocas de recesión por el automatismo existente entre las bases impositivas y la recaudación ;a menos actividad económica, menor producción, y menor recaudación. Y los gastos aumentarían, porque las épocas de recesión generan nuevas necesidades de gasto, sobre todo en el capítulo de gastos de transferencia (subsidios por desempleo, subvenciones a las empresas y pago de intereses de la deuda). El déficit cíclico o coyuntural es el que se crea en épocas de recesión de manera automática, debido a los estabilizadores.

El déficit coyuntural está asociado a la situación económica que discurre por debajo de la senda de su producto potencial y es temporal, por lo que desaparece cuando la economía vuelve a crecer.

Mientras que el déficit estructural es el que se mantiene, aunque cambie el ciclo económico; tiene una vida más dilatada en el tiempo, ya que solo desaparecerá cuando desaparezcan las causas que lo generaron (la ineficacia administrativa, las rigideces del mercado de trabajo, la existencia de empresas públicas en crisis, los fallos de la seguridad social, etc.). El déficit estructural es el más peligroso, y solo desaparecerá cuando desaparezcan las causas que lo generaron.

1.3.2. Las causas de déficit

El déficit público es una forma de desequilibrio que responde a una diversidad de causas que para simplificar el estudio podemos agrupar en tres tipos: fundamentales, coyunturales, y estructurales.

a) **Causas fundamentales**: Cómo su nombre indica son aquella que van inherentes al funcionamiento habitual del sector público. A su vez pueden dividirse en cuatro tipos de causas fundamentales:
1. Los factores que explican el crecimiento económico del sector público ya que el presupuesto deficitario no deja de ser una manifestación del crecimiento del mismo. Estos factores son de naturaleza económica, demográfica y sociopolítica, pero todos ellos han producido un incremento de los gastos públicos.
   - Factores económicos: asignación y distribución de recursos.
   - Factores condicionantes: causas demográficas y tecnológicas.
   - Factores sociopolíticos: cambios en las estructuras políticas.
2. Los fallos de mercado, Podemos decir que la existencia de fallos del mercado (bienes públicos, economías externas y lucha contra las imperfecciones de la competencia) han ampliado la intervención del sector público, pero al no haber sido posible contar con los recursos suficientes para financiar la misma, se ha ido generando el déficit.
3. La teoría keynesiana de la estabilización económica, ya que el déficit público suponía el mejor instrumento para luchar contra las recesiones económicas generadoras de desempleo. Sin embargo, en los años setenta se constató que existía una connivencia de fenómenos como la inflación y la recesión económica y por lo tanto, aplicar políticas expansivas en fases de recesión resultaba una incongruencia porque suponía aplicar de manera indiscriminada políticas fiscales expansivas en todas las situaciones de recesión.
4. La existencia de una relación entre la aparición de los déficits presupuestarios y ciertos comportamientos de los grupos políticos: los políticos, burócratas, votantes y grupos de presión. Un comportamiento racional de estos grupos conlleva un crecimiento del sector público y consecuentemente de su mecanismo de acción: el presupuesto, creando déficits públicos.

b) **Causas coyunturales**: derivan de las necesidades que se plantean en función del ciclo económico en el que nos encontremos. Es decir, de la descompensación que existe entre las necesidades en las que se gasta y los ingresos. Del análisis de las crisis económicas podemos constatar que existe un innegable componente cíclico. En periodos de crisis existe una amplia diferencia entre las crecientes necesidades sociales derivadas de las crisis (gastos para cubrir el desempleo, las pensiones y el pago de los intereses) y los ingresos impositivos generados en periodos de baja actividad económica.

c) **Causas estructurales**: son causas que tienen carácter duradero, y que explican el componente estructural del déficit entre las mismas podemos señalar como más destacadas:
1. La cada vez mayor separación existente entre los ingresos y los gastos de la seguridad social, debido a causas de tipo generacional y a una legislación de amplio contenido social.
2. La influencia que tienen los fenómenos inflacionistas sobre el incremento de los gastos públicos. Los fenómenos inflacionistas contribuyen a aumentar los gastos a través de las cláusulas de indexación de su valor de acuerdo con el IPC y de revisión salarial (p. ej. las pensiones y las nóminas.

3. La política de gastos fiscales que ha supuesto una importante minoración de la recaudación impositiva, fundamentalmente en el IRPF y en el impuesto de sociedades.

4. La elusión y la evasión fiscal que han causado una reducción importante de la recaudación impositiva. Existiendo una brecha o "Gap" entre la recaudación potencial con la que se hacen las previsiones presupuestarias y la real que ha resultado minorada por los fenómenos de elusión y evasión fiscal.

5. El proceso de descentralización administración que ha llevado a una multiplicación de actividades y a una ampliación de la esfera de actuación del sector público, produciéndose en ocasiones exceso de organismos públicos a diversos niveles administrativos.

1.3.3. Reflexiones sobre el déficit y sus efectos: la estanflación

La aplicación de déficits públicos, es decir la aplicación de una política fiscal expansiva, tiene como finalidad inyectar recursos a la demanda para provocar una mayor producción capaz de asumir recursos libres y de este modo disminuir el paro; sin embargo, a lo largo del tiempo se pudo constatar que las políticas expansivas de demanda no solo disminuían la tasa de paro sino que traían emparejada una subida de precios y por lo tanto teníamos que aceptar la existencia de un *trade off* entre el paro y la inflación, como el que se deducía de la curva de Phillips. La **curva de Phillips** representaba la relación inversa que existía entre las tasas de paro e inflación, pues cualquier medida que tratara de activar la demanda era adecuada para corregir el paro, pero agravaba la inflación. Sin embargo, a partir de la crisis de Vietnam se empezó a observar que las **políticas expansivas** no solo daban lugar a esta relación inversa, sino también a lo que se conoce como estanflación. La estanflación es un fenómeno que consiste una inflación de con estancamiento.

¿A qué se debe la **estanflación**? Algunas crisis se caracterizan por la inflación de costes, lo que provoca una disminución de los beneficios empresariales que obliga a los empresarios a subir los precios. Al subir los precios, disminuye el volumen de ventas, dando lugar a un estancamiento. La combinación de inflación de costes y estancamiento se denomina estanflación. Ante este fenómeno se produce un desplazamiento de la curva de Phillips a corto plazo a la derecha y las políticas de demanda como la política fiscal resultarían ineficaces, por lo que la solución debería venir por el lado de la oferta.

Existen otros argumentos que explican la estanflación y la ineficacia de las políticas fiscales de demanda para disminuir el paro, ya que solo generarían más inflación, se trata del fenómeno del *crowding out* o efecto expulsión, las funciones estabilizadoras del déficit se verían reducidas o incluso eliminadas. El aumento de la producción conseguido por la política fiscal, provocaría un incremento de la demanda de dinero por el motivo precaución, una subida de los tipos de interés y una disminución de la inversión privada que en algunos casos puede disminuir el efecto expansivo del gasto público y en otros incluso anularlo. En este sentido también los déficits pueden provocar un incremento de los fondos de financiación que conducen al incremento de los tipos de interés determinantes del efecto expulsión de la inversión privada.

Otras consideraciones sobre la ineficacia demostrada de la política fiscal ante el fenómeno de la estanflación vienen de la mano de la tasa natural de desempleo y de la escuela de las expectativas racionales. En los últimos años del siglo 20 se pudo observar que las tasas de desempleo habían ido aumentando sucesivamente, incluso en épocas de expansión. La explicación a la ineficiencia de la política fiscal de demanda radica en la tasa natural de desempleo; definida como aquel nivel de paro por encima del cual la utilización de medidas expansivas no produce tensiones en los precios, de forma que, si tratásemos de eliminar parte de ese nivel de paro, las medidas en cuestión si producirán tensiones. Resulta improcedente aplicar políticas fiscales expansivas (déficits) cuando el país, aun teniendo un alto nivel de parados, haya alcanzado la tasa natural de desempleo.

Los planteamientos de las expectativas racionales suponen otra crítica a la eficacia de la política fiscal como política de estabilización; en este caso, el argumento es el que solo a corto plazo se acepta el *trade off* entre paro e inflación, pero a largo plazo desaparece porque las expectativas de los individuos cambian de conducta y ajustan rápidamente su comportamiento haciéndose la curva de Phillips perpendicular a la tasa natural de pleno empleo. Poco después gracias a los planteamientos de otros autores de esta escuela tales como Lucas o Barro, se llega a una visión todavía más pesimista sobre las posibilidades reales de la política fiscal para conseguir la estabilidad económica, la política fiscal anticíclica es incapaz de estabilizar el empleo. Parten de la existencia de completa flexibilidad de precios y salarios y por lo tanto la renta de equilibrio es la de equilibrio con pleno empleo y coincide con la renta a su nivel de tasa natural de desempleo, por lo que la política fiscal resulta ineficaz para conseguir la estabilidad económica.

Ante el problema de la estanflación existen por último unos planteamientos que abordan la solución a este problema desde la economía de la oferta. Consideran que la estanflación se ha producido por causas directamente relacionadas con la oferta agregada (subida de costes) y que por lo tanto la solución ha de venir a través de medidas que contrarresten los efectos negativos de los mismos. Por ello, junto a medidas encaminadas a reducir los costes empresariales, proponen otras medidas dirigidas a favorecer al empresario innovador como motor del progreso. Entre ellas:

1. Medidas dirigidas a contener la inflación a través de un férreo control de la oferta monetaria, al entender que la inflación es un problema esencialmente monetario.
2. Eliminar todas aquellas normas innecesarias que inhiben la iniciativa del empresario. El afán intervencionista del Estado había creado un excesivo entramado de decretos, leyes y reglamentos.
3. Reducir los impuestos como forma de incentivar la producción y el empleo. El grado de intervención del Estado había sobrepasado un nivel tolerable de gastos, acaparando actividades propias de la empresa privada, pero también alcanzando niveles muy elevados de presión fiscal que actuaban como desincentivos al trabajo y a la iniciativa emprendedora. Estas medidas tuvieron resultados positivos en los años 80 en EEUU bajo el mandato del Presidente Ronald Reagan.

A pesar de estas teorías explicativas de la falta de eficacia de la política fiscal, en la consecución de la estabilidad, ante situaciones de estanflación, no se consiguieron eliminar los déficits, sino que estos se han acentuado y los países han experimentado recesiones económicas importantes.

1.3.4. Reflexiones actuales sobre déficit y estabilidad económica: las reformas legales en España

La primera crisis importante del siglo XXI demuestra que en 2009 existen niveles altos de desempleo, junto con elevados déficits y endeudamiento de los países miembros de la Unión Europea. La política fiscal resultó ser un instrumento importante de actuación, pero dados los ya elevados niveles de endeudamiento y déficits existentes en Europa y la exigencia de mantener unas finanzas públicas saneadas, se reforzó el aparato legislativo en la UE, para reducir el grado de discrecionalidad en el empleo de las políticas fiscales nacionales y reconducirlas hacia una coordinación de las mismas en el respeto a unos niveles mínimos de déficits y endeudamiento recogidos en el pacto de estabilidad económica- PEC. Este tema será objeto de estudio más detallado en el capítulo 14.

El ordenamiento Jurídico español se ha tenido que adaptar a la normativa europea en materia de estabilidad presupuestaria, y como la norma supranacional prima en conflicto de leyes sobre la nacional, el ordenamiento jurídico español ha tenido que modificar la Constitución y aprobar una Ley Orgánica de Estabilidad Presupuestaria y Sostenibilidad Financiera -LOEPySP –(2012).

1) La reforma de la Constitución de 2011: art. 135

El Principio de Estabilidad presupuestaria es base para impulsar el crecimiento y la creación de empleo en la economía, precisamente la consolidación y la reducción de la deuda fiscal (cumplimiento de los criterios de convergencia relativos a las finanzas públicas saneadas) permitieron a España entrar en la moneda Única (€) y experimentar periodos de crecimiento económico hasta 2008. Con la crisis de 2008, a nivel nacional, se puso de manifiesto la insuficiencia de los mecanismos de disciplina de la anterior Ley de Estabilidad Presupuestaria bajo la que se alcanzó un Déficit Público de un 11,2% en 2009 junto con un nivel de desempleo de 19,5 y un endeudamiento, deuda pública del 55% del PIB. En el ámbito europeo también se desencadenan una serie de circunstancias y desequilibrios presupuestarios serios en la mayoría de los Estados miembros que conlleva la aprobación de una serie de iniciativas legislativas destinadas a reforzar las reglas fiscales comunes y desarrollar una mayor supervisión económica y fiscal. La aprobación del "Pacto fiscal o presupuestario", es decir del Tratado de Estabilidad, coordinación y gobernanza en la Unión Económica y Monetaria, constituyó la iniciativa normativa más importante para hacer frente a los nuevos retos del escenario Económico internacional. Esta norma exige un nuevo compromiso nacional reforzando la estabilidad presupuestaria para ajustarse a sus reformas en pro de una mayor coordinación en las políticas presupuestarias de los Estados de la UE y de una mejora en la Gobernanza económica de los mismos. En el caso español la adaptación legislativa a las exigencias del Pacto Presupuestario se llevan a cabo mediante la aprobación de la ley Orgánica 2/2012 de 27 de abril de Estabilidad Presupuestaria y Sostenibilidad Financiera.

La primera gran reforma del ordenamiento español en materia de estabilidad presupuestaria se produce en 2011 con la reforma constitucional del art 135. La reforma del artículo 135 de la Constitución Española persigue garantizar el principio de estabilidad presupuestaria, vinculando a todas las Administraciones Públicas en su consecución, reforzar el compromiso de España con la Unión Europea y, al mismo tiempo, garantizar la sostenibilidad económica y social de nuestro país, para ello amplia el contenido del artículo original, en el siguiente sentido:

Se mantiene el texto original en lo relativo a la deuda Pública con ligeras matizaciones en el nuevo art 135,3, relativas a la prioridad absoluta en el pago de los intereses de la deuda pública y en el respeto del valor de referencia establecido para la misma en el TFUE. El nuevo texto incluye el principio de estabilidad presupuestaria para todas las administraciones Públicas, pero también permite la existencia de déficits estructurales en el Estado y las Comunidades Autónomas (art 135,2) posponiendo sus límites y causas (135,4) al desarrollo de una Ley orgánica posterior (135,5) que había de estar aprobada en todo caso con anterioridad a 2020 (Disposición adicional única 3).

Tal y como precisa el art 135.5 la Ley Orgánica que desarrolla los principios de estabilidad presupuestaria y déficit estructural había de regular:

> *"a) La distribución de los límites de déficit y de deuda entre las distintas Administraciones Públicas, los supuestos excepcionales de superación de los mismos y la forma y plazo de corrección de las desviaciones que sobre uno y otro pudieran producirse.*
>
> *b) La metodología y el procedimiento para el cálculo del déficit estructural.*
>
> *c) La responsabilidad de cada Administración Pública en caso de incumplimiento de los objetivos de estabilidad presupuestaria."*

Finalmente, las Comunidades autónomas también son invitadas a adoptar cuantas disposiciones sean necesarias para garantizar el principio de estabilidad presupuestaria en sus normas y decisiones.

2) La Ley Orgánica 2/2012, de 27 de abril, de Estabilidad Presupuestaria y Sostenibilidad Financiera

La Ley Orgánica de Estabilidad Presupuestaria y Sostenibilidad Financiera de las Administraciones Públicas ha dado pleno cumplimiento al mandato constitucional del art 135,3 y al mandato del Tratado de Estabilidad, Coordinación y Gobernanza en la Unión Económica y Monetaria de 2 de marzo de 2012, art 3,2 garantizando una adaptación continua y automática a la normativa europea. España se convierte en uno de los primeros países en incorporar el paquete de gobernanza económica europea a su ordenamiento jurídico interno.

Los tres objetivos de la Ley Orgánica 2/2012 son:

- Garantizar la sostenibilidad financiera de todas las Administraciones Públicas.
- Fortalecer la confianza en la estabilidad de la economía española.
- Reforzar el compromiso de España con la Unión Europea en materia de estabilidad presupuestaria.

El logro de estos tres objetivos contribuirá a consolidar el marco de la política económica orientada al crecimiento económico y la creación del empleo.

II. EL PRESUPUESTO Y EL CRECIMIENTO ECONÓMICO

2.1. CONCEPTO

El crecimiento económico es el incremento del valor de la producción de bienes y servicios de una sociedad en un periodo de tiempo determinado.

Para hablar de crecimiento se pueden emplear varios términos, los cuales, aunque parezcan sinónimos, tienen un significado diferente. Dichos términos son: desarrollo, crecimiento, progreso, y expansión económica. Las diferencias entre unos términos y otros dependen del criterio adoptado, esto es:

- Si el criterio de clasificación es el periodo de tiempo en que se produce.
  - La expansión se produce en el corto plazo.
  - Mientras que el crecimiento y el desarrollo se refieren a fenómenos a largo plazo.
- Si el criterio que seguimos es el del índice de medida.
  - El crecimiento supone un incremento de la RN en términos absolutos al igual que ocurre con el desarrollo en su enfoque dinámico.
  - Mientras que el progreso supone un incremento de la renta per cápita. Incluso se habla de progreso social para referirse a una distribución más equitativa de esa renta. Para el desarrollo estático también se utiliza el índice renta per cápita.
- Si el criterio es la política a adoptar.
  - El crecimiento se refiere a las políticas dirigidas a mantener o incrementar un determinado nivel de renta.
  - Mientras que el desarrollo se refiere a las políticas dirigidas a superar la barrera que separa a los países pobres de los ricos.
- Si el criterio son las características económicas de carácter estructural de los países.
  - El crecimiento se refiere a que en los países desarrollados se utilizan todos los factores de producción y por lo tanto el crecimiento se baja en conseguir un mejor aprovechamiento de los recursos utilizados y es un objetivo económico que opera a largo plazo.
  - Mientras que el desarrollo se refiere a los países pobres que no utilizan todos los factores de producción (paro) y los que los utilizan, lo hacen de una forma poco eficiente (mala asignación de recursos). En este caso el planteamiento difiere al del crecimiento, pues se basa en una mayor utilización de los recursos en paro y opera a corto plazo.

Por lo tanto, podemos deducir que cuando nos referimos al objetivo del crecimiento económico, nos limitamos al estudio de la política fiscal dirigida a incrementar el nivel de renta nacional en los países desarrollados dado su alto nivel de renta en comparación con los países pobres.

Hay que tener en cuenta que la política de crecimiento no tiene nada que ver con la política de pleno empleo o expansión económica; pues la de pleno empleo se basa en una mayor utilización de los recursos en paro, mientras que la de crecimiento se basa en un mejor aprovechamiento de los recursos ya utilizados. La primera ópera a corto plazo, mientras que la segunda a largo plazo.

2.2. LOS FACTORES DEL CRECIMIENTO

Dado que partimos de la base de que la economía está utilizando todos los factores de producción de forma eficiente (es decir hay pleno empleo, y eficiencia productiva), podría parecer un contrasentido buscar un incremento de la renta a corto, pero no a largo plazo ya que el nivel de producción de un país depende de su capacidad productiva y ésta puede variar a lo largo del tiempo. Por lo tanto, debemos preguntarnos cómo aumentar la capacidad productiva que depende de la cantidad y calidad de los bienes de inversión.

Si planteamos que:

$$RN = C + I + G + X - M,$$

A diferencia de lo que ocurría cuando el objetivo era el pleno empleo (que solo se conseguía aumentando la demanda), en el caso del crecimiento, el aumento de la demanda solo provocaría inflación. Lo que hay que hacer para conseguir el crecimiento es cambiar la estructura de la demanda, incrementando los bienes de inversión (capital) y disminuyendo los bienes de consumo tanto en el sector privado, como en el público y en el sector exterior. Y ello solo se logra a largo plazo, programando a corto plazo un cambio en la estructura de la demanda para que manteniendo constante el volumen de la demanda total, se incremente la inversión a costa del consumo.

2.3. LA POLÍTICA FISCAL COMO INSTRUMENTO PARA EL CRECIMIENTO

Para determinar cuál es el tipo de política fiscal más adecuada para fomentar la inversión y cambiar la estructura de la demanda, existe una triple respuesta según cual sea el aspecto de la política económica en estudio: el presupuesto, la estructura de los gastos, y la estructura de los ingresos.

a) El presupuesto

A diferencia de lo que ocurre con el objetivo de pleno empleo (que exige un presupuesto expansivo, y por lo tanto un déficit), el objetivo del crecimiento lo que exige es un presupuesto superavitario, ya que para que haya inversión, primero tiene que haber ahorro (el cual puede proceder del sector público, privado o exterior) y la única forma de generar ahorro público es creando un superávit presupuestario, es decir una política fiscal contractiva.

La creación de un superávit haría que a corto plazo la RN y el r (tipo de interés) disminuyeran. Sin embargo, a largo plazo, esta medida sería coherente, pues provocaría un cambio en la estructura de la demanda, aumentaría la inversión a costa del consumo. Las partidas más importantes del presupuesto corresponden al presupuesto por cuenta de renta (operaciones corrientes) y al presupuesto por cuenta de capital (operaciones de inversión). Más importante que el superávit general del presupuesto, es conocer la naturaleza de los gastos entre consumo e inversión. Desde el punto de vista del crecimiento económico también sería posible un presupuesto equilibrado e incluso un déficit siempre que se cambie la estructura de los gastos entre gastos de consumo e inversión a favor de estos últimos, ya que este cambio actúa directamente sobre la relación capital/producto, haciendo aumentar el nivel de RN.

b) La estructura de los gastos

Para conseguir el crecimiento, la política fiscal puede actuar a través de la estructura de los gastos, y la de los ingresos, favoreciendo a aquellas partidas que más afectan a la inversión.

En cuanto a gastos, ¿cuál es el tipo de gasto que debe realizar el Estado si quiere favorecer el crecimiento económico? El Estado ha de realizar cualquier tipo de gasto que suponga una nueva inversión.

A) Dentro de los **gastos corrientes**, destacan:

1. La realización de actividades que conlleven economías externas (educación, sanidad), o que no son proporcionadas por la iniciativa privada (técnicas que eliminen la contaminación) por tener un alto beneficio o coste social.

2. La realización de actividades de infraestructura que tengan el carácter de bienes colectivos no sometidos al principio de exclusión, lo que se denomina capital fijo social.

P. ej.:

- Toda la infraestructura que exige el sistema Transportes y comunicaciones.
- Obras para la organización del sistema de urbanización tales como p. ej. suministro de agua.
- Instalaciones destinadas al suministro de energía eléctrica, así como su producción. En el caso de España estas obras no las produce el Estado, sino las empresas privadas.
- Obras destinadas a transformar la infraestructura agraria en dos sentidos: adecuar el tamaño de explotación de la empresa a las exigencias de rentabilidad y las destinadas a la transformación de secano en regadío.

3. La realización de actividades necesarias para el normal funcionamiento de la economía y que no pueden ser importadas. En definitiva, se trata de actividades de gran importancia estratégica que el sector privado no puede proporcionar debido a los elevados costes; gastos que supongan un incremento en la capacidad productiva.

B) Dentro de los **gastos de transferencia**, se encuentran todos aquellos que suponen un aumento de la capacidad productiva, como p. ej. los gastos de mejora del capital humano (becas).

c) La estructura de los impuestos

Los impuestos se clasifican en dos grupos: los que favorecen el crecimiento acelerándolo, y los que perjudican el crecimiento retardándolo. Aunque desde el objetivo del crecimiento deberíamos fijarnos en los primeros y eliminar los segundos; estos últimos se justifican por ser necesarios para la consecución de otros objetivos económicos como el de la equitativa distribución de la renta. Su mantenimiento estaría justificado en función de un criterio de prioridad de objetivos.

A) Impuestos que perjudican el crecimiento

Entre las figuras impositivas que retrasan el crecimiento se encuentran:

1 Los impuestos progresivos:
   Teniendo en cuenta que el consumo crece menos que proporcionalmente de acuerdo con la renta (la PMaC es decreciente), las personas de renta más alta son las que más ahorran. Si los impuestos son progresivos, estas personas son las que pagan más impuestos por lo que la existencia de esta forma de imposición es un desincentivo al ahorro. Por otro lado, la existencia de estos impuestos motiva a los ciudadanos a obtener utilidad de las formas de renta que no están sujetas a gravamen (p. ej. ocio).

2 Los impuestos directos:
   Teniendo en cuenta que los impuestos directos gravan la renta en el momento de generarse, toda la renta resulta gravada a diferencia de los que ocurre con los impuestos indirectos. Ello supone un desincentivo para el ahorro, ya que éste solo resulta gravado cuando el objeto del gravamen es toda la renta.

3 El que el impuesto sobre la renta grave solo la renta real:
   Cuando se dice que la renta es el mejor índice para medir la capacidad contributiva del sujeto, se entiende que se refiere tanto a la renta real (partidas susceptibles de medida en términos de

utilidad para el sujeto, es decir evaluables), como a todas aquellas partidas de difícil valoración pero que también proporcionan utilidad al sujeto (p. ej. ocio). Pues bien, la política fiscal solo tiene en cuenta la renta real quedando fuera de consideración el gravamen sobre el ocio, lo que supone un incentivo para trabajar menos y dedicar más horas al ocio.

4   La doble imposición del ahorro:
Desde antiguo se viene considerando que el ahorro no debe ser gravado dos veces (cuando se origina la renta y cuando se obtienen los frutos de la misma). La doble imposición del ahorro produce una descapitalización del mismo, lo que incentiva al sujeto a consumir más y ahorrar menos, por lo tanto, es conveniente dejar exenta del pago del impuesto la parte de la renta que se dedica al ahorro.

5   La doble imposición de los dividendos:
Los beneficios empresariales se destinan a pagar el impuesto de sociedades, al reparto de dividendos, y al ahorro empresarial o beneficios no distribuidos que quedan en la empresa. Pues bien, la parte dedicada a los dividendos, pasa a integrar la renta del accionista, por lo que volverá a ser gravada con el IRPF. Esta doble imposición supone un desincentivo para el ahorro. Esta afirmación debería matizarse según sea la política de reparto de dividendos de la empresa, si esta es fija afectaría poco al ahorro empresarial, pero si la existencia de la tributación de los dividendos afecta a la estructura de beneficios de la empresa provocando un cambio favorable al aumento del Ahorro empresarial en detrimento de los dividendos y éste se dedica a la inversión podría resultar un acelerador del crecimiento.

6   El impuesto de sucesiones:
Este impuesto grava las herencias, es decir el capital ahorrado a lo largo de una vida del causante. Se puede decir que se trata de un impuesto sobre el ahorro en diferido, por lo que claramente desincentiva el ahorro. El grado de influencia de este impuesto sobre el crecimiento dependerá de los tipos de gravamen del mismo.

B) Impuestos que favorecen el crecimiento

Se trata de normas establecidas por el legislador para favorecer la inversión a través de incentivos establecidos por el sistema impositivo.

1   Trato de favor establecido para las plusvalías:
La plusvalía es una renta que viene determinada por el aumento de valor de los bienes de capital, que suele proceder de un incremento del ahorro empresarial. Como el gravamen de las plusvalías generalmente está sujeto a un tipo inferior al de otro tipo de rentas, ello supone un incentivo para canalizar el ahorro hacia activos de esta naturaleza. Por otro lado, favorece la autofinanciación de las empresas, y por lo tanto la reinversión de los beneficios a costa de los dividendos.

2   El fondo de previsión para inversiones:
Este fondo está exento del impuesto de sociedades, siempre que la empresa se comprometa a dedicar dicho fondo a actividades de inversión. Por lo tanto, se trata de una medida que claramente incentiva el ahorro. No todas las legislaciones contemplan la existencia de este fondo y su exención en el impuesto de sociedades.

3   La desgravación por inversiones: esta medida, aplicable tanto a particulares como a empresas, permite desgravar en el pago del IRPF o IS aquella parte de la renta destinada a inversiones; esto es a la compra de vivienda o a la suscripción de ciertos activos de carácter financiero (acciones, obligaciones etc...).

4   La amortización acelerada:
No se trata de una figura impositiva, pero su regulación se encuadra dentro del IS. Cualquiera que sea la forma de aceleración (acortamiento de la vida útil de los bienes o establecimiento de mayores coeficientes de amortización en los primeros años de vida), el objetivo de la amortización

acelerada es permitir a las empresas una mejor adaptación a los cambios tecnológicos. Lo que supone un proceso de capitalización mayor para las empresas, permitiéndola una disminución de sus beneficios fiscales al dedicar más fondos a la depreciación y, por lo tanto, un menor pago de impuestos durante esos años.

III. EL PRESUPUESTO Y LA DISTRIBUCIÓN DE LA RENTA

3.1. CONCEPTO DE DISTRIBUCIÓN DE LA RENTA COMO OBJETIVO

La distribución de la renta es otro objetivo económico del Estado, junto con el de la estabilidad y la asignación eficiente de recursos. Este término no es adecuado, ya que el objetivo no es distribuir la renta, sino ver como puede ser redistribuida una vez que ésta ya ha sido distribuida.

Para empezar, debemos plantearnos la siguiente pregunta ¿existe un acuerdo sobre cómo se ha de distribuir la renta? La respuesta no es unánime, pues cada individuo tendrá su propia concepción dependiendo de su ideología, su situación económica, sus creencias..., por lo tanto la cuestión no puede resolverse con argumentos científicos, ya que entraña juicios de valor. Lo que si podemos hacer es determinar cuáles han sido los planteamientos que la teoría política ha esgrimido para su plasmación en términos de conquista económica y social Podemos simplificar estos planteamientos en cuatro.

3.2. PLANTEAMIENTOS ANTE EL FENÓMENO DE LA DISTRIBUCIÓN DE LA RENTA

3.2.1. Sistema de mercado puro

En el sistema de mercado puro se darían las siguientes premisas:

- El Estado se limita a proteger los derechos de propiedad y a exigir el cumplimiento de los contratos.
- La renta de cada individuo depende de la cantidad de factores de producción que posee y del precio, que de acuerdo con su productividad les correspondiera en el mercado a esos factores.
- Los individuos tienen derecho a disponer libremente de sus factores de producción, y a recibir bienes de sus ascendientes; así como el derecho de trasmitir a sus descendientes la acumulación de capital a lo largo de su vida. Esto es, se reconoce el derecho a la sucesión por herencia del patrimonio.
- Existe una clase privilegiada, y una clase que no dispondría de los recursos mínimos para subsistir.

Con este sistema se alcanzarían cotas de desigualdad intolerables. Sin embargo, sus defensores esgrimen los siguientes argumentos:

- La única forma de aumentar la renta es permitir que los factores se remuneren de acuerdo con su productividad.
- Cuanto mayor sea la renta, mayor será la cantidad a repartir.
- Dado que el obtener un mayor nivel de renta es un objetivo deseable, la distribución de la renta se ha de hacer de acuerdo con su productividad.

3.2.2. Planteamiento basado en la igualdad de oportunidades

Dado que no todas las personas nacen con las mismas posibilidades económicas o físicas (inteligencia, capacidades de esfuerzo...),en la medida en que exista un mercado la asignación de recursos y la distribución de rentas han de ser diferentes de unos individuos a otros; ahora bien lo que la sociedad no ve con buenos ojos es que es que esas diferencias procedan de causas ajenas a esas condiciones naturales con que nacen los individuos el criterio de distribución de la renta no tiene que ser igual para todos los individuos. En este sentido, el Estado ha de garantizar que la distribución de la renta respete el principio de igualdad de oportunidades. Este principio es comúnmente aceptado, no así su alcance. Se puede decir que los Gobiernos lo aceptan, pero en la práctica los resultados varían de un Estado a otro; en los casos más extremos los Estados podrían anular el sistema hereditario, lo que quebrantaría los cimientos del derecho a la propiedad privada. Los gobiernos del mundo occidental aceptan este planteamiento como más acorde con el régimen democrático.

3.2.3. Distribución igualitaria de la renta

Este planteamiento, propio de los Estados comunistas, parte de que todos los individuos son iguales por nacimiento y por lo tanto que la renta debe distribuirse de forma igualitaria, independientemente de que las capacidades de las personas sean distintas de unos a otros. El problema de esta fórmula es que desincentiva el esfuerzo laboral, y anula cualquier deseo de promoción.

3.2.4. A cada cual según sus necesidades

Este planteamiento, también propio de los Estados comunistas como el anterior, pero en este caso es más extremo ya que la renta se debe distribuir de acuerdo con las necesidades; de forma que quien más necesita sea quien más reciba. El reparto de la renta se hace por un criterio humanitario. Como criterio igualitario, es el máximo al que se puede aspirar; pero al igual que en el caso anterior desincentiva el esfuerzo laboral, y anula cualquier deseo de promoción.

3.3. FACTORES QUE DETERMINAN LA DISTRIBUCIÓN DE LA RENTA

Teniendo en cuenta que el planteamiento con más aceptación es el de la igualdad de oportunidades y que el mismo acepta como punto de partida la existencia del mercado como sistema de asignación y distribución de rentas. Vamos a estudiar los factores que determinan la distribución de la renta en los sistemas de mercado, donde:
- Se admite la propiedad privada de los medios de producción.
- La propiedad se puede transmitir por herencia.
- Son los mercados los que determinan el precio de los bienes y la remuneración de los factores.

Pues bien, en los sistemas de mercado, la renta personal de un individuo depende de la cantidad de factores (QF) que posee, y del precio que el mercado les asigna a esos factores (PF).
- o **La Cantidad de factores QF**, depende de lo que el individuo pueda adquirir con su esfuerzo laboral a lo largo de su vida, y de lo que haya podido adquirir por herencia.
  - Los factores de producción que el individuo adquiere <u>con su esfuerzo </u>a lo largo de su vida depende de:
    - Su nivel intelectual.
    - Su habilidad para desarrollar actividades.
    - El disponer de medios para ponen en práctica esa inteligencia o esa habilidad. En estos casos lo que se requiere es que se den las oportunidades para poder desarrollar esas dotes naturales.
  - La otra vía para adquirir factores de producción es <u>por herencia</u>.
- o **El Precio de los factores (PF)** depende de la productividad del factor y del tipo de mercado.
  - Por lo que se refiere a la productividad del factor, el empresario pagará más a quien produzca más. Al ser la demanda de factores una demanda derivada, el empresario, guiado por su propio interés, estará dispuesto a pagar en función de lo que se produzca y en mayor medida a los que más produzcan.
  - El precio final no solo depende de la productividad, sino que exige que el mercado sea de competencia perfecta. En los casos de competencia imperfecta, la remuneración del factor depende del grado de poder económico y social de los participantes en ese mercado: dueños de factores y empresarios.

3.4. LA POLÍTICA ECONÓMICA DE REDISTRIBUCIÓN DE LA RENTA

Las medidas que puede adoptar el Estado para redistribuir la renta podemos agruparlas en dos grupos: medidas de redistribución no fiscales y medidas de redistribución fiscales.

3.4.1. Medidas no fiscales

Dado que es el mercado de factores de producción el que determina la remuneración de los factores de producción, si el Estado desea cambiar la distribución de la renta, lo que tiene que hacer es intervenir esos mercados para conseguir una valoración distinta de los factores. El Estado puede intervenir de varias formas:

o Alterar las condiciones de la demanda y oferta de factores: restringiendo las condiciones de entrada en el mercado, esto es: estableciendo mínimos de edad, adelantando la edad de jubilación, o estableciendo cursos de formación del trabajador para que aumente su productividad. Estas medidas están encaminadas a elevar los salarios.

o Pero también puede intervenir desde fuera asignando una remuneración distinta a la que se determina en el mercado, esto es: fijando un salario mínimo. Salario que estaría por encima del de equilibrio.

Ahora bien, hay que tener en cuenta que el establecimiento de un salario mínimo no es una medida del todo positiva. Al aumentar el salario, aumentará el número de obreros dispuestos a trabajar y disminuirá la demanda por parte de los empresarios; lo cual conllevará a un aumento del paro. Teniendo en cuenta que el resultado es incierto pues dependería de las elasticidades de las curvas de demanda y oferta del mercado de trabajo, parece más aconsejable para conseguir mejores salarios que el Estado cambiara las condiciones del mercado tendentes a aumentar la productividad del factor trabajo.

3.4.2. Medidas fiscales

Las medidas fiscales que son adecuadas para conseguir el objetivo de la redistribución, tal y como vimos en el epígrafe anterior, son inadecuadas para conseguir el objetivo del crecimiento económico, ya que incentivan el gasto a costa del ahorro. La mayoría de ellas ya las hemos estudiado desde la perspectiva del crecimiento y el efecto en este caso es el contrario. Las medidas que son aconsejables para el objetivo del crecimiento son perjudiciales para la distribución de la renta y viceversa.

A) Política de gastos

El hecho de que el Estado suministre bienes públicos, ya supone una medida redistributiva, ya que garantiza que todos los individuos pueden consumir dicho bien conjuntamente, y sin que ninguno quede excluido. Por lo que se produce una igualación de base en el consumo de estos bienes para todos los individuos y un proceso de distribución de la renta en la medida en la que dichos servicios se financian mediante impuestos distribuidos de acuerdo con el principio de la capacidad de pago. Debe existir una relación directa entre el grado el grado de igualdad en la distribución de la renta y el volumen de bienes y servicios proporcionados por el sector público.

Dentro de la política de gastos destacan dos tipos de medidas: de igualación, y de promoción.

• Medidas de igualación: su objetivo es igualar las rentas cuando, una vez ganadas, resulta que son muy diferentes. P. ej. la concesión de subvenciones a las familias necesitadas, salarios mínimos, seguros de desempleo...

• Medidas de promoción: su objetivo es poner a las personas en igualdad de condiciones para conseguir renta. Medidas destinadas a fomentar la igualdad de oportunidades P. ej. becas, financiación de la enseñanza, cursos de formación...

B) Política de ingresos

La política de ingresos es el instrumento más importante y eficaz del que dispone el Estado para conseguir el objetivo de la redistribución. Los factores básicos sobre los que el Estado opera desde el punto de vista impositivo son:

1 Impuesto de sucesiones:

   El derecho a transmitir hereditariamente la propiedad privada es uno de los factores de que exista desigualdad. La existencia de un impuesto de sucesiones y donaciones elevado evita que la trasmisión de grandes fortunas introduzca fuertes desigualdades. Por otro lado, desde el punto de vista recaudatorio, la existencia de elevados tipos de gravamen en el impuesto de sucesiones puede conllevar el riesgo de que aumente la evasión fiscal.

2 La Progresividad impositiva:

   Según este principio, los impuestos gravan más que proporcionalmente a las rentas altas que a las rentas bajas. Es importante que la progresividad impositiva se aplique en impuestos generales como el IRPF, pues al gravar a los individuos en atención a su potencial económico global, permiten hacer deducciones por las razones personales que hacen variar su capacidad de pago.

3 Los Impuestos directos:

   Los impuestos directos gravan la renta cuando es generada, por lo que tienen un efecto redistributivo mayor que el de los impuestos indirectos. Al gravar toda la renta pueden establecer signos de proporcionalidad y discriminación por razones personales.

4 Un mayor gravamen sobre las plusvalías:

   El hecho de gravar las plusvalías tiene un efecto redistributivo porque se entiende que las personas de más renta son las que obtienen plusvalías o ganancias de capital por la revaloración de activos reales o financieros: un solar, un cuadro, unas acciones, unos bonos...

5 La no desgravación de las inversiones:

   Esta medida se da cuando no se permite desgravar determinados fondos destinados a la compra de activos que generan inversión, la medida tiene un efecto redistributivo porque se entiende que son las personas de renta más alta las que invierten.

6 El establecimiento de mínimos exentos:

   Se trata de que las personas que no alcancen el mínimo de subsistencia queden liberadas del pago de impuestos, transfiriendo su carga a las personas con mayor renta.

7 Impuesto negativo sobre la renta:

   Se trata de una figura impositiva que no existe en todas las legislaciones, es una subvención estatal, que no solo no grava la renta, sino que además garantiza unos mínimos de su asistencia a quienes no alcancen ese mínimo vital.

IV. EL PRESUPUESTO Y EL EQUILIBRIO EXTERNO

No será objeto de estudio en el presente curso de Hacienda Pública.

V. BIBLIOGRAFÍA

Básica

GARCÍA VILLAREJO, A. y SALINAS SÁNCHEZ, F.J. (1994), Manual de Hacienda Pública. General y de España. Tecnos. Capítulos XIV y XVI.

BUSTOS GISBERT, A.(2017) Curso Básico de Hacienda Pública, Editorial Civitas Thomson Reuters, Madrid. Capítulo 4.

GAMAZO CHILLÓN, J.C. y VEGA MOCOROA, I. (2020), Notas para el Estudio de Hacienda Pública. Universidad de Valladolid. Capítulo 9.

VEGA MOCOROA, I. (2024), Compendio Básico de Hacienda Pública. Ediciones Universidad de Valladolid. Valladolid. Capítulo 9.

Solicitar siempre última actualización.

Complementaria

BUSTOS GISBERT, A. (2010), Lecciones de Hacienda Pública. 5ª ed. Editorial Colex. Capítulo 7.

GUTIÉRREZ JUNQUERA, P. (1998), Curso de Hacienda Pública. Ediciones Universidad de Salamanca. Capítulo 4.

STIGLITZ, J.E. (2009), La Economía del Sector Público. Antoni Bosch Editor. Capítulo 24.

VI. EJERCICIOS

1. Determine la respuesta correcta:

   El abandono, por la Hacienda Keynesiana, del principio clásico de equilibrio presupuestario anual se explica:

   a) Porque el mantenimiento de este principio puede impedir la utilización de la política fiscal para equilibrar la economía.
   b) Porque el mantenimiento de este principio puede dar lugar a una quiebra financiera del Estado.
   c) Porque el mantenimiento de este principio puede favorecer la manipulación política de sus gobernantes.
   d) Todas las anteriores
   e) Ninguna de las anteriores

1. Una economía de mercado puede permitir alcanzar el objetivo de la eficiencia económica, pero nunca el de la distribución. ¿Verdadero o falso?

2. La puesta en marcha de un programa de gasto público que beneficia esencialmente a personas con bajo nivel de ingresos implica necesariamente una mejora de la distribución ¿verdadero o falso?

3. Con el fin de asentar los conceptos y explicaciones del tema en un folio blanco realice un mapa conceptual o esquema del tema y de sus principales capítulos después de la explicación y lectura del tema y sin copiar del manual; posteriormente, contraste con el manual si hay aspectos del esquema que no ha completado satisfactoriamente y reflexione sobre el porqué, si es por falta de estudio o de comprensión.

TEMA 10

EL GASTO PÚBLICO Y LA EFICIENCIA DEL GASTO PÚBLICO

I. INTRODUCCIÓN

En este tema estudiaremos el Gasto público, su crecimiento y su eficiencia. Como cuestión previa tenemos que determinar el sentido del término gasto público al que nos vamos a referir. En un sentido amplio entendemos por gasto público los costes derivados de la regulación de la actividad económica y por lo tanto parte de los costes originados por la intervención pública en la actividad económica, sin embargo, el concepto de gasto público al que nos referimos en este capítulo es más restrictivo y se refiere al coste del suministro de bienes y servicios a través del presupuesto. Todos los gastos públicos tienen que figurar en el presupuesto y haber sido aprobados como LEY.

Los gastos públicos han experimentado un crecimiento no solo en términos absolutos sino también relativos a lo largo del tiempo. Una primera apreciación de este fenómeno nos lleva a concluir que el **enfoque clásico** de la actividad financiera del Estado por el que el sector público óptimo debería reducir al mínimo la participación estatal en la actividad económica ha dejado paso a un nuevo enfoque, de forma que los Estados en la actualidad son agentes económicos de gran importancia en atención a la cantidad de competencias de su responsabilidad.

En esta línea, vamos a estudiar las principales teorías explicativas del crecimiento del gasto público desde sus orígenes hasta la actualidad y sus principales causas.

II. TEORÍAS EXPLICATIVAS DEL CRECIMIENTO DEL GASTO PÚBLICO

La evolución del gasto público en las economías occidentales desde la Segunda Guerra Mundial hasta el siglo XXI ha sido de crecimiento, lo que ha motivado que surgieran numerosas teorías explicativas del crecimiento del gasto público. Entre las teorías más importantes que explican el crecimiento del Gasto público, se encuentran las que lo hacen por el incremento de la demanda del mismo, ya sea por los ciudadanos, votantes o grupos de interés, encontramos tres teorías:

2.1. TEORÍAS BASADAS EN LA DEMANDA DE GASTO PÚBLICO

- A. La hipótesis de Wagner.
- B. La hipótesis Peacock y Wiseman.
- C. Teoría de Musgrave.

2.1.1 La hipótesis de Wagner

La cuestión de cómo se comporta el gasto público fue abordada por primera vez, de una forma sistemática, por el economista alemán Adolph Wagner en la segunda mitad del siglo XIX. Según Wagner el **gasto público de un país aumenta en igual o mayor medida en que lo hace la renta per cápita de ese país.** Esta teoría se conoce como ley de Wagner.

Según Wagner el desarrollo económico de un país impulsa un incremento del gasto público. la existencia de relaciones cada vez más completa entre los miembros de una sociedad más desarrollada exige una mayor intervención del Estado. El Estado debe suministrar un conjunto de bienes y servicios sociales, tales como la educación y la sanidad porque estos gastos tienen importantes economías externas positivas. En las sociedades desarrolladas surgen con más facilidad los conflictos sociales, de ahí la necesidad de realizar mayores gastos por parte del Estado para asegurar el cumplimiento de la ley. Por otra parte, existe otra justificación económica que explica el incremento del gasto en atención a que los bienes públicos tienen una elasticidad renta mayor que 1 (>1), por lo que siendo bienes superiores el incremento de su demanda se produce ante incrementos de la renta.

La hipótesis de Wagner no ha estado exenta de críticas se ha llegado a identificar a Wagner más como un abogado defensor de una mayor participación estatal en la actividad económica que cómo un analista riguroso e imparcial de la realidad, ya que en la evidencia empírica se detectaron deficiencias. Wagner se centraba en los factores económicos como causantes del crecimiento del gasto público, sin tener en cuenta otros factores explicativos del aumento del gasto público como los conflictos bélicos, los cambios gubernamentales, las crisis políticas o las reformas políticas. A pesar de estas críticas hay que reconocer que la Ley de Wagner supuso el punto de partida de distintas teorías sobre el comportamiento y evolución del gasto público.

2.1.2 Hipótesis de Peacock y Wiseman

PeacocK y Wiseman toman como punto de partida la hipótesis de Wagner pero descartan que existen factores que influyan con carácter permanente sobre el gasto público y que, por lo tanto, puedan sustentar la ley de Wagner; sin embargo, valoran positivamente las referencias que Wagner hacía a la evidencia empírica de una serie de países europeos, entre los que destaca el Reino Unido. Se trata de otra teoría del crecimiento del gasto basada en variables que afectan a la demanda de Gasto público al igual que ocurría con la Teoría de Wagner.

Estos dos autores elaboran una hipótesis sobre el crecimiento del gasto, basada por un lado en una teoría del comportamiento político y, por otro, en una teoría de la perturbación social.

Según estos autores en épocas normales las sociedades experimentan una brecha o gap entre el nivel deseado de gasto público y el nivel tolerable de carga fiscal; los impuestos permiten financiar el gasto público por lo que la carga fiscal tolerada determina el nivel de gasto, normalmente inferior al nivel de gasto deseado por los ciudadanos. (Teoría del comportamiento político). Según esta teoría, existe una diferencia entre la carga fiscal tolerada (los impuestos que se está dispuesto a pagar) y el nivel de gasto deseado (lo que se desea obtener). Los ciudadanos desean un nivel de gasto público muy superior a la carga fiscal tolerada y, por tanto, al gasto público real.

Esta diferencia disminuye cuando las sociedades sufren conmociones sociales como conflictos bélicos, revoluciones etc. (Teoría de la perturbación social,). Estas conmociones originan un **efecto desplazamiento** en el gasto público, que conlleva un aumento de la carga fiscal soportada por los ciudadanos. Éstos aceptan ese incremento de la carga fiscal, algo que no hubieran admitido en situaciones normales.

Una vez que la sociedad supera el momento de crisis, el nivel de .gasto público alcanzado se mantiene, lo que implica que las resistencias iniciales al incremento de la carga fiscal han sido desplazadas (Efecto desplazamiento). Se produce un cambio en la conciencia social de los ciudadanos que solicitan del Estado la satisfacción de unas necesidades que antes pasaban desapercibidas, es lo que se conoce como **efecto inspección,** ya que los mismos ciudadanos considera que ese incremento de la recaudación puede servir para mejorar la calidad de los bienes y servicios públicos.

Junto a este hecho, Peacock y Wiseman observan que se produce también una concentración de funciones en manos de los Gobiernos centrales (en perjuicio de los Gobiernos locales), principalmente por razones de eficacia en el gasto, factor que viene a sumarse a los anteriores en el incremento del gasto y que se conoce como efecto **concentración.**

2.1.3 Teoría del desarrollo del gasto público de Musgrave

La teoría del desarrollo del gasto público de Richard Musgrave plantea qué ocurre con esta variable cuando se produce un desarrollo económico del país, medido en términos de PIB o renta nacional. A Musgrave le interesa el gasto en términos relativos (G/PIB o G/RN). Musgrave considera que el papel del gasto público cambiará en el curso del desarrollo económico a medida que el presupuesto se adapte a las necesidades cambiantes de la Economía, considera que cuando sube la Renta Nacional aumenta el gasto. Sin embargo, el papel que desempeñan los gastos públicos en la actividad económica difiere en las distintas etapas de desarrollo económico por las que atraviesan las sociedades modernas.

Esta teoría es más ambiciosa que las anteriores hipótesis, pues reconoce que los factores determinantes de la evolución del gasto público no son solo factores económicos, junto a ellos hay factores condicionantes, y factores socioculturales y políticos.

A modo de esquema podemos agrupar los factores determinantes de la evolución del Gasto Público en una triple tipología:

1) Factores económicos:
   a) Función asignativa: Producción de bienes y servicios por parte del Estado.
   b) Función redistributiva: Papel del Estado en la distribución de la Renta.
   c) Función estabilizadora: Papel del Estado en la estabilización económica.
2) Factores condicionantes:
   a) Cambios tecnológicos.
   b) Cambios de la población.
3) Cambios sociopolíticos y culturales:
   a) Generalización del sufragio universal y de los regímenes democráticos.
   b) Generalización del estado de bienestar.
   c) Guerras y otros conflictos sociales.

1. Factores económicos

Los factores económicos están en relación con las funciones que desempeña la actividad financiera, esto es: función asignativa, redistributiva y estabilizador; sin embargo, Musgrave solo analiza las dos primeras como causas del crecimiento del Gasto público.

a. Función asignativa

Se plantea qué va a ocurrir con los bienes y servicios suministrados por el sector público cuando aumenta la renta del país (desarrollo económico). El crecimiento del Gasto público no es una variable dependiente del desarrollo económico. El análisis, sin embargo, debe de hacerse en base a la relación entre el desarrollo económico y los dos componentes del gasto: la formación de capital y el consumo público.

Vamos a analizar la relación entre los dos tipos de bienes que puede producir el sector público y el desarrollo económico.

i. La contribución pública a la formación **de bienes de capital** varia en atención a las distintas etapas por las que atraviesa el desarrollo económico:

- En las primeras fases de desarrollo económico hay que acometer toda la red básica de infraestructuras de un país. Por lo tanto, la inversión del Estado es muy elevada, y se produce un gran crecimiento del gasto en términos relativos.
- En una segunda fase de desarrollo, una vez conseguido el despegue económico, el gasto no tiene por qué crecer en términos relativos. La economía se desarrolla y se disponen de mayores niveles de ahorro que permitirá la acumulación de capital privado en detrimento del capital público.

- En una tercera fase, con el crecimiento de la renta *per cápita*, superadas las primeras etapas, hay un nuevo cambio de tendencia favorable hacia una mayor participación de la inversión pública. Parte de estas infraestructuras están obsoletas o son insuficientes, por lo que puede crecer también el gasto. Al ampliarse el mercado con nuevos bienes privados Vgr el automóvil se requieren fuertes inversiones públicas complementarias, p. ej. carreteras.

  La evolución del gasto público en **bienes de capital** dependerá, por tanto, de la fase de desarrollo económico.

ii. Gasto Público que se materializa en **Bienes de consumo.**

La relación entre este tipo de bienes y la renta dependerá de la elasticidad-renta, que mide cuánto varía el consumo de un determinado bien a medida que aumenta la renta. Esto es [V%GP/V%Rpc]>1. A medida que crece la renta de un país, los bienes suministrados por el sector público tienen una elasticidad-renta alta (>1). Ejemplos: sanidad, educación, justicia, etc. Por lo tanto, en las primeras fases del desarrollo crece mucho el gasto público por la demanda de este tipo de bienes de consumo. En fases posteriores también suele aumentar mucho, porque se exige del sector público también ciertos bienes y servicios relativos al ocio y la cultura; esto es, al Sector Público se le requieren cada vez más servicios complementarios. Por tanto, el gasto público de consumo tiende a crecer a medida que crece la Renta Nacional.

b. **Función de redistribución**

Si entendemos que la redistribución de la renta persigue el objetivo de garantizar un nivel mínimo *de renta per cápita* para todos los ciudadanos, los gastos públicos de transferencias, destinados a garantizar esos mínimos niveles de subsistencia, serán menores a medida que avanza el desarrollo económico de un país (con el consiguiente incremento de la renta per cápita), ya que más personas alcanzarán ese mínimo y, consecuentemente, menos habrá que gastar en transferencias. por lo tanto la tendencia de los gastos de transferencia será a la baja a medida que el desarrollo económico causa incrementos de renta.

En resumen:

1. Los gastos públicos en bienes de inversión serán elevados en las primeras etapas de desarrollo económico, y en etapas posteriores tienen fluctuaciones menos previsibles; es más difícil determinar el sentido de la variación de este tipo de gasto ante aumentos en la renta per cápita.
2. La cuantía de los gastos públicos en bienes de consumo aumenta a medida que lo hace la renta per cápita.
3. Los gastos públicos de transferencias disminuyen cuando aumenta la renta per cápita.

2. Factores condicionantes

Dentro de los factores condicionantes que actúan sobre el numerador y denominador de la ratio GP/RN, Musgrave estudia los cambios demográficos y los tecnológicos .

a) **Cambios demográficos**

La incidencia de los factores demográficos en los GP viene dada por una doble vía:

i. El número de habitantes (tamaño y densidad de la población).
ii. La estructura de la población (porcentaje de adultos, ancianos, jóvenes y niños).

Musgrave entiende que con el desarrollo económico de una sociedad se produce una reasignación geográfica del factor humano que conlleva su concentración en determinados territorios (aumento de la población), lo cual presiona inicialmente a un incremento del GP en esas zonas. Pero superada esa fase de despegue, los incrementos de la población en dichos territorios pueden originar aumentos o disminuciones del GP. Hay factores que pueden generar economías y deseconomías de escala en los servicios públicos y la participación del GP en el producto Nacional puede ser incierta.

En relación con la estructura poblacional, hay que señalar que el desarrollo económico afecta a la configuración de la pirámide poblacional, ya que en las sociedades más avanzadas se reducen la natalidad y mortalidad, y aumenta la esperanza de vida. Por todo lo anterior, el efecto final sobre el GP será incierto.

Si aumenta el tamaño de algún segmento de la pirámide (porcentaje de ancianos, p. ej.) aumentaría el gasto total relacionado con dicho segmento poblacional, (pensiones p. ej.) y si aumenta el de niños, ocurriría algo similar con los gastos de educación. Sin embargo, el resultado neto resulta incierto por las múltiples combinaciones que pueden ocurrir p. ej. que suban los ancianos y disminuyan los niños, lo que implicaría que junto al incremento del gasto público relacionado con un tramo de edad, disminuya el gasto público relacionado con otros tramos de edad.

b) **Cambios tecnológicos**

Este tipo de cambio conlleva la introducción en el mercado de nuevos bienes que van a ocasionar cambios en la composición de los bienes deseados por las preferencias de los individuos. Un cambio tecnológico puede hacer que aumente o disminuya el gasto público, al hacer necesaria o innecesaria una prestación del servicio público.

3. <u>**Factores sociopolíticos y culturales**</u>

Los factores sociopolíticos y culturales también afectan al desarrollo del gasto público, Musgrave destaca los siguientes:

a) **Responsabilidad Social por el estado del bienestar.**

A partir de la segunda guerra mundial cambió la mentalidad de los ciudadanos y empezaron a asumir que tenía que ser el Estado quien garantizase el bienestar de la población, es decir, debía asumir competencias como la educación, la sanidad, etc.. Este hecho provocó un incremento sustancial del gasto público. En la actualidad la tendencia va en la dirección contraria: reformar el Estado del Bienestar (reforma de las pensiones, modificaciones en las prestaciones sanitarias, etc.) para que sea posible mantenerlo en el futuro.

b) **Cambios en la estructura política: regímenes democráticos.**

La transición hacia los regímenes democráticos ha influido en facilitar una política presupuestaria distributiva vía gasto y por lo tanto contribuyendo al crecimiento del mismo. En el pasado, existían grandes capas de población con un bajo nivel de renta, reducido volumen de gasto público y de impuestos, y apenas había déficit público. En estas circunstancias era fácil que surgiese una mayoría que exigiese un mayor gasto público. Esta idea, que ha servido para justificar el crecimiento del gasto público, no sirve para el futuro, porque hoy la presión fiscal es muy elevada y es difícil exigir un aumento del gasto, si ha de asumirse el coste impositivo.

c) **Guerras y grandes conflictos sociales.**

La práctica totalidad de los autores sostienen que las guerras, y otros grandes conflictos sociales, han provocado un importante efecto desplazamiento del gasto público; Sin embargo, en lo que ya no se ponen de acuerdo es en lo que sucede con el GP una vez que el conflicto bélico finaliza.

- Antes de la guerra: el gasto público crece hasta el límite máximo posible; es decir, hasta la máxima presión fiscal tolerable por los ciudadanos.
- Durante la guerra: El límite de la presión fiscal se rompe. Los ciudadanos están dispuestos a pagar más impuestos para solucionar el conflicto, con lo cual se produce un desplazamiento del gasto público total.
- Posguerra. Diferentes opiniones:
  a. Para unos autores, al finalizar la guerra, el gasto público automáticamente vuelve a la tendencia evolutiva anterior.

b. Otros autores sostienen que se vuelve a la tendencia existente antes del conflicto bélico, pero no automáticamente sino progresivamente.

c. Y, por último, un tercer grupo de autores (Musgrave entre ellos) piensan que no se vuelve a la tendencia evolutiva del gasto público anterior a la guerra, sino que se mantiene la tendencia creciente alcanzada por el gasto público durante el conflicto bélico, ya que cambia la mentalidad de los ciudadanos, se acepta una mayor presión fiscal, y no se exige que el nivel de impuestos retorne a la situación anterior a la guerra.

2.2. TEORÍAS BASADAS EN LA OFERTA DE GASTO PÚBLICO:

Hay autores que consideran que el crecimiento del gasto público en las economías occidentales se debe al comportamiento de quienes ofrecen los distintos programas de gasto y no entre los demandantes (votantes, ciudadanos, grupos de interés...). Desde este enfoque también podemos distinguir distintas hipótesis:

a) La teoría del ciclo electoral.

En los momentos previos a las consultas electorales los poderes públicos inician o aceleran los programas de gasto para aparecer ante los votantes como buenos gestores y normalmente esas gestiones de última hora aumentan los costes por encima de lo presupuestado. Igualmente, en los años de ciclo electoral aumentan los gastos presupuestarios con el fin de ganar votos tal y como ya mencionamos en el tema 3.

b) El comportamiento de los funcionarios.

El comportamiento de los funcionarios es otra de las causas del crecimiento del gasto público por encima de lo que socialmente sería óptimo. Intentan agotar presupuestos y demandar más para justificar su gestión, aunque no sea la más eficaz. Téngase en cuenta que la seguridad del funcionario en su trabajo, la falta de precios que permitan medir la productividad, la ausencia de sanciones por mala gestión son algunas de las causas por las que la provisión de bienes públicos requiere recursos crecientes.

c) La ideología de los partidos políticos y su alternancia.

Los partidos conservadores son proclives a la redistribución de rentas, lo que implica un incremento de gasto y los partidos socialdemócratas han sido los grandes impulsores de las políticas de gastos sociales.

d) La estructura del Estado descentralizada.

Una estructura descentralizada del Estado puede contribuir al incremento del gasto, ya que suele existir una duplicidad de funciones realizadas por el sector público a distintos niveles administrativos lo que conlleva también un incremento en los fondos públicos entregados por el poder central a los poderes descentralizados y a un incremento del déficit en la mayoría de los casos.

Finalmente, podemos encontrar también casos de incremento del gasto público en los que confluyen el enfoque de demanda y el enfoque de oferta. Baumol ha intentado explicar estos casos como situaciones en las que confluye una demanda rígida de gasto público en atención a la naturaleza de los bienes suministrados por el sector público junto con una oferta que se desplaza a la izquierda para reflejar los costes crecientes del sector público (costes salariales = aumento de sueldo de funcionarios y personal de la Administración.

III. EL GASTO PÚBLICO EN ESPAÑA

Con carácter previo al análisis de la evolución del gasto en España procede realizar unas precisiones de carácter conceptual sobre el gasto público y sus clasificaciones presupuestarias, ya que según el concepto restrictivo del mismo no hay gasto público al margen del presupuesto.

3.1. CLASIFICACIONES PRESUPUESTARIAS DEL GASTO PÚBLICO

El derecho presupuestario español establece los siguientes tipos de clasificación del gasto: orgánica, económica, funcional y por programas, aunque a efectos de la elaboración del presupuesto, se reconduce la clasificación funcional y por programas en un cuerpo estructural único denominado clasificación por programas.

3.1.1. Clasificación orgánica

La clasificación orgánica es la forma tradicional de elaboración y presentación de los créditos presupuestarios que permite conocer quién gasta. En la misma los créditos aparecen enumerados dentro del ministerio u órgano responsable de la administración y gestión del mismo.

En los presupuestos generales del Estado Español a efectos de la clasificación orgánica del gasto, se pueden distinguir los siguientes subsectores:

1. El Estado, que se divide en secciones y éstas, a su vez, en servicios. Con carácter general, las secciones se corresponden a los departamentos ministeriales, y los servicios a unidades con rango igual o superior a Dirección General.

2. Los organismos autónomos del Estado, que se agrupan en función del ministerio al que estén adscritos.

3. La Seguridad Social.

4. Las demás entidades que integran el sector público administrativo estatal con presupuesto limitativo.

3.1.2. Clasificación económica

La clasificación económica tiene por objeto clasificar con un criterio económico todas las operaciones presupuestarias. La clasificación económica facilita una información que permite analizar los efectos económicos derivados de la producción, consumo y distribución pública de bienes y servicios, la formación pública de capital y las actividades financieras que realizan los poderes públicos. En la clasificación económica, los créditos incluidos en los estados de gasto del Presupuesto se ordenan según su naturaleza económica, indicando cómo se gasta. Los créditos se agrupan por capítulos, separando las operaciones corrientes, las de capital, las financieras y el Fondo de Contingencia de ejecución presupuestaria.

Cuadro 10.1. Clasificación económica del gasto en España

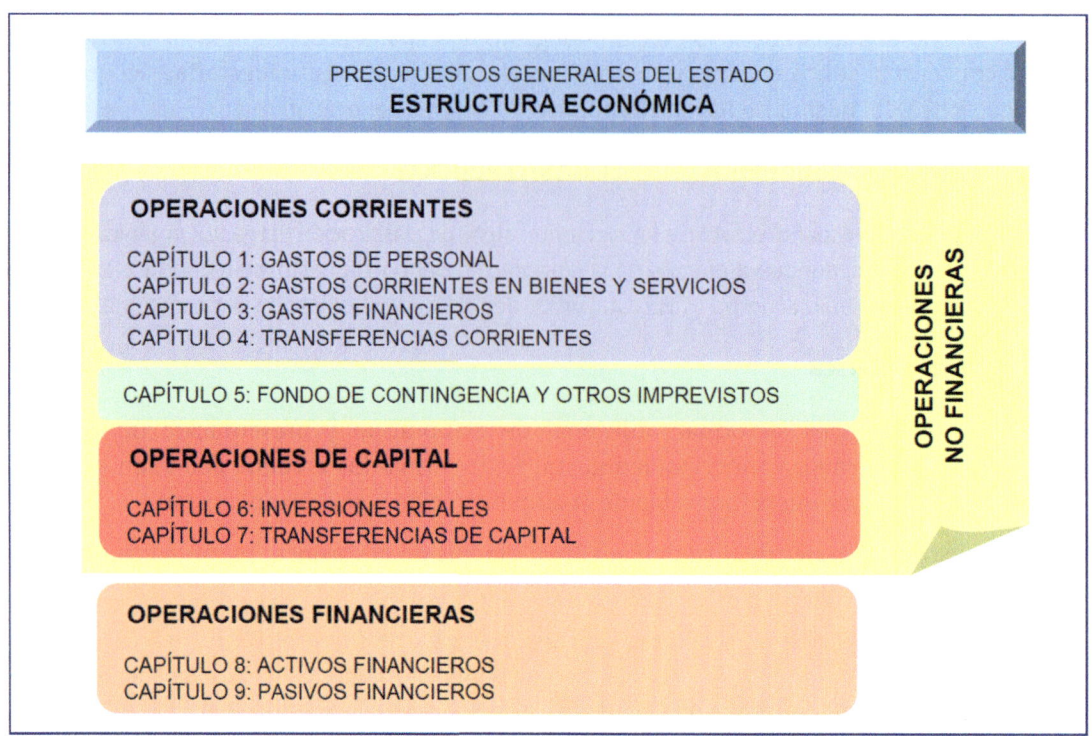

Los capítulos se dividen en artículos, y éstos, a su vez, en conceptos que pueden dividirse en subconceptos.

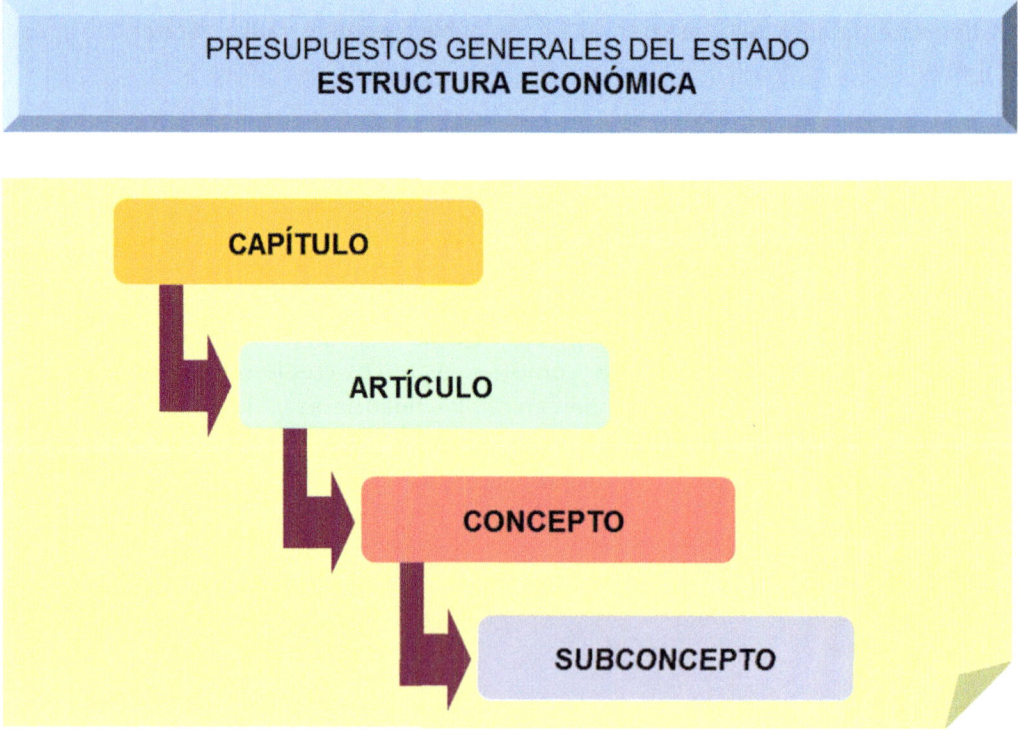

3.1.3. Clasificación funcional

La clasificación funcional trata de informar sobre las funciones o actividades que se proyectan realizar. La clasificación funcional se introdujo en España tomando como base el esquema internacional propuesto por las Naciones Unidas para la clasificación de las transacciones del Gobierno según su carácter económico y su función. Esta clasificación distingue 4 tipos de gastos:

1) Actividades de carácter general. En esta categoría se recogen los gastos públicos cuyo objetivo es servir a la comunidad en su conjunto y que necesitan de poder coactivo para su suministro.
2) Actividades sociales. En esta se engloban las actividades presupuestarias relacionadas con el bienestar social y con los servicios de la vida en comunidad.
3) Actividades económicas. Son aquellas actividades que engloban gastos que tienden a fomentar la actividad económica y a prestar asistencia a las unidades de producción e infraestructura del país.
4) Actividades no clasificadas Esta categoría engloba a los gastos no incluidos en alguna de las categorías anteriormente citadas.

3.1.4. Clasificación por programas

La Clasificación por programas tiene por objeto indicar qué es lo que se hace por via presupuestaria. La estructura presupuestaria por programas se basa en las actividades del estado para alcanzar las metas y objetivos señalados. En el presupuesto español hay una carencia de una estructura integrados a nivel funcional y por programas hacia un cuerpo estructural único e integrado del total de actuaciones de los agentes públicos implicados.

Es la principal clasificación de los créditos presupuestarios ya que permite identificar la finalidad a la que se destinan los recursos públicos. Un programa de gasto es el conjunto de créditos que se pone a disposición de los centros directivos para el logro de los objetivos establecidos. En definitiva, el programa presupuestario determina el gasto que se considera necesario realizar para el desarrollo de cada actividad pública.

Los programas de gasto pueden ser de dos tipos: programas finalistas y programas instrumentales y de gestión.

- **Programas finalistas**: son aquellos a los que se pueden asignar objetivos cuantificables e indicadores de ejecución mensurables como, por ejemplo, el programa de *Creación de infraestructuras de carreteras*.
- **Programas instrumentales y de gestión:** tienen como finalidad la administración de recursos para la ejecución de actividades generales de ordenación, regulación y planificación; la realización de una actividad para la que no se pueden establecer objetivos cuantificables o bien el apoyo a un programa finalista. Como ejemplo se puede citar el programa de *Dirección y servicios generales de Asuntos Exteriores.* Los programas de gasto se estructuran siguiendo un esquema de árbol. Así, los programas de gasto se agrupan formando grupos de programa y éstos a su vez se estructuran en políticas de gasto. Las políticas de gasto se integran en cinco áreas de gasto:

   - Área de gasto 1. "Servicios públicos básicos".
   - Área de gasto 2: "Actuaciones de protección y promoción social".
   - Área de gasto 3: "Producción de bienes públicos de carácter preferente".
   - Área de gasto 4: "Actuaciones de carácter económico".
   - Área de gasto 9. "Actuaciones de carácter general".

Cuadro 10.2. Clasificación por programas del gasto en España Ministerio de Hacienda –MH–

PRESUPUESTOS GENERALES DEL ESTADO
POLÍTICAS DE GASTO

SERVICIOS PÚBLICOS BÁSICOS

Justicia
Defensa
Seguridad ciudadana e instituciones penitenciarias
Política Exterior y de Cooperación para el Desarrollo

ACTUACIONES DE PROTECCIÓN Y PROMOCIÓN SOCIAL

Pensiones
Otras prestaciones económicas
Servicios sociales y Promoción Social
Fomento del empleo
Desempleo
Acceso a la vivienda y fomento de la edificación
Gestión y administración de Trabajo y Economía Social
Gestión y adm. de la Inclusión, de la Seg. Soc. y de la Migración

PRODUCCIÓN DE BIENES PÚBLICOS DE CARÁCTER PREFERENTE

Sanidad
Educación
Cultura

ACTUACIONES DE CARÁCTER ECONÓMICO

Agricultura, Pesca y Alimentación
Industria y Energía
Comercio, Turismo y PYMES
Subvenciones al transporte
Infraestructuras y ecosistemas resilentes
Investigación, desarrollo, innovación y digitalización
Otras actuaciones de carácter económico

ACTUACIONES DE CARÁCTER GENERAL

Órganos constitucionales, Gobierno y otros
Servicios de carácter general
Administración financiera y tributaria
Transferencias a otras administraciones públicas
Deuda pública

En cuanto a su estructura en Los presupuestos generales del estado 2022 estaba dividido en 409 programas, 166 grupos de programas, 27 políticas de gasto y 5 áreas de gasto.

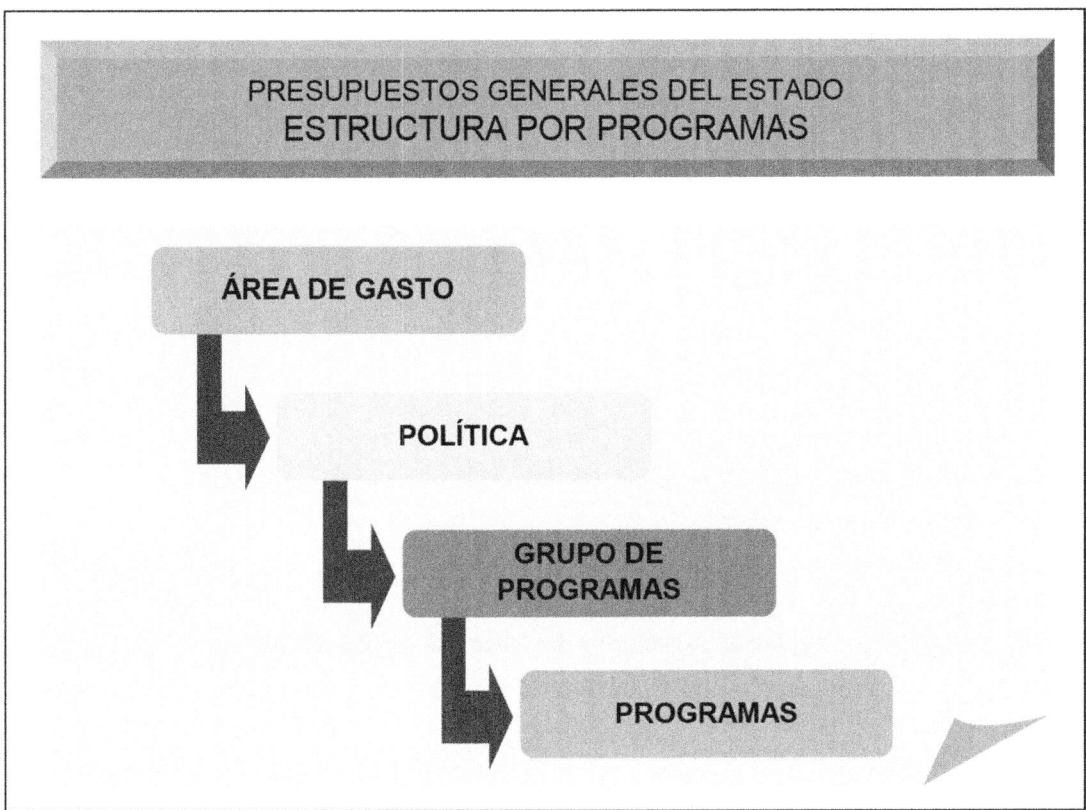

3.2. EVOLUCIÓN DEL GASTO PÚBLICO EN ESPAÑA

Para conocer la evolución del gasto en España la mejor fuente de análisis son los presupuestos (Leyes de presupuestos), a pesar de las limitaciones que conlleva por las modificaciones que sufren durante la ejecución y la descentralización administrativa fruto de nuestro régimen autonómico.

Una lectura de los datos empíricos nos lleva a unas conclusiones generales sobre el crecimiento generalizado del gasto a lo largo del siglo XX y XXI. Un análisis más detallado nos permite ver la aparición de picos de crecimiento puntual en atención a algunos acontecimientos, y por lo tanto, entrar en el análisis de las causas de los cambios de tendencia y magnitud del gasto público. En esta línea y sin ánimo de ser exhaustivos vamos a indicar algunos de estos acontecimientos y su ubicación temporal.

En la primera mitad del siglo XX la existencia de conflictos bélicos. En el caso Español la guerra civil (1936-39) encajaría con el efecto desplazamiento del que ya hemos dado cuenta en las teorías de la demanda. El proceso de transición política iniciado en 1975 generó un incremento del gasto público motivado por las demandas de los distintos grupos sociales y por el crecimiento de los gastos de la puesta en funcionamiento de las Instituciones democráticas, parlamentos etc. Un segundo factor que explica el crecimiento del gasto en nuestro país es la crisis económica de los años setenta derivadas del alza de los precios del petróleo, que provoca un alza del desempleo y los gastos destinados al mismo y de las ayudas a las empresas pública en crisis. En este mismo periodo también asistimos a un incremento de gastos derivados del Estado de bienestar y de aquellos relacionados con el proceso de descentralización política 1975. La tendencia ha sido creciente pasando de un 29.3% del PIB hasta un 43% en 1990.

A finales del s. XX asistimos a un decrecimiento del gasto para cumplir con los criterios de convergencia hasta bajar al 39'2%, en concreto con los criterios relativos a las finanzas públicas saneadas. En lo que va de siglo XXI, podemos ver que la tendencia general es al crecimiento estabilizándose en torno a un

42% del PIB durante la segunda década de este siglo; sin embargo, desde 2019 con la pandemia –COVID – se ha producido de nuevo un incremento tal y como se puede ver en el gráfico 10.2 llegando el Gpu/PIB hasta el 51% en el año 2020, debido a los gastos de transferencia a través de los fondos europeos NEXT Generation.

Gráfico 10.1. Gasto/PIB (2021) UE

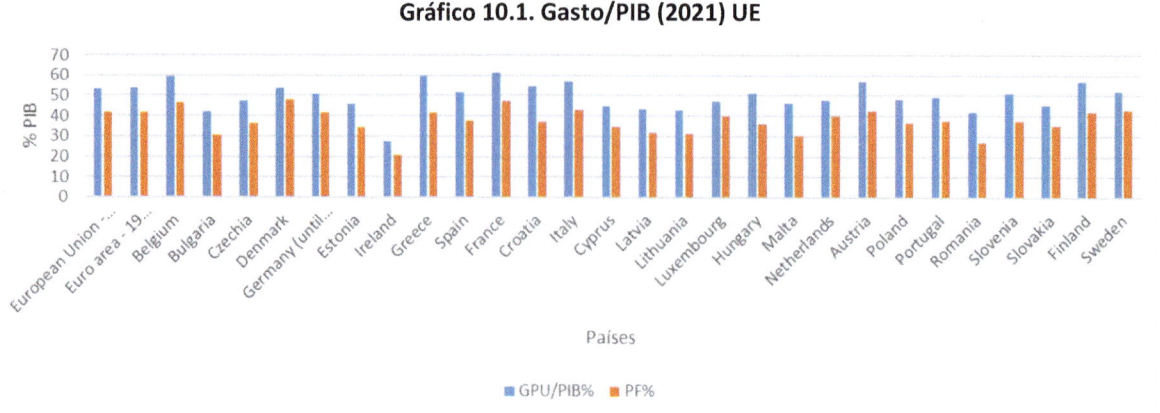

Fuente: Elaboración propia con datos de Eurostat.

Gráfico 10.2. Evolución del Gasto Público/PIB- ESPAÑA

Gasto público

- 2016: 42,5
- 2017: 41,3
- 2018: 41,8
- 2019: 42,3
- 2020: 51,8
- 2021: 50,6

Fuente: Elaboración propia con datos de Eurostat.

La evolución del gasto se ha de estudiar en relación con la evolución del déficit y de la deuda pública. Propuesta de trabajo que se planteara a los alumnos.

Gráfico 10.3. Evolución del déficit y deuda pública España 2016-21

Deuda Pública y Déficit Publico -España

Fuente: Elaboración propia con datos de Eurostat.

Pero el análisis de la evolución del Gasto tiene que ser completado con un análisis sobre la estructura del mismo y de las principales categorías de gasto, a tal fin, se utiliza la clasificación económica del Gasto. La evolución de las distintas categorías de gasto no ha sido homogénea y la tendencia expansiva se ha centrado en los gastos de transferencia y en los gastos financieros tal y como se puede ver en la tabla 10.4 de la evolución del gasto en España: clasificación económica. Para completar los datos sobre la estructura del gasto público por categorías, revise el cap. 5 del tema 7.

Tabla 10.4. Evolución del gasto en España: clasificación económica.

A. PRESUPUESTOS
2. PRESUPUESTO DEL ESTADO

2.1. Gastos. Clasificación económica (*)
Millones de euros

Capítulos	2013 (**)	2014 (***)	2015	2016	2017	2018	2018-P	2019-P	2021	2022
Gastos de personal	27.672	15.796	16.047	16.808	16.371	16.672	16.550	16.550	18.597	19.229
Gastos corrientes en bienes y servicios	2.857	2.968	3.122	3.082	3.031	3.206	3.185	3.185	4.685	5.462
Gastos financieros	38.615	36.616	35.519	33.514	32.229	31.572	31.572	31.572	31.713	30.223
Transferencias corrientes	81.751	94.614	91.784	88.812	85.891	89.472	89.483	89.483	140.745	142.707
Operaciones corrientes	150.895	149.994	146.471	142.216	137.522	140.920	140.790	140.790	195.740	197.621
Fondo de Contingencia	2.595	2.666	2.595	2.468	2.368	2.277	2.277	2.277	3.889	3.923
Inversiones reales	3.903	3.254	3.421	3.632	5.321	6.056	6.052	6.052	8.223	8.919
Transferencias de capital	7.695	8.935	9.506	8.873	8.641	8.681	8.683	8.683	28.478	31.254
Operaciones de capital	11.597	12.189	12.927	12.505	13.962	14.737	14.735	14.735	36.702	40.172
OPERACIONES NO FINANCIERAS	**165.087**	**164.849**	**161.992**	**157.189**	**153.852**	**157.935**	**157.802**	**157.802**	**236.331**	**241.717**
Activos financieros	34.478	38.136	28.927	33.240	34.396	38.820	38.820	38.820	52.831	37.680
Pasivos financieros	62.320	68.334	91.998	84.303	87.904	81.311	81.311	81.311	94.381	68.089
Operaciones financieras	96.798	106.469	120.925	117.543	122.300	120.131	120.131	120.131	147.212	105.770
TOTAL PRESUPUESTO	**261.886**	**271.318**	**282.918**	**274.732**	**276.152**	**278.065**	**277.933**	**277.933**	**383.543**	**347.486**

(*) Las transferencias de capital para financiar costes del sistema eléctrico se incluyen en el art. 74 en 2013, en el art. 77 en 2014 y, a partir de 2015, en el art. 73 (a la CNMC).

(**) Dentro de las transferencias de capital del Estado se recogen 705 millones para mantenimiento de la red ferroviaria, que hasta 2012 se computaban en el capítulo de inversiones reales.

(***) Dentro de las transferencias corrientes del Estado se recogen los créditos para pensiones de clases pasivas que hasta 2013 se computaban en el capítulo de gastos de personal.

Fuente:
Presupuestos Generales del Estado

IV. LOS GASTOS FISCALES

El gasto público es de gran utilidad para el gobierno ya que le sirve como herramienta en la aplicación de la política pública para la adquisición de bienes y servicios.

Los gastos fiscales son aquellas cantidades que deja de percibir la Administración por la cesión de ventajas fiscales a contribuyentes o sectores económicos, para los cuales supondrá un beneficio. Podríamos decir que son ingresos que se dejan de percibir, pero deben de aparecer computados en el presupuesto como gastos, ya que el principio de presupuesto bruto no permite la detracción de gastos de los ingresos, si no que éstos deben de aparecer como categoría propia.

Desde un punto de vista conceptual, nos referimos a las reducciones, deducciones, exenciones, tipos impositivos reducidos y el aplazamiento en el pago de impuestos. A nivel internacional los países que forman parte de la Organización para la Cooperación y el Desarrollo Económico –OCDE–, anualmente están obligados a elaborar un informe acerca de los gastos fiscales. En el caso de España, esa partida está contemplada en sus Presupuestos Generales.

En las deducciones, a diferencia de las reducciones, restamos la cuantía a la cuota íntegra. Se trata de aminorar la cuota íntegra. Se paga menos por la realización de una actividad. Podrá haber deducciones fiscales en el impuesto sobre la renta de las personas física y en el impuesto sobre sociedades.No debemos confundirlas con las exenciones, que directamente no se pagan, se exime de ello. Se emplea por razones de equidad, conveniencia y política económica.

Debemos considerar también los tipos impositivos reducidos y el aplazamiento del pago como supuestos de gastos fiscales pues reducen las cantidades que percibiría la administración y suponen beneficios para los contribuyentes.

"El tipo impositivo es un beneficio fiscal" o gasto fiscal que se produce al aplicar el tipo de gravamen con valores inferiores al tipo normal sobre la base liquidable para obtener la cuota íntegra. Entre los tipos impositivos reducidos del IVA podemos encontrar el 10% (importaciones de objetos de colección y antigüedades) el 4% (adquisición intracomunitaria de alimentos básicos como huevos pan o leche) y el tipo impositivo del 0% (en las adquisiciones intracomunitarias de material sanitario para frenar el coronavirus).

La cuantificación de los ingresos fiscales puede realizarse a través de distintos procedimientos:

- Pérdida de ingresos: se centra en la reducción que sufren los ingresos fiscales a raíz de una disposición determinada.
- Suplemento de ingresos: consiste en estimular las entradas adicionales de ingresos que resultarían de la derogación de las disposiciones en cuestión.
- Gasto equivalente: se basa en la medición del coste, bruto de impuestos de los gastos que haría falta efectuar para conseguir la ventaja monetaria, neta de impuestos, que confiere la disposición considerada.

V. LA EFICIENCIA DEL GASTO PÚBLICO: EL ANÁLISIS COSTE-BENEFICIO, PROBLEMAS INHERENTES AL ANÁLISIS COSTE-BENEFICIO

El análisis coste-beneficio se lleva a cabo calculando la diferencia entre los beneficios y costes derivados de los gastos públicos, con la finalidad de conseguir que esa diferencia sea máxima; consiste, por tanto, en calcular el beneficio social neto que conlleva dicho gasto público.

Con ello se pretende añadir criterios de racionalidad económica en las políticas de gasto público, para alcanzar de esta manera una asignación más eficiente de los recursos disponibles por parte del sector público.

Esta técnica puede facilitar una mejora en la eficiencia de la asignación de recursos, pues los Estados se ven obligados a tomar decisiones valorando previamente los beneficios y costes que implican las alternativas de gasto que se consideran para conseguir el objetivo deseado.

Para maximizar el bienestar social de los ciudadanos, el Estado tendrá que llevar a cabo la opción de gasto en la que la diferencia entre beneficios y costes sea máxima. El criterio de asignación eficiente de recursos que se aplica en los mercados privados, se aplica también cuando los recursos se asignan a través de "mercados políticos"; el Estado llevará a cabo solo aquellos programas de acción cuyos beneficios superen los costes, hasta el nivel en el que los beneficios marginales y los costes marginales coincidan, pues en ese el punto se maximiza el beneficio social neto.

La aplicación práctica de este principio de racionalidad económica no siempre es sencilla. La aplicación del análisis coste-beneficio tiene dificultades. Identificar y valorar los beneficios y costes que implica un suministro no resulta sencillo porque se trata de bienes y servicios de suministro público y tienen sus peculiaridades, de manera que producirán externalidades, que el mercado no puede determinar adecuadamente. Además, la asignación eficiente de recursos no es el único objetivo que busca cumplir el Estado, y a menudo habrá conflictos entre distintos objetivos; principalmente, la eficiencia de la asignación de recursos y la justa redistribución de la renta.

5.1. PROBLEMAS DEL ANÁLISIS COSTE-BENEFICIO

5.1.1. Identificación de los beneficios y de los costes

La maximización del beneficio social neto que se persigue requiere la identificación de todos los beneficios y costes relacionados con el gasto público.

Para ello, es necesario recoger los distintos tipos de beneficios y costes.

Primero distinguimos entre:

- Beneficios (outputs) y costes (inputs) directos: relacionados directamente con el objetivo final del gasto.
- Beneficios y costes indirectos: no tienen esa relación directa.

Una segunda clasificación distingue entre:

- Beneficios y costes tangibles: fáciles de valorar por el mercado.
- Beneficios y costes intangibles: de difícil valoración por parte del mercado.

Una segunda clasificación distingue entre:

- Beneficios y costes finales: consumidos por las economías domésticas.
- Beneficios y costes intangibles: se utilizan por industrias diversas en la producción de otros bienes.

Y una última clasificación, la más relevante, distingue entre:

- Beneficios y costes reales: no se reflejan en el precio.
- Beneficios y costes pecuniarios: son los efectos que genera el gasto público en el precio de los bienes intercambiados en el mercado.

Atendiendo a esta clasificación, en el análisis solo se tienen en cuenta los beneficios y costes reales, pues los costes pecuniarios para las empresas son un beneficio para los consumidores, es decir, se compensan. Los efectos pecuniarios no constituyen efectos reales desde el punto de vista del análisis coste beneficio ya que la perdida de beneficios de los suministradores a través del mercado se traduce en el incremento del excedente del consumidor de los consumidores.

Los efectos de una política de oferta que intenta disminuir los costes provocan que la curva de oferta se desplazará a la derecha, y en el nuevo punto de equilibrio, el precio será menor respecto a la situación anterior Véase Gráfico 10.5. Puede obtenerse este efecto, por ejemplo, aumentando la cantidad de factores de producción o mediante el progreso tecnológico.

Gráfico 10.5

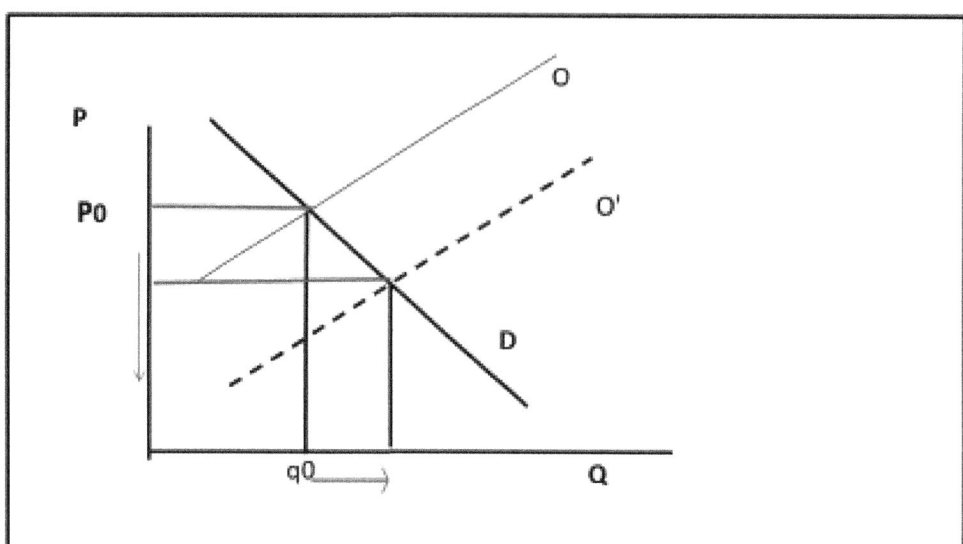

5.1.2. Valoración de los beneficios y de los costes

Después de identificar los beneficios y costes, hay que valorarlos, existen distintos sistemas de valoración y el más sencillo en términos comparativos es hacerlo a precio de mercado.

Esta valoración se puede acometer cuando se trata de valorar bienes de fácil intercambio mercantil, sin embargo, puede plantear problemas. Implica aceptar como justo el existente nivel de distribución de la renta, y al partir de esta valoración debemos entender que el mercado será de competencia perfecta, en la que el precio coincide con una situación eficiente, es decir, aquel caso donde el precio se corresponde con el valor de los costes marginales y de la valoración marginal de los consumidores. En caso contrario cuando la distribución de la renta considerada como justa socialmente no coincide con la existente los precios que resultan de los mercados no pueden ser tomados como referencia en las decisiones políticas. Los precios de los factores de producción y de los bienes y servicios producidos por los proyectos públicos en el sector privado infravaloraran o sobrevaloraran el auténtico valor social de los mismos. A pesar de estos problemas, para simplificar la realidad se aplicará la valoración a precios de mercado cuando sea posible, entendiendo que las posibles infravaloraciones y sobrevaloraciones se compensan recíprocamente.

No obstante, el problema radica en que los gastos públicos tienden a materializarse en bienes que conllevan numerosas externalidades que no son valoradas correctamente por el mercado, y por lo tanto este sistema resulta inadecuado. En estos casos, los beneficios ocasionados por el gasto público se valoran en función del precio máximo que están dispuestos a pagar los beneficiarios, mientras que a los costes se les otorga el precio mínimo de compensación que los perjudicados deben recibir para consentir la realización del gasto. A esta técnica se le denomina establecimiento de "precios sombra".

Aun así, esto tampoco será sencillo de poner en práctica por el problema de revelación de preferencias que se da en los beneficiarios o perjudicados por el gasto público. Por ello, el análisis coste-beneficio se suele limitar a los gastos públicos de inversión puesto quue el problema de la valoración de los inputs y outputs es menor.

5.1.3. Comparación de beneficios y costes

Por último, es imprescindible comparar los beneficios y costes antes de decidir si debe llevarse a cabo o no el gasto. Puede hacerse de dos formas:

1. No teniendo en cuenta el factor temporal – marco atemporal-.

En este caso se trabaja en un marco atemporal, es decir, suponemos que todos los beneficios y gastos se producen en un mismo momento.

En principio, cuando el cociente Beneficios/ Costes =B/C sea mayor que 1, habrá que realizar el gasto público; es decir, que por cada unidad monetaria de costes el gasto genere, al menos, una unidad monetaria de beneficios. Cuando la ratio sea inferior a la unidad, el gasto que estemos analizando deberá descartarse, pues será ineficiente.

Pero puede suceder que, aun teniendo una relación B/C > 1, exista un gasto alternativo que permita alcanzar el mismo objetivo con una relación mayor que la anterior "B" en Grafico 10.6.

Gráfico 10.6. B/C marco atemporal

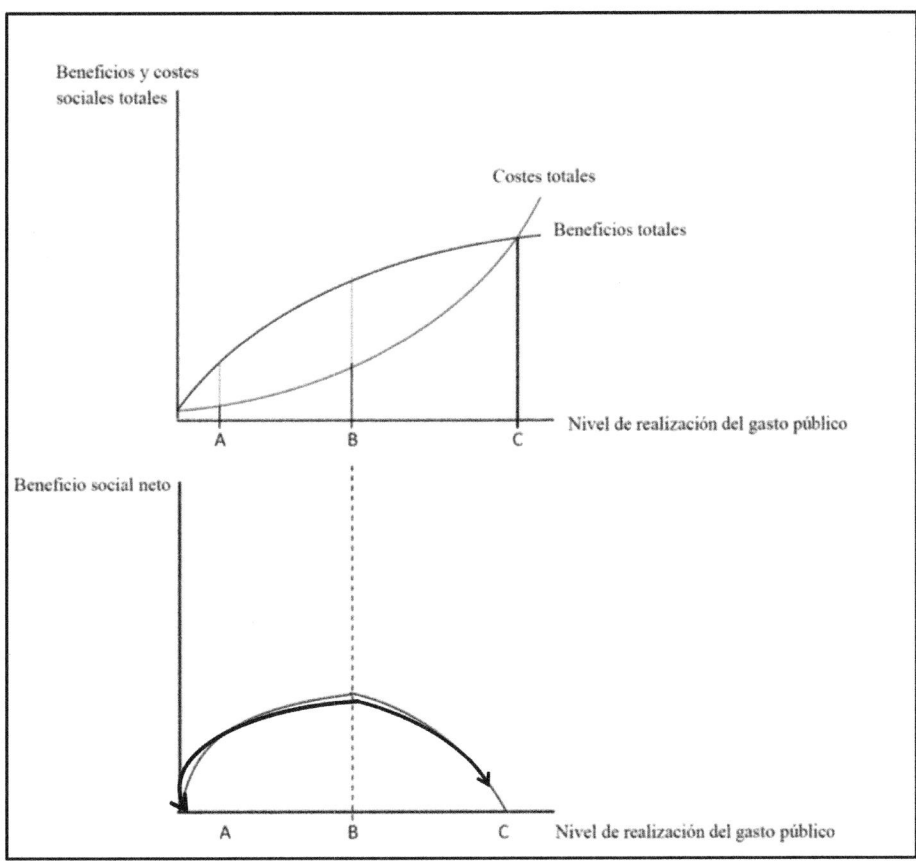

En la gráfica 10.6, en los puntos A y B la ratio sería mayor que 1, mientras que a partir del nivel C la realización del gasto público ya no sería eficiente, porque los beneficios se estabilizan y se encuentran por debajo de los costes. Si dejase de llevarse a cabo el proyecto después de A, se perdería beneficio social, por lo que habrá que mantener el gasto hasta B, donde la diferencia entre los beneficios y los costes es máxima.

2. Teniendo en cuenta el factor temporal- marco temporal-.

Es un modelo más realista, pues los beneficios y costes que acompañan a un gasto público se producen a lo largo de un período de tiempo. Los costes se ocasionan en los primeros años tras la realización del gasto, mientras que no habrá beneficios hasta que haya transcurrido cierto tiempo.

La situación es parecida al supuesto anterior, el objetivo es también ahora maximizar la diferencia entre los beneficios y los gastos, lo cual se da en el punto B. Varía en que ahora se parte de unos costes iniciales, que con el paso del tiempo se irán estabilizando, mientras que los beneficios, en un principio, serán negativos, e irán aumentando de forma progresiva.

Sabiendo que el poder adquisitivo de una determinada cantidad tiende a descender con el paso del tiempo, habrá que tomar un año base para homogeneizar y poder comparar los beneficios y costes. Esto se denomina actualización.

La operación de actualización consiste en multiplicar el valor monetario que queremos actualizar, es decir, cuyo valor queremos conocer dentro de un período de tiempo, por un factor cuyo numerador es 1, y cuyo denominador es 1 más el tipo de descuento (i), elevado al número de años:

Operación de actualización:

$$\frac{1}{(1+i)^n}$$

Donde:

i= tipo de interés

n = número de años

La actualización ha de aplicarse tanto al valor monetario de los beneficios como al de los costes, esto es

$$\frac{Cn}{(1+i)^n}$$

y

$$\frac{Bn}{(1+i)^n}$$

5.2. ASPECTOS DISTRIBUTIVOS DEL ANÁLISIS COSTE-BENEFICIO

Al realizar un gasto de tipo distributivo, la cantidad de personas que se benefician no suele coincidir con las que encuentran un perjuicio en este gasto, siendo estas últimas normalmente más numerosas. Los gastos públicos suelen financiarse a través de impuestos, que implican una carga fiscal que afecta a todos los contribuyentes, sin que esto suponga necesariamente que los efectos del proyecto vayan a resultar beneficiosos para la mayoría de ellos; de hecho, lo habitual es que solo se aproveche del gasto un subgrupo reducido.

Partiendo de un mayor número de perjudicados, podemos indicar que hay aspectos distributivos derivados de la realización del gasto público que se escapan del análisis coste-beneficio. Estos factores pueden ser incluso de mayor relevancia que los aspectos asignativos, por lo que hay autores que consideran que esos aspectos distributivos deben tenerse en cuenta en el análisis coste-beneficio, ya que de lo contrario el análisis coste-beneficio será solo una conclusión parcial, pues dejará de lado otros aspectos importantes que también guardan relación con el gasto público. Para incluir los aspectos distributivos, estos autores han elaborado un sistema de ponderación mediante el que se valoran de forma distinta los beneficios y costes que conlleva un determinado gasto, atendiendo al nivel de renta de las personas afectadas por el gasto.

No obstante, la inclusión de los aspectos distributivos en el análisis coste-beneficio conlleva importantes problemas.

- Por una parte, un problema de tipo técnico en cuanto a la cuantificación de esas ponderaciones, pues no existe ningún criterio objetivo que permita establecer esas diferentes valoraciones en función de la renta de los afectados.

- Por otra parte, cabe la posibilidad de que se realice un gasto público positivo para el aspecto distributivo, pero ineficiente y, por tanto, negativo desde el punto de vista asignativo.

Estos mismos autores proponen una solución intermedia: que en el análisis coste-beneficio no se tengan en cuenta aspectos distributivos, pero que estos aspectos distributivos sí sean considerados por los órganos políticos a la hora de formar la decisión de qué gasto realizar.

VI. BIBLIOGRAFÍA

Básica

GARCÍA VILLAREJO, A. y SALINAS SÁNCHEZ, F.J. (1994), Manual de Hacienda Pública. General y de España. Tecnos. Capítulos XVII y XVIII.

BUSTOS GISBERT, A. (2017), Curso Básico de Hacienda Pública, Editorial Civitas Thomson Reuters, Madrid. Capítulo 3.

GAMAZO CHILLÓN, J.C. y VEGA MOCOROA, I. (2020), Notas para el Estudio de Hacienda Pública. Universidad de Valladolid. Capítulo 10.

VEGA MOCOROA, I. (2024), Compendio Básico de Hacienda Pública. Ediciones Universidad de Valladolid. Valladolid. Capítulo X

Solicitar siempre última actualización.

Complementaria

ALBI IBÁÑEZ, E. ET ALIA (2017), Economía Pública I. Ariel. Capítulo 7.

BUSTOS GISBERT, A. (2010), Lecciones de Hacienda Pública. Editorial Colex. Capítulos 4,6,11 Y 12.

HARVEY S. (2007) ROSEN, Hacienda Pública Mc Graw-Hill. Capítulos 8, 9, 10 y 11.

STIGLITZ, J.E. (2009), La Economía del Sector Público. Antoni Bosch Editor. Capítulo 11.

VII. EJERCICIOS

1. La técnica de evaluación de proyectos públicos denominada coste-beneficios implica que:

    a) *Solo se evalúan los proyectos públicos que sean eficaces.*
    b) *Se evalúan sólo los beneficios y costes intangibles de un proyecto público.*
    c) *Se evalúan sólo los beneficios y costes tangibles de un proyecto público, pero no los intangibles.*
    d) *Puede llegar a determinar que un proyecto público no se desarrolle por no ser eficaz.*
    e) *Intenta evaluar qué propuesta es la más adecuada, entre varias alternativas posibles para desarrollar un proyecto público.*

2. Con el fin de asentar los conceptos y explicaciones del tema en un folio blanco realice un mapa conceptual o esquema del tema y de sus principales capítulos después de la explicación y lectura del tema y sin copiar del manual; posteriormente, contraste con el manual si hay aspectos del esquema que no ha completado satisfactoriamente y reflexione sobre el porqué, si es por falta de estudio o de comprensión.

TEMA 11   TEORÍA GENERAL DE LA IMPOSICIÓN

I. CONCEPTO DE INGRESO PÚBLICO

El Estado necesita disponer de recursos con los que hacer frente a los gastos derivados de las actividades económicas que realiza para sus ciudadanos. Cada vez necesita disponer de más recursos que puede obtener a través de distintas vías. Esto es:

1. El Estado dispone en primer lugar de los recursos que genera con su propia actividad. Servicios como el transporte, el suministro de agua, Correos, la enseñanza, autopistas… generan ingresos que cubren todos o parte de los costes de producción.
2. En segundo lugar, el Estado es propietario de edificios, terrenos, obras de arte… que constituyen el patrimonio nacional, y de los cuales puede obtener ingresos a través de su explotación, ya sea directamente o por medio de una concesión administrativa.
3. En tercer lugar, el Estado puede recurrir al endeudamiento, bien solicitando préstamos al Banco de España, o bien emitiendo Deuda Pública que es comprada por particulares o instituciones.
4. En cuarto lugar, el Estado goza de poder coactivo para poder exigir a los ciudadanos que participen en la financiación de los gastos públicos a través del pago de impuestos.
5. Antes de nuestro ingreso en la Zona €, el Estado también podía proveerse de recursos aumentando la cantidad de dinero en circulación, pero en la actualidad solo el Banco Central Europeo puede emitir más dinero y modificar los tipos de cambio y los tipos de interés.

Las fuentes de financiación de las que dispone el Estado son muy variadas, tal y como hemos visto. Para decidir qué fuente utilizar, el Estado puede seguir dos criterios: quién resulta beneficiado, y cuándo se van a producir tales beneficios.

1. En función de quién resulte beneficiado por el servicio, existen tres posibilidades:

   - Si el servicio beneficia muy especialmente a unos individuos, los cuales son fácilmente localizables, estos individuos serán los que tenga que soportar el coste del servicio.
   - Si el servicio beneficia a los individuos de manera difusa, el coste deberá repartirse proporcionalmente a los beneficios que recibe cada individuo mientras que la parte indeterminada será costeada por el Estado.
   - Si el servicio beneficia en general a los individuos, pero son difíciles de personalizar, se utilizarán criterios de reparto distintos al beneficio.

2. En función de cuándo se van a producir los beneficios (distribución temporal de los beneficios) que se derivan del servicio público, existen dos posibilidades:

   - Si los beneficios los disfruta la sociedad actual, será ésta la que soporte el coste de su financiación a través de impuestos.

- Si los beneficios los disfrutará la sociedad de las generaciones futuras, dada la naturaleza inversora de las actividades realizadas, el Estado procederá a su financiación a través de la emisión de Deuda Pública y las generaciones futuras tendrán que cargar con los costes que conlleva su financiación.

II. CLASIFICACIÓN DE LOS INGRESOS PÚBLICOS

Los ingresos públicos tienen por finalidad la de financiar las actividades de distinta naturaleza que realiza el Estado en el desarrollo de sus funciones. La moderna Hacienda funcional considera los ingresos desde la perspectiva general de su afectación a los distintos objetivos económicos y desde este punto de vista distingue entre ingresos ordinarios y extraordinarios. Para distinguir ambos tipos de ingresos vamos a utilizar una serie de criterios para valorar el carácter ordinario y extraordinario de cada tipo de ingreso.

Veamos cuáles son estos criterios:

1. Según **los ingresos con qué se paguen**,

    - Los ingresos ordinarios se pagan con la renta del sujeto;
    - Los ingresos extraordinarios se pagan con el capital.

2. Según su grado de **periodicidad**,

    - Los ingresos ordinarios se obtienen con una cadencia temporal determinada;
    - Los extraordinarios tienen un carácter eventual o transitorio.

No obstante, hay casos en los que un ingreso, que según el primer criterio sería ordinario, según el segundo criterio es extraordinario. P. ej. los impuestos sobre beneficios de las empresas que se establecen solo en épocas de guerra.

3. Según su **destino**,

    - Los ingresos ordinarios se destinan a financiar los gastos por cuenta de renta (ordinarios);
    - Los ingresos extraordinarios se destinan a financiar los gastos por cuenta de capital, inversiones públicas (extraordinarios).

4. Según los **requisitos legales**,

    - Los ingresos ordinarios no necesitan aprobación expresa del Parlamento al aprobar la Ley de presupuestos, pues su existencia esta prevista por una norma jurídica anterior.
    - Los ingresos extraordinarios (vg. la emisión de deuda pública) requieren de la autorización del legislativo para cada ejercicio económico; el Parlamento establece un nivel máximo de endeudamiento.

5. Según sus **efectos sobre el patrimonio neto** del sector público.

    - En el caso de los ingresos extraordinarios, se produce una reducción del patrimonio neto del sector público, pues si emite deuda o nueva moneda se están incrementando los pasivos a los que debe hacer frente el sector público y si se privatizan empresas públicas se está reduciendo el activo.
    - En el caso de los ingresos ordinarios no se produce efecto de forma inmediata sobre el patrimonio neto.

Por lo tanto, podemos decir que los ingresos **ordinarios** son los que proceden de la renta, tienen carácter periódico, sirven para financiar los gastos corrientes, no necesitan aprobación legal y no se produce efecto de forma inmediata sobre el patrimonio neto. Los ingresos **extraordinarios** son los que proceden del capital, tienen carácter eventual, sirven para financiar inversiones públicas, requieren de aprobación legal para cada ejercicio económico y producen una reducción del patrimonio neto del sector público.

Según esto, los ingresos ordinarios incluyen: los impuestos, los precios públicos, las tasas y las contribuciones especiales y los ingresos extraordinarios incluyen: la venta del patrimonio público, privatización de empresas públicas, la creación de dinero (señoreaje) y la emisión de deuda pública.

III. INGRESOS ORDINARIOS: BREVE SEMBLANZA CONCEPTUAL Y ELEMENTOS BÁSICOS DE UN IMPUESTO

Dentro de los ingresos ordinarios se distingue entre "ingresos no derivados de impuestos" e impuestos.

3.1. LOS "INGRESOS NO DERIVADOS DE IMPUESTOS"

3.1.1 Precios públicos

Dentro de la categoría genérica de precios públicos aparecen una serie de figuras históricas tales como: precios privados, precios cuasi privados, precios políticos y precios públicos que en términos cuantitativos son poco destacados. No vamos a incidir en las diferencias entre estas categorías históricas tan solo vamos a enumerar las características que debe reunir un precio público:

Se trata de aquellos precios que pagan los ciudadanos a cambio de un servicio público prestado por el Estado bajo el régimen de Derecho Público.

Se diferencian de los precios del mercado, pues en este caso el servicio lo proporciona el Estado, y no el mercado; si bien se trata de servicios que dada su naturaleza podrían ser perfectamente prestados por el sector privado. P. ej. el transporte urbano.

Tales servicios han de ser solicitados voluntariamente por los administrados.

Esta noción de precio responde a la realización de actividades que no son esenciales, pero tampoco son privadas, de ahí su sujeción al Derecho público.

Estos precios no cubren la totalidad de los gastos del servicio, ya que son inferiores a los precios del mercado. Baste como ejemplo el billete de autobús.

3.1.2 Tasas

La definición de tasa exige la concurrencia de varias circunstancias:

- Debe de haber un beneficio individual derivado de la realización de una actividad pública o un uso privativo del dominio público. P. ej. la enseñanza universitaria.
- Debe concurrir una de estas dos circunstancias, a saber:
  - Que el beneficio sea de recepción obligatoria para el administrado, porque así lo establezca una norma legal o reglamentaria p. ej. el título de licenciado o graduado en Derecho que impone la ley para poder ejercer como abogado. o porque sea esencial para la vida privada o social del ciudadano p. ej. la recogida de basuras.
  - Que el servicio no sea prestado por el sector privado.

3.1.3 Contribuciones especiales

Se pagan cuando el ciudadano obtiene un beneficio o se incrementa el valor de su patrimonio como consecuencia de la realización de una obra pública o el establecimiento o ampliación de servicios públicos que ya se prestaban con anterioridad. Se asemeja a los precios públicos y a las tasas en que el individuo obtiene un beneficio; sin embargo, en el caso de las contribuciones especiales, el ciudadano no solicita el servicio del que obtiene el beneficio. En la contribución especial el servicio beneficia a los inmuebles, y no a las personas.

3.2. LOS IMPUESTOS

Los "ingresos ordinarios no derivados de impuestos", suponían una contraprestación a la actuación del Estado. En el caso de los impuestos, **no existe** tal **contraprestación**, por lo que se puede decir que se rompe la relación bilateral que existía entre la Administración y el administrado. Cuando el ciudadano paga un impuesto, ello no le confiere el derecho a exigir algo concreto a cambio. Los impuestos se definen como aquellos tributos exigidos sin contraprestación por parte de la Administración. No se pagan más impuestos por recibir mayor cantidad de servicios públicos, sino que la determinación del volumen de impuestos pagados por un ciudadano se basa en su capacidad económica puesta de manifiesto por su nivel de renta, su consumo o su patrimonio. En los servicios públicos indivisibles o colectivos, tales como la defensa, la administración de justicia y el orden público, dada su naturaleza no es posible determinar cuál es la cantidad que utiliza cada consumidor de dichos servicios, esto es: no es posible individualizar su demanda por lo que las leyes del mercado no resuelven y el Estado tiene que determinar cómo repartir los costes de producción entre los ciudadanos. El Estado utilizará la vía coactiva y los impuestos para su financiación.

Como es imposible saber en qué medida estos bienes son consumidos por los ciudadanos, su financiación se realiza a través de impuestos. Ello obliga a tener en cuenta dos **consideraciones**:

- Al no existir una relación de proporcionalidad entre la utilidad obtenida por los ciudadanos y el precio que estos pagan, habrá que analizar qué criterios hay que utilizar para repartir los impuestos.
- En los servicios públicos indivisibles no existen criterios para corregir las equivocaciones por exceso o por defecto, ya que el consumo de tales servicios no es excluyente. Por lo tanto, es muy difícil detectar las situaciones de superproducción o subproducción.

3.3. LOS ELEMENTOS BÁSICOS DE UN TRIBUTO

Se entiende por **tributo** a los impuestos, contribuciones especiales y tasas:

1. **Hecho imponible**: presupuesto jurídico o económico que da lugar al nacimiento de la obligación de pagar el impuesto por parte del contribuyente. Art 20 LGT p. ej. en el IVA sería la entrega de un bien o la prestación de un servicio.
2. **Sujeto pasivo**: personal física o jurídica obligada al pago del impuesto como contribuyente o como sustituto. Es quien tiene la obligación de frente a Hacienda. Así p. ej. en el IVA, el sujeto pasivo sería el fabricante, el mayorista, o el vendedor, pero no el consumidor. En este sentido cabe distinguir entre el sujeto pasivo de facto (consumidor) y sujeto pasivo de iure (vendedor). Art 36 LGT.
3. **Base imponible**: es la valoración económica del hecho imponible. P. ej. el valor del ordenador objeto de la venta. El concepto es el hecho imponible (entrega de un ordenador), y el valor del ordenador es la base imponible (vgr 600€). Art 50 LGT.
4. **Base liquidable**: es el resultado de restar a la base imponible las reducciones previstas en la ley. Por lo que habrá que acudir a la ley de cada impuesto para ver cuáles son las reducciones previstas. Art 54 LGT.
5. **Tipo de gravamen**: es la cifra, coeficiente o porcentaje que se aplica a la base liquidable (y si no hay deducciones a la base imponible), para obtener la cuota íntegra. Art 55LGT.
6. **La cuota íntegra**: es el resultado de aplicar el tipo de gravamen a la base liquidable. ART 56 LGT.
7. **La cuota líquida**: es el resultado de restar a la cuota íntegra las deducciones, bonificaciones, o determinadas adiciones o coeficientes previstos en la ley. Es decir, hay deducciones en la base

imponible y en la cuota. Las deducciones de la cuota benefician más al contribuyente que las deducciones de la base. Art 56 LGT.

8. **Deuda tributaria**: es el resultado de sumar a la cuota líquida los recargos, sanciones o intereses moratorios que en su caso tenga que abonar el contribuyente. Si no hay recargos, sanciones, ni intereses moratorios, la deuda tributaria es igual a la cuota líquida. Art 58 LGT.

IV. LOS INGRESOS EXTRAORDINARIOS: BREVE SEMBLANZA CONCEPTUAL Y COMPONENTES

Los ingresos extraordinarios son aquellos que el Estado obtiene de forma **no periódica** para cubrir gastos de la misma naturaleza, y que **no** son **previsibles**. La Hacienda recurre a estos ingresos cuando los ingresos ordinarios no son suficientes para cubrir las necesidades públicas.

Vamos a estudiar la venta de patrimonio público, la Deuda Pública, y la emisión de dinero (señoreaje e inflación).

4.1. DEUDA PÚBLICA

La Deuda Pública es el principal ingreso extraordinario de que dispone el Estado; es el conjunto de **pasivos financieros** que la Administración Pública tiene con el sector privado (personas, empresas o instituciones, ya sean nacionales o extranjeras). El sector público puede obtener fondos mediante la venta de Títulos en los mercados de dinero y valores de un país. Dichos ingresos se formalizan en un contrato según el cual el Estado se compromete al pago periódico de unos intereses y a la eventual devolución de los capitales en el caso de que la deuda tenga carácter amortizable. Se trata de un medio alternativo a los impuestos con el que cuenta el Estado para financiar los gastos públicos, pero también permite su utilización al servicio de la política monetaria.

Existen distintas clases de deuda pública en función de sus características esenciales.

1.2 En función del emisor.
Deuda del Estado, si es exclusivamente emitida por el sector público central y Deuda Pública si es emitida por otras Administraciones públicas.
1.3 En función de los fondos captados.
Deuda pública interna aquella destinada a la captación de fondos procedentes de los mercados monetarios y de capitales del país, y deuda pública externa si viene denominada en alguna divisa externa y se realiza en el mercado exterior al que va orientada la emisión para captar el ahorro extranjero.
1.4 En función del periodo de duración de la emisión.
Deuda Pública a corto plazo o coyuntural se emite a un plazo igual o inferior a 12 meses. La deuda pública a largo plazo se emite a un plazo superior a 12 meses y tiene un carácter estructural.

Los principales inconvenientes de esta forma de financiación de los gastos públicos es la carga de la deuda que recae sobre las generaciones futuras y la sostenibilidad de la deuda.

- La carga de la deuda hace referencia a quien soporta los costes cuando el sector público emite deuda pública. Sin embargo, no se trata tan solo de determinar el quién la soporta sino el cómo se define.

En cuanto **al cómo** se define, por carga de la deuda se entienden los recursos que pierde el sector privado al emprenderse un proyecto publico financiado con deuda, la reducción del consumo privado producida por el endeudamiento público y la disminución en la utilidad, a lo largo de la vida de una generación, causada por la decisión de financiar el gasto público con deuda en lugar de con impuestos.

En cuanto **a sobre quién recae**, existen distintos planteamientos, entre los que destacan:

- Los **clásicos** entendían que cuando los gastos se financiaban mediante impuestos, esta carga la soportaban las generaciones presentes. Mientras que cuando se financiaban mediante deuda pública, la caga la soportaban las generaciones futuras que estarían obligadas al pago de los intereses y de las amortizaciones.

- Los **keynesianos** entendían que no se podía decir que las generaciones futuras tuviesen que soportar carga alguna, ya que, gracias al impulso dado por el Estado con esa financiación, las generaciones futuras iban a recibir, en forma de bienes y servicios, medios suficientes para hacer frente al pago de los intereses y la amortización. Es decir, que las generaciones futuras no tienen que hacer ningún esfuerzo para devolver la deuda, ya que el dinero para hacer frente al pago de los intereses y la amortización se obtiene de la expansión económica que propicio en el pasado el endeudamiento.

- Los planteamientos de **Buchanan J.** que entendía que quienes adquieren los títulos no sufren sacrificio alguno en términos de utilidad. Su decisión es libre y responde a un plan de ahorro determinado de forma individual; si no hubieran comprado deuda, hubieran comprado otros activos financieros. Sin embargo, las generaciones futuras sufren la carga de la deuda porque con sus impuestos tendrán que pagar los intereses y la amortización o sufrirán un recorte de prestaciones públicas con la misma finalidad.

- **La nueva macroeconomía clásica (Barro R.)**. Plantean dudas sobre la traslación de la duda a las generaciones futuras, según este planteamiento la generación actual sabe que la emisión de deuda supone, en principio una carga para la futura que se traducirá en un mayor nivel de impuestos, por ello, incrementarán su nivel de ahorro con la finalidad de legar a los herederos los medios necesarios para hacer frente a ese mayor esfuerzo en términos de fiscalidad. Por lo que la carga de la deuda recaería en la generación actual. Resulta, sin embargo, discutible aceptar que la generación actual se preocupe tanto por el porvenir de la siguiente y que sea capaz de valorar correctamente el importe de los impuestos futuros a los que deberá hacer frente la generación futura.

Otro de los problemas o inconvenientes está relacionado con **la sostenibilidad de la deuda**. La evolución a lo largo del tiempo de la ratio deuda/renta depende de la tasa de crecimiento de la economía y del tipo de interés del mercado, de tal modo que teniendo un déficit primario el endeudamiento podría ir eliminándose sin tener necesidad de elevar los impuestos. La ratio entre deuda y renta nacional puede disminuir o aumentar a lo largo del tiempo, dependiendo de la tasa de crecimiento de la economía y del tipo de interés al que se emitan los títulos. Si la ratio crece se dice que sigue una senda explosiva y si disminuye que la deuda es sostenible. La sostenibilidad de la deuda depende de la siguiente expresión:

$$a = d + e_0 \, (r - g_Y)$$

donde:

d es la relación existente entre el déficit primario del sector público y el PIB, entendiendo como déficit primario aquel que no incluye en los gastos el pago de intereses de la deuda.

e_0 es el nivel de deuda acumulada sobre el PIB.

r es el tipo de interés en el mercado.

g_Y es la tasa de crecimiento de la economía.

Si a >0, la deuda sigue una **senda explosiva** y si a<0, la **deuda es sostenible**.

En la ecuación vemos los elementos de los que depende que **a** sea positivo o negativo. Este método se aplica para conocer si hay un problema de sostenibilidad de la deuda en los estudios de casos concretos, utilizando los datos de déficit, deuda, tipo de interés y tasa de crecimiento de los distintos países en estudio. En el caso concreto de España, utilizando los datos de 2022, estos es: d = 4,8%, e_0 = 113,4%, r = 1,753%, g = 5,8, el resultado de la ecuación de sostenibilidad de la deuda:

$$a = d + e_0(r - g_Y)$$

$$a = 0{,}048 + 1{,}134(0{,}01753 - 0{,}058)$$

$$a = 0{,}00210702$$

Podemos afirmar que en el caso de España para el año 2022, la deuda pública sigue una senda explosiva y no se trata de una deuda sostenible, por lo que la deuda pública española presenta un problema de sostenibilidad.

4.2. VENTA DE PATRIMONIO PÚBLICO

El Estado cuenta con un patrimonio del que puede obtener ingresos. Durante la Edad Media, el soberano se servía del patrimonio para obtener ingresos (mediante la concesión de tierras a cambio de un censo), y para saldar sus deudas. Sin embargo, esta forma de financiación se fue abandonando debido a que el Estado era un mal empresario y a que podía obtener ingresos más fácilmente vía impuestos.

La regla general es que el Estado debe vender patrimonio público cuando la renta anual del patrimonio sea menor que los intereses anuales que el Estado tendría que soportar para hacer frente a su conservación. Es decir, que el momento óptimo de la enajenación depende de la relación ente la rentabilidad real del patrimonio y los tipos de interés del mercado; siendo el momento óptimo para vender cuando el tipo de interés sea más bajo, ya que en este caso será mayor el valor capital del patrimonio.

En las economías modernas de mercado podemos observar que existe una tendencia del sector público a vender su participación en empresas poco rentables en un proceso de privatización; fenómeno que hay que enmarcar en la búsqueda de nuevas formas de financiación extraordinaria para el sector público. Cuando el sector público privatiza empresas está enajenando activos y el resultado en términos de deuda neta es equivalente a la emisión de nueva deuda. Si se privatizan empresas públicas rentables, el sector público dejará de percibir una serie de ingresos patrimoniales y esa pérdida deberá ser compensada con un mayor nivel de imposición, por lo que la privatización de las empresas genera una carga de la deuda para las generaciones futuras.

La privatización de empresas públicas puede ser preferible a otras opciones de ingresos extraordinarios como la emisión de deuda cuando el Estado tiene una calificación muy baja en cuanto a su solvencia internacional y la emisión de deuda puede ser imposible salvo que lo haga a un interés excesivamente elevado. El replanteamiento de las funciones del sector público desde planteamiento liberal puede conducir a que el Estado abandone la gestión empresarial allí donde el mercado sea más eficiente. Los procesos de privatización han sido considerados como un medio de crear una clase de propietarios a los que se puede tener mejor acceso como hipotéticos votantes.

4.3. LA EMISIÓN DE DINERO: SEÑOREAJE E INFLACIÓN

Antes de nuestro ingreso en la Zona €, otra de las medidas extraordinarias de las que disponía el Estado para obtener ingresos era aumentar la cantidad de dinero en circulación (señoreaje).

La ventaja de esta medida era la aceptación pública. El Estado se ahorra los costes financieros asociados a la emisión de deuda pública o evita la pérdida de ingresos patrimoniales por la venta de patrimonio.

El problema era que como este incremento no iba acompañado de un incremento de los bienes y servicios, se originaba un proceso de **inflación**. La tasa de inflación es igual a la diferencia entre el aumento porcentual de la oferta de dinero y la tasa de crecimiento de la economía. Si la economía está en pleno empleo sin que se produzca crecimiento en el nivel de renta, toda la creación de dinero se traduce en inflación. La subida de los precios afecta a la demanda del sector privado, reduciendo el consumo y la inversión, este efecto se produce porque, por un lado, los ingresos reales de los consumidores se pueden reducir al menos en el corto plazo y por otro la tasa de inflación hace subir los tipos de interés, lo que reduce el consumo de bienes duraderos y la inversión empresarial

Cuando la emisión de moneda causa procesos inflacionistas, podemos considerar que el gasto público expulsa al sector privado, se reduce el consumo y la inversión; efecto que también se produce al aumentar los impuestos como consecuencia del aumento de la presión fiscal, se reduce el consumo privado, produciendo un caso de expulsión del consumo privado que se reduce por causa de la mayor presión fiscal. Por eso, se decía que la inflación actuaba como un impuesto, pero más injusta que cualquier tipo de impuesto, pues no atiende a las circunstancias personales del contribuyente, ni a su capacidad económica; sus efectos serán más acusados para personas que tengan rentas menos flexibles o quienes mantengan su ahorro en forma de activos líquidos. El mayor inconveniente es la vulneración del principio de la capacidad de pago.

Veamos cuales son los efectos de la inflación sobre los principales objetivos económicos:

1. Sobre la distribución de la renta

La inflación discrimina a los ciudadanos, no en función de su capacidad de pago, sino en función del tipo de renta y patrimonio que posean. De manera que la inflación es neutral o incluso positiva para las personas con renta y patrimonio variable; y negativa para los que posean rentas fijas y patrimonios líquidos o monetarios. De ello se deduce que:

- Afecta más a las personas con rentas más bajas, ya que sus únicas fuentes de ingreso son los sueldos, salarios o pensiones.
- El efecto redistributivo de la inflación será distinto dependiendo de si ésta es esperada o no.

2. Sobre el crecimiento o desarrollo económico

La inflación tiene efectos negativos sobre el crecimiento por dos razones:

- En primer lugar, porque conlleva un alto grado de incertidumbre que hace que los empresarios no se atrevan a invertir.
- En segundo lugar, porque los individuos cambiarán los activos de renta fija por activos de renta variable (en la parte de la renta dedicada al ahorro), y comprarán activos duraderos (en la parte dedicada al consumo).

Por lo tanto, vemos como la inflación cambia la estructura del consumo y el ahorro, aumentando el primero y disminuyendo el segundo.

3. Sobre el equilibrio externo

La inflación hace aumentar el nivel de precios, del cual dependen las importaciones y exportaciones. No obstante, lo que afecta a la Balanza de Pagos no es la subida de precios en sí, sino la subida relativa de los precios, es decir, el que los precios nacionales se incrementen en mayor medida que los precios de los demás países.

Por todo, la inflación favorece las importaciones y perjudica las exportaciones.

4. Sobre el pleno empleo

Tradicionalmente se consideraba que la inflación era negativa para los tres objetivos económicos expuestos, pero positiva para el desempleo, ya que como la inflación venía determinada por un aumento de la demanda global, la RN aumentaba, y el paro disminuía.

Sin embargo, la crisis del 73 demostró que la inflación conlleva una contracción de la inversión, una disminución de las tasas de crecimiento de la RN, y un aumento del paro.

V. LOS PRINCIPIOS IMPOSITIVOS

Los principios impositivos constituyen aquellos criterios que deben darse para el establecimiento de una estructura impositiva que refleje el modo más apropiado de financiar los gastos públicos.

5.1. CLASIFICACIÓN DE LOS PRINCIPIOS IMPOSITIVOS

Los principios impositivos tienen su fundamento en los objetivos a los que deben servir los impuestos en el contexto social y económico. El libro de Neumark "Principios de la imposición", constituye la obra más acertada de lo que ha de ser un sistema impositivo moderno. Neumark ofrece un amplio abanico de 18 principios como soporte básico de un sistema impositivo optimo, que están relacionados con los valores y objetivos perseguidos por el sistema impositivo. Distinguimos tres tipos de principios agrupados en torno a sus cuatro objetivos:

- Principios éticos o morales, cuyo objetivo es la justicia y la equidad.
- Principios económicos o presupuestarios, cuyo objetivo es de tipo económico o presupuestario (es la asignación eficiente de recursos, la estabilidad y el crecimiento económico).
- Principios operativos (técnico-administrativo) cuyo objetivo es la eficacia de la recaudación.

1. **Principios éticos o morales.** El cumplimiento de los principios o criterios morales tiene por objeto conseguir la equidad, obtenida mediante una división de la carga fiscal entre las personas.

   - **Principio de equidad horizontal**: según este principio, el sistema impositivo debe tratar igual a todos los que tengan una capacidad adquisitiva similar. En este sentido, las diferencias de trato por sexo o raza no están justificadas, mientras que las diferencias por edad o estado civil sí lo están.
   - **Principio de equidad vertical**: según este principio, el sistema impositivo ha de tratar de forma diferente a aquellos que tengan una capacidad adquisitiva diferente. En este sentido, aquellos con mayor nivel de renta han de pagar más impuestos que aquellos que cuentan con menos recursos.
   - **Principio de generalidad**: según este principio, todas las personas con capacidad de pago deben pagar impuestos.

2. **Principios económicos y presupuestarios.** Los criterios de carácter económico presupuestario, cuya realización garantiza el saldo presupuestario tienen por objetivo alcanzar el techo necesario para hacer frente a los gastos públicos sin poner en peligro la estabilidad económica, garantizando un volumen de ingresos suficiente para los mismos.

   - **Principio de neutralidad**: según este principio, los impuestos no deben afectar a la asignación eficiente de recursos. Ello exige en primer lugar que la asignación de los factores sea la correcta, pues los impuestos especiales generalmente distorsionan la asignación eficiente. Y en segundo lugar, exige que no afecte a los incentivos a ahorrar y trabajar. En general, los impuestos desincentivan el ahorro y el trabajo, especialmente aquellos de carácter personal y de carácter progresivo, con el consiguiente aumento de la económica sumergida.
   - **Principio de flexibilidad**: según este principio el sistema impositivo debe adaptarse automáticamente a la coyuntura del ciclo económico. Los impuestos han de ser flexibles y apropiados a las exigencias de la estabilidad económica. Las figuras impositivas deben adaptar de una manera cíclica su recaudación a las exigencias de cada situación económica.
   - **Principio de suficiencia**: El principio de suficiencia garantiza que los ingresos procedentes de los impuestos sean suficientes para cubrir el nivel de gastos fijado.
   - **Principio de estabilidad**: y el criterio de estabilidad garantiza que los ingresos procedentes de los impuestos aporten ingresos más o menos estables a lo largo del tiempo.

3. **Principios operativos (técnico-administrativos).** Los criterios de carácter "técnico" tienen por objeto garantizar la eficacia, entendida como capacidad de alcanzar un objetivo específico - eficacia - con el mínimo de medios comprometidos (recursos).

- **Principio de simplicidad**: según este principio, el impuesto ha de resultar sencillo y cómodo para el contribuyente, fraccionando si fuera posible su pago para evitar problema de liquidez, y exigiéndoselo en el lugar y tiempo más adecuados. Simplicidad va unida a economicidad; cuanto más sencillo, menos costes.
- **Principios de economicidad**: según este principio, los costes que conlleva el pago y la recaudación del impuesto han de ser lo más bajos posibles. Dichos costes comprenden: los gastos directos derivados de la gestión por parte de la Administración y los gastos del ciudadano en tiempo perdido, asesoría fiscal...
- **Principio de principio de viabilidad** prevé que los impuestos deben ser soportados y pagados por los contribuyentes y aplicables por la administración fiscal El sistema impositivo debe conseguir que los impuestos sean realmente pagados por los contribuyentes. Este principio adquiere importancia en países con altos índices de evasión fiscal.

Por último, hay que tener en cuenta que un impuesto no puede cumplir todos estos principios a un nivel óptimo. Así p. ej. los impuestos especiales como el tabaco o el alcohol no cumplen el principio de generalidad, pero lo importante es que el sistema impositivo de un país a través de las figuras impositivas que lo componen si lo haga.

5.2. EXAMEN DE LA EQUIDAD FISCAL: PRINCIPIO DEL BENEFICIO Y PRINCIPIO DE LA CAPACIDAD DE PAGO

Una de las cuestiones importantes a las que se debe de responder es ¿cuál es la forma más adecuada de satisfacer la financiación de las necesidades colectivas?, Debido a la naturaleza indivisible de los bienes que suministra el Estado, no existe una demanda concreta que nos permita determinar lo que los individuos estarían dispuestos a pagar por los mismos a través de los impuestos; sin embargo, los impuestos deben de estar ajustados a criterio de justicia. Para fundamentar el pago del impuesto se pueden aplicar dos criterios distintos.

5.2.1. Principio del beneficio

Según este principio, debe existir una relación de **equivalencia** entre el impuesto que paga el contribuyente y el beneficio que obtiene de las prestaciones del Estado. Con este principio se aplicarían los mismos criterios que se aplican en las economías privadas en la provisión de los bienes públicos (contribuir al pago de los impuestos de acuerdo con el beneficio obtenido de los servicios públicos).

Las **ventajas** de este principio son:

- Hay personas que lo consideran el concepto más adecuado de **equidad**, ya que si los individuos quieren obtener un servicio del Estado tienen que pagar (vía impuesto) una cantidad proporcional al servicio que obtiene.
- Al señalar el volumen de impuestos que el individuo está dispuesto a pagar, indirectamente se está determinando el **volumen** óptimo de **gastos** públicos que prefieren los individuos.

Junto a estas ventajas, encontramos **inconvenientes** como:

- La dudosa **aplicación en la práctica de este principio, ya que** los bienes públicos son de naturaleza indivisible y no se puede determinar la demanda particular que hacen los consumidores, por lo que sería difícil determinar la cantidad de impuesto que corresponde a cada sujeto.
- En estos bienes no se da el principio de exclusión, por lo que nadie puede ser excluido de su uso, existen los *free riders* y nadie estará dispuesto a pagar el impuesto, salvo en los casos de altruismo. Además, los individuos tenderán a ocultar o infravalorar sus preferencias al no ver reflejado el consumo de estos bienes.

- La Hacienda italiana intentó determinar la magnitud del consumo de cada individuo de los servicios públicos de forma indirecta para que se pueda determinar la cantidad de impuesto a pagar por cada uno, a través de los siguientes criterios:
  - Teniendo en cuenta que todas las personas consumen este tipo de bienes estatales, todas deben pagar impuestos.
  - El consumo de cada individuo es proporcional a su renta. Por lo que los individuos deben pagar los impuestos en proporción a su renta, pagando más impuestos los que más renta tienen, y menos los que menos renta tienen.
- Al existir economías **externas**: puede ocurrir que los individuos no conozcan todos los beneficios derivados de estos bienes, ya que muchos de ellos tienen economías externas, lo que llevaría a una producción inferior a la deseable.
- Es difícil compaginar este principio con las **funciones redistributivas y de estabilidad** de la política fiscal. Si se respetara el principio del beneficio no se podrían diseñar políticas sociales favorables a los pobres.

El principio del beneficio está sujeto a muchas limitaciones en su aplicación práctica, pocos son los servicios que cumplen los requisitos para aplicar el principio del beneficio.

5.2.2. Principio de la capacidad de pago

Este principio no se plantea la conveniencia de determinan simultáneamente los gastos y los impuestos necesarios para su financiación, sino que los considera como dos asuntos independientes: el Estado determina los gastos de cada ejercicio, y en función de estos se establece después el volumen de ingresos. Dichos ingresos se exigirán a los individuos en función de su capacidad de pago, y no en función de los beneficios que obtengan del Estado. El fundamento del pago del impuesto descansa en la capacidad económica que tiene cada sujeto.

La cuestión fundamental es determinar **cómo medir la capacidad** económica.

- Tradicionalmente se viene considerando que el módulo más adecuado para hacer el reparto de la carga impositiva es la **renta**, ya que este dato es el más apropiado para medir la capacidad de pago. ¿pero cuál es el concepto de renta más adecuado: renta económica o concepto fiscal de renta? En el IRPF el que mejor mide la capacidad de pago es el concepto amplio de renta, es decir los ingresos procedentes de la actividad económica, los procedentes de otras fuentes (loterías, azar, donaciones...) así como las ganancias de capital.
- También se ha planteado la cuestión de si el módulo adecuado es el de renta gastada y por lo tanto el **consumo** puede ser considerado índice de medición. En principio no parece el más adecuado, ya que si hablamos de un impuesto general sobre el consumo que no sea tipo gasto no se pueden tener en cuenta las características personales del contribuyente, pero hay que reconocer que éstas sí influyen en la capacidad de pago (número de hijos, estado civil...) Por todo ello, lo aconsejable es no tener un impuesto sobre el consumo como impuesto único, sino que acompañe al impuesto sobre la renta.
- Lo que parece adecuado para medir la capacidad económica es la existencia de un **impuesto de lujo** (impuesto sobre consumos específicos) que grave el consumo de los bienes de lujo (a los cuales se liga una capacidad de pago mayor). Sin embargo, en caso de coexistir con un IRPF progresivo, tampoco sería necesario para responder a criterios de equidad, sino más bien con una finalidad de eficacia recaudatoria.
- Finalmente suele admitirse también como índice de medición de la capacidad de pago **la riqueza**, esto es: el **patrimonio** de la persona. No obstante, hay autores que no aceptan este índice afirmando que se trataría solo del patrimonio productivo, pues de lo contrario, después del pago del impuesto el patrimonio ya no quedaría intacto. Pero la doctrina mayoritaria entiende que el patrimonio lo constituyen tanto objetos productivos como de uso y todos deben ser considerados para determinar la capacidad contributiva del sujeto. En cualquier caso, este impuesto será más

efectivo cuando se establezca como complemento del impuesto general sobre la renta. La justificación de la existencia de un impuesto sobre el patrimonio radica en la aplicación del criterio de la capacidad de pago, ya que dos individuos pueden tener la misma renta, pero uno dispone de un gran patrimonio y el otro no; ambos tienen una capacidad económica distinta, ya que la posesión de riqueza representa una capacidad económica adicional que justifica la existencia de un impuesto propio, como lo es el impuesto sobre el patrimonio

- En el caso español, la imposición sobre la riqueza se ha materializado en dos figuras impositivas distintas: 1) **El impuesto sobre el patrimonio neto IPN**, cuya justificación como figura independiente del IRPF responde a tres tipos de justificaciones: **de equidad** en el tratamiento entre las rentas de trabajo y capital, **de eficiencia** económica en relación a la productividad de la riqueza y **de control** para dificultar el fraude fiscal en caso de grandes patrimonios; la escasa potencia recaudadora ha llevado a su desaparición en algunos Estados, de ahí que en España se le conoció como Impuesto Extraordinario sobre el Patrimonio desde 1977 hasta 2008 en que desapareció. 2) **El impuesto de sucesiones y donaciones,** impuesto que recae sobre la transmisión de la riqueza y que afecta al causabiente.

Criterios para determinar la capacidad de pago

Ya que no existe una relación entre la renta y el consumo de bienes sociales, cabe preguntarse cuál es el criterio para determinar los impuestos. A falta de datos objetivos nos guiaremos por el **criterio ético** por el que el sistema más justo es aquel en el que los sacrificios por la pérdida de utilidad derivada del pago del impuesto sean iguales para todos los contribuyentes. El principio de capacidad de pago otorga a la capacidad el significado de sacrificio. Es el sacrificio de utilidad, de satisfacción de bienestar subjetivo que se experimenta al pagar los impuestos lo que constituye el centro de la teoría de la capacidad de pago.

Este criterio del "**sacrificio igual**" admite tres interpretaciones:

- **Principio del sacrificio total igual**: según este principio, el reparto de impuestos ha de hacerse de tal forma que todos los individuos tengan la misma pérdida de utilidad. Ahora bien, se trata de una igualdad de sacrificio, no de una igualdad de impuesto.
- **Principio del sacrificio proporcional**: según este principio, el reparto de impuestos ha de hacerse de tal forma que el individuo, al pagar el impuesto, pierda una utilidad proporcional al volumen de utilidad obtenido antes del pago del impuesto.
- **Principio del sacrificio marginal igual** o del sacrificio total mínimo: según este principio, el sacrificio sufrido por cada individuo debe ser tal, que el último euro pagado por cada individuo le suponga el mismo sacrificio; lo que implica que el sacrificio ha de ser el mínimo posible.

VI. LA DISTRIBUCIÓN TÉCNICA DEL IMPUESTO

La distribución técnica se refiere al estudio dentro de la teoría general del impuesto de su organización interna, es decir, de los distintos aspectos técnicos que requieren un planteamiento **eficaz y justo** de la distribución de las cargas fiscales. Veamos cada uno de esos aspectos o cuestiones hacendísticas relevantes. Desde el punto de vista hacendístico han preocupado las siguientes cuestiones: ¿es conveniente contar con una o varias formas de impuestos? ¿Cómo gravar la renta del sujeto de forma directa o indirecta? ¿Cómo gravar la renta atendiendo a las características personales del sujeto o al origen de la renta?

6.1.1. Impuesto único frente a impuestos múltiples

Los primeros en defender la existencia de un impuesto único fueron los fisiócratas, los cuales consideran que debía existir un impuesto único que gravase la explotación de la tierra. A mediados del S- XX destacó el denominado Informe **Carter**, que defendía la existencia de un impuesto único sobre la renta que permitiría conocer la capacidad contributiva del sujeto y reducir al máximo los costes de recaudación.

Sin embargo, el impuesto único tiene algunos **inconvenientes**:

- Dificultad para conocer la renta global de las personas, lo que propicia el aumento de la evasión fiscal, ya que las apreciaciones se basan en las declaraciones directas de la renta de los contribuyentes. Sin embargo, cuando existen múltiples impuestos, aunque se produzcan errores de apreciación, estos se compensan unos con otros.

- Por otra parte, la Administración cuando determina el volumen de renta global del sujeto lo puede hacer a partir de sus rentas parciales. Es en estas rentas parciales en las que se basan los sistemas de imposición múltiple.

Por todo ello se considera que deben existir distintos tipos de impuestos, y no de un impuesto único.

6.1.2. Impuestos directos frente a impuestos indirectos

La existencia de dos clases de impuestos: impuestos directos que gravan la renta cuando se genera e impuestos indirectos que gravan la renta cuando se gasta, garantiza una recaudación más apropiada desde el punto de vista de la equidad fiscal; dada su **complementariedad**. Se trataría de gravar la renta del sujeto en dos tiempos al obtenerla y gastarla.

- Los impuestos indirectos compensan los errores de evaluación (las evasiones fiscales) de los impuestos directos.

- Los impuestos directos gravan las partes de la renta no manifestadas en los actos de consumo.

EJEMPLOS NUMÉRICOS

Parece conveniente la existencia simultanea de impuestos directos e indirectos, puesto que de este modo se consigue una mayor recaudación, una eliminación considerable de los errores de cálculo cometidos al evaluar la renta y un mayor grado de equidad en la distribución de las cargas fiscales.

Existen tres **criterios** de diferenciación que nos permiten distinguir entre impuestos directos e indirectos.

- Según aparezcan o no detallados en listas o nóminas. Los impuestos directos aparecen detallados en listas o nóminas, mientras que los indirectos no. Pero este criterio no es tajante, pues hay impuestos indirectos que gravan actos de consumo que se liquidan a través de listas (p. ej. el teléfono).

- Según sus posibilidades de repercusión. Los impuestos indirectos se pueden repercutir, mientras que los directos no. Pero este criterio también tiene una excepción, pues hay autores que consideran que el Impuesto de Sociedades sí se repercute, ya que los empresarios cargan ese impuesto al precio final de los bienes al intentar los empresarios mantener su tasa de beneficio.

- Según el momento elegido para gravar la renta o patrimonio. Los impuestos directos gravan la renta o el patrimonio cuando se genera, mientas que los indirectos los gravan cuando se gastan. No obstante, existe un impuesto que es difícil de encasillar: el impuesto de sucesiones mortis causa. Para el heredero es un impuesto directo, pero para el causante es un impuesto indirecto, ya que se generaría al consumir ese patrimonio.

En cuanto a sus **ventajas** e **inconvenientes**:

Tradicionalmente se viene entendiendo que la preponderancia de los impuestos **directos** es un signo de desarrollo económico y social. A mayor grado de desarrollo mayor implantación de la imposición directa frente a la indirecta. En este sentido, se entiende que la imposición directa presenta las siguientes ventajas frente a la imposición indirecta:

- Teniendo en cuenta que la función de consumo presenta una PMaC decreciente, podemos decir que un impuesto indirecto que grava el consumo a través de un tipo único se convierte en regresivo, ya que serán las personas con menos rentas las que paguen un porcentaje mayor.

- El consumo no es un índice adecuado para medir la capacidad de pago, ya que los impuestos indirectos solo gravan la parte de la renta dedicada al consumo. En cambio, los impuestos directos gravan toda la renta por lo que parece más adecuado a efectos de justicia distributiva.

- Desde el punto de vista de la equidad fiscal los impuestos directos son mejores porque como gravan toda la renta, permiten hacer discriminaciones por razones personales o de origen de las rentas. Además, permite dejar exentos de su pago a aquellas personas que no alcanzan el mínimo de subsistencia. Por el contrario, la imposición indirecta se dirige de una forma impersonal a gravar el poder de compra en los distintos actos de consumo.

- Desde el punto de vista de la asignación eficiente de recursos, los impuestos indirectos hacen que el individuo tenga que soportar un "exceso de gravamen" de lo que le supondría si le gravara a través de impuestos directos.

No obstante, también se han resaltado algunas ventajas de la **imposición indirecta**.

- Como los impuestos indirectos se pagan junto con el precio de los bienes que compra, el sujeto tiene la "ilusión financiera" de que así paga menos impuestos.
- Esto supone una doble ventaja para el **Estado**:
  - Porque los impuestos indirectos son más fáciles de recaudar, ya que para el individuo resultan menos gravosos desde el punto de vista de su liquidez, pues técnicamente supone gravar cada acto de consumo y esto resulta menos gravoso para el sujeto y además se puede determinar la cantidad de impuesto a pagar por cada uno.
  - Porque desde el punto de vista político, el Estado se encuentra con menor grado de contestación por parte de los sujetos, y además la recaudación se hace por medio del productor y por ello el sistema de recaudación es más sencillo.

6.1.3. Impuestos reales frente a impuestos personales

Otra cuestión hacendística objeto de estudio consiste en analizar las distintas formas de gravar la renta generada (impuestos directos), esto es gravar la renta del sujeto según sus características personales e independientemente del origen de esas rentas: impuestos personales o bien gravar la renta en atención a su origen independientemente de las características de la persona que paga el impuesto: impuestos reales.

Por lo que estas dos formas de impuestos directos son:

- los impuestos **reales** son los que gravan la renta del sujeto en función del origen de esa renta.
- los impuestos **personales** son los que gravan la renta del sujeto según sus características personales del mismo.

Existen cuatro **criterios de diferenciación** que nos permiten distinguir estas dos formas de impuestos directos:

1. Los impuestos reales gravan cosas aisladas, es decir, no gravan la renta total sino distintas gamas de renta. Lo que permite hacer discriminaciones cualitativas en función del origen de la renta; esto es rentas de trabajo, frente a rentas de capital. Mientras que los impuestos personales gravan la renta total del sujeto; lo que permite hacer discriminaciones en función de las características personales del sujeto, vgr casado, soltero, con hijos o no. Al tratarse de impuestos que gravan la renta total son apropiados para aplicar signos de progresividad, dando lugar a discriminaciones de tipo cuantitativo, las rentas altas a un tipo impositivo mayor que las rentas bajas; sin embargo, los impuestos reales no son apropiados para practicar símbolos de progresividad.

2. Los impuestos reales siguen a la cosa; mientras que los impuestos personales siguen a la persona. En los primeros no es importante saber quién es la persona que paga el impuesto, pero en los segundos sí.

3. Los impuestos reales se pagan en el lugar donde está la cosa; mientras que los personales el lugar de imposición es el de residencia del contribuyente. En los impuestos reales el origen del impuesto es la fuente que produce el ingreso y en los personales la persona que paga el impuesto.

   Esto plantea varios problemas, ya que si bien es fácil determinar el *locus rei sitae* (terrenos, edificios), en otros casos como el de la riqueza mobiliaria o las sociedades, la cuestión es más compleja porque puede ocurrir que el lugar donde se encuentra la planta donde se producen los rendimientos no coincida con el lugar donde se encuentra la sede o razón social. Y por lo que se refiere a los impuestos personales tampoco es fácil determinar el lugar de residencia del sujeto. Se suele entender que es el lugar en el que realiza la actividad por la que obtiene ingresos; y se suele exigir que lleve viviendo al menos 6 meses, para evitar el fraude.

4. Los impuestos reales son más fáciles de recaudar que los impuestos personales, ya que los primeros pueden ser gravado por cuantas manos pasa la renta; mientras que en los segundos hay que conocer primero cual es la renta integra del sujeto y por lo tanto el momento de la recaudación es uno solo.

VII. LA DISTRIBUCIÓN FORMAL DEL IMPUESTO

La distribución formal o jurídica del impuesto consiste en estudiar cuales son los criterios más adecuados para conseguir un reparto de impuestos acorde con los principios de **justicia y equidad** (tanto en sentido vertical como horizontal).

Teniendo en cuenta que los impuestos proceden de la renta global, podemos dividir a los individuos en dos grupos dependiendo del **volumen de renta** y de la **procedencia** de esa renta (trabajo o capital). Esto exige que desde el punto de vista de la equidad fiscal sea necesario hacer discriminaciones en el pago del impuesto. Dichas discriminaciones pueden obedecer a razones cuantitativas distinta cantidad de renta o a razones cualitativas distinta calidad de renta, lo cual da lugar a las dos ramas de la distribución formal del impuesto: la cuantitativa y la cualitativa.

7.1. DISTRIBUCIÓN CUALITATIVA

La distribución cualitativa estudia cual es el trato fiscal que deben tener los sujetos cuando tienen el mismo nivel de renta, pero ésta es de distinta calidad, es decir, tiene distinta procedencia. En este sentido la práctica tributaria distingue por su distinto origen entre rentas de trabajo (procedentes del esfuerzo humano) y rentas de capital (procedentes el patrimonio).

En la práctica, la renta suele ser mixta; pero la cuestión es si deben tener el mismo trato tributario dos rentas de igual volumen, pero de distinto origen. Las distintas escuelas de pensamiento económico coinciden en que el tratamiento ha de ser distinto en función del origen de las rentas, pero difieren en la justificación.

- Los clásicos sostenían que el trato debía ser diferente y favorable a las rentas procedentes del trabajo, éstas eran ganadas, mientras que las procedentes del capital no exigían esfuerzo físico y en consecuencia las primeras tenían que tener un trato de favor.

- Esta postura se acentuó con Marx, para quien solo el factor trabajo es realmente productivo. Según el planteamiento comunista solo deberían gravarse las rentas de capital, y no las de trabajo. El problema es que este planteamiento parece aceptar que las rentas de trabajo corresponden a los pobres, y las rentas de capital a los ricos, y si esto fuera así, estaríamos en el ámbito de la distribución cuantitativa.

- Los actuarios defendían la diferencia de trato, pero no por las razones expuestas por los clásicos y los marxistas, sino porque mientras que las rentas de trabajo son temporales, las de capital son perpetuas. Si en vez de fijarnos en el volumen de la renta lo hiciéramos en el valor del capital que da lugar a la misma, el valor actual capitalizado de dos rentas iguales pero una temporal y otra perpetua sería distinto y mayor el de la renta perpetua que tendría que pagar más impuestos. Sin embargo, también es cierto que la renta de trabajo solo pagaría impuestos mientras se estuviera percibiendo y la renta de capital los pagaría de forma perpetua ya que su obtención puede ir más allá de la renta del sujeto. Este planteamiento sería correcto si los impuestos fueran proporcionales, pero si fueran progresivos no podría admitirse la diferencia de trato.

- Otro argumento en favor de la diferenciación se basa en los costes implícitos que lleva aparejado la renta de trabajo, ya que normalmente requieren de un previo proceso de aprendizaje. En este sentido la renta de trabajo sería el rendimiento de la inversión en educación, por lo que a la hora de pagar el impuesto habría que permitir descontar la amortización.

De todo ello podemos concluir que el trato de favor establecido para las rentas de trabajo debe basarse en elemento temporal (pues solo se obtienen durante la vida activa o vida laboral del sujeto), y el elemento desgaste (pues el cuerpo humano sufre un desgaste físico).

Para que las rentas de trabajo y las rentas de capital sean homogéneas se requiere que a la primera se le permita ahorrar tal cantidad, que al final de la vida activa del trabajador éste obtenga un volumen de capital igual a la que genera la segunda.

En la práctica, para hacer de igual calidad u homogéneas dos rentas de distinta calidad, hay que permitir desgravar el ahorro de las rentas de trabajo y gravar solo la parte de las mismas que se consume; dado que es imposible conocer la cuota de ahorro de las rentas de trabajo, se recurre a una estimación indirecta de este ahorro, estableciendo tipos más bajos para las rentas de trabajo que para las de capital. P. ej. trato de favor que establece el IRPF. Otra medida es la creación de un impuesto sobre el patrimonio que grave solo las rentas de capital; no obstante, como este impuesto presenta unos mínimos exentos, no se practica discriminación cualitativa cuando el patrimonio esté por debajo de esos mínimos exentos.

7.2. DISTRIBUCIÓN CUANTITATIVA

La distribución cuantitativa estudia cual es el trato fiscal que deben tener las rentas cuando tienen la **misma calidad o naturaleza**, pero **diferente cuantía**.

La primera cuestión que se plantea es si todas las rentas deben pagar impuestos, o si deben existir determinadas rentas, las más bajas, que no tengan obligación de pagar; es lo que se denomina mínimos exentos. Existe unanimidad para admitir que no debe gravarse la renta cuando ésta solo alcanza el mínimo indispensable de subsistencia. El argumento teórico parece evidente ya que cuando la renta del sujeto no es suficiente para cubrir sus necesidades mínimas, este sujeto no estará dispuesto a gastar en obtener servicios públicos. Además, si se le obligase a pagar, como no tendría lo mínimo para subsistir, el Estado se vería obligado a concederle una subvención a tal fin, es decir a reembolsarle la parte pagada. No parece difícil justificar la desgravación del mínimo de subsistencia, el problema surge al determinar qué se ha de entender por mínimo de subsistencia. Este concepto está enmarcado en unas determinadas coordenadas de espacio, tiempo y contexto social y por lo tanto es un concepto que cambia. En cada tiempo y lugar habrá que determinar la cuantía adecuada para determinar el mínimo social aceptable como nivel de renta indispensable para subsistir un individuo y por el que no tiene obligación de pagar impuestos.

7.2.1. Clases de tributación

Todas las personas que superen esos mínimos exentos tendrán que pagar impuestos. Pero esta tributación será diferente dependiendo del volumen de renta (Base impositiva o <u>base imponible a efectos de tributación</u>). Existen cuatro tipos distintos de tributación:

- **Tributación igual**: todos los individuos deberán pagar una determinada cuota del impuesto independientemente del volumen de renta que posean, esto es un impuesto igual. Por lo que la base del impuesto solo sirve para determinar quiénes son los contribuyentes. P. ej. para cualquier nivel de renta, el impuesto es 100.

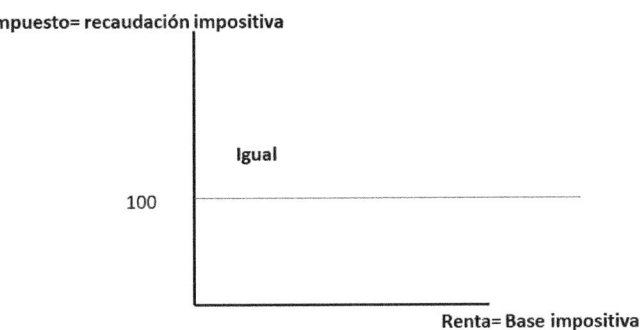

Ejemplo numérico

Impuesto €	Renta €
100	1000
100	2000
100	3000

- **Tributación proporcional**: En este tipo de impuestos la recaudación aumenta al aumentar la base de forma proporcional. Esto requiere que el tipo impositivo sea constante. P. ej. el Impuesto de Sociedades, el IVA.

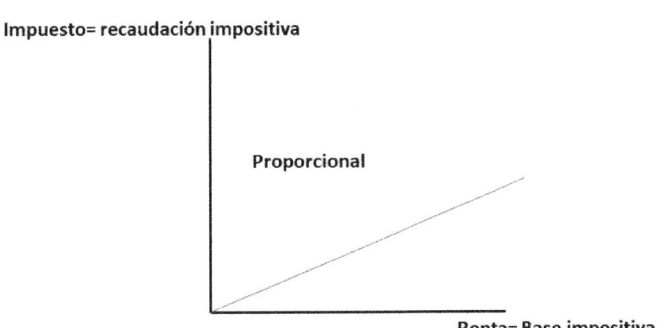

Ejemplo numérico

Impuesto €	Renta €	Tipo de gravamen %
100	1.000	10
200	2.000	10
300	3.000	10

- **Tributación progresiva**: En este tipo de impuesto la recaudación aumenta paralelamente a la base, pero más que proporcionalmente. Esto requiere que el tipo impositivo sea creciente al aumentar la base. P. ej. el IRPF.

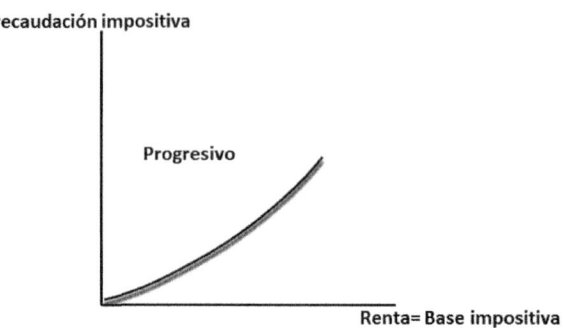

Ejemplo numérico

Impuesto €	Renta €	Tipo de gravamen %
100	1.000	10
260	2.000	13
480	3.000	16

- **Tributación regresiva**: la recaudación aumenta menos que proporcionalmente, o incluso disminuye, al aumentar la base. Esto requiere que el tipo impositivo sea decreciente al aumentar la base.

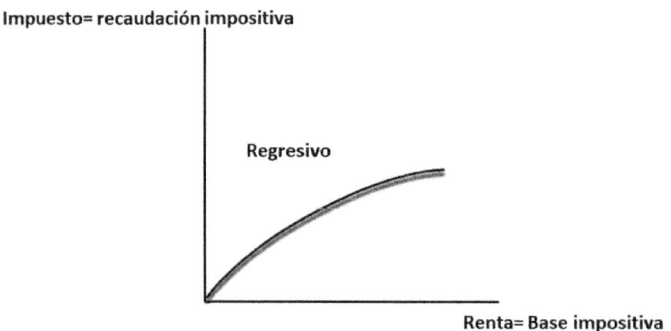

Ejemplo numérico

Impuesto €	Renta €	Tipo de gravamen %
100	1.000	10
160	2.000	8
180	3.000	6

Para determinar cómo son los impuestos tenemos que atenernos a la relación que existe entre la recaudación – T-. y la base –B-. Esta relación en términos de elasticidad sería la siguiente

$$E_{TB}=\frac{\frac{\Delta T}{T}}{\frac{\Delta B}{B}} > 1 \text{ el impuesto es progresivo}$$

$$E_{TB}=\frac{\frac{\Delta T}{T}}{\frac{\Delta B}{B}} = 1 \text{ el impuesto es proporcional}$$

$$E_{TB}=\frac{\frac{\Delta T}{T}}{\frac{\Delta B}{B}} < 1 \text{ el impuesto es regresivo}$$

Esta elasticidad también puede expresarse de esta otra forma

$$E_{TB}=\frac{\frac{\Delta T}{\Delta B}}{\frac{T}{B}} \text{ ; donde } \frac{\Delta T}{\Delta B} = \text{ es el tipo marginal, es decir, } \mathbf{T'}, \text{ y } \frac{T}{B} = \text{ al tipo medio de gravamen o}$$

tipo efectivo, $\overline{T}$, y por lo tanto $E_{TB}=\dfrac{T'}{\overline{T}}$

Si $T' > \overline{T}$ el impuesto es progresivo

Si $T' = \overline{T}$ el impuesto es proporcional

Si $T' < \overline{T}$ el impuesto es regresivo

7.2.2. Formas de progresión

La aplicación práctica de la imposición progresiva presenta algunas dificultades ya que es necesario dividir la renta de los sujetos (base impositiva o base imponible a efectos de tributación) en diversas clases. Lo que ha dado lugar a las distintas clases de progresión:

- **Progresividad por clases**: este sistema exige el establecimiento de distintos grupos de rentas (bases), y la aplicación de un solo tipo a cada grupo de renta (base). La aplicación de este principio puede plantear problemas de equidad fiscal, ya que puede ocurrir que un sujeto que antes del impuesto tenía un volumen de renta alto, después del pago del impuesto quede en peor situación que otro que inicialmente tenía un volumen menor de renta.

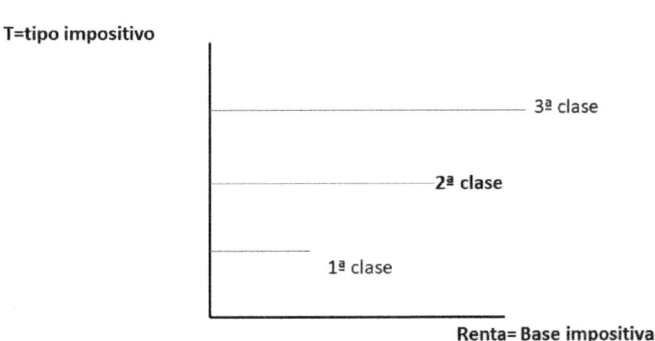

Progresividad por clases

Ejemplo numérico

Contribuyente Clase	Renta €	Tipo de gravamen %	Impuesto €	Renta después del impuesto €
A clase1	100.000	10	10.000	90.000
B clase 2	100.001	13	13.000,13	87.000,87
B clase 2	200.000	13	26.000	174.0000
C clase 3	200.001	16	32.000,16	168.000,84

- **Progresividad por escalones**: este sistema evita el problema de los saltos bruscos del sistema anterior. Para ello lo que hace es establecer distintos escalones de renta, aplicando un tipo distinto dentro de cada escalón. El inconveniente de este sistema es que cuando estos escalones son muy amplios, como dentro de cada escalón el tipo es el mismo, el impuesto se convierte en un impuesto proporcional.

Progresividad por escalones

Ejemplo numérico

Cálculo progresividad por escalones de un contribuyente perteneciente al escalón D con una renta de 350.000€

Tramos (escalones)	Renta€	Tipo de gravamen %	Impuesto €	Renta después del impuesto€
A	0-100.000	10	10.000	
B	100.001-200.000	13	13.000	
C	200.001-300.000	16	16.000	
D	300.001-…………………	19	9.500	
			Total 48.500	301.500

Si se aplicase el sistema de progresividad por clases un individuo con Renta de 350000€ tendría que tributar por toda su renta desde el primer euro al 19%; el impuesto que tendría que pagar es de 66500€ y la renta que le quedaría después del pago del impuesto sería de 283. 500€.

El inconveniente de este sistema se encuentra en la amplitud de los escalones, a mayor amplitud menos progresividad. Para evitar este problema, habría que dividir las rentas en escalones infinitesimales de forma que, a cada nivel de renta, por pequeña que sea la diferencia de la misma, siempre le correspondería un tipo impositivo distinto. Esto es lo que se consigue con el sistema de **Progresividad continua**, que, a pesar de incluirse como un sistema de progresividad por escalones, adquiere una personalidad propia como "sistema ideal de imposición progresiva". Este sistema trata de evitar el problema del impuesto proporcional del sistema anterior; sin embargo, el inconveniente de este sistema es su difícil aplicación práctica. En su situación más extrema, su gráfico se correspondería con una función continua donde a cada incremento de renta le correspondería un incremento de tipo impositivo.

Ejemplo numérico y gráfico

7.2.3. La progresividad en España

Con carácter general se entiende que para que se cumpla el principio de capacidad de pago, y de acuerdo con los criterios éticos de que la perdida de sacrificio sea igual, proporcional o mínima, los impuestos han de ser **proporcionales o progresivos**; desechando los iguales y los regresivos.

Atendiendo al grado de progresividad el impuesto más importante en el sistema impositivo español es el Impuesto sobre la Renta de las Personas Físicas- IRPF-, si bien dentro de éste se distingue entre tipo marginal y tipo medio de gravamen.

Propuesta de trabajo: *Revise la ley del IRPF y analice la determinación de la cuota impositiva para el cálculo del gravamen.*

VIII. DISTRIBUCIÓN ECONÓMICA DEL IMPUESTO

8.1. CONCEPTO

La distribución económica se refiere al estudio de cuáles son los **aspectos** económicos que tiene la detracción de la renta causada por el pago de los impuestos para quien lo paga. La distribución económica del impuesto abarca dos cuestiones:

- Por un lado, se trata de medir los efectos económicos que esa detracción de renta produce en la conducta de los individuos y en la variación de las magnitudes económicas básicas de todo el sistema económico.

- Por otro lado, se trata de analizar los efectos económicos a que da lugar el sistema de precios para conocer quien termina pagando el impuesto.

El primer aspecto se ha estudiado parcialmente al analizar los efectos macroeconómicos derivados del pago de los impuestos y se analizará al estudiar las distintas figuras impositivas y sus efectos económicos. Por lo que en este apartado nos centraremos solo en este segundo efecto, que da lugar la teoría hacendística de la repercusión impositiva. En esta teoría podemos distinguir cuatro momentos, que Pantaleoni agrupó en:

1. La **percusión** del impuesto, que hace referencia al *contribuyente de iure*, es decir, aquel que por disposición legal tiene que pagar el impuesto.

2. La **traslación** del impuesto o repercusión, que se refiere al contribuyente de facto, es decir, a quién termina pagando el impuesto. Esta traslación puede dirigirse a quienes compran los productos, esto es los consumidores- "traslación hacia delante"- o a los propietarios de los factores de producción -"traslación hacia atrás"-.

3. La **incidencia** del impuesto, que se refiere a aquella situación en la el contribuyente ya no puede realizar más repercusiones, ya no puede trasladarlo más.

4. La **difusión** del impuesto, que se refiere a los efectos que tiene el impuesto en la economía del contribuyente y en la de aquellos con el que éste se relaciona.

8.2. TEORÍA HACENDÍSTICA DE LA TRASLACIÓN O REPERCUSIÓN IMPOSITIVA: EFECTOS ECONÓMICOS

La Ley 2 de agosto de 1985 por la que se implantó el Impuesto sobre el Valor Añadido señalaba en su exposición de motivos que estarán obligados al pago de este impuesto *"las personas o entidades que realicen la entrega de bienes y prestaciones de servicios sujetas al mismo"*. No obstante, como es un impuesto sobre el consumo, la repercusión obligatoria de las cuotas traslada la carga impositiva a las fases posteriores del proceso de producción o distribución hasta llegar al consumidor final. Este principio de repercusión impositiva está reconocido en el art **88** de la LIVA: "*Los sujetos pasivos deberán* **repercutir íntegramente** *el importe del impuesto sobre aquel para quien se realice la operación gravada, quedando este obligado a soportarlo"*.

Por tanto, se autoriza al productor a repercutir la totalidad del impuesto, de manera sucesiva, a través de los diferentes productores o distribuidores por los que va pasando el bien (**contribuyentes de iure**) hasta alcanzar al consumidor final (contribuyente **de facto**).

Pero una cosa es lo que determina la ley formal (para garantizar el principio de seguridad jurídica) y otra lo que termina sucediendo como resultado del comportamiento de los mercados sometidos a las leyes económicas ¿Quién termina pagando el impuesto?

Veamos cuales son los **EFECTOS** de la traslación. (Véase Gráfico 11.1).

1. A **corto plazo**, el efecto es una subida del precio de los productos. Según el art 88, el productor puede subir el precio del producto final en el mismo porcentaje del pago unitario del impuesto, de manera que el incremento del precio sea igual al impuesto.

2. A **largo plazo**, los efectos son otros, ya que a largo plazo no se puede mantener la situación por la que el productor vende la misma cantidad de producto y el precio se mantenga en el mismo incorporando el impuesto unitario. La subida por ley del precio supone un aumento en los costes del empresario de igual cuantía, por tanto, la curva de oferta sufre un desplazamiento hacia arriba por cada unidad vendida. Después de producirse los correspondientes ajustes en el mercado, el empresario no termina vendiendo la cantidad inicial sino una menor y el precio final del producto es menor que a corto plazo, ya que la parte del impuesto se acaba soportando por el productor y por el consumidor .Por lo que podemos afirmar que en los casos generales, un impuesto de esta naturaleza tiene dos efectos económicos importantes:

Gráfico 11.1

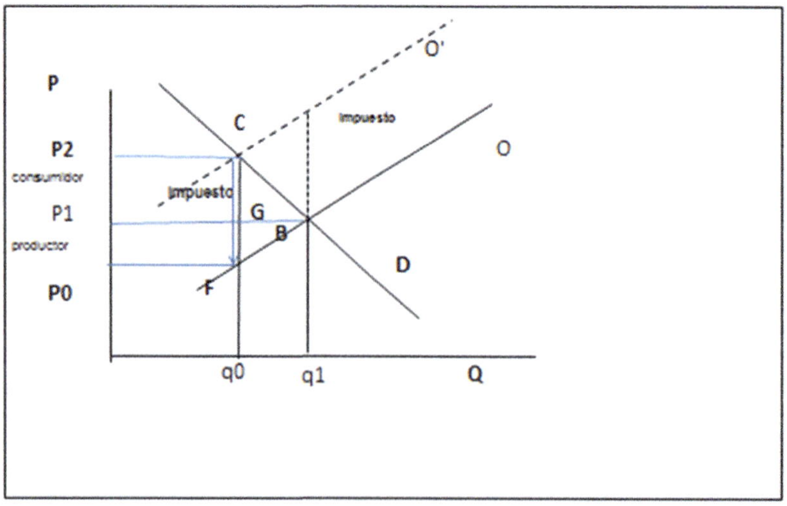

- Disminución de la cantidad producida ▼Q de q1 a q0

- Variación en el precio, y reparto del impuesto entre los dos agentes económicos que intervienen en el proceso: consumidor y productor. ΔP y reparto P2-P1 consumidor y P1-P0 productor.

Ahora bien ¿De qué factores depende la intensidad de estos efectos?

Dependen de la inclinación de las curvas de demanda y de oferta, es decir de la elasticidad de las curvas de demanda y de oferta.

Como norma general se puede afirmar que:1) cuanto mayor sean las elasticidades de las curvas de demanda y de oferta, mayor será la variación de la cantidad vendida, 2) el reparto del impuesto entre consumidores y empresarios está en razón inversa a las elasticidades de demanda y oferta.

Podemos diferencias 4 casos extremos, el resto de casos se encuentra en lo que hemos denominado caso general. Estos cuatro casos extremos son:

1. Cuando la curva de demanda es totalmente rígida, la variación de la cantidad es cero y todo el impuesto lo paga el consumidor.

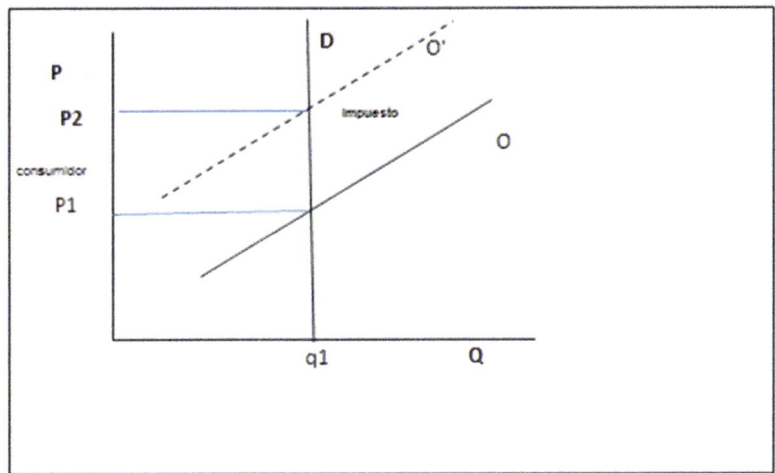

2. Cuando la curva de oferta es totalmente rígida, la variación de la cantidad es cero y todo el impuesto lo paga el productor. El establecimiento del impuesto **no se ve gráficamente, porque la representación se superpone a la de la primitiva curva de oferta**.

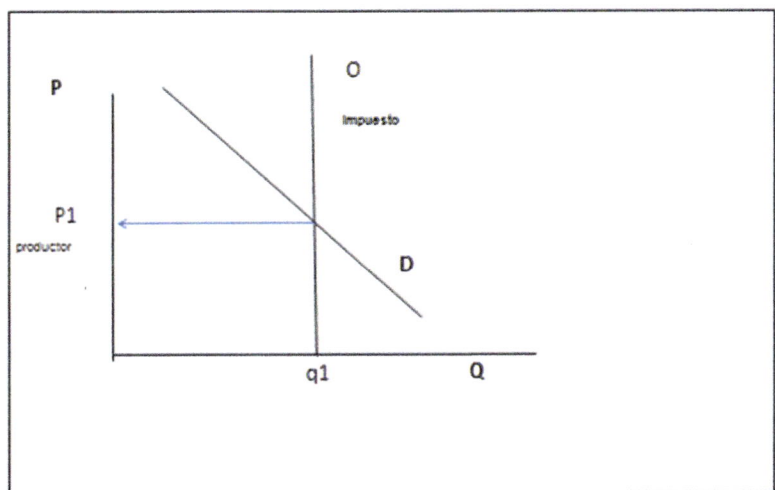

3. Cuando la curva de demanda es totalmente elástica, la variación de la cantidad es grande y todo el impuesto lo paga el productor.

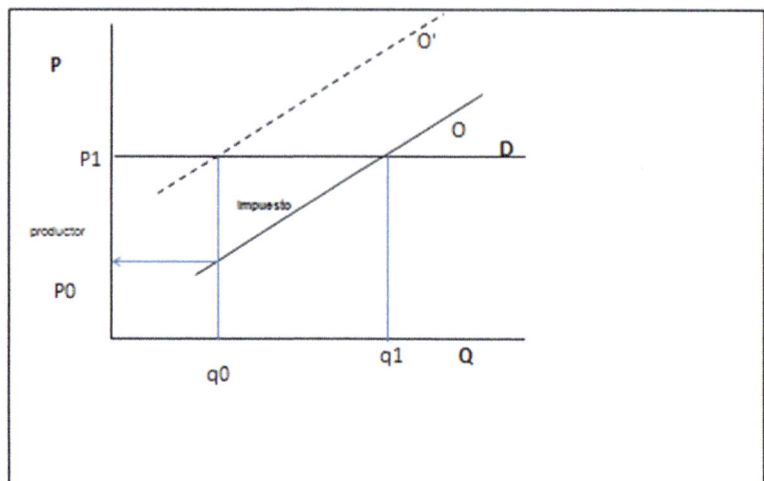

4. Cuando la curva de oferta es totalmente elástica, la variación de la cantidad es grande y todo el impuesto lo paga el consumidor.

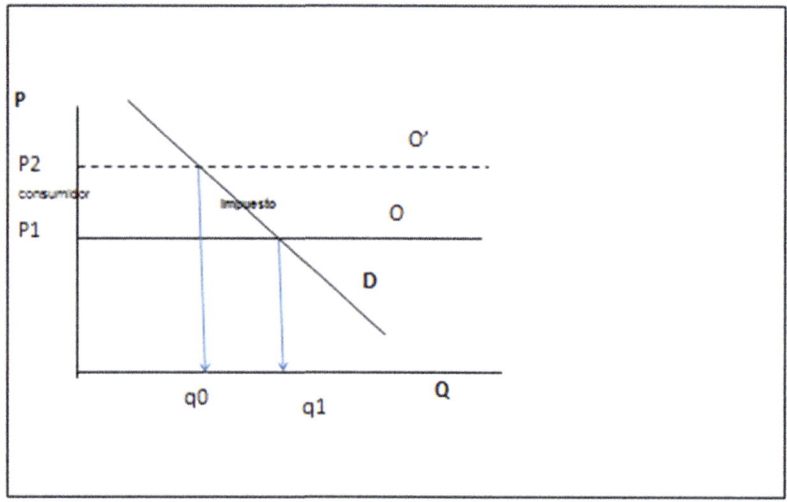

El fenómeno de la repercusión impositiva es mucho más variado ya que sus efectos económicos están en función de dos factores: la clase de impuesto, y la forma del mercado. Téngase en cuenta que nuestro estudio se ha limitado al caso de un impuesto unitario en un mercado de competencia perfecta, pero existen distintas clases de impuestos y de mercados. El tipo de efectos se mantiene, aunque habría que ajustar su intensidad a las peculiaridades de cada caso, esto es:

a) Por lo que se refiere a la clase de impuesto, distinguimos tres formas de impuestos sobre el volumen de ventas: fijo, unitario o específico y *ad Valorem*.
   - El impuesto fijo no varía en función del volumen de ventas.
   - El impuesto por unidad o específico depende no solo del alza de los costes medios, sino también de los costes marginales.
   - El impuesto *ad Valorem* es un porcentaje constante del precio, dependiendo su recaudación del valor del producto.

Estas tres clases de impuestos se analizan normalmente en el caso de funciones de costes crecientes o constantes, pero también puede darse el caso de curvas de costes decrecientes en el caso de las economías de escala, donde los éstos son decrecientes, el precio del producto puede aumentar en mayor medida que el impuesto.

b) Por lo que se refiere a las formas de mercado, distinguimos dos formas extremas de mercado para el análisis: mercado de competencia perfecta, y monopolio, pero cualquiera otra forma intermedia de mercado puede ser analizada para el caso concreto.

IX. LAS DISTORSIONES IMPOSITIVAS Y EL EXCESO DE GRAVAMEN

En el epígrafe anterior hemos estudiado cómo el impuesto causa una serie de distorsiones en la asignación de recursos que se produce a través del traslado de la carga impositiva de unos agentes económicos a otros, es el fenómeno de la traslación impositiva. Dentro del tema de la asignación de recursos existe otro problema derivado del pago de los impuestos cual es el exceso de gravamen cuando la suma pagada por el productor y el consumidor excede, en términos de bienestar, a la suma recaudada por el Estado. El exceso de gravamen es la diferencia entre la pérdida de bienestar que supone a los ciudadanos el pago del impuesto y las ganancias en términos de bienestar que reciben los mismos de los bienes y servicios producidos por el Estado y que se financian con sus impuestos.

Esta situación se podría evitar si existiese un impuesto de capitación en el que todos los ciudadanos pagasen la misma cantidad. Pero el inconveniente de esta medida es que no respeta los principios en los que se fundamenta la equidad fiscal.

El exceso de gravamen afecta tanto a la imposición directa como a la indirecta, pero en mayor grado a esta última, ya que en el primer caso afectaría al impuesto sobre las rentas salariales, mientras que en el caso de los impuestos indirectos afectaría a todos los impuestos que graven el consumo. Por eso, solo vamos a estudiar cual es el exceso de gravamen en el caso del impuesto unitario sobre el consumo. Hay que tener en cuenta que la cuantía del exceso de gravamen viene determinada por la elasticidad, por lo que, si las curvas de oferta o de demanda son más rígidas, el exceso de gravamen sería menor.

Gráfico 11.2

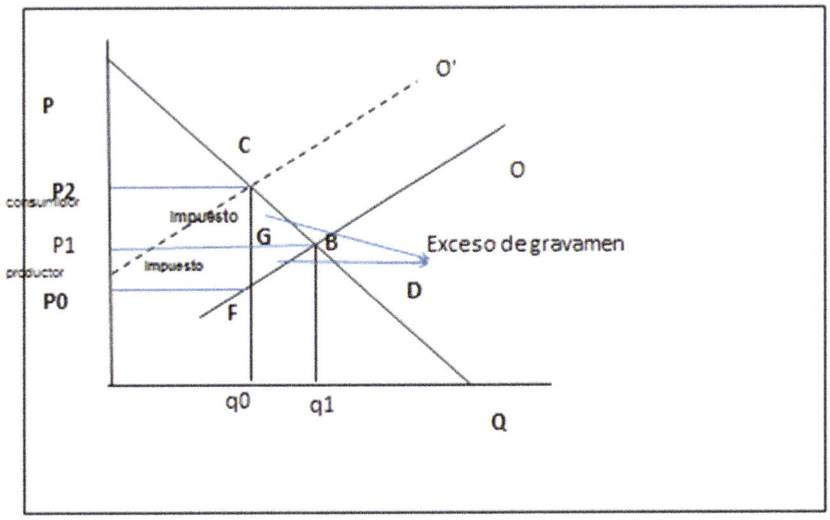

El ciudadano pierde de su excedente del consumidor PBP$_1$, el área P2,C;B,G,P1

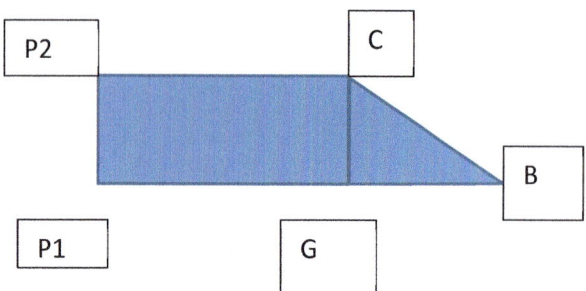

Y recibiría en contraprestación por el pago de impuestos

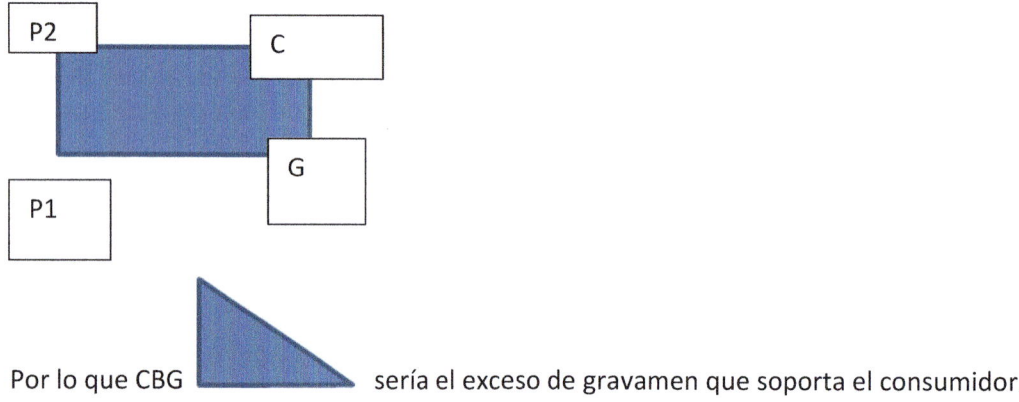

Por lo que CBG 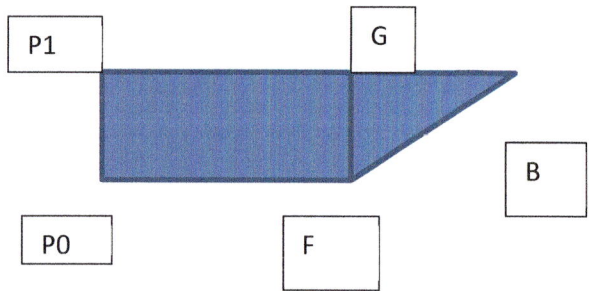 sería el exceso de gravamen que soporta el consumidor.

En el caso del productor el análisis es el siguiente: el Productor sufre una pérdida del excedente del productor de P1GBFP0,

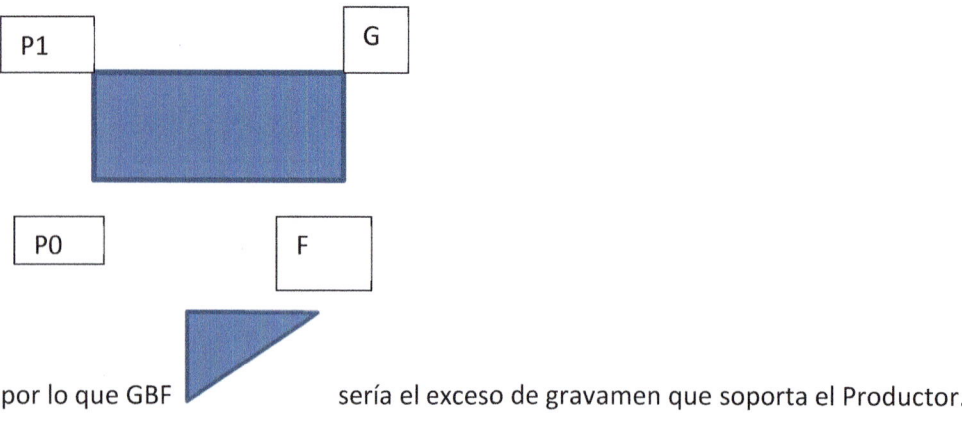

y recibiría en contraprestación por el pago de impuestos del Estado,

por lo que GBF sería el exceso de gravamen que soporta el Productor.

En total el exceso de gravamen se correspondería con los excedentes del consumidor y productor no

recuperados por los bienes y servicios recibidos por el pago de sus impuestos

+

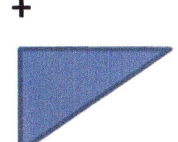

X. BIBLIOGRAFÍA

Básica

GARCÍA VILLAREJO, A. Y SALINAS SÁNCHEZ, F.J. (1994), Manual de Hacienda Pública. General y de España, Tecnos. Capítulos XXI, XXII y XXIII.

GAMAZO CHILLÓN, J.C y VEGA MOCOROA, I. (2020) Notas para el Estudio de hacienda Pública. Universidad de Valladolid. Capítulo 11..

BUSTOS GISBERT, A. (2017), Curso Básico de Hacienda Pública, Editorial Civitas Thomson Reuters, Madrid. Capítulo 7.

VEGA MOCOROA, I. (2024), Compendio Básico de Hacienda Pública. Ediciones Universidad de Valladolid. Valladolid. Capítulo 11.

Complementaria

COSTA, M. y otros (2003), Teoría básica de los impuestos. Thomson- Civitas. Madrid.

GUTIÉRREZ JUNQUERA, P. (1998), Curso de Hacienda Pública. Ed. Universidad de Salamanca. Capítulos 10, 11 y 12.

ALBI IBÁÑEZ, E. ET ALIA (2018), Economía Pública II. Ariel. Capítulos 1, 2, 3 y 8.

STIGLITZ, J.E. (2009), La Economía del Sector Público, Antoni Bosch Editor. Capítulos 18, 19 y 20.

XI. EJERCICIOS

1. En el cuadro1 se recoge la tarifa de un impuesto sobre la renta de carácter progresivo. Calcule la cuota que tendrá que pagar cada una de las personas recogidas en el cuadro 2 en atención a la renta de las mismas así como el tipo medio soportado en cada caso según se aplique una tarifa por escalones o por clases de renta. Comente las principales diferencias.

Cuadro 1

Base imponible	Tipo impositivo
De 0 a 10.000€	4%
De 10001 a 20.000€	6%
De 20001 a 30.000€	8%
De 30001 a ……………	10%

Cuadro 2

Sujeto Pasivo	Base imponible
Isabel	10.000 €
Pablo	10.001 €
Alberto	19.500 €
Charo	20.500 €

2. El pago de un impuesto es una contrapartida directa al Contribuyente por parte del Estado ¿Verdadero o Falso? Razone su respuesta.

3. Cuanto mayor es la elasticidad de la demanda mayor es la carga que soporta un comprador en un impuesto sobre las ventas.
¿Verdadero o Falso? Razone su respuesta.

4. Teniendo en cuenta que en España la Ley IRPF: Art. 63.1.1º establece para el tramo estatal del IRPF que:

La base liquidable general del contribuyente debe ser gravada a los tipos que se indican en la escala general del IRPF que a continuación se reproduce:

Escala aplicable con independencia de su lugar de residencia			
Base liquidable hasta euros	Cuota íntegra euros	Resto base liquidable hasta euros	Tipo aplicable Porcentaje
0,00	0,00	12.450,00	9,50
12.450,00	1.182,75	7.750,00	12,00
20.200,00	2.112,75	15.000,00	15,00
35.200,00	4.362,75	24.800,00	18,50
60.000,00	8.950,75	240.000	22,50
300.000,00	62.950,75	En adelante	24,50

La cuantía resultante se minorará en el importe derivado de aplicar a la parte de la base liquidable general correspondiente al mínimo personal y familiar esta misma escala.

Analice el sistema de progresividad que se aplica en España de acuerdo con las clasificaciones estudiadas en el tema, valore la progresividad en España teniendo en cuenta que los contribuyentes por IRPF deben ser conscientes de que el porcentaje final que se paga se divide en dos tramos: el estatal, que figura en esta tabla que va a parar al Gobierno, y el autonómico que reciben las comunidades autónomas y que presentan ciertas oscilaciones frente al estatal. Sin incluir en este estudio las comunidades sujetas al Régimen Foral, el tipo inferior autonómico oscila para los mismos tramos de Renta entre el 8% (La Rioja) y el 10,5% (Cataluña) y en el caso del tramo superior entre el 20,50% (Madrid) y el 29,50% (Comunidad Valenciana).

Calcule cuál sería la cuota íntegra aplicar por el tramo Estatal si la renta de un contribuyente fuera de 75.000€ anuales y qué pasaría si se aplicase otro tipo de progresividad alternativo al del legislador español.

5. Con el fin de asentar los conceptos y explicaciones del tema en un folio blanco realice un mapa conceptual o esquema del tema y de sus principales capítulos después de la explicación y lectura del tema y sin copiar del manual; posteriormente, contraste con el manual si hay aspectos del esquema que no ha completado satisfactoriamente y reflexione sobre el porqué, si es por falta de estudio o de comprensión.

TEMA 12

ANÁLISIS ECONÓMICO
DEL SISTEMA IMPOSITIVO ESPAÑOL

En este tema vamos a analizar las principales figuras impositivas del sistema impositivo español, sus aspectos hacendísticos principales y los efectos económicos de dichas figuras impositivas. Vamos a comenzar estudiando la imposición indirecta, estudiaremos las distintas formas de imposición sobre el consumo, para centrarnos en un análisis más detallado de los impuestos sobre las ventas y en particular del impuesto sobre el valor añadido, su evolución en España y en la UE y los efectos económicos derivados del mismo. Para terminar con los impuestos indirectos estudiaremos los impuestos especiales, sus características y las principales accisas en España y en la UE.

La segunda parte del tema está dedicada a la imposición directa, analizaremos el impuesto sobre la Renta (IRPF), principales cuestiones hacendísticas y efectos económicos y con la misma estructura: el impuesto de sociedades

I. LA IMPOSICIÓN INDIRECTA

En este epígrafe analizaremos la imposición indirecta, es decir aquella que grava la renta de forma indirecta cuando se gasta, es decir se grava la capacidad de pago a través de un indicador indirecto: el gasto en consumo.

1.1. LA IMPOSICIÓN SOBRE EL CONSUMO Y SUS FORMAS

La imposición sobre el consumo admite dos formas básicas de funcionamiento.

a) **El impuesto sobre el gasto personal**

Se trata de un impuesto que grava la renta global pero solo en aquella parte que se dedica la consumo, para lo que es necesario conocer la parte de la renta que se dedica al consumo y la que se dedica al ahorro. Aunque se trata de un impuesto que grava el consumo, técnicamente se construye como un impuesto sobre la renta; la diferencia radica en que gravaría la renta solo en la parte en que es gastada. Como grava el gasto total del sujeto, permite establecer sistemas de progresividad. Se denomina impuesto sobre el gasto personal, por basarse en el gasto global del sujeto, o gasto global personal y permitir establecer sistemas de progresividad al igual que el impuesto personal sobre la renta.

El principal problema que plantea es el de calcular la base imponible del impuesto, ya que existen diversos sistemas: 1) <u>adición</u>: contabilizar todos y cada uno de los actos de consumo pero esto en definitiva es lo que hacen los impuestos sobre las ventas y nos encontraríamos ante un sistema de doble imposición 2) la base imponible se calcularía por <u>sustracción</u> del ahorro de la renta global, planteamiento que puede resultar engañoso ya que el individuo podría simular un alto volumen de ahorro obteniendo la desgravación en periodos sucesivos en los que ya no sea considerado como parte de la renta. El concepto de renta económico debe ser sustituido por uno más amplio el de ingresos totales; la base imponible vendría dada por la diferencia entre los ingresos totales y el ahorro de un mismo periodo, esta variante es técnicamente más adecuada en términos fiscales. Al tratarse de un impuesto que grava todo el consumo del sujeto y por lo tanto permite conocer las características personales que miden su capacidad de pago, aplicar una tarifa progresiva y establecer mínimos exentos y deducciones en atención a las mismas. Esta forma de imposición presenta ventajas e inconvenientes, pero debido a su baja aplicación práctica limitándose ésta al caso Sri Lanka y a las dificultades que presenta su aplicación como sustituto al Impuesto sobre la Renta o como complemento al mismo, no procede realizar un estudio detallado de esta forma de imposición y de sus eventuales posibilidades futuras.

b) **Impuesto sobre el consumo o el volumen de ventas**

Se trata de una forma de imposición que grava cada uno de los actos de consumo, sin tener en cuenta la capacidad global de compra. Dado que se desconoce la capacidad global de renta o de consumo del sujeto, no se pueden aplicar sistemas de progresividad; lo único que permite es hacer discriminaciones atendiendo a la categoría económica de los bienes. En función del objeto de gravamen podemos establecer dos categorías distintas:

1) impuestos específicos sobre el consumo de determinados bienes y servicios
2) los impuestos generales sobre el consumo o sobre el volumen de ventas, que gravan la totalidad de los bienes y servicios que se intercambian en una economía y que a su vez pueden distinguirse en distintas categorías.

Tabla 12.1 *Imposición especifica versus imposición general sobre el consumo*

	Imposición específica sobre el consumo	Imposición general sobre el consumo
Cobertura	**Impuestos parciales**	**Impuestos generales**
Tipo de gravamen	Diferentes tipos según la modalidad del bien afectado. El tipo de gravamen se aplica sobre una base imponible medida en unidades físicas, excepcionalmente el impuesto sobre el tabaco participa de una parte de impuesto por unidades y otra sobre el valor del bien o *ad valoren*.	Mismo tipo (posibilidad de diferenciar por categoría de producto). El tipo de gravamen se aplica sobre una base imponible que se corresponde con el valor del bien o servicio.
Finalidad del impuesto	Modificar el consumo de determinados productos.	Finalidad recaudatoria y suficiencia impositiva.
Eficiencia	Solo gravan a algunos bienes y servicios y por lo tanto desde la eficiencia interna pueden modificar el comportamiento de demandantes y oferentes.	Son más eficientes al gravar todos los bienes de consumo (excepción bienes exentos). Desde la eficiencia externa evitan comportamientos proteccionistas.
Neutralidad	No son neutrales por su finalidad.	Externa No distorsionan las operaciones del comercio internacional aplicando el principio de destino o algún sistema de *clearing* o ajustes en el caso de aplicar el principio de origen. Interna los más neutrales son los impuestos plurifásicos sobre el valor añadido.

Los impuestos sobre el consumo se caracterizan porque gravan la utilización de la renta, por no existir una relación directa entre la administración y el contribuyente de facto o económico, porque son fácilmente trasladables hacia los consumidores finales vía precios, porque son ocasionales, pues gravan el consumo cada vez que se produce una operación de compraventa de bienes y servicios gravados, porque son de naturaleza real, porque tienen carácter proporcional y porque gravan el consumo a través de las transacciones que se generan en una economía.

Las principales ventajas son:

a) Ofrecen una mayor facilidad de recaudación y control pues tiene una elevada capacidad recaudatoria especialmente los generales, aunque también algunos específicos como los que recaen en los hidrocarburos. Además, permite compensar las evasiones fiscales que ciertos individuos pueden cometer a través de la imposición directa.

b) Es una garantía de que todos los ciudadanos contribuirán a financiar los gastos públicos de acuerdo con un índice (el consumo) que, si bien no es tan perfecta como la renta, también mide la capacidad de pago.

c) Los individuos tienen la ilusión fiscal de que no están pagando impuestos, por lo que desde el punto de vista político, los impuestos indirectos ofrecen un menor grado de contestación social.

d) Son neutrales respecto a las decisiones de consumir o ahorrar, ya que gravan el consumo presente como el futuro siempre que los tipos impositivos se mantengan constantes. El precio cargado al consumidor no es superior a la recaudación.

e) Son buenos instrumentos de política económica, ya que sus efectos sobre los precios de los bienes y servicios por la repercusión impositiva son inmediatos, mientras que los efectos de los impuestos sobre la renta personal requieren un periodo de tiempo más largo.

f) Presentan unos costes administrativos y de gestión más bajos que la imposición directa porque existen menos sujetos pasivos y llevan una contabilidad mucho más precisa y completa que los sujetos pasivos del impuesto sobre la renta personal.

Las principales desventajas:

a) Como la PMaC es decreciente, el impuesto indirecto termina convirtiéndose en un tipo regresivo, respecto a la renta presentando problemas de equidad, ya que a medida que aumenta la renta del sujeto, disminuye la proporción de la renta destinada al consumo y aumenta la destinada al ahorro por lo tanto la carga fiscal de los individuos más pobres es mayor que la de los individuos más ricos.

b) La repercusión impositiva es muy variable, pues depende de tres factores: tipo de impuesto, elasticidad de la demanda, y elasticidad de la oferta. Pero ello sucede con los impuestos indirectos específicos, ya que si el impuesto es general es muy dudoso que el impuesto lo pague el consumidor, más bien recaerá sobre los factores de producción. El consumidor podría acabar pagándolo, pero no como consumidor sino como dueño de los factores de producción.

c) No Discrimina en atención a consideraciones socioeconómicas, por lo que para luchar contra la regresividad ha de establecer tipos impositivos más altos para los bienes de lujo, y más bajos o dejar exentos los bienes de primera necesidad; así se corrige la regresividad.

d) Efecto negativo sobre la inflación a corto plazo. No obstante, los aumentos de precios derivados de la aplicación de estos impuestos solo ocurren cuando se implantan o cuando suben los tipos impositivos.

e) Crean ilusión fiscal al camuflarse con los precios y no permiten que los contribuyentes perciban la carga fiscal que soportan por el pago de estos impuestos.

1.2. IMPOSICIÓN SOBRE LAS VENTAS: EL IMPUESTO SOBRE EL VALOR AÑADIDO

El Impuesto sobre las Ventas, que grava cada uno de los actos de consumo, sin tener en cuenta la capacidad global de compra. Dado que se desconoce la capacidad global de renta o de consumo del sujeto, no se pueden aplicar sistemas de progresividad; lo único que permite es hacer discriminaciones atendiendo a la categoría económica de los bienes. Por lo tanto, podemos definirlo como un impuesto indirecto de carácter real que grava el tráfico de bienes de consumo a lo largo del proceso de producción y distribución, y cuyo importe se permite repercutir al consumidor final. Es un impuesto general, ya que en principio grava todos los bienes de consumo y aunque puede tener excepciones ello desvirtúa, pero no anula, su carácter de generalidad.

1.2.1. Clases

Para determinar el valor de la base imponible del bien objeto de la venta es necesario conocer las fases del proceso de producción y distribución por las que ha pasado el bien antes de su venta y cuál es la base imponible que se toma en consideración para determinar el hecho imponible. Por ello las modalidades de impuestos sobre las ventas son el resultado de conjugar dos criterios de clasificación distintos.

1. Según el número de fases del proceso de producción y distribución que se grava o sobre la que recae el impuesto: **una o varias fases**. Se distingue entre impuesto monofásicos (si grava solo una fase), y plurifásico (si grava dos o más). En el primer caso hay que determinar cuál es la fase que se toma en cuenta para determinar el momento de la imposición, esto es Fabricante (se grava la producción) o Mayorista o Minorista (según se grave en el momento inicial o final de la distribución).

2. Según el **valor de la base** imponible al que se le aplica el tipo de gravamen, se distingue entre el impuesto en cascada (que grava el valor total), y el impuesto valor añadido (que grava una parte del valor total, solo el valor añadido).

1.2.2. Impuestos monofásicos y plurifásicos

A) Impuesto Monofásico

El impuesto monofásico solo grava **una** de las fases del proceso de producción y distribución, lo cual tiene una serie de ventajas y de inconvenientes:

a) En cuanto a sus **ventajas**:
- Desde el punto de vista de la asignación eficiente de recursos es el más **neutral**, ya que no afecta a la integración de las empresas.
- El número de sujetos pasivos del impuesto es más reducido, lo que facilita la **administración y recaudación** del impuesto, así como el abaratamiento en costes.

b) En cuanto a sus **inconvenientes**:
- Como solo se aplica en una fase, el tipo impositivo es **más alto**, lo que aumenta el rechazo social.
- Como solo se aplica en una fase, las posibilidades de **evasión fiscal** son mayores que si se diversifica en distintas etapas.

c) Existen tres **posibles tipologías**:
1. Que se aplique cuando el bien termina su proceso de producción, por lo que el sujeto pasivo de impuesto será el **fabricante**.
2. Que se aplique cuando el bien comienza su proceso de distribución, por lo que el sujeto pasivo será el **mayorista**.
3. Que se aplique cuando el bien termina su proceso de distribución, por lo que el sujeto pasivo será el **minorista**.

Estudio en detalle de cada tipo:

1. Impuesto sobre los fabricantes:

Sus ventajas son que permite comprobar cuál es la base del tributo, y que simplifica los trámites administrativos al haber menos sujetos pasivos. Su inconveniente es que al determinar la base del impuesto antes del proceso de distribución, su valor es más reducido, lo que obliga a establecer para unos mismos volúmenes de recaudación tipos más altos.

2. Impuesto sobre el mayorista:

La ventaja es que al establecer el impuesto en un momento posterior al de fabricación, el valor de la base imponible es más alto y para obtener una misma recaudación se pueden aplicar tipos impositivos más bajos.

3. Impuesto sobre el minorista:

Las ventajas e inconvenientes se deducen de los apartados anteriores. La ventaja sería la posibilidad de establecer tipos aún más bajos que en los impuestos fabricante y mayorista, y el inconveniente, que al haber más sujetos pasivos y que las empresas sean de menor dimensión, ello incrementa los costes administrativos y dificulta el control del fraude.

B) Impuesto Plurifásico

El impuesto plurifásico puede establecerse sobre todas **las fases** por las que pasa el bien, en ese caso grava todas las fases del proceso de producción y de distribución desde el inicio, con la fabricación del producto, hasta que este llega al consumidor final, pasando por los mayoristas o minoristas. El impuesto plurifásico admite dos formas: impuesto plurifásico acumulativo, *el impuesto en cascada* y el impuesto plurifásico no acumulatico, *el impuesto valor añadido*.

1. *Impuesto Cascada*

Este impuesto, cuyo origen se encuentra en la alcabala de la España medieval, consiste en gravar el **valor total** de **cada** una de las **transacciones** por las que pasa el bien. La imposición plurifásica en cascada sobre el volumen de ventas es un impuesto general sobre el consumo aplicado en todas las fases del proceso productivo de manera simultánea y acumulativa, mientras que, en los impuestos monofásicos, si bien se gravaba todo el valor de bien, se hacía en una única fase y por todo el valor en cada una de las fases. El impuesto en cascada grava el precio del producto en cada una de las fases productivas por las que transcurre el producto hasta ser adquirido por el consumidor final, de manera que se va acumulando dicho impuesto.

a) En cuanto a sus **ventajas**:

- Su principal ventaja es la **certeza**, seguridad, y simplicidad administrativa, al no tener que preocuparse por cómo valorar la base.
- La segunda ventaja es de **tipo psicológico**, pues como en cada etapa se grava el valor total del bien, se pueden aplicar tipos más bajos. De manera que el individuo tiene la ilusión fiscal de que paga menos impuestos, lo que es positivo desde el punto de vista político, dado su menor grado de contestación.
- En tercer lugar, es apropiado para realizar la **repercusión**, ya que al entenderse como un coste más del empresario, se añade automáticamente al precio.

b) En cuanto a sus **inconvenientes**:

- Al gravar todas las fases de producción y distribución por el valor total, existirán determinados elementos que serán gravados sucesivamente, habiendo por tanto doble, triple... imposición. Esto no tendría mucha importancia si los procesos de producción y distribución fueran similares, pero como no es así, el impuesto en cascada resulta injusto, ya que la carga tributaria que termina soportando el bien no solo depende del valor final, sino del número de fases por las que atraviesa. En definitiva, desde el punto de la asignación de recursos, no es un impuesto **neutral**. Los impuestos en cascada discriminan negativamente a los bienes que exigen para su producción largos procesos y favorecen la concentración e integración de empresas para evitar etapas y con ello, el pago del impuesto en cada una de ellas.

- En el ámbito del tráfico internacional, este impuesto produce diferencias de trato en los bienes de importación y exportación. En el caso de que no todos los países estén utilizando los mismos sistemas fiscales. Los problemas para el tráfico internacional provienen no solo de las diferentes estructuras impositivas de los Estados sino de sus diferentes sistemas fiscales por lo que para no dificultar el tráfico internacional (exportaciones e importaciones) la solución vendría de la mano de la armonización fiscal (armonización de las legislaciones fiscales).

El primer inconveniente ha hecho que muchos países abandonen el impuesto en cascada; mientras que el segundo ha hecho que los países hayan armonizado su legislación fiscal.

2. Impuesto Valor Añadido

Este impuesto consiste en gravar únicamente el **valor añadido** en todas las fases, por lo que tiene ingredientes del impuesto en cascada (ya que grava todas las fases), e ingredientes del impuesto monofásico (ya que al ser objeto de gravamen el valor añadido en cada fase del proceso), se termina gravando, la misma base que en los impuestos monofásicos minoristas, esto es el valor total del bien final que es la suma de los valores añadidos).

El impuesto sobre el Valor añadido es la forma de imposición sobre las ventas más moderna, sus antecedentes los encontramos en Argentina (1935) Francia (1948) y a raíz del Informe Neumark del Comité Fiscal de la Comunidad Económica Europea de 1962 y de la aprobación de la primera Directiva IVA por la CEE el 14/4/1967 se fue implantado en la UE: en Francia el nuevo IVA en 1966,en Alemania (RFA1967), en Bélgica (1969), Holanda (1968) Luxemburgo (1969) Italia (1972), y en España en 1986 por Ley 30/1985. Volveremos a este tema al Estudiar el IVA en la UE y en España.

2.1. El impuesto sobre el valor añadido y su tipología

El IVA en su aplicación material presenta distintas alternativas posibles en atención a los criterios seguidos para su clasificación:

1. En atención al **número de fases** que se graven, puede afectar a todas las fases de producción y distribución, o solo a algunas (producción y mayorista, o producción y minorista).

2. En atención al **tipo de bienes** objeto de gravamen, en principio el impuesto grava todos los bienes de consumo, excluyendo a los bienes de capital. No obstante, puede excluir algún bien de consumo (por razones socioeconómicas o técnicas), y puede establecer diferencias de trato con algunos bienes de capital. En este sentido existen tres posibilidades:

   - La **forma consumo o IVA tipo consumo**, que permite deducir los impuestos pagados y que han recaído sobre bienes comprados con fines industriales. Este tipo sólo grava el consumo, de forma que se permite deducir todo coste de inversión en el momento de la adquisición del bien, tratándose los bienes de inversión como inputs que no generan valor añadido.

   - La **forma renta o IVA tipo renta**, que permite deducir los impuestos recaídos sobre bienes duraderos, aunque solo en la cuantía de su depreciación anual. En este caso se grava el consumo permitiendo la deducción de las inversiones mediante la deducción de la amortización.

   - La **forma producto o IVA tipo producto Bruto** que sólo permite deducir las piezas que se incorporan al bien en calidad de materias primas sin que se deduzcan los bienes de inversión utilizados para la transformación (maquinaria y edificios), de esta matera el impuesto recae sobre el valor añadido bruto. En este caso se grava tanto el consumo como la inversión, ya que el inmovilizado genera también valor añadido.

3. En atención al **método** de cálculo de la base imponible (el valor añadido):

- El método de **sustracción** consiste calcular el valor añadido en restar al valor de la venta del bien, el precio de compra que pagó el empresario por dicho bien.
- El método de **adición** consiste calcular la base imponible como la suma de todos los valores añadidos correspondientes a cada uno de los factores productivos que intervienen en la elaboración del bien o servicio (rentas y alquileres + salarios + intereses + beneficios).

Estos dos métodos plantean muchas dificultades a la Administración, porque obliga a conocer muchos datos que sólo puede obtener recabándolos de la empresa por lo que para su cálculo se utilizan métodos indirectos para calcular la cuota íntegra.

4. En atención a **la técnica fiscal utilizada para calcular la cuota íntegra.**

- El método contable. La base imposible se calcula como la diferencia entre la cifra de ventas y el importe de las compras, base a la cual se le aplica el tipo impositivo proporcional correspondiente.
- El método de **crédito al impuesto**, **método de las facturas** o *Taxe sur taxe* consiste en que la empresa calcula la cuota íntegra como la diferencia entre el impuesto repercutido en ventas y el impuesto soportado en las compras durante dicho periodo. El resultado es el mismo, con la diferencia de que en este caso para el Estado es más fácil gestionar y controlar el impuesto. Por eso es el método que utiliza la UE, y en general todos los países. En nuestro país al sistema IVA empleado se le denomina cuota menos cuota.

Explicación mediante ejemplo numérico:

Supongamos que un producto pasa por tres fases, con un valor en cada una de 1000 €, 1500 €, y 3000 €, siendo el tipo impositivo igual al 10%.

Ejemplo numérico

2.2. **IVA versus impuesto en cascada: ventajas e inconvenientes**

A través de un ejemplo numérico vamos a explicar cómo funciona un impuesto en cascada y un impuesto sobre el valor añadido para apreciar las ventajas económicas, equitativas y técnico-administrativas del impuesto sobre el valor añadido frente al impuesto en cascada y entender el porqué de su adopción en la UE.

Gráfico 12.2

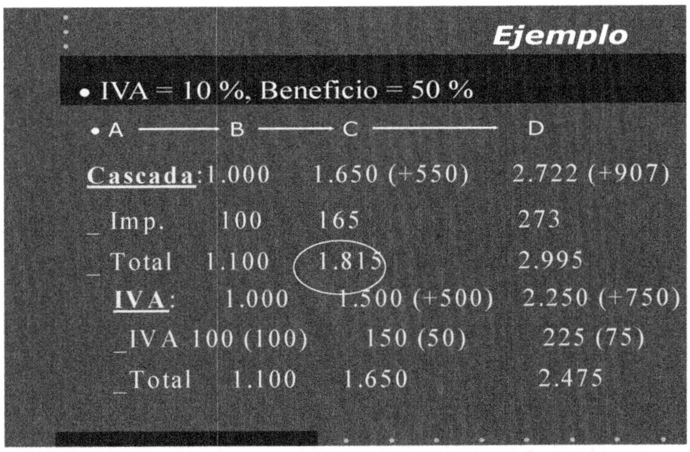

Ejemplo

- IVA = 10 %, Beneficio = 50 %

	A	B	C	D
Cascada:	1.000	1.650 (+550)		2.722 (+907)
Imp.		100	165	273
Total		1.100	1.815	2.995
IVA:	1.000	1.500 (+500)		2.250 (+750)
IVA	100 (100)	150 (50)		225 (75)
Total		1.100	1.650	2.475

Nota aclaratoria: Beneficio= margen comercial

Tipo impositivo T= 10% en los 2 casos

2.3. Ventajas e inconvenientes del IVA

- Desde el punto de **vista económico**, el IVA es un impuesto más neutral, ya que se añade al precio del productor, sin distorsionar el mismo, que es lo que ocurría con el impuesto en cascada, donde el precio dependía del número de fases- efecto cascada- y del- efecto piramidación- en relación con el margen comercial. El efecto piramidación consiste en añadir al coste de las materias primas un porcentaje para cubrir los gastos de transformación y los beneficios. El efecto cascada, sin embargo, es la aplicación del impuesto a cifras que vienen incrementadas por un tributo pagado en una fase anterior del proceso productivo. El cálculo se complica y el efecto se amplía cuando se producen simultáneamente el efecto cascada y el efecto piramidación. Lo que sucede cuando nos encontramos ante un impuesto plurifásico en cascada y además las empresas fijan los precios usando la técnica del margen comercial. Estos efectos se producen porque cada empresario, considera el impuesto que le carga el productor como un coste más del proceso de producción al no diferenciar entre precio e impuesto. EL IVA es un impuesto **neutral** que evita ambos efectos, solo grava el valor añadido en cada fase, se impide la doble, triple... imposición, lo que beneficia al comercio internacional. El IVA un impuesto neutral.

- Desde el punto de **vista de la equidad** fiscal, el IVA produce la misma carga fiscal a todos los consumidores, y discrimina los bienes según la capacidad adquisitiva del sujeto al aplicar diversos tipos o alícuotas, y no discriminar según el número de fases como el impuesto en cascada.

- Desde el punto de **vista técnico-administrativo**, como las posibilidades de control son mayores, el Estado obtiene una mayor recaudación, no por un aumento de la presión fiscal, sino por un reparto más equitativo de la carga y por un control a las deducciones mediante la presentación de facturas para poder deducir el IVA soportado.

- Por lo que se refiere a los **inconvenientes**, el IVA conlleva un efecto psicológico negativo, ya que la exigencia de tipos más altos que el impuesto en cascada para logar el mismo nivel de recaudación, hace que los individuos piensen que ha aumentado la presión fiscal.

- Otro inconveniente es que conlleva más **dificultades administrativas**, ya que exige conocer el valor añadido de cada fase, y además el número de sujetos pasivos es mayor. No obstante, este inconveniente resulta paliado cuando se utiliza el método de "crédito al impuesto", donde no se valora en cada fase el valor añadido, sino que simplemente se deducen los impuestos previamente pagados.

- Resulta ser **un impuesto inflacionista**, este inconveniente convive en todos los impuestos sobre las ventas, pero solo en el momento de la implantación del impuesto y de la subida de tipos. En el caso del cambio de sistema que se produjo en la UE, solo algunos países que hicieron mal el tránsito experimentaron una subida de precios o inflación; donde el tránsito se hizo bien como en Alemania, el IVA no vino acompañado de subida de precios. En el caso español que implantó el IVA en 1986, este efecto inflacionista se produjo y su constatación fue sencilla al comparar los precios entre la península y las Canarias territorio no IVA.

2.4. El IVA en la UE y en España

El IVA europeo y el IVA español son **plurifásicos**, y se utiliza el método de crédito al impuesto. Es decir, que en España los empresarios pueden deducir del IVA repercutido en ventas, el IVA soportado en compras con lo que se evitan tener que calcular previamente el valor añadido como base imponible para aplicar posteriormente la alícuota y obtener la cuota íntegra.

Cuando España entró en la UE tuvo que adaptar su sistema tributario al de la UE, hasta ese momento en España se aplicaba un impuesto tipo cascada cual era el Impuesto General sobre el Trafico de Empresa, el ITE. Pero previamente, en el seno de la UE ya se había llevado a cabo un proceso de **armonización fiscal**. Armonizar significa aproximar las legislaciones, o según Von Groeben una modificación parcial de los sistemas impositivos nacionales que sin que se hagan uniformes implican una adaptación mutua. Uno de los objetivos de la UE es que todos los países miembros tengan un IVA armonizado, de forma que sea similar y se logre un alto nivel de neutralidad fiscal compatible con los principios económicos de competencia comunitaria. Hay que tener en cuenta que la armonización fiscal es un proceso muy lento, ya que cualquier medida sobre fiscalidad exige que haya unanimidad entre todos los Estados. El proceso de armonización del IVA va superando distintas etapas hasta el momento actual.

➢ El proceso armonizador comienza con **la implantación del IVA en la UE** mediante la aprobación de la Primera Directiva IVA. Directiva 67/227/CEE de 14 de abril de 1967. En un primer momento, todos los países tenían un impuesto general tipo cascada, salvo Francia, que tenía un impuesto valor añadido más primitivo que el actual; sin embargo, fue el impuesto sobre el Valor añadido el que terminó imponiéndose debido a sus ventajas, pues era el más neutral y el mejor para el comercio comunitario. Véase Tabla 12.3.

Tabla 12.3

Les différents systèmes de T.V.A. en Europe

PAYS	Impôt sur la consommation	Taux (moyen)	Date d'introduction de la T.V.A. (C.E.E.)	Taux à la date d'introduction de la T.V.A.
ALLEMAGNE R.F.A.	Umsatzsteuer Impôt en cascade	4%	1 janvier 1968 Loi 29 mai 1967	T. normal 10 T. réduit 5
BELGIQUE	Taxe de transmission Overdrachts. Impôt en cascade	6%	1 janvier 1971 Loi 3 juillet 1969	T. normal 18 T. interméd. 14 T. majoré 25 T. réduit 6
FRANCE	T.V.A. T.V.A. plus simple (non T.V.A. détaillant)	10%	1 janvier 1968 Loi 6 janvier 1966	T. normal 16 T. interméd. 13 T. majoré 20 T. réduit 6
ITALIE	I.G.E. Imposte Generale sull' Entrata Impôt en cascade	3%	1 janvier 1973 D.P.R. n° 633 du 26 octobre 1972	T. normal 12 T. majoré 18 T. réduit 6
LUXEMBOURG	Impôt sur le chiffre d'affaires I. sur le chiffre d'affaires en cascade	2%	1 janvier 1970 Loi 5 août 1969	T. normal T. réduit 4
PAYS-BAS	Omzetbelasting Impôt sur le chiffre d'affaires en cascade sauf détaillant	5%	1 janvier 1969 Loi 28 juin 1969	T. normal 12 T. réduit 4
DANEMARK	General excise tax Impôt sur le chiffre d'affaires (grossiste)	10%	3 juillet 1967 Loi 31 mars 1967	T. normal 10
IRLANDE	Impôt sur la production et les chiffres d'affaires (grossiste et détaillant)	10%	1 novembre 1972	T. normal 16'37 T. interméd. 11'11 T. majoré 30'26 T. réduit 5'26
ROYAUME-UNI	Purchase tax Impôt sur le chiffre d'affaires (grossiste)	15%	1 avril 1973 (Finance Act 1972)	T. normal 10
GRECE	Impôt sur le chiffre d'affaires similaire au Britannique	10%	1 janvier 1987	T. normal 18 T. majoré 36 T. réduit 3 et. 6
ESPAGNE	I.T.E. Impôt sur les chiffres d'affaires en cascade	5%	1 janvier 1986 Loi 2 août 1985 30/1985	T. normal 12 T. majoré 33 T. réduit 6
PORTUGAL	Imposto di Transaçoes (I.T.) Impuesto de incidencias bre ventas al por mayor (grossiste)	17%	1 janvier 1986 Plazo 1 janvier 1989	T. normal 16 T. majoré 30 T. réduit 8

Tableau élaboré basé sur la documentation recueillie dans:
— Annexe II Taux T.V.A. applicables dans les neuf états membres de la C.E.E. Editions Jupiter.
    T.V. Régimes Fiscaux. Janvier 1980.
— Santacana Jubilar. E. I.V.A., España y el Mercado Común. Bosch. Barcelona 1982, p. 117-121 y 164-170.
— Due. John F. Sales Taxation, Urbana, University of Illinois Press 1959, p. 51-147 y 202-235.
— Rapport Deringer. Parlement Européen, Documents de Séance 1961-64, Doc. 56, 20 Agosto 1963, p. 3-11.

➢ **Directiva de 1977 relativa a la base imponible uniforme del IVA, Directiva 77/388/CEE.** El siguiente paso en el proceso armonizador fue armonizar las bases, ya que existían diferencias en el campo de aplicación y en las exenciones entre los diversos IVAs nacionales lo que provocaba falta de generalidad en el sistema IVA comunitario y tampoco permitía implantar un recurso propio IVA de acuerdo con la Decisión de 21 de Abril de 1970 sobre el Sistema de Recursos Propios.

➢ **Directiva de 1992 relativa a la armonización de los tipos (número de tipo, listados de bienes sujetos a cada tipo y nivel de los mismos)**: A continuación, se intentó armonizar los tipos. En este sentido se estableció:

• Que el tipo normal no podrá ser inferior al 15% (obligación).

• Y que los Estados podrán aplicar 1 o 2 tipos reducidos, que no serán inferiores al 5% (facultad).

Además, a países como España que tuvieron que aumentar su tipo normal hasta el 15% (antes en España era de un 13%), se les permitió aplicar de forma transitoria un tipo **superreducido** para productos de primera necesidad. Esta última medida en principio era transitoria, al igual otras particularidades recogidas en la misma como: los tipos "parche" o la posibilidad de mantener donde ya existiesen los tipos 0 de forma transitoria. Esta Directiva, ha estado vigente como tal hasta 2006 sin modificaciones salvo en la aplicación de tipos reducidos a los servicios y bienes resultantes de trabajos intensivos en mano de obra, sus artículos se han integrado en el texto de la Actual Directiva 2006/112/CE," Refundición del IVA". La Directiva UE 2022/542 de 5 de abril de 2022 ha modificado las Directivas 2006/112/CE y (UE)2020/285 en lo que respecta a los tipos del impuesto sobre el valor añadido. Reforma que se enmarca en el plan de acción del IVA y – Hacia un territorio único de aplicación del IVA. Esta reforma se ha producido con miras al régimen definitivo del IVA aplicable a los intercambios transfronterizos de bienes de una empresa a otra entre Estados miembros y que se basaría en la tributación en el Estado miembro de destino, abandonando la idea inicial de tributación en origen. En este contexto una mayor diversidad de los tipos del IVA no perturbaría el funcionamiento del mercado interior ni crearía distorsiones de la competencia y por lo tanto sería oportuno conceder un mayor grado de flexibilidad a los Estados miembros a la hora de fijar los tipos. En este sentido y con el objetivo de garantizar a todos los Estados miembros un mismo trato en materia de tipos, el objetivo principal es el de conseguir esta igualdad permitiendo a todos los Estados miembros que apliquen a los bienes y servicios, dentro de límites determinados por la Directiva, un máximo de dos tipos reducidos como mínimo del 5 %, un tipo reducido inferior al mínimo del 5 % y una exención con derecho a deducción del IVA soportado. En estos 2 últimos casos los Estados miembros tendrán libertad para aplicar un tipo reducido inferior al mínimo del 5 % y una exención con derecho a deducción del IVA, pero solo a entregas de bienes y prestaciones de servicios cubiertas por un máximo de siete puntos en el anexo III de la Directiva 2006/112/CE. El anexo III, donde se recoge el listado de bienes a los que se puede aplicar los tipos reducidos y superreducidos, también ha sido modificado por esta directiva, introduciendo nuevos artículos y suprimiendo otros. Asimismo, también se pone fecha a los tipos reducidos y exenciones de los Estados que las aplicaban de forma transitoria y que eran contrarias a la aplicación del principio de igualdad en materia de tipos IVA, a la fecha de adopción del régimen definitivo o a más tardar en 2032. En la tabla 12.4, se recoge el listado de tipos que se aplicaba en 2021 y sobre la que se producirán las modificaciones de tipos nacionales derivadas de la aprobación de la Directiva 2022/542. Teniendo en cuenta que las primeras modificaciones de IVAs nacionales datan de 2023 no disponemos de una tabla más actualizada que la 12.4, aunque los cambios esperados afectan más a las categorías de productos afectadas por los tipos reducidos que a la modificación del valor de los mismos.

- **Directiva de 1991 relativa al Régimen transitorio**: Según este régimen transitorio, en las compras entre dos Estados se aplicaría el principio del país de origen en el caso de particulares que se desplazan a otros países, pero para evitar abusos, se establecía que en el caso de las ventas a distancia y de los medios de transporte nuevos, se aplicaría el principio del país de destino. Otra cuestión a tener en cuenta es que si el consumidor de un Estado compra en un país extranjero una gran cantidad de producto, el vendedor no le tendría que repercutir el IVA, ya que cabe entender que el consumidor es un minorista que está comprando esos productos para luego revenderlos por lo que ese comprador tendría que pagar el IVA de destino como si fuera un operador económico . En las operaciones intracomunitarias entre operadores económicos se aplica el principio de destino con liquidación del impuesto en la primera declaración IVA. Téngase en cuenta la desaparición de las fronteras fiscales. En la actualidad se ha descartado avanzar hacia el sistema de gravamen en origen por lo que el sistema transitorio actual se consolida y se perfeccionara en la aplicación del principio de gravamen en destino.

- En 2000 se implanta una **Nueva Estrategia**, y que forma parte de la Estrategia Slim.(Simplification Legislation Internal Market) véase tema 14. De manera simplificada podemos indicar que la misma tiene cuatro objetivos: **simplificación, modernización, aplicación uniforme y cooperación administrativa reforzada** que, a su vez, podían agruparse en dos: simplificación y modernización, ya que los dos restantes contribuía a una mejor consecución de los primeros. Esta estrategia se encuadra la aprobación de la Directiva 2006/112/CE.

- En la actualidad son varias las líneas de trabajo abiertas dentro del **plan de acción IVA 2016** Hacia un territorio único de Aplicación IVA en la UE, esto es: 1)Equiparación de los tipos para servicios iguales en soporte digital frente al soporte en papel, 2) reducir las diferencias entre tipos normales y reducidos y 3), el abandono del objetivo de aplicación del sistema de gravamen en origen y la mejora y simplificación del sistema transitorio actual de forma que se puedan simplificar los trámites para la aplicación del mecanismo de inversión de la carga en operaciones intracomunitarias . En definitiva se trata de establecer una política de tipos moderna y adecuada para facilitar el establecimiento de un régimen definitivo fundado en el principio de gravamen en destino COM(2018) 329 final. Y dentro de este plan de acción se ha aprobado la Directiva 2022/542, las propuestas DOC COM(2018) 21 final sobre el régimen de IVA en las PyMes, las medidas antifraude aprobadas y la cooperación administrativa en materia de IVA en 2020 y 2018 respectivamente . Finalmente, cabe indicar que en la actualidad se ha abierto una línea de trabajo en el año 2020 sobre el IVA en la era digital y la pérdida de recaudación IVA relacionada con la transición digital.

- Los límites a la hora de utilizar la armonización fiscal como instrumento de política fiscal nacional, lo marcan las normas comunitarias. El Derecho supranacional prima frente al derecho nacional. Y el avance de la armonización fiscal se encuentra con el límite de que la aprobación de nuevas normas comunitarias en materia de fiscalidad requiere la aprobación por unanimidad en el Consejo.

Tabla 12.4 Listado actual del nivel de tipos del IVA en la UE 27 (2025)

List of VAT rates applied in EU member countries					
Country code	Member State	Standard rate	Reduced rate	Super reduced rate	Parking rate
AT	Austria	20	10 / 13	-	13
BE	Belgium	21	6 / 12	-	12
BG	Bulgaria	20	9	-	-
CY	Cyprus	19	5 / 9	-	-
CZ	Czechia	21	12 / 0	-	-
DE	Germany	19	7	-	-
DK	Denmark	25	0	-	-
EE	Estonia	24	9	-	-
EL	Greece	24	6 / 13	-	-
ES	Spain	21	10	4	-
FI	Finland	25.5	10 / 14	-	-
FR	France	20	5.5 / 10	2.1	-
HR	Croatia	25	5 / 13	-	-
HU	Hungary	27	5 / 18	-	-
IE	Ireland	23	9 / 13.5	4.8	-
IT	Italy	22	5 / 10	4	-
LT	Lithuania	21	5 / 9	-	-
LU	Luxembourg	17	8	3	14
LV	Latvia	21	5 / 12	-	-
MT	Malta	18	5 / 7	-	-
NL	Netherlands	21	9	-	-
PL	Poland	23	5 / 8	-	-
PT	Portugal	23	6 / 13	-	13
RO	Romania	19	5 / 9	-	-
SE	Sweden	25	6 / 12	-	-
SI	Slovenia	22	5 / 9.5	-	-
SK	Slovakia	23	10	-	-

Nota: Las exenciones con derecho a deducción del IVA soportado en etapas anteriores, esto es los llamados tipos cero, no están incluidos en la tabla. En la actualidad, solo 7 países los aplican, de los cuales el único dónde se aplica a un elenco de categorías significativo (14 categorías de bienes del anexo) es Irlanda.
Fuente : Comisión Europea

1.3. LOS IMPUESTOS SOBRE CONSUMOS ESPECÍFICOS/ IMPUESTOS ESPECIALES

Los impuestos sobre consumos específicos, denominados también: impuesto sobre consumos especiales, accises (en Francia), excise tax (en RU), y accisas (en la legislación comunitaria-UE), son aquellos impuestos indirectos que gravan el consumo de determinados bienes y servicios (específicos) de manera selectiva y de forma discriminatoria; su objetivo es discriminar negativamente los bienes y servicios gravados de los que no lo están. Se trata de impuestos parciales, reales, monofásicos (generalmente en fase de fabricación), ocasionales y proporcionales. Hay que tener en cuenta, que a estos bienes **también** se les aplica el **IVA**, es decir, que llevan dos impuestos el general y el específico. Una característica a destacar de este tipo de imposición es la gran variedad de figuras impositivas y objeto de gravamen que de ella se desprenden. Veamos a modo de ejemplo algunos impuestos y objeto de los mismos....

1) Impuestos que gravan el alcohol y las bebidas alcohólicas:
   a. Impuesto especial sobre la cerveza
   b. Impuesto especial sobre el vino y bebidas fermentadas
   c. Impuesto especial sobre productos intermedios
   d. Impuesto especial sobre el alcohol y bebidas derivadas
2) Impuestos sobre el tabaco
3) Impuestos que gravan la energía:
   a. Impuesto sobre hidrocarburos
   b. Impuesto especial sobre la electricidad
   c. Exacción sobre el carbón y el acero
4) Impuestos medioambientales:
   a. Impuesto sobre contaminación…
   b. Impuesto sobre los envases de plástico no reutilizables
   c. …

1.3.1. Justificación de los impuestos sobre consumos específicos

Teniendo en cuenta que hay una gran cantidad de impuestos y tienen distintos objetivos resulta muy difícil encontrar una misma justificación económica para todos estos impuestos. Por ellos vamos a explicar las justificaciones más importantes. Algunos bienes objeto de gravamen, dada su naturaleza económica, requieren de un **trato específico** por razones de eficiencia en la asignación de recursos, otros por razones redistributivas, o por razones de eficacia recaudatoria. Algunos ejemplos son el azúcar, alcohol, tabaco, gasolina, juego…Es complicado buscar una justificación válida para todos los impuestos, pero si podemos afirmar que cada impuesto puede encontrar al menos un argumento que lo justifique.

- Por lo que se refiere a las **razones de eficiencia en la asignación** de recursos, la diferencia de trato se justifica por la existencia de economías externas. Es decir, el impuesto especial son un instrumento eficaz para corregir un fallo del mercado como es la existencia de externalidades negativas, se trata de desincentivar el consumo de productos de los cuales se derivan economías externas negativas (p. ej. alcohol, tabaco). En este sentido destaca la Teoría de **Pigou**, que defendía la existencia de un impuesto que internalizase las economías externas. El coste social que el consumo de dichos productos puede generar no queda reflejado en su precio de mercado y por tanto los individuos demandan una cantidad superior a la socialmente óptima; a través del impuesto internalizan este coste en el precio y se regula la cantidad de bienes y productos que se intercambian, en el caso de las externalidades negativas disminuyendo esa cantidad. En este mismo sentido, con esta justificación teórica y basándose también en el papel paternalista del Estado es decir con una motivación moralista, el sector público intenta influir en la demanda de los bienes que considera nocivos estableciendo impuestos que graven su consumo, de forma que se eleve su precio y ello provoque una disminución del consumo. (Alcohol, tabaco, juego). En contra de este argumento los detractores dicen que cuando hay una adicción de impuestos la subida de precio no disminuye el consumo ya que estos bienes son rígidos en su elasticidad precio, por lo que la medida no sería eficiente. Lo que si podemos decir es que en cualquier caso el consumo disminuye, y la recaudación estatal aumenta; si el consumo de estos bienes denominados nocivos no disminuye tanto como sería deseable el Sector Público puede siempre recurrir a la vía de la regulación.

- Por lo que se refiere a las **razones redistributivas**, Este argumento justifica que estos impuestos graven el consumo de los denominados bienes de lujo, porque el consumo de los mismos puede considerarse como una manifestación indirecta de la capacidad de pago de los individuos. Los bienes de lujo tienen precios elevados y además una elevada elasticidad renta. La diferencia de trato impositivo de los bienes de lujo se justifica en que hay bienes que solo consumen las personas con mayor renta, por lo que es lógico que estas soporten un impuesto mayor. Uno de los argumentos en contra radica en la dificultad en definir qué productos se consideran bienes de lujo, ya que puede variar de una sociedad a otra o en función del tiempo, vg los teléfonos móviles hace años y ahora. En España no existe impuesto de lujo desde 1986 en que se incorpora al IVA y desde 1992 al eliminarse los tipos incrementados en el IVA estos bienes están gravados al tipo normal del IVA.

- Por lo que se refiere a la justificación para **minimizar el coste de eficiencia impositiva**, El establecimiento de un impuesto ocasiona en casi todos los casos un coste de eficiencia o exceso de gravamen que se corresponde con la perdida de bienestar que supone para el individuo alterar su comportamiento por motivos fiscales. Dado que se trata de impuestos que solo afectan a unos bienes y por lo tanto provocan una variación de los precios relativos, los individuos se verán incentivados a sustituir el consumo de los productos gravados por otros que no lo estén; para evitar esta pérdida de bienestar y el cambio de conducta por motivos fiscales, o que ambos efectos sean los mínimos posibles sería aconsejable gravar productos con una demanda inelástica. El principio de neutralidad impositiva aconseja aplicar impuestos especiales sobre aquellos bienes en los que la repercusión sobre la cantidad producida es menor. Este argumento justificaría la demanda de los bienes con elasticidad rígida, bienes difícilmente sustituibles como la gasolina o bienes que generan adicción (alcohol, tabaco, drogas).

- Uno de los principales objetivos de los impuestos sobre consumos específicos es el recaudatorio, esto es: se justifica por **razones recaudatorias**. Para conseguir el máximo de recaudación es necesario gravar bienes que presenten una baja elasticidad precio y que sean productos con un peso importante en la economía, como ocurre en el caso de los hidrocarburos cuyo peso es el más importante dentro de esta categoría de impuestos aportando aproximadamente el 56% del total de ingresos en el caso español.

- **Finalidad proteccionista**. Otra posible justificación de los impuestos selectivos es su aplicación para proteger sectores productivos nacionales frente al exterior, por razones de política comercial exterior, este sería el caso de los aranceles. Sin embargo, en España la potestad normativa de los mismos es de la UE. El arancel exterior común es un recurso propio de la UE y no de los Estados miembros.

1.3.2. Estructura de los impuestos sobre consumos específicos

Los principales elementos de los impuestos sobre consumos específicos son:

- ➢ Hecho imponible: Gravar el consumo de ciertos bienes de consumo de forma selectiva.
- ➢ Sujeto pasivo: El sujeto pasivo legal es normalmente el productor o importador, sin embargo, económicamente estos impuestos recaen sobre el consumidor final.
- ➢ Base imponible: la base imponible puede ser el valor del bien (sistema ad valorem) o la cantidad del producto (sistema unitario) o una combinación de ambas opciones.
- ➢ Tipos impositivos los tipos impositivos pueden ser:
  - o **Proporcionales cuando recaen sobre el valor del bien o servicio (sistema ad valorem)** es decir, en función del precio del producto. P. ej. un 10% sobre el valor del bien.

    o **De suma fija**: cuando recaen sobre las unidades de producto (sistema unitario) es decir, una suma fija por unidad de producto. P. ej. X € por Hectolitro. El sistema unitario es el sistema mayoritariamente utilizado en los impuestos sobre consumos específicos, ya que los efectos negativos del consumo de estos bienes están relacionados con la cantidad consumida de los mismos, y hay que conseguir bajarla. Mientras que el sistema ad valoren penalizaría a los bienes con precios más elevados frente a los más baratos, pero ¿qué es peor para la salud una bebida alcohólica de garrafa o una de marca? La mayoría de las accisas son de cantidad fija por unidad de producto (impuesto específico), ya que si fuese ad valorem se conseguiría el efecto contrario. Y es que si el impuesto fuese ad valorem (p. ej. 10% sobre el precio), el consumidor de una botella de alcohol malo de 4 € solo pagaría 0,4 € de impuesto; mientras que el consumidor de una botella de alcohol bueno de 40€ pagaría 4€ de impuesto, por lo que se incentivaría el consumo de alcohol malo, que todavía es más nocivo para la salud, el impuesto sobre bebidas alcohólicas sigue el sistema unitario.

1.3.3. Las Accisas en España y en la UE

En el seno de la **UE** se ha llevado a cabo una **armonización de las accisas**. La armonización de las accisas conlleva una serie de consecuencias para los Estados Miembros que afectan tanto a sus estructuras de consumo como a los ingresos fiscales de los mismos y puede dar lugar a recortes en sus políticas coyunturales y conflictos entre las prioridades sociales de los diferentes Estados Miembros. Los impuestos especiales son impuestos indirectos que gravan la venta o utilización de determinados productos, como el alcohol, el tabaco y los productos energéticos. Las normas de la UE aclaran qué productos están sujetos a impuestos especiales y cómo se les deben aplicar. La legislación de la UE también indica los tipos mínimos del impuesto especial que deben aplicarse. No obstante, los países de la UE pueden establecer tipos más elevados si lo estiman conveniente. El cálculo del impuesto a abonar se suele efectuar en función de la cantidad (kilogramos, hectolitros) o de la graduación alcohólica. Las principales Directivas adoptadas en esta materia datan de 1992 Directivas (92/78/CEE a 92/84/CEE) tuvieron por objetivo principal la armonización de las estructuras y tipos de los impuestos especiales. Podríamos calificarlas como Directivas minimalistas, pues están llenas de exenciones, periodos transitorios y tipos mínimos (0 para el vino) sin límite superior de los mismos La Directiva 2008/118/CE del Consejo de DIRECTIVA 2008/118/CE DEL CONSEJO de 16 de diciembre de 2008 relativa al régimen general de los impuestos especiales, derogó la Directiva 92/12/CEE. En la misma se establece el régimen general en relación con los impuestos especiales que gravan directa o indirectamente el consumo de los productos sujetos a impuestos especiales, esto es:

a) Productos energéticos y electricidad, regulados por la Directiva 2003/96/CE; Los productos energéticos para calefacción y transporte y la electricidad están sujetos a impuestos especiales cuando se utilizan para automoción y calefacción. Los países de la UE pueden establecer un tipo impositivo superior a los umbrales mínimos de la UE, reducir el importe del impuesto adeudado o aceptar exenciones al pago del impuesto.

b) Alcohol y bebidas alcohólicas, regulados por las Directivas 92/83/CEE y 92/84/CEE. Están sujetos a impuestos especiales los siguientes tipos de alcohol y de bebidas alcohólicas: a) cerveza o mezclas de cerveza con bebidas no alcohólicas b) vino c) otras bebidas fermentadas como la sidra, d) productos intermedios, como los vinos de Jerez o de Oporto y e) alcohol etílico y bebidas espirituosas. Algunos países de la UE pueden optar por reducir el importe del impuesto adeudado o aceptar exenciones al pago del impuesto. Existe un sector en el que "no existe tal armonización de hecho, aunque si en teoría" o lo que es lo mismo donde la armonización entre unos países y otros es muy dispar; se trata del sector del vino (ya sea espumoso o tranquilo). La UE exige un mínimo del 0% para el vino. Hay muchos Estados productores de vino, y además en la cultura mediterránea el vino no está considerado un bien nocivo para la salud. Por lo que en estos países incluido España se aplica un tipo "0" al vino. Véase Gráfico 12.5. EL 29/7/2020 se aprueba la Directiva 2020/1151 que modifica la Directiva 92/83/CEE en relación a la estructura de las bebidas alcohólicas y que se aplica desde el 1 de enero de 2022.

Gráfico 12.5 Accisas sobre el Vino en la UE 28. Situación en julio de 2020

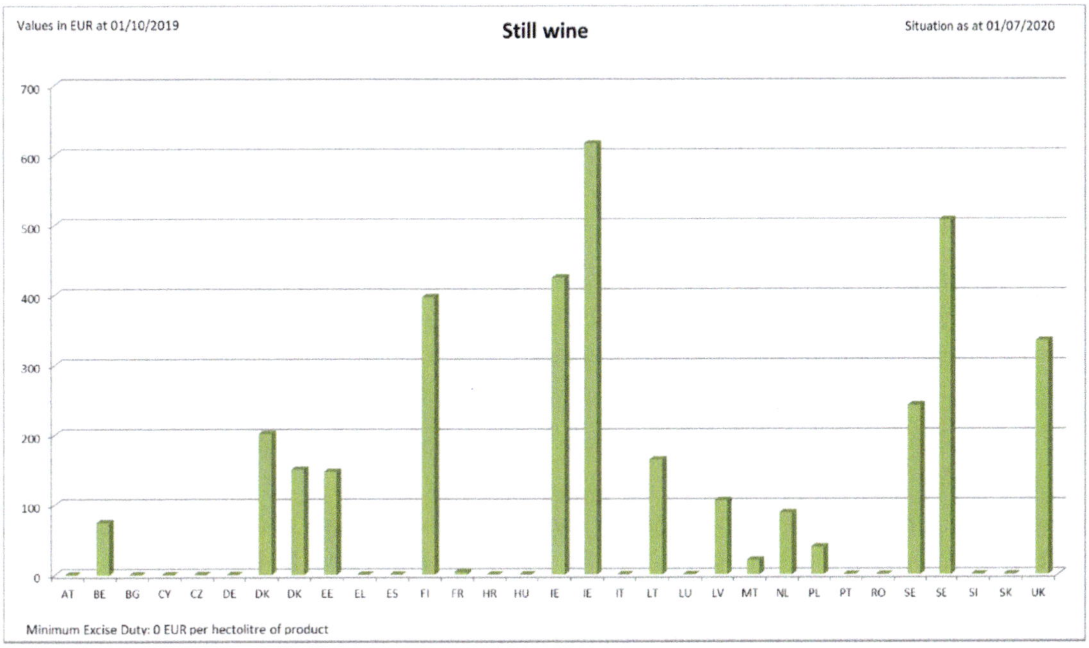

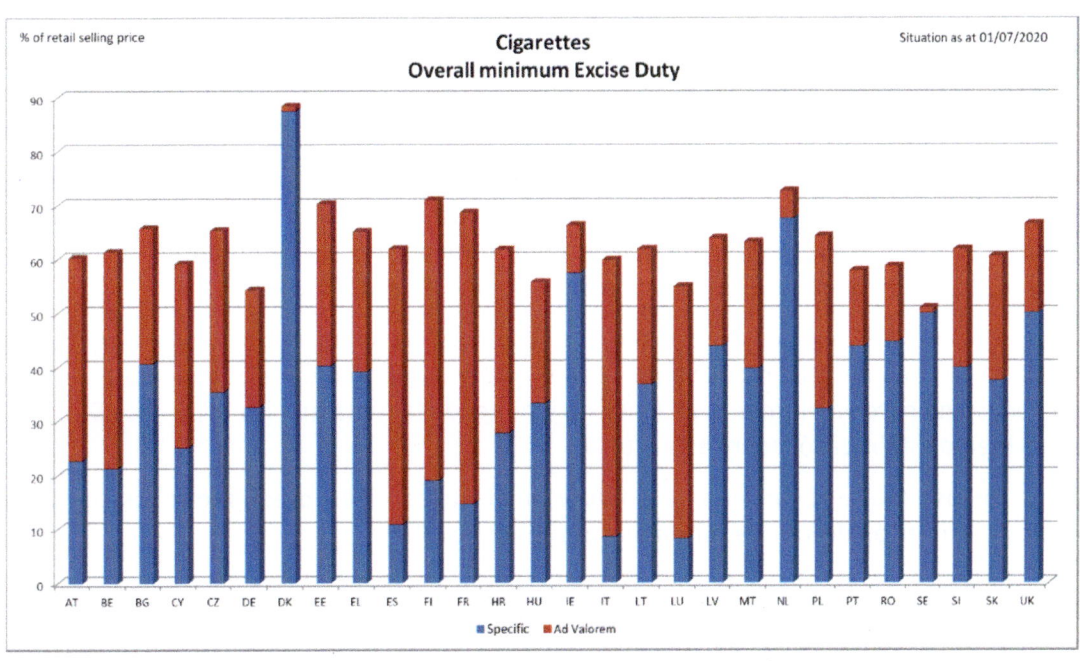

Fuente: UE DG Taxud

c) Labores del tabaco, reguladas por las Directivas 95/59/CE,92/79/CEE y 92/80/CEE. Están sujetos a impuestos especiales los siguientes productos del tabaco: a) cigarrillos, b) puros, c) puritos y d) tabaco para fumar (como la picadura fina para liar). En el caso de los cigarrillos, tenemos una accisa combinada del sistema ad valorem y el sistema unitario, es el único caso de accisa mixta, se trata de uno de los casos donde sí que existe una fuerte armonización. Véase el gráfico 12.6. La Directiva 2011/64/EU requiere a los Estados miembros para establezcan un tipo mínimo a las accisas sobre tabacos que cuente con un componente especifico por cada 1000 cigarrillos y un componente ad valorem sobre el precio minorista

Grafico 12. 6. Accisa sobre los cigarrillos en la UE 28. Situación en julio de 2020

Fuente: UE DG Taxud

1.4. LOS EFECTOS ECONÓMICOS

Los impuestos sobre el consumo suponen una minoración de la capacidad adquisitiva del sujeto, lo que supone cambios en el comportamiento de los consumidores y las empresas, y en los objetivos económicos.

a) Sobre la asignación eficiente de recursos

En el caso de la asignación eficiente de recursos, los efectos del impuesto dependen de si es general o específico.

➢ **Si es específico**, la repercusión impositiva tiene efectos sobre el mercado, el precio del bien, la cantidad producida y vendida, y la distribución del impuesto. La aplicación del impuesto sobre un bien específico hace aumentar los costes, lo cual provoca:

  • Una disminución de la cantidad producida y vendida.

  • Un reparto del coste del impuesto entre el vendedor y el consumidor, según cual fuese su elasticidad.

De manera que como el impuesto grava bienes específicos, ello da lugar a un trasvase de consumo de los sectores gravados a los no gravados, afectando por tanto al objetivo de la asignación.

➢ En cambio, el **impuesto sobre las ventas**, aunque puede tener exenciones y desgravaciones, es un impuesto general, que grava todos los bienes, por lo que no se produce ese trasvase. Sin embargo, aunque el consumo sea general, siempre hay un bien que queda exento: el ocio. Por lo que la existencia de un impuesto general sobre el consumo también afecta al objetivo de la asignación, pues incentiva el ocio y disminuye el deseo de trabajar.

b) Sobre la estabilidad de los precios y el empleo

En el caso de la estabilidad de los precios y el empleo, los efectos del impuesto dependen de si se piensa que la causa de que varíen los precios es la demanda o la oferta.

En un principio se pensaba que cuando existía **inflación de demanda**, la imposición sobre el consumo era adecuada para mantener el control de los precios. Por eso se decía que la imposición sobre el consumo era una medida antiinflacionista, adecuada para épocas de expansión al disminuir la demanda.

Sin embargo, se ha demostrado que la inflación puede tener su **origen** en una subida de los **costes** de producción, lo que obliga a los empresarios a repercutir ese coste en el precio de sus bienes. Ello hace que la demanda disminuya, dando lugar a lo que se conoce como **estanflación**. Por lo tanto, el impuesto no es antiinflacionista, sino que, al contrario, al elevarse los costes, se eleva la inflación.

Los efectos sobre los precios son difusos en el caso de los impuestos generales como el IVA; el IVA per se, no tiene efectos inflacionistas; solo en dos momentos el de su implantación o tránsito de un sistema a otro y cuando los tipos suben. Si el IVA tiene efectos inflacionistas puede ser porque no se ha hecho bien el **tránsito de un sistema en cascada a uno sobre el valor añadido.**

En el caso del **empleo**, siempre se ha dicho que la imposición sobre el consumo es mucho menos apropiada que la imposición directa, ya que tiene un menor grado de flexibilidad; pues el impuesto sobre el consumo hace variar menos el consumo y por ende la renta que los impuestos Directos que tienen un efecto estabilizador sobre esta última.

En el caso de los impuestos parciales, se produce un efecto sobre los precios relativos, aumentando los precios y la inflación de los que sufren mayor presión fiscal.

c) Sobre otros objetivos económicos

  • **Sobre la distribución de la renta** siempre se ha criticado su regresividad de los impuestos indirectos, ya que como la PMaC es decreciente, las personas con mayor renta tienen una menor carga fiscal. No obstante, este inconveniente se intenta paliar jugando con los tipos impositivos. Así, p. ej., los bienes de primera necesidad están gravados a tipos reducidos, "0" o incluso exentos; mientras que los bienes de lujo están sujetos a tipos más altos.

- **Sobre el crecimiento económico**, el impuesto sobre el consumo favorece al crecimiento, ya que incentiva el ahorro que no está sujeto al impuesto, a costa del consumo.
- **Sobre el equilibrio externo**, el impuesto indirecto, aunque hace aumentar los costes de producción, no tiene por qué afectar al precio de los bienes, siempre y cuando sea general. Pero en el comercio internacional si el impuesto sobre las ventas provocará cambios en los precios relativos internacionales según afecte a los precios, favoreciendo la exportación de aquellos países donde el impuesto es menor, y el traslado de recursos productivos hacia otros países con menor presión fiscal.

II. LA IMPOSICIÓN DIRECTA

2.1. EL IMPUESTO SOBRE LA RENTA DE LAS PERSONAS FÍSICAS

2.1.1. Caracteres Generales

El Impuesto sobre la renta de las personas físicas tiene las siguientes características. Es un impuesto directo, ya que grava la renta en el momento en que se genera. Al gravar la renta como índice de la capacidad de pago del sujeto, es uno de los impuestos más valorados. Es un impuesto de carácter general ya que grava toda la renta y permite establecer la progresividad impositiva. Al gravar toda la renta permite también conocer el origen de la misma y hacer discriminaciones cualitativas entre dos rentas iguales en atención al origen de la misma. Se trata de un impuesto personal que sigue a la persona física y por ello permite hacer discriminaciones en función de las características personales del sujeto: número de hijos, estado civil etc...

La Ley 35/2006, de 28 de noviembre, del Impuesto sobre la Renta de las Personas Físicas define a este impuesto en su art. 1 como *"El Impuesto sobre la Renta de las Personas Físicas es un tributo de carácter personal y directo que grava, según los principios de igualdad, generalidad y progresividad, la renta de las personas físicas de acuerdo con su naturaleza y sus circunstancias personales y familiares."* Es el impuesto que aporta mayor volumen de recaudación y el que mejor se adapta a las variaciones de la actividad económica. Desde el punto de la **estabilidad**, es el impuesto más importante, pues es el que mejor se adapta a las variaciones de la actividad económica por su elevado grado de flexibilidad impositiva, sigue una dirección paralela al ciclo y su recaudación es paralela al mismo.

2.1.2. La determinación de la renta a efectos fiscales

El **concepto económico** de renta, la define como el conjunto de bienes y servicios producidos en un determinado periodo de tiempo o lo que es lo mismo, la suma de las remuneraciones de los factores productivos que dan origen a esos bienes y servicios o la suma de los pagos que recibe la unidad familiar como recompensa por su participación en los procesos productivos.

Ahora bien, hay que preguntarse si este concepto económico es apropiado para medir la capacidad de pago, o si por el contrario es necesario establecer un concepto fiscal o un concepto extensivo de Renta.

El **concepto fiscal** de renta es la suma del consumo máximo que puede hacer una persona dejando intacto su patrimonio o lo que es lo mismo, la suma algebraica del consumo que realiza una persona en un periodo de tiempo más el cambio de valor del patrimonio durante dicho periodo.

Renta = C + ΔW, siendo C el consumo, y ΔW el incremento de la riqueza que puede acumular el sujeto. La diferencia entre ambos conceptos es que el concepto fiscal tiene en cuenta una serie de elementos que no aparecen recogidos en el concepto económico. Esos **elementos** son:

a) Las rentas en especie

El concepto económico de renta se identifica con la renta real. Pero esta definición no es válida a efectos impositivos, ya que los bienes y servicios producidos no pueden ser objeto de gravamen de una forma directa, y para poder hacerlo es necesario que esos bienes se valoren monetariamente. De manera que es la **renta monetaria** la que debe ser objeto de tributación. En este sentido destacan las rentas en especie, como un tipo especial de renta que debería ser objeto de tributación por ser renta real, y que sin embargo no lo es por no ser objeto de valoración monetaria.

Este tipo de rentas aumentan la capacidad adquisitiva del sujeto, por lo que tienen que ser gravadas. Pero si no existiese el concepto fiscal, en base al criterio económico no podrían ser gravadas. Dentro de las rentas en especie hay conceptos muy variados como:

- Las transferencias no monetarias que están constituidas por las distintas formas de pago no dinerario utilizado por las empresas con sus obreros, así como el personal directivo: p. ej. vacaciones, coche de empresa, comidas, vacaciones pagadas...
- El autoconsumo, esto es bienes producidos por el sujeto y que se reserva para uso propio.
- La vivienda propia ocupada por el propietario representa otro pago en especie no valorado monetariamente.

Para su valoración tenemos que remitirnos en el caso español a los arts. 42 y 43 de la Ley del IRPF.

b) Los ingresos procedentes de regalos y juegos de azar

Según el concepto económico de renta estos ingresos no formarían parte de la base imponible, ya que no son renta al no responder a ningún tipo de actividad productiva, ni son el pago de ningún factor de producción, pero incrementan la capacidad de pago del sujeto, vrg la lotería y las quinielas.

c) Las plusvalías o ganancias de capital

Las plusvalías son los incrementos no periódicos, sobre el valor del patrimonio del sujeto debido a factores económicos ajenos al proceso productivo, p. ej. el aumento de valor de los activos financieros de renta fija, los aumentos del valor de cualquier activo en la Bolsa o el incremento de valor de los activos reales como consecuencia del proceso de inflación.

2.1.3. Problemas hacendísticos derivados de la estructura impositiva del IRPF.

Los problemas hacendísticos que plantea este impuesto derivan fundamentalmente del hecho de ser impuesto con tarifa progresiva. Entre los numerosos problemas que se plantean por causa de su carácter progresivo, podemos destacar las siguientes cuestiones.

a) ¿Cuál ha de ser el sujeto pasivo del IRPF?

En primer lugar, se plantea el problema de quien debe ser el **sujeto pasivo** de este impuesto, si el individuo o la unidad familiar. Con carácter general se entiende que el sujeto pasivo tiene que ser la unidad familiar, debido a los siguientes **argumentos**:

- Hay ciertos ingresos que son comunes a la familia por lo que sería difícil asignarlos a cada individuo de la misma que perciba renta.
- Todo contribuyente puede tener a su cargo a personas por las que se le debería permitir ciertas desgravaciones ya que el sustento de las mismas disminuye la capacidad de pago de las mismas.
- El impuesto dejaría de ser progresivo si el patrimonio se distribuyera entre cada uno de los miembros de la familia o se adjudicase a miembros con menor renta.

Ahora bien, el hecho de que el sujeto pasivo sea la unidad familiar puede plantear **problemas** cuando los cónyuges ganan rentas muy distintas. En estos casos, la aplicación de la tarifa progresiva tiene un efecto discriminatorio, ya que el tipo medio de gravamen de la familia es más alto que si las renta fueran gravadas de forma aislada. Para solucionar este problema se han planteado varias **soluciones que pueden variar de unos países a otros**:

➤ Gravar toda la **renta acumulada** de la familia, practicando un trato favorable que puede consistir en deducciones o desgravaciones de la base imponible, o en reducciones de la cuota. Este tratamiento se da en Gran Bretaña.

➤ Aplicar un sistema de promediación de rentas, que puede dar lugar a dos procedimientos distintos.

- El sistema de **splitting puro**, que consiste en obtener la deuda tributaria dividiendo la renta familiar entre 2, independientemente del número de miembros de la familia. Al resultado de ese cociente se aplica el tipo impositivo, y la cuota resultante se multiplica por 2.

  DT = 2t $\frac{R1+R2+\cdots Rn}{2}$ Siendo R_1, R_2, R_3 las rentas de cada miembro de la Unidad Familiar y el numerador la suma de las mismas, se divide por 2 la renta familiar conjunta y se le aplica t el tipo impositivo correspondiente para calcular la cuota y finalmente se vuelve a multiplicar por dos para calcular la cuota total de la unidad familiar. El sistema del **splitting** se aplica en Alemania

- El sistema de **quotient,** o del cociente familiar (sistema fiscal francés desde 1945) mejora el sistema de promediación splitting ya que el impuesto se gradúa en función de las personas cuyo mantenimiento corre a cargo de las rentas familiares, esto es de las unidades de consumo de la familia, esto es de los hijos, y por lo tanto, **el quotient** consiste en obtener la deuda tributaria dividiendo la renta familiar entre el número de miembros que forman parte de la familia, computando 1 cada miembro de la unidad familiar (conyuges) y 0,5 cada hijo. Al resultado de ese cociente se le aplica el tipo impositivo, y se multiplica por el número de miembros. En resumen, la aplicación del método exige sumar, en primer lugar, todas las rentas de los componentes de la unidad familiar, dividir la renta total por el número (n) de "unidades de consumo" que se atribuyan a la unidad; a continuación se aplica al cociente resultante a la tarifa y la cuota resultante se multiplicará por el número (n) empleado como divisor.

$$DT = nt \ \frac{R1+R2+\cdots Rn}{n}$$

  n= resultado del número de miembros de la unidad familiar. Así, generalmente n será 1 en el caso de los cónyuges y 0,5 para los hijos afectos a la unidad fiscal. El sistema del **quotient** se aplica en Francia y Luxemburgo

➤ Aplicar un sistema de tributación independiente. La aplicación de este enfoque descansa en razones tanto de equidad fiscal como de eficacia económica.

En el caso español la sentencia del Tribunal Constitucional de 20/2/1989 ha obligado a una nueva definición de unidad familiar. El TC ha señalado que el sujeto pasivo de este impuesto es el individuo y no la familia y es él quien goza de libertad para elegir si quiere tributar de forma conjunta o separada.

b) El periodo impositivo en el caso de las rentas irregulares

A efectos fiscales, es necesario dividir el ejercicio económico global en ejercicios económicos detallados, de tal modo que, igual que se puede dividir la renta en ejercicios económicos detallados, se haga lo mismo a efectos fiscales con la recaudación en base a esa renta. Pues bien, con carácter general se entiende que el periodo impositivo se corresponde con el **año natural**. P. ej., el caso de una explotación forestal, que tarda años en crecer los árboles, sin ingresos y cuando alcanzan un nivel adecuado se talan para obtener madera, con lo que la renta económica se concentraría en ese año y, por lo tanto también la renta fiscal, si no se aplicara a las rentas irregulares un trato especial en el impuesto sobre la renta.

Esto plantea **problemas de equidad** en el caso de las rentas irregulares, que son aquellas que no se producen de manera periódica, resultando por tanto perjudicadas por la progresividad. En estos casos, el periodo de imputación fiscal (año) no coincide con el periodo en que se genera la renta, por lo que la cuota que corresponde pagar a estas rentas es más alta que la que pagarían si se repartiesen en varios periodos impositivos y ello por la progresividad del impuesto.

Por lo que se refiere a los **mínimos exentos** puede suceder que en un año no se alcance el mínimo, mientras que en otros años se sobrepase, lo que haría que dicha persona no se pudiese beneficiar de esa figura impositiva en los años de renta baja.

Por todo ello a las rentas irregulares se les dispensa un **trato especial**, y éste puede ser diverso, aunque el más generalizado es el de las medias móviles.

c) El tratamiento de las rentas recibidas en el extranjero

Normalmente los criterios que se tienen en cuenta para determinar la obligación de pagar impuestos es la residencia, y la producción en territorio nacional. Según esto, estarían obligados al pago de impuestos quienes tengan su residencia en España y no estarían obligados los nacionales que tengan su residencia en el extranjero, o quienes, teniendo su residencia en España, obtengan remuneraciones del extranjero. Sin embargo, la aplicación estricta de este sistema puede perjudicar a aquellos países que tengan un tipo impositivo más alto que el resto de países, ya que ello provocara una salida de factores de producción hacia países con tipos más bajos.

Para evitar este peligro, la solución es gravar otra vez esas rentas en el país de residencia del sujeto pasivo. Pero ello tendría como inconveniente la doble imposición. Pues bien, la alternativa para evitar este segundo inconveniente es gravar la renta en el país de residencia del sujeto, pero permitiéndole desgravar una de las dos: o lo pagado en el extranjero, o lo pagado en el país de residencia. Para conocer el sistema que aplica cada país hay que remitirse a las diversas legislaciones del Impuesto sobre la renta, sobre el que los Estados son soberanos al no existir una armonización fiscal sino una coordinación fiscal. Solo se aplican las directivas en casos concretos de conflicto entre legislaciones.

d) El impuesto progresivo sobre la renta e inflación

La estructura progresiva de los tipos impositivos de este impuesto tiene su incidencia particular en periodos de inestabilidad de precios. Cuando hay inflación, se reduce la renta real de los sujetos y aumenta en la misma proporción la renta del Estado, sin necesidad de que los Gobiernos modifiquen los tipos impositivos. Y es que la mera existencia de la inflación produce un efecto similar al de una subida de impuestos, pero con la ventaja política de que no es necesario adoptar ninguna solución que pueda comprometer al Gobierno. Si las tarifas correspondientes a la tributación se mantienen sin variar durante varios años y en ese periodo los precios suben un 10% de un año a otro, el contribuyente conseguirá un incremento de sus rentas por ese valor, pero su capacidad adquisitiva seguirá siendo la misma, pues su renta real será la misma, y sin embargo, si no se modifican las tarifas como es el caso de nuestro ejemplo, su renta se verá sujeta a un tipo de gravamen superior, pagando más impuestos. El contribuyente sufre un exceso de gravamen denominado progresividad en frio

Si el periodo de inflación es largo, es aconsejable revisar periódicamente la estructura de los tipos para adaptarla a las variaciones reales de la coyuntura económica, actualizando los tipos o tarifas a través de **la indiciación**. El método consiste en deflactar la tarifa adaptando cada escalón de renta a los mismos tipos impositivos anteriores, pero recogiendo dentro de cada escalón el crecimiento monetario que determina la inflación; de forma que los tipos impositivos no habrían cambiado en términos reales a pesar de la inflación.

2.1.4. Efectos económicos del impuesto sobre la Renta

El IRPF, al suponer una minoración de la capacidad adquisitiva del sujeto, altera el comportamiento de éste, lo cual a su vez tiene efectos económico al suponer una minoración de la capacidad adquisitiva del sujeto, y conduce a un comportamiento determinado como agente económico, lo que tiene consecuencias de carácter económico. En primer lugar, puede tener un efecto sobre la asignación eficiente de recursos en el caso de que establezca alguna discriminación en función del trabajo o profesión. Así p. ej. dado que en España abundan los trabajadores liberales y los agricultores, que son quienes más fácilmente pueden evadir este impuesto, puede existir una motivación para trabajar en estos sectores y no en otros.

Sin embargo, los efectos más significativos recaen sobre:

- Efectos sobre la formación de capital, el impuesto sobre la renta tiene dos efectos, que serán más acentuados cuanto más progresivo sea el impuesto. Por un lado, reduce la capacidad de ahorro de las personas y por otro desincentiva el deseo de invertir de los empresarios.
- Efectos sobre la oferta de trabajo, hay que partir de la base de que el tiempo es un bien escaso, que puede dedicarse a ganar dinero o al ocio. De manera que la existencia de un impuesto que grava el tiempo dedicado al trabajo, supone un incentivo para dedicar ese tiempo al ocio, siendo este efecto más acentuado cuanto más progresivo sea el impuesto. Sin embargo, este efecto es discutible, pues depende de cada persona y de cada cultura. Por lo que a priori no se puede decir cuál será el efecto sobre la oferta de trabajo, pues intervienen dos fuerzas contrarias:

  - Por un lado, la existencia del impuesto sobre la renta abarata el ocio, dando lugar al llamado efecto sustitución, que estimulará a los trabajadores a dedicar más tiempo al ocio y menos al trabajo.
  - Y, por otro lado, la existencia del impuesto reduce el nivel de renta del sujeto, lo que motivará a este a trabajar más para compensar esa pérdida de renta. Es lo que se llama efecto renta.

El resultado dependerá de la intensidad con la que se produzcan estos dos efectos.

- Efectos sobre la **asignación de factores**, hay que decir que, aunque la existencia de un impuesto sobre la renta no siempre reduce la oferta de trabajo, sí que modifica la estructura de ésta, incentivando la obtención de renta a través de trabajos no sometidos a impuesto, como es el caso de las rentas en especie que no estén sujetas a tributación, o la economía sumergida.

2.2. LA IMPOSICIÓN DIRECTA: IMPUESTO SOBRE EL BENEFICIO DE LAS SOCIEDADES

2.2.1. El impuesto sobre el beneficio de sociedades como impuesto independiente

La primera cuestión que se plantea es si debe existir como figura impositiva independiente del IRPF o no, ya que los dividendos tributan en el IRPF y si también existe un impuesto de sociedades se producirá una doble imposición de los rendimientos repartidos a los accionistas. Por otra parte, si no existiera un impuesto independiente, los beneficios no distribuidos quedarían exentos de tributación y podría afectar al comportamiento empresarial a la hora de repartir los dividendos. Por esta última razón junto con otras como que la actividad empresarial genera trastornos en la actividad económica general y es el Estado quien tiene que hacer frente a los costes generados por esta actividad y que de alguna forma tienen que ser compensados, o como que por razones de interés social las sociedades por su envergadura económica pueden constituir un peligro para la asignación eficiente de recursos. Se considera que resulta conveniente contar con un impuesto que grave los beneficios de las sociedades como impuesto independiente, si bien hay que buscar soluciones para evitar en la medida de lo posible el problema de la doble imposición de los impuestos. El legislador elegirá en cada caso cuál es la mejor solución, y para ello los países han ideado diversas soluciones que se materializarán en sus respectivas legislaciones.

2.2.2. El problema de la traslación impositiva

La cuestión en estudio consiste en conocer quien paga de hecho el impuesto de sociedades si el contribuyente de iure, esto es: el empresario o si éste último consigue trasladar el pago del mismo a los consumidores a través de la elevación del precio de los productos. En teoría el fenómeno de la traslación impositiva afecta a los impuestos indirectos sobre el consumo y no debería darse en la imposición directa. Es por ello que la teoría económica negaba la traslación impositiva en el impuesto de sociedades considerando que al empresario no le interesa trasladar el impuesto subiendo el precio a los consumidores. El impuesto sobre el beneficio no puede ser considerado como un coste de producción que modifique las condiciones de oferta del empresario, ni tiene que ver con los deseos de compra de los consumidores; son los accionistas los únicos que verán disminuir la rentabilidad del capital y quienes han de soportar el pago del impuesto. Sin embargo, hay quienes consideran que la respuesta debe analizarse según el corto o largo plazo y el tipo de mercado analizado: competencia o monopolio y que la conducta del empresario es distinta según el caso.

De todos los estudios sobre este tema destacamos el de Richard Musgrave y Krzyzaniak como el más generalmente aceptado que considera al impuesto de sociedades como un coste de producción más, ya que lo que persiguen alcanzar los empresarios como objetivo es la tasa de beneficio neto, esto, es libre de impuestos y en función de ello, fijan los precios del producto, de tal forma que quede garantizada dicha tasa de beneficio. Un cambio en el tipo de gravamen conlleva siempre un ajuste en el precio. Podemos decir que esta postura no es consistente con los criterios de maximización del beneficio, pero el empresario no siempre actúa de forma racional. En conclusión, se puede afirmar que la posible traslación impositiva dependerá en cada caso de los plazos de tiempo y las formas de mercados y que no pueden establecerse criterios sobre el fenómeno de la traslación.

2.2.3. Problemas hacendísticos derivados de su estructura impositiva: la determinación de la base imponible

La determinación de la base imponible del impuesto de sociedades presenta algunos aspectos problemáticos que vamos a analizar y que tienen que ver con el cálculo del beneficio empresarial como concepto residual, que se calcula por diferencia entre los ingresos de la sociedad y los gastos. El concepto de beneficio que se utiliza para la determinación del impuesto es el de beneficio neto; esto es: la diferencia entre ingresos y gastos necesarios para obtenerlos, y por lo tanto, ahora se trata de estudiar cómo algunas partidas de los ingresos o gastos pueden influir en el cálculo del beneficio neto.

a) Problemas derivados de la determinación de los ingresos: valoración de las existencias.

Los ingresos se componen de todas aquellas partidas que suponen una remuneración para la sociedad ya hecha efectiva o por realizar. Esto es: 1) Los ingresos típicos que son los derivados del tipo de actividad que determinan el objeto social de la empresa, 2) Los ingresos atípicos que son los que la sociedad obtiene de forma tangencial como complemento a su actividad, v.gr los alquileres y 3) Las existencias, una partida que plantea problemas de valoración ya que todavía no se han hecho efectivas y permanecen en los almacenes. Esta partida debido a su naturaleza puede haber sido acumulada a lo largo de distintos periodos temporales, por lo que su valor contable puede ser distinto y esto puede suponer un problema en los periodos de fluctuaciones de precio. Existen distintos sistemas para valorar las existencias, pero los más habituales son:

El sistema FIFO (*First in First out*), esto es las primeras que entran son las primeras que salen y por lo tanto las que quedan en almacén como variación de existencias son las últimas que entraron y por lo tanto han de valorarse al precio más reciente.

El sistema LIFO (*Last in, First out*), esto es, que las últimas mercancías en entrar son las primeras en salir, y por lo tanto las que se quedan en almacén son las primeras que entraron y deben valorarse al precio más antiguo

Existe un tercer sistema NIFO (*Next in First out*). Las empresas a la hora de llevar su contabilidad se rigen por las normas contables, pero a efectos fiscales el legislador a través de las leyes y reglamentos de los impuestos de sociedades correspondientes, determinará cuál es el criterio a aplicar para la valoración de las existencias como parte del cálculo de los ingresos de la empresa.

b) Problemas derivados de la determinación de los gastos: deducciones por depreciación.

Los gastos que la sociedad puede presentar como deducciones de los ingresos para calcular el beneficio neto, constituyen los llamados costes de producción del empresario y están constituidos por las materias primas, las remuneraciones de los distintos factores de producción empleados y que son ajenos al empresario, - sueldos, intereses, arrendamientos y alquileres-amortización del equipo capital y los impuestos indirectos derivados de la actividad económica realizada. Además, se pueden deducir otros costes que no son propiamente costes del empresario pues tienen como finalidad el fomento de ciertas actividades de tipo social o cultural: conferencias, deportes, etc.

La determinación concreta de estas partidas no plantea dificultades especiales con la excepción de la valoración de los gastos por depreciación o amortización del equipo capital por el hecho se existir distintos sistemas de valoración. La depreciación del equipo capital es un concepto que determina conceptualmente la pérdida de valor que el equipo capital sufre por el desgaste continuado derivado de su participación en los procesos productivos. Se trata de constituir un fondo para mantener intacto el valor patrimonial para poder reponer el equipo capital cuando se necesite hacerlo. El problema surge cuando a lo largo del periodo de amortización se producen alteraciones en el precio de los bienes de capital que al existir distintos sistemas de amortización tiene como resultado que el volumen de fondos destinados a la reposición final de los bienes de capital difiera según el sistema adoptado y ello también repercutirá en el cálculo del beneficio neto de la empresa.

Los tres sistemas de amortización existentes son:

a. Sistema de amortización a precio histórico. Este sistema consiste en tomar como base el precio del equipo en el momento de adquisición, se calcula el periodo de vida útil de la máquina y de forma lineal, cada año de ese periodo se destina cantidad igual al fondo de amortización o reposición. La ventaja de este sistema es que es fácil conocer el precio de adquisición del bien; sin embargo, en épocas de inflación llevaría a una infravaloración del precio de reposición del bien, lo que entraña un proceso de descapitalización de la empresa, y de forma indirecta a una sobrevaloración de los beneficios de la empresa.

b. Sistema de amortización a precio de mercado. Este sistema considera como base el precio del equipo el valor que el bien tiene en el mercado en cada uno de los años que se practica la amortización; se calcula el periodo de vida útil de la máquina y cada año de ese periodo se destina al fondo de amortización o reposición una cantidad igual al precio de reposición en ese año, que irá variando en función con los precios del bien. La ventaja de este sistema es que es un método realista y permite tener en cuenta las variaciones de precios en el mercado para valorar la amortización; sin embargo, no consigue constituir un fondo suficiente para reponer el equipo capital, lo que entraña un proceso de descapitalización de la empresa, y de forma indirecta a una sobrevaloración de los beneficios de la empresa.

c. Sistema de amortización a precio de reposición. Este sistema toma como base el precio del equipo capital el valor que el bien tendrá en el momento de ser repuesto, este sistema, lleva a una valoración más realista de los costes de producción en momentos de inflación y una valoración más baja de los beneficios de la empresa. La desventaja de este sistema es que no existe ningún indicador del precio futuro del bien, resulta aleatorio en su aplicación práctica y su aplicación unilateral por parte de los empresarios es muy peligrosa por que conlleva el establecimiento de precios altos para reducir el volumen de beneficios. Por ello, este sistema solo sería posible a través de conciertos entre la administración y los administrados respecto a los criterios de valoración del equipo capital. No debemos olvidarnos de tener en cuenta del fenómeno de la aceleración de los adelantos tecnológicos que afecta al equipo capital de la empresa acortando los periodos de vida de las maquinas, no solo por el desgaste que sufren por su uso con el paso del tiempo sino más bien por la aparición de otras máquinas que proporcionan métodos de producción más eficaces. Los sistemas de amortización acelerada pueden ser variados, aunque todos ellos giran en torno a dos criterios básicos:

i   Acortamiento del periodo de vida útil de la máquina. Se trata de aplicar un método de amortización lineal, es decir amortizar todos los años el mismo porcentaje del valor de la máquina, solo que, acortado este periodo, por lo que en definitiva se sube el porcentaje anual de amortización.

ii Manteniendo el periodo de vida útil de la máquina, pero incrementando la amortización en los primeros años. Este sistema es el del valor decreciente que consiste en establecer un porcentaje de amortización igual para cada año pero variando la base de amortización cada año, p. ej. cada año se aplica el 50'% del valor del saldo que queda por amortizar.

d. Puede ser que la Ley o Reglamento del impuesto de sociedades establezca una forma clara de cálculo del sistema de amortización, en caso contrario, se atentaría gravemente al principio de equidad que ha de afectar a todos los ciudadanos salvo que se remitiese a las normas de contabilidad y, en las mismas apareciera claramente definido el sistema de amortización que hubiera de aplicarse para el cálculo de la amortización del equipo capital.

c) Problemas derivados de la compensación de pérdidas.

La aplicación rigurosa del principio de equidad exigiría que las sociedades pagaran sus impuestos de una sola vez y en atención a los resultados globales de la misma en su periodo de existencia, pero por razones de eficacia recaudatoria se aconseja el reparto de la carga tributaria en periodos más cortos de tiempo. La práctica de todos los países ha llevado a que el periodo impositivo coincida con el año natural, por lo que se plantea un problema a tener en cuenta para la determinación de la base imponible cuál es el de la inclusión de compensación de las pérdidas de la empresa. La justificación de que haya que compensar las pérdidas obedece al hecho de que, si el periodo impositivo fuera más dilatado en el tiempo, las perdidas quedarían liquidadas y compensadas con los años de beneficios netos.

El fenómeno de la compensación de pérdidas consiste en la facultad que se concede al empresario de compensar las pérdidas, de unos años- a los que según la aplicación del principio de equidad le correspondía un impuesto negativo- con los beneficios obtenidos en otros años próximos, y la razón última consiste en que de no hacerse así se violaría gravemente al principio de equidad que ha de amparar a todos los ciudadanos. En el caso de que existan dos empresas que a lo largo de un mismo periodo de tiempo tengan el mismo beneficio neto pero que estén distribuidos de forma desigual en cada año de dicho periodo, de no aplicarse la compensación de pérdidas pagarían un volumen distinto de impuesto. Existe otro sistema de compensación más equitativo que sería posponer el ajuste, de tal modo que la Administración no se vea obligada a devolver impuestos con los consiguientes trámites burocráticos, si no a compensar las pérdidas de estos años con los beneficios de años sucesivos. El fenómeno de la compensación de pérdidas presenta un gran interés desde el punto de vista de la fusión de empresas, ya que permite que empresas con beneficios reduzcan su base imponible en la cuantía de las pérdidas que presentan las empresas que se fusionan.

2.2.4. Efectos económicos del impuesto

El impuesto de sociedades permite la traslación del impuesto del productor al consumidor final, lo que en caso de producirse presentarían los efectos económicos sobre la actividad económica general derivados de la variación de la cantidad y de los precios producidos por la repercusión del impuesto de sociedades. Pero además de estos efectos directos, puede provocar otros efectos indirectos, tales como:

a) Efectos sobre la estructura financiera de la empresa.

El impuesto de sociedades puede originar distorsiones en la estructura financiera de las empresas a favor de la utilización de fuentes de financiación ajenas en vez de fuentes de financiación propias. Cuando un empresario necesita fondos de financiación para ampliar su capacidad productiva a falta de autofinanciación (ahorro empresarial o beneficios no distribuidos) tiene dos alternativas:

1) Emisión de nuevas acciones como fuente de financiación propia.
2) Recurrir a fuentes de financiación ajena, es decir al endeudamiento: obligaciones, bonos, deuda pública, préstamos, bancarios etc.

Tradicionalmente se ha considerado que la existencia del Impuesto de Sociedades supone un incentivo para que la empresa financie sus inversiones recurriendo al endeudamiento externo, en vez de a la ampliación de capital, lo que provocaría un cambio de la estructura financiera de la empresa; ya que cuando la empresa calcula sus beneficios netos, no podría deducirse como un gasto corriente el coste de los fondos de financiación si estos últimos proceden de fuentes propias de financiación, pero si cuando éstos proceden de fuente de financiación ajena. Este hecho incita a recurrir a la financiación externa. Pero para llegar a dicha conclusión tendríamos que tener en cuenta también:1)¿Cuál es el tratamiento fiscal que en dicho Estado se da a las ganancias de capital, vía beneficio no distribuido?, si éste fuera favorable podría incentivarse la conversión de las rentas ordinarias en ganancias de capital, 2) que el sistema de financiación de la empresa incide en sus costes reales, ya que el pago de los intereses por el endeudamiento suele ser más alto que los dividendos repartidos a los accionistas y 3) cuando se recurre al endeudamiento externo se produce una pérdida de control de la empresa. La suma de todos estos factores condiciona que una empresa opte por la financiación propia o ajena, aunque el sistema más seguido es el que prima la financiación ajena debido a que fiscalmente resulta más ventajoso.

b) Efectos sobre la asignación de los recursos productivos.

Se ha podido constatar que el impuesto de sociedades tiene una incidencia discriminatoria sobre los rendimientos de capital de aquellas empresas que por funcionar en régimen societario están sujetas al impuesto frente a las no societarias no sujetas a este gravamen y ello produce distorsiones en la distribución de recursos productivos entre esas dos clases de empresas societarias. Por lo que la existencia del impuesto provoca el siguiente resultado sobre la asignación de los recursos productivos:

- Se produce una reasignación de recursos, trasvasándose de la empresa societaria a la no societaria.
- Disminuye la rentabilidad general de los recursos utilizados en ambas empresas.

c) Efectos sobre la inversión.

Teniendo en cuenta que este impuesto grava unos fondos susceptibles de ser dedicados a la inversión, se considera que el impuesto tiene efectos negativos sobre el crecimiento y el pleno empleo ya que ambos objetivos se relacionan con los procesos de inversión. Por una parte, el impuesto recae sobre los beneficios o fondos que la empresa puede destinar a la inversión pues proceden del ahorro empresarial o fondo de reserva (beneficio no distribuido); la empresa puede dedicar estos fondos en la parte no correspondiente al reparto de los dividendos a los accionistas y la ampliación de la empresa. Por otro lado, la existencia de este impuesto puede reducir el volumen de fondos que los ahorradores materializan en acciones al estar éstas doblemente gravadas por el IRPF y el impuesto de sociedades. Por todo ello, podemos decir que la existencia del impuesto de sociedades tiene unos efectos negativos sobre la formación de capital.

III. BIBLIOGRAFÍA

Básica

GARCÍA VILLAREJO, A. y SALINAS SÁNCHEZ, F.J. (1994), Manual de Hacienda Pública. Tecnos. Capítulos XXIV, XXV, XXVII y XXVIII.

BUSTOS GISBERT, A. (2017) Curso Básico de Hacienda Pública, Editorial Civitas Thomson Reuters, Madrid. Capítulos 8 y 9.

GAMAZO CHILLÓN, J.C. y VEGA MOCOROA, I. (2020) Notas para el Estudio de hacienda Pública. Universidad de Valladolid. Capítulo 12

VEGA MOCOROA, I. (2024), Compendio Básico de Hacienda Pública. Ediciones Universidad de Valladolid. Valladolid. Capítulo XII

Solicitar siempre última actualización.

Complementaria

COSTA, M. y otros (2003) Teoría básica de los impuestos. Thomson- Civitas. Madrid.

GUTIÉRREZ JUNQUERA, P. (1998), Curso de Hacienda Pública. Ed. Univ. de Salamanca. Capítulos 10, 11 y 12.

ALBI IBÁÑEZ, E. ET ALIA (2018), Economía Pública II. Ariel. Capítulos 4, 5, 6 y 7.

VEGA MOCOROA, I. y otros (1998), La Integración Económica Europea: Curso Básico. Lex Nova. Capítulo VIII.

IV. EJERCICIOS

1. Complete el siguiente cuadro suponiendo que se produce un impuesto plurifásico en cascada del 5%, determine cuál es la cantidad repercutida al consumidor final y si esta cantidad coincide con la carga fiscal real. Repita el ejercicio suponiendo que se trata de un impuesto sobre el valor añadido del 10%.

Operación	Valor añadido	Precio de venta	Impuesto(cuota)	Carga fiscal
Venta de muebles metálicos (Fabricante)	1000			
Venta de muebles metálicos(mayorista)	2000			
Venta de muebles metálicos(minorista)	3000			

2. Complete la siguiente tabla y:

   1) Determine, suponiendo que el tipo impositivo es de un 5% en cada caso el precio final de venta, suponiendo que se trata de impuestos monofásicos, tipo impuesto de tipo global o sobre el tráfico de empresas.
   2) Existe algún tipo de efecto piramidación o acumulación.
   3) Si quisiéramos obtener la misma recaudación impositiva en un impuesto monofásico mayorista que en un impuesto monofásico minorista qué tipo impositivo tendríamos que aplicar.

Operación	Valor añadido	% beneficio	Precio de venta	Precio con Impuesto Fabricante	Precio con Impuesto Mayorista	Precio con Impuesto Minorista
Venta de muebles metálicos (Fabricante)	4000					
Venta de muebles metálicos(mayorista)		50%				
Venta de muebles metálicos(minorista)		30%				

3. Con el fin de asentar los conceptos y explicaciones del tema en un folio blanco realice un mapa conceptual o esquema del tema y de sus principales capítulos después de la explicación y lectura del tema y sin copiar del manual; posteriormente, contraste con el manual si hay aspectos del esquema que no ha completado satisfactoriamente y reflexione sobre el porqué, si es por falta de estudio o de comprensión

4. De acuerdo con la legislación española del IRPF, la tarifa aplicable a las rentas de trabajo y otras actividades económicas es:

Tramos IRPF 2024	Tipo estatal	Tipo autonómico *	Tipo total
Hasta 12.450 euros	9,50%	9,50%	19,00%
De 12.450 euros a 20.199 euros	12,00%	12,00%	24,00%
De 20.200 euros a 35.199 euros	15,00%	15,00%	30,00%
De 35.200 euros a 59.999 euros	18,50%	18,50%	37,00%
De 60.000 euros a 299.999 euros	22,50%	22,50%	45,00%
A partir de 300.000 euros	24,50%	22,50%	47,00%

Si un contribuyente en el año 2024 obtiene unos ingresos de 35.000€, si la inflación en el país de residencia es del 10% y por lo tanto su renta en términos monetarios para el año 2025 es 38.500€; teniendo en cuenta que las tarifas no han sufrido variación alguna, calcule la rémora fiscal (exceso de gravamen) que sufre el contribuyente y señale qué modificaciones deberían realizarse en las tarifas para eliminar el problema.

TEMA 13 — EL FEDERALISMO FISCAL[17]

I. ALGUNAS CONSIDERACIONES SOBRE EL FEDERALISMO FISCAL

El Federalismo Fiscal es el nombre que se da en la teoría de la Hacienda Pública a la existencia en un país de diversos niveles territoriales de decisión política en el ámbito de la Hacienda.

¿Por qué el sector público se estructura en varios niveles? Algunos bienes públicos generan beneficios limitados a un área geográfica reducida, como puede ser un servicio contra incendios, otros inciden en todo el ámbito nacional, como los servicios públicos de defensa o de orden público o de la justicia. Esta característica espacial de los bienes y servicios públicos constituye una razón a priori a favor de la existencia de haciendas multinivel. En opinión de Musgrave, cada una de ellas "debería proporcionar aquellos servicios cuyos beneficios afluyan dentro de sus límites y debería utilizar únicamente aquellas fuentes de financiación que interioricen los costes".

En casi todos los países la Hacienda presenta varios niveles: nacional, estatal o regional y local. En sentido laxo los problemas que surgen en el Federalismo Fiscal se manifiestan claramente en países de constitución federal, pero también, aunque en menor grado, en países unitarios (en todos existen al menos Entidades locales: ayuntamientos, condados...). Por tanto, el ámbito del Federalismo Fiscal es económico (hacendístico) y no jurídico constitucional.

La existencia de diversos niveles de Hacienda hace surgir un conjunto de complejas interrelaciones que afectan a todos los ámbitos de la Hacienda Pública, a los gastos y a los ingresos públicos y que podemos sintetizar en una problemática doble:

- Cuál debe ser o es la atribución de funciones a los diferentes niveles de gobierno o problema del "reparto competencial", y
- Cuál debe ser o es la asignación de los distintos recursos fiscales o "problema de la financiación".

En un modelo de Hacienda descentralizada los diversos niveles de Gobierno no deben realizar todas las funciones del sector público, sino aquellas para las que sean más eficaces y eficientes. Normalmente las normas constitucionales o las leyes de hacienda de desarrollo delimitan el campo competencial de cada nivel de Hacienda. Sin embargo no es fácil establecer un campo claro de acción para cada jurisdicción. No siempre es posible, ni siquiera conveniente, establecer una separación total de competencias de gasto. Frente a la aproximación simplista de un modelo de competencias "exclusivas", hay que reconocer que muchas de ellas deben ser "compartidas", dado que es posible dividir el campo competencial en:

- Competencias normativas, que pueden ser de Bases y de Desarrollo normativo, y
- Competencias de ejecución.

Por ejemplo, la Ley Fundamental de la República Federal de Alemania de 1949 (Grundgesetz) establece una delimitación bien estructurada siguiendo dichos criterios entre las competencias del Bund y las de los Länder. La Constitución Española de 1978 pretende hacer lo mismo pero es bastante confusa.

---

[17] Este CAPÍTULO ha sido elaborado por **D. Pablo Gayubo Pérez**, Doctor en Ciencias Económicas, Graduado en Filosofía, Interventor de Fondos de Administración Local y Profesor Asociado durante 25 años de la Universidad de Valladolid.

El segundo gran problema del Federalismo Fiscal es el de la financiación de los diversos niveles de Hacienda. Para poder realizar sus funciones competenciales cada nivel de Hacienda necesita contar con recursos financieros suficientes. Pero no resulta nada fácil establecer un reparto de las fuentes tributarias porque el Sistema Fiscal es un todo, estando sus elementos profundamente interrelacionados. Algunos países, en particular los países federales clásicos han establecido en sus normas constitucionales una separación de tributos, asignando por ejemplo la imposición directa a la Federación y la indirecta a los Estados federados, o bien a la inversa. Otros países en cambio, como Alemania y España, han optado por un modelo de "impuestos compartidos" que salvaguarda las ventajas de la unidad del sistema fiscal. En ambos modelos (de tributos separados o compartidos) se plantean importantes problemas de nivelación fiscal.

II.- EL FEDERALISMO FISCAL EN ESPAÑA

A.- EL MODELO ESPAÑOL DE FEDERALISMO FISCAL

En España existen 3 niveles de Hacienda:

- Estatal o Hacienda del Estado,
- Autonómico o Haciendas de las Comunidades Autónomas.
  Este presenta 2 regímenes profundamente distintos: el régimen común o Sistema LOFCA (Ley Orgánica de Financiación de las Comunidades Autónomas) y el régimen foral del País Vasco y Navarra, que se ampara en lo dispuesto en la Disposición Adicional Primera de Constitución de 1978.
- Local o Haciendas de las Entidades Locales (Ayuntamientos y Diputaciones).

Recogemos a continuación la estructura básica del Sistema fiscal español para ver cuáles son los impuestos directos e indirectos y cómo se distribuyen entre los distintos niveles de Hacienda.

ESTRUCTURA BÁSICA DEL SISTEMA FISCAL ESPAÑOL
(Distribución de las fuentes impositivas entre los 3 niveles de Hacienda)

IMPUESTOS	INDICE CAPACIDAD			NIVEL DE HACIENDA		
	RENTA	CONSUMO	RIQUEZA	ESTADO	CC.AA.	CC.LL.
1) IMPUESTOS DIRECTOS						
- Sobre la Renta						
· I.R.P.F.	•			•(50%)	•(50%)	(•)
* I. Sociedades	•			•		
- Sobre el Capital						
* I. Sucesiones y Donaciones			•		•	
· I. Patrimonio Neto			•		•	
* I.B.I. (Imp. s/ bienes INMUEBLES)			•			•
* I.V.T.M. (VEHÍCULOS)			•			•
* I. Incremento Valor de los Terrenos			•			•
- Sobre actividades económicas						
* I.A.E.(s/ Actividades Económicas)	•					•

ESTRUCTURA BÁSICA DEL SISTEMA FISCAL ESPAÑOL (II)

2) IMPUESTOS INDIRECTOS					
- Sobre el TRAFICO MERCANTIL					
* I.V.A.	•		•(50%)	•(50%)	(•)
* ESPECIALES	•				
- Hidrocarburos			•(42%)	•(58%)	(•)
- Alcoholes :bebidas, cerveza...			•(42%)	•(58%)	(•)
- Tabacos			•(42%)	•(58%)	(•)
- Medios transporte (matriculación)				•	
- Primas de Seguros			•		
- Sobre la electricidad				•	
- Ventas minoristas de Hidrocarburos				•	
- Sobre el TRAFICO CIVIL					
* ITP y AJD	•			•	
- Sobre el TRAFICO EXTERIOR					
* Renta de Aduanas (I s/T. Exterior)	•		•		
- Otros					
* I.C.I.O. (Imp. s/Construcciones, Instalaciones y obras)	•				•

B.- LA FINANCIACIÓN DE LAS COMUNIDADES AUTÓNOMAS

Nos centraremos en este apartado principalmente en el análisis del Sistema actualmente vigente de financiación de las Comunidades Autónomas (CC.AA.), pero para situar en un escenario más amplio su problemática debemos dedicar unos breves comentarios a los diversos aspectos concretos del Federalismo Fiscal que afectan a las Haciendas autonómicas.

B1.- UNA VISIÓN GENERAL DE LA FINANCIACIÓN AUTONÓMICA

1.- El Marco normativo de la Financiación autonómica

Existen unas normas de alto nivel que constituyen el **bloque de constitucionalidad:**

- **Constitución**
- **Estatutos de Autonomía, y**
- **LOFCA** (Ley Orgánica 8/1980, que ha sido reformada por las Leyes Orgánicas 3/1996, 7/2001 y 3/2009, para hacer posible algunos puntos de los sucesivos Sistemas de Financiación aplicados).

Y otras **normas de desarrollo:**

- **Leyes específicas de los Sistemas de Financiación** (Ley 21/2001, Ley 22/2001, Ley 22/2009). Desde el nacimiento del Estado Autonómico hasta 2002 se aprobaron y aplicaron 4 Sistemas de Financiación Autonómica con el soporte único de los correspondientes acuerdos del Consejo de Política Fiscal y Financiera creado en la LOFCA. Desde 2002 hasta la actualidad (en 2023) se han aprobado y aplicado otros dos Sistemas de Financiación, basados también en Acuerdos del Consejo de Política Fiscal y Financiera, pero elevados a norma con rango de Ley en las Leyes específicas citadas 21/2001 y 22/2009. (Así, por ejemplo, el Acuerdo del Consejo 6/2009, de 15 de Julio, del actual Sistema de Financiación, es el que se recoge en la Ley 22/2009).

- **Leyes de Presupuestos Generales del Estado.** Cada año establece el Estado en la LPG el mecanismo financiero de las entregas a cuenta que la Hacienda estatal hace mensualmente a las CC.AA. por los impuestos cedidos o participados que gestiona el Estado y también las entregas a cuenta de los diversos fondos de nivelación o especiales incluidos en el Sistema de financiación. Además se determinan también las reglas para practicar la "liquidación definitiva" de la financiación autonómica del año t que se deberá practicar en el año t + 2.
- **Acuerdos del Consejo de Política Fiscal y Financiera.** Según establece la LOFCA, todos los Sistemas de Financiación aplicados requieren el Acuerdo de este órgano colegiado en el que están los representantes del Estado y los de las CC.AA. Lo que se ha hecho desde 2001 es elevar los acuerdos sobre los nuevos Sistemas de Financiación a las Cortes Generales para ser aprobados en forma de Ley.

2.- Los principios en que se basa la financiación autonómica, recogidos en el artículo 156 de la Constitución Española:
- AUTONOMÍA,
- SOLIDARIDAD, y
- COORDINACIÓN.

3.- El reparto competencial entre el Estado y las CC.AA.

El artículo 149.1 de la Constitución Española recoge en su apartado 1 una lista de 32 competencias que califica de exclusivas del Estado. Esta exclusividad no resulta absoluta porque en muchas de las materias incluidas se recogen expresiones como "sin perjuicio de su ejecución por las CC.AA.", o señalan que constituyen "legislación básica", correspondiendo su desarrollo normativo y/ o su ejecución a las CC.AA. Por su parte, el artículo 148 de la CE señala 22 materias que corresponden a las CC.AA. Pero de nuevo la redacción no es afortunada, dado que introduce una radical oscuridad porque no se indica claramente si las competencias son exclusivas o concurrentes, o de naturaleza normativa o ejecutiva, y tampoco establece este artículo el techo máximo competencial de las CC.AA. Este techo podría elevarse (y se ha elevado ya desde el principio para algunas CC.AA.) por el juego conjunto de la cláusula residual del artículo 149.3 ("Las materias no atribuidas expresamente al Estado por esta Constitución podrán corresponder a las Comunidades Autónomas en virtud de sus respectivos Estatutos...") y del artículo 150.

Durante los primeros años de funcionamiento del Estado Autonómico se consolidan dos tipos de CC.AA. desde el punto de vista del nivel competencial:

- Las CC.AA. de vía lenta y techo competencial bajo (competencias del art. 148), que son las que acceden a la autonomía por la vía del artículo 143 de la CE, y
- Las CC.AA. de vía rápida y techo competencial ampliado (la diferencia fundamental estriba en que cuentan además de con las competencias comunes del artículo 148, con las competencias de Educación y Sanidad) y que son, en principio, las Comunidades del artículo 151.

Pero la dinámica del Estado Autonómico ha llevado en estos 40 años a una práctica igualación competencial por arriba, tras las modificaciones de los Estatutos de Autonomía y la aplicación de las sucesivas reformas de los sistemas de financiación. En los dos últimos, el del período 2002 a 2008 y el aprobado en 2009 que sigue vigente en la actualidad, todas las CC.AA. tienen ya techo competencial alto, incluyendo los llamados "Servicios Públicos Fundamentales" de Sanidad, Educación y Servicios Sociales.

4.- Los instrumentos de Nivelación incluidos en los Sistemas de Financiación

Los diversos Sistemas de Financiación de las CC.AA. (Transitorio de 1980 a 1986; 1987-1991; 1992 - 1996; 1997 – 2001; 2002 – 2008¸ 2009 …-que es el actualmente vigente, en 2023-) han articulado de forma tácita o expresa mecanismos niveladores para corregir las desigualdades de capacidad fiscal.

A nivel teórico debemos diferenciar dos tipos de instrumentos de nivelación que vamos a denominar: "nivelación vertical" y "nivelación horizontal". A lo largo de estos años se han confundido muchas veces ambos conceptos y se han establecido mecanismos niveladores que atendían a ambas finalidades. Por ello nos parece conveniente hacer un breve comentario para facilitar su distinción.

- *Necesidad de "NIVELACIÓN VERTICAL"*
  Al no resultar posible dividir suficientemente las fuentes tributarias del unitario sistema fiscal es necesario establecer mecanismos de nivelación vertical que busquen atender al principio de suficiencia. Normalmente es la Hacienda gestora del Estado quien cede tributos o asigna fondos niveladores a los demás niveles de Hacienda para que tengan recursos suficientes para prestar los servicios públicos asumidos en sus competencias estatutarias (Sorprendente-mente, en el modelo foral, el proceso es al revés, al ser las CC.AA. forales las que gestionan el sistema fiscal y deben aportar al Estado un cupo o aportación para financiar las competencias estatales). Pero aunque en el momento inicial de cada nuevo Sistema de Financiación se haya logrado una suficiencia vertical, puede ocurrir que las necesidades de gasto evolucionen de modo diferente a los incrementos de ingreso a lo largo del tiempo y se plantee este problema de nivelación vertical.

- *Necesidad de "NIVELACIÓN HORIZONTAL"*
  La diferente capacidad fiscal de las CC.AA. hace que una misma cesión de tributos les suponga a **unas Comunidades** excesos de financiación con respecto a las necesidades de gasto estimadas en el Sistema y a **otras, déficits de financiación**, con lo que les resultaría imposible prestar los servicios públicos a un nivel similar en toda España. Por eso se precisa articular mecanismos niveladores de naturaleza horizontal, para instrumentar el principio de solidaridad establecido en el artículo 156 de la CE.

5.- Marco general de análisis de los diversos Sistemas de Financiación autonómica aplicados

Cuando se analizan los Acuerdos del Consejo de Política Fiscal y Financiera relativos a los distintos Sistemas de Financiación o se estudian las Leyes de Financiación Autonómica 21/2001 o 22/2009, parece que dichos sistemas son profundamente distintos. Ciertamente son diferentes, pero cuando uno los analiza en profundidad comprueba que atienden a una lógica común. Creemos que se pueden contemplar dichas realidades normativas dentro de un marco general que resalte sus profundas semejanzas.

MARCO GENERAL DE ANÁLISIS: ESQUEMA INTERPRETATIVO

NECESIDADES DE GASTO   =   **CAPACIDAD FISCAL + NIVELACIÓN**

(CUÁNTO)   =   (CÓMO)

Esta igualdad se debe producir en el momento inicial (suficiencia estática) y mantenerse en el tiempo, durante los años en que se aplique cada Sistema de Financiación.

"**CUÁNTO**" son las **NECESIDADES ESTIMADAS**

(Gasto a financiar)

"**CÓMO**" son los **RECURSOS PUESTOS A SU DISPOSICIÓN**

(RECURSOS = CAPACIDAD FISCAL CEDIDA + NIVELACIÓN SOLIDARIA)

Esta igualdad se debe producir en el momento inicial (**suficiencia estática**) y mantenerse en el tiempo, durante los años en que se aplique cada Sistema de Financiación (**suficiencia dinámica**).

⇒   - **SUFICIENCIA ESTÁTICA**   (**CUÁNTO   =   CÓMO**) en el año Base

⇒   - **SUFICIENCIA DINÁMICA** (**CUÁNTO   =   CÓMO**) en los años siguientes

   (LA EVOLUCIÓN TEMPORAL DEBERÍA MANTENER EL EQUILIBRIO)

   pero, normalmente, las necesidades y los recursos evolucionan de forma autónoma

   (⇒ TENDENCIA AL DESEQUILIBRIO):

* **TODOS** <u>**LOS RECURSOS FINANCIEROS: PROPIOS, CEDIDOS O PARTICIPADOS**</u> **EVOLUCIONAN DE ACUERDO CON SU DINÁMICA INTERNA EN FUNCIÓN DE:**

   - La evolución de su POTENCIAL FISCAL (CAPACIDAD FISCAL)

   - La GESTIÓN RECAUDATORIA efectuada

   - El ejercicio de competencias normativas (ESFUERZO FISCAL)

   * **LOS FONDOS APORTADOS POR EL ESTADO (PARTICIPACIONES, TRANSFERENCIAS DE GARANTÍA, FONDOS, etc.)** EVOLUCIONAN EN EL TIEMPO DE ACUERDO CON ALGÚN **ÍNDICE:**

La REGLA GENERAL que se ha venido aplicando a los diversos recursos niveladores establecidos en los Sistemas de Financiación ha sido: **LA TASA DE EVOLUCIÓN DE LOS "ITE".**

   (ITE = ingresos tributarios del Estado)

En alguno de los Sistemas de Financiación se establecieron "Garantías especiales" como en los años 2002 a 2005, en que se garantizó a la parte asignada para la financiación de la Sanidad un aumento de financiación igual a la tasa de incremento del PIB nominal.

En el Sistema de Financiación vigente, el de 2009, el índice de incremento de los ITE tiene una importancia crucial en la determinación de la cuantía de los FONDOS que aporta el Estado: a la Transferencia de la Garantía de Servicios Públicos Fundamentales, al Fondo de Suficiencia Global, al Fondo de Cooperación y al Fondo de Competitividad.

6.- Evolución de los Modelos de Financiación Autonómica

a) Determinación del "CUÁNTO" (ESTIMACIÓN DE LAS NECESIDADES DE GASTO DE LAS CC.AA.)

En el Período Transitorio, desde la aprobación de los Estatutos de Autonomía hasta 1986, la estimación individualizada de las necesidades de gasto se hizo aplicando la metodología del "Coste Efectivo de los Servicios Transferidos". En los modelos posteriores y actuando dicho coste efectivo como referente tácito y de mínimos, se determinó un importe global que incluía los fondos adicionales aportados por el Estado en cada cambio de modelo. La estimación de las necesidades de gasto de cada Comunidad Autónoma se determinó en función de diversas variables, la principal, la población, y además otras como la superficie, la dispersión, la insularidad, etc. Dado el objetivo de este capítulo, que pretende centrar el análisis no en la evolución histórica sino en la realidad actual, analizaremos solo de forma pormenorizada el Modelo de 2009, actualmente vigente.

b) Determinación del "CÓMO" (CAPACIDAD FISCAL PUESTA A DISPOSICIÓN DE LAS CC.AA.)

Dado que, como hemos señalado, se ha producido un dinámico proceso de asunción de nuevas competencias, llegando a tener todas las CC.AA. la responsabilidad de la Educación y de la Sanidad, fue necesario ir ampliando la capacidad fiscal cedida, aumentando con ello la autonomía financiera. Las principales fases han sido:

-       En el Período Transitorio (hasta 1986) se cedieron a las CC.AA. los llamados desde ese momento "TRIBUTOS CEDIDOS": Impuesto sobre el Patrimonio, Impuesto de Sucesiones y

Donaciones, Impuesto sobre Transmisiones Patrimoniales y Actos Jurídicos Documentados y Tasas de Juego. Estos impuestos están siendo gestionados por las CC.AA. desde esa fecha. Además las CC.AA. gestionaban las TASAS y CONTRIBUCIONES ESPECIALES afectas a los servicios transferidos. La suficiencia se cubrió en ese período con el fondo de nivelación denominado **PARTICIPACIÓN EN LOS INGRESOS DEL ESTADO**.

- En el Modelo del Quinquenio 1992-1996 se añade una PARTICIPACIÓN EN EL IRPF del Estado del 15%, que se mantiene formalmente también en el Modelo del Quinquenio siguiente 1997-2001. Pero en este Quinquenio se produce la **CESIÓN DEL IRPF** por otro 15%, convirtiéndose dicho impuesto en el primero "compartido" entre el Estado y las CC.AA.

- En el Modelo 2002-2008 la Capacidad Fiscal de las CC.AA. se amplía: a los Tributos Cedidos se les añaden la Cesión en los grandes impuestos estatales (que se convierten en **IMPUESTOS COMPARTIDOS**): un 33% del IRPF, un 35% del IVA, un 40% de los Impuestos Especiales de Fabricación y del 100% de otros Impuestos Especiales (Impuestos sobre la Electricidad, sobre los Seguros, sobre Medios de Transporte, y el Impuesto Minorista sobre Hidrocarburos). El Modelo se completa con un fondo de nivelación que recibe el nombre de FONDO DE SUFICIENCIA.

- En el Modelo actual (iniciado en 2009) la Capacidad Fiscal se amplia, pasando los grandes Impuestos del Sistema Fiscal a ser COMPARTIDOS en porcentajes mayores (Las CC.AA. tienen cedido el 50% del IRPF, el 50% del IVA y el 58 % de los Impuestos Especiales de Fabricación). El Modelo se cierra con dos Fondos Niveladores, uno de Solidaridad: el FONDO DE GARANTÍA PARA LA FINANCIACIÓN DE LOS SERVICIOS PÚBLICOS FUNDAMENTALES (SANIDAD, EDUCACIÓN y SERVICIOS SOCIALES) y otro de Suficiencia: el FONDO DE SUFICIENCIA GLOBAL. Además, fuera del núcleo del SISTEMA DE FINANCIACIÓN, el Estado establece dos Fondos Complementarios: el FONDO DE COOPERACIÓN y el FONDO DE COMPETITIVIDAD.

B2.- EL SISTEMA DE FINANCIACIÓN AUTONÓMICA APROBADO EN 2009 (actualmente vigente)

1.- ESQUEMA GENERAL DEL SISTEMA DE FINANCIACIÓN AUTONÓMICA (SFA)

- El SFA, regulado por ley 22/2009, de 18 de diciembre, integra la financiación de la totalidad de los servicios traspasados a las CC.AA., diferenciando 2 bloques:

  - Los Servicios Públicos Fundamentales (SPF) de Sanidad, Educación y Servicios Sociales, con un peso estimado del 75%.
  - Los restantes Servicios transferidos (Cultura, Urbanismo, Ordenación del territorio, Carreteras, Agricultura, Medio Ambiente, Industria, etc...), con el peso restante del 25%.

- LA FINANCIACIÓN DE DICHOS BLOQUES DE GASTO SE EFECTÚA:

  1º) Con la <u>Capacidad Tributaria cedida (CT): Tributos Cedidos y Participados o Compartidos,</u>
  2º) Con la <u>Transferencia de la Garantía de Servicios Públicos Fundamentales</u> (TG $_{SPF}$), y
  3º) Con el <u>Fondo de Suficiencia Global</u> (FSG)

<u>NOTA</u>: ESTOS RECURSOS SE ARTICULAN MEDIANTE **UNA COMPLEJA ARQUITECTURA FINANCIERA,** tal como puede apreciarse en el ESQUEMA ADJUNTO.

SISTEMAS DE FINANCIACIÓN DE LAS CC.AA. DE 2009 A 2020... (VIGENTE)

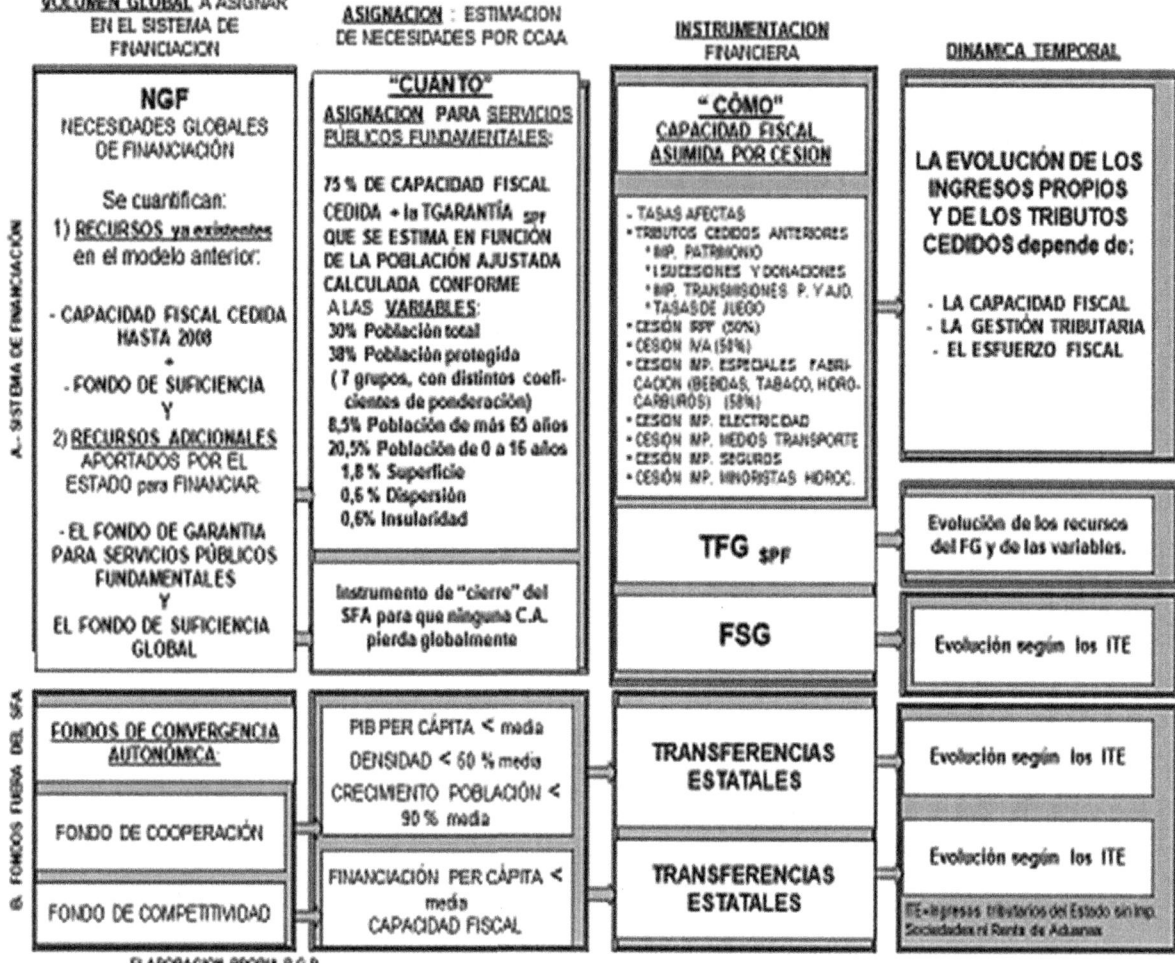

2.- DETERMINACIÓN DE LA TRANSFERENCIA POR GARANTÍA DE LOS SERVICIOS PÚBLICOS FUNDAMENTALES (de Sanidad, Educación y Servicios Sociales)

- TG_{SPF} **de cada C.A.** = + / - **[NECESIDADES DE GASTO EN SPF** estimadas en proporción a la **"POBLACIÓN AJUSTADA"**

  − **(**75 % de la **CAPACIDAD TRIBUTARIA CEDIDA** ("normativa") + **APORTACIÓN ADICIONAL DEL ESTADO)]**

- La **"POBLACIÓN AJUSTADA"** se calcula ponderando **diversas variables (INDICADORES DE NECESIDAD):**

  − **30% Población total**
  − **38% Población protegida (para atender los gastos de SANIDAD)**
    Este porcentaje se asigna después de aplicar índices según de edad en 7 grupos:
      De   0 a   4 años …… 1,031
      De   5 a 14 años …… 0,433
      De 15 a 44 años …… 0,547
      De 45 a 54 años …… 0,904
      De 55 a 64 años …… 1,292
      De 65 a 74 años …… 2,175
      Más de 75 años …… 2,759
  − **8,5% Población de más 65 años (para atender los SERVICIOS SOCIALES)**
  − **20,5% Población de 0 a 16 años (para atender la EDUCACIÓN)**

- **1,8 % Superficie**
- **0,6 % Dispersión**
- **0,6% Insularidad**

• La Aportación adicional del Estado para garantizar los Servicios Públicos Fundamentales es la incorporada en el año Base (2007), actualizada cada año aplicando a dicho importe inicial el índice de incremento de los Ingresos Tributarios del Estado (Δ ITE)

3.- EL FONDO DE SUFICIENCIA GLOBAL (FSG)

El **FONDO DE SUFICIENCIA GLOBAL** se define en la Ley 22/2009 como el "mecanismo de cierre" del SFA, que permite lograr que ninguna C.A. pierda globalmente recursos con respecto a la situación del modelo anterior (busca **mantener el <u>statu quo</u>**).

Para ello, en el año base (2007) se deberá cumplir que las CC.AA. atiendan sus NECESIDADES GLOBALES DE FINANCIACIÓN (NGF$_{2007}$) con la CAPACIDAD TRIBUTARIA CEDIDA (CT$_{2007}$), +/- la TRANSFERENCIA DE GARANTÍA PARA SPF +/- el FONDO DE SUFICIENCIA GLOBAL:
Es decir,

$$NGF_{2007} = CT_{2007} +/- TG_{SPF2007} +/- FSG_{2007}$$

por tanto, el FONDO DE SUFICIENCIA GLOBAL en el AÑO BASE (2007) será:

$$FSG2007 = NGF2007 - CT2007 -/+ TGSPF2007$$

EVOLUCIÓN TEMPORAL del Fondo de Suficiencia Global en cada uno de los años

(De 2009, primer año de aplicación del nuevo sistema de Financiación, hasta 2018, último año con Liquidación Definitiva)

El FONDO DE SUFICIENCIA GLOBAL EVOLUCIONA CADA AÑO CONFORME AL INCREMENTO DE LOS ITE (Ingresos Tributarios del Estado)

Por ejemplo, en los seis últimos años liquidados, los Δ ITE han sido:

1,0639 en 2015; 1,106 en 2016 ; 0,9789 en 2017 , 1,0915 en 2018, 1,1285 en 2019 y 0,9172 en 2020.

Y por tanto el Fondo de Suficiencia Global de cada Comunidad autónoma ha sido igual a su Fondo de Suficiencia Global del año base (2007) multiplicado por dichos índices:

FSG_{2015} = FSG $_{2007}$ x tasa de aumento de los ITE $_{2015/2007}$

FSG_{2016} = FSG $_{2007}$ x tasa de aumento de los ITE $_{2016/2007}$

FSG_{2017} = FSG $_{2007}$ x tasa de aumento de los ITE $_{2017/2007}$

FSG_{2018} = FSG $_{2007}$ x tasa de aumento de los ITE $_{2018/2007}$

FSG_{2019} = FSG $_{2007}$ x tasa de aumento de los ITE $_{2019/2007}$

FSG_{2020} = FSG $_{2007}$ x tasa de aumento de los ITE $_{2020/2007}$

Nota: Ver, como ejemplo, los importes en los cuadros de las **<u>Liquidaciones de los años 2018, 2019 y 2020</u>**, que se unen a estas Notas.

4.- *Otros FONDOS añadidos al Sistema de Financiación: El FONDO DE COOPERACIÓN y el FONDO DE COMPETITIVIDAD*

Estos Fondos están formados por aportaciones del Estado y no forman parte estrictamente del Modelo de Financiación y, en cierto modo, distorsionan los objetivos primarios de solidaridad horizontal y de suficiencia global logrados con los Fondos anteriores.

5.- *RESULTADOS DE LAS LIQUIDACIONES DEL SISTEMA DE FINANCIACIÓN DE LOS AÑOS 2018, 2019 y 2020*

- Las **Liquidaciones Definitivas del Sistema de Financiación Autonómica** se efectúan con dos años de retraso, porque hay que esperar a la liquidación definitiva de los Impuestos Estatales para calcular la liquidación de los "impuestos participados" (IRPF, IVA e Impuestos Especiales) y para determinar el índice de incremento de los ITE para cuantificar la liquidación de los restantes Fondos del Sistema de Financiación Autonómica.

- La documentación que aparece en la página Web del Ministerio de Hacienda como **Liquidación del Sistema de Financiación Autonómica de cada año (normalmente en el mes de Julio del año t + 2) consta de 3 partes:**
  - Un **resumen descriptivo del actual SISTEMA DE FINANCIACIÓN AUTONÓMICA, regulado por la Ley 22/2009.**
  - Un **Anexo numérico con los diversos cuadros que recogen la Liquidación.**
  - Un **Anexo con los Certificados acreditativos de los datos recogidos en los cuadros de la Liquidación.**

- En estas **NOTAS** de **HACIENDA PÚBLICA** se recogen las **LIQUIDACIONES** de los años 2018, 2019 y 2020 sintetizadas en 5 cuadros elaborados a partir de los datos del Ministerio de Hacienda:

5.A.- *LIQUIDACIÓN DE LA FINANCIACIÓN AUTONÓMICA DE 2018*

FINANCIACIÓN DE LAS COMUNIDADES AUTÓNOMAS EN EL AÑO 2018

(Miles de EUROS)

CAPACIDAD TRIBUTARIA DE LAS CC.AA. Y APORTACIÓN ADICIONAL DEL ESTADO PARA DETERMINAR LAS NECESIDADES DE GASTO EN SERVICIOS PÚBLICOS FUNDAMENTALES

CC.AA.	IRPF$^{NORM}_{2018}$	IVA$_{2018}$	IIEE$_{2018}$	TC y TASAS$_{2018}$	CAPACIDAD TRIBUTARIA^{NORM}	75 % CAPACIDAD TRIBUTARIA^{NORM}
ANDALUCÍA	5.226.345,78	5.977.130,40	2.180.685,87	2.784.243,67	16.168.405,72	12.126.304,29
ARAGÓN	1.316.510,03	1.142.370,69	498.032,81	639.021,77	3.595.935,30	2.696.951,48
ASTURIAS	967.340,71	846.926,52	323.122,22	402.419,84	2.539.809,29	1.904.856,97
BALEARES	1.264.890,64	1.348.035,28	422.102,69	561.070,06	3.596.098,67	2.697.074,00
CANARIAS	1.467.869,04	0,00	76.316,93	612.290,20	2.156.476,17	1.617.357,13
CANTABRIA	526.555,37	505.852,01	197.319,52	322.264,77	1.551.991,67	1.163.993,75
CASTILLA LA MANCHA	1.297.531,39	1.463.318,51	706.501,87	669.551,31	4.136.903,08	3.102.677,31
CASTILLA Y LEÓN	2.034.798,43	2.012.210,27	943.441,68	889.165,37	5.879.615,75	4.409.711,81
CATALUÑA	9.756.117,59	7.030.637,66	2.425.798,32	3.338.058,96	22.550.612,53	16.912.959,40
EXTREMADURA	560.215,97	705.222,44	347.076,64	286.528,67	1.899.043,72	1.424.282,79
GALICIA	2.161.590,51	2.100.915,11	854.204,68	854.259,23	5.970.969,53	4.478.227,15
LA RIOJA	305.897,49	257.692,23	107.232,19	128.009,67	798.831,58	599.123,69
MADRID	11.549.983,55	6.601.147,44	1.568.036,41	3.187.763,18	22.906.930,58	17.180.197,94
MURCIA	949.750,16	1.061.860,05	498.805,70	486.130,39	2.996.546,30	2.247.409,73
VALENCIA	3.970.428,57	4.035.063,20	1.483.873,09	2.271.902,85	11.761.267,71	8.820.950,78
TOTAL TRIBUTOS CC.AA.	43.355.825,23	35.088.381,81	12.632.550,62	17.432.679,94	108.509.437,60	81.382.078,20
+ FONDOS ADICIONALES DEL ESTADO PARA LA GARANTÍA DE LOS SERVICIOS PÚBLICOS FUNDAMENTALES						8.792.032,50
= NECESIDADES DE GASTO ESTIMADAS PARA ATENDER LOS SERVICIOS PÚBLICOS FUNDAMENTALES						90.174.110,70
(QUE SE ASIGNAN A LAS CC.AA. EN PROPORCIÓN A LA "POBLACIÓN AJUSTADA")						

Fuente: datos Ministerio de Hacienda y Función Pública: Liquidación de los recursos del SFA... del ejercicio 2018

**DETERMINACIÓN DEL GASTO TOTAL GARANTIZADO PARA FINANCIAR
LOS SERVICIOS PÚBLICOS FUNDAMENTALES (SPF) en 2018**

(AÑO 2018, en miles de Euros)	CAPACIDAD TRIBUTARIA CEDIDA A LAS CC.AA.	$NG_{SPF} = 75\% \ CT_{CC.AA.} +$ Aportación del ESTADO
TOTAL CC.AA. de RÉGIMEN COMÚN	108,509.437,60	81,382.078,20
APORTACIÓN ADICIONAL DEL ESTADO		8,792.032,50
TOTAL GASTO ESTIMADO en SERVICIOS PÚBLICOS FUNDAMENTALES		90,174.110,70

ESTE GASTO TOTAL EN SPF SE ASIGNA A CADA COMUNIDAD AUTÓNOMA EN PROPORCIÓN A LA VARIABLE SINTÉTICA "POBLACIÓN AJUSTADA"

FINANCIACIÓN DE LAS COMUNIDADES AUTÓNOMAS EN EL AÑO 2018

(Miles de EUROS)

TRANSFERENCIA DE LA GARANTÍA PARA SERVICIOS PÚBLICOS FUNDAMENTALES

CC.AA.	POBLACIÓN TOTAL	Peso relativo	POBLACIÓN "AJUSTADA"	Peso relativo	TOTAL FG$_{SPF}$	75 % CT$_{2018}$	TRANSFERENCIA GARANTIA$_{SPF2018}$
ANDALUCÍA	8.384.408	19,18	8.191.144	18,74	16.900.408,70	12.126.304,29	4.774.104,41
ARAGÓN	1.308.728	2,99	1.395.817	3,19	2.879.923,35	2.696.951,48	182.971,87
ASTURIAS	1.028.244	2,35	1.085.929	2,48	2.240.547,72	1.904.856,96	335.690,76
BALEARES	1.128.908	2,58	1.118.082	2,56	2.306.886,53	2.697.074,00	-390.187,47
CANARIAS	2.127.685	4,87	2.157.213	4,94	4.450.877,56	1.617.357,12	2.833.520,44
CANTABRIA	580.229	1,33	586.538	1,34	1.210.176,13	1.163.993,75	46.182,38
CASTILLA LA MANCHA	2.026.807	4,64	2.108.763	4,83	4.350.913,29	3.102.677,31	1.248.235,98
CASTILLA Y LEÓN	2.409.164	5,51	2.609.988	5,97	5.385.068,14	4.409.711,82	975.356,32
CATALUÑA	7.600.065	17,39	7.461.661	17,07	15.395.299,61	16.912.959,39	-1.517.659,78
EXTREMADURA	1.072.863	2,45	1.122.743	2,57	2.316.503,64	1.424.282,79	892.220,85
GALICIA	2.701.743	6,18	2.898.690	6,63	5.980.733,41	4.478.227,14	1.502.506,27
LA RIOJA	315.675	0,72	323.775	0,74	668.030,60	599.123,69	68.906,91
MADRID	6.578.079	15,05	6.369.011	14,57	13.140.884,84	17.180.197,94	-4.039.313,10
MURCIA	1.478.509	3,38	1.446.880	3,31	2.985.280,61	2.247.409,72	737.870,89
VALENCIA	4.963.703	11,36	4.828.576	11,05	9.962.576,55	8.820.950,78	1.141.625,77
TOTAL	43.704.810	100,00	43.704.810	100,00	90.174.110,68	81.382.078,18	8.792.032,50
APORTADO AL FONDO DE GARANTÍA POR CC.AA.							-5.947.160,34
TOTAL RECIBIDO POR CC.AA. COMO TRANSFERENCIA PARA GARANTÍA DE SPF							14.739.192,84

Fuente: datos Ministerio de Hacienda y Función Pública: Liquidación de los recursos del SFA... del ejercicio 2018

FINANCIACIÓN DE LAS COMUNIDADES AUTÓNOMAS EN EL AÑO 2018

(Miles de EUROS)

TOTAL FINANCIACIÓN DE LAS COMUNIDADES AUTÓNOMAS EN 2018 según el SFA $_{2009}$

CC.AA.	CAPACIDAD TRIBUTARIA$_{NORM}$	TRANSFERENCIA GARANTIA$_{SPF2018}$	FONDO DE SUFIC. GLOBAL	FONDO DE COOPERACIÓN	FONDO DE COMPETITIVIDAD	TOTAL FINANC$_{2018}$
ANDALUCÍA	16.168.405,72	4.774.104,41	489.593,85	741.430,11	0,00	22.173.534,09
ARAGÓN	3.595.935,30	182.971,87	270.391,00	87.182,24	0,00	4.136.480,41
ASTURIAS	2.539.809,29	335.690,76	181.900,05	82.503,52	0,00	3.139.903,62
BALEARES	3.596.098,67	-390.187,47	-683.202,18	0,00	639.726,27	3.162.435,29
CANARIAS	2.156.476,17	2.833.520,44	72.692,44	113.341,14	653.044,59	5.829.074,78
CANTABRIA	1.551.991,67	46.182,38	479.140,03	44.951,24	0,00	2.122.265,32
CASTILLA LA MANCHA	4.136.903,08	1.248.235,98	77.188,46	173.880,67	0,00	5.636.208,19
CASTILLA Y LEÓN	5.879.615,75	975.356,32	423.111,85	185.464,72	0,00	7.463.548,64
CATALUÑA	22.550.612,53	-1.517.659,78	756.492,76	0,00	1.056.357,37	22.845.802,88
EXTREMADURA	1.899.043,72	892.220,85	435.042,21	96.633,32	0,00	3.322.940,10
GALICIA	5.970.969,53	1.502.506,27	582.661,44	212.761,17	0,00	8.268.898,41
LA RIOJA	798.831,58	68.906,91	207.486,54	21.518,67	0,00	1.096.743,70
MADRID	22.906.930,58	-4.039.313,10	-738.328,60	0,00	320.908,22	18.450.197,10
MURCIA	2.996.546,30	737.870,89	-196.339,87	77.620,12	114.014,60	3.729.712,04
VALENCIA	11.761.267,71	1.141.625,77	-1.410.800,59	396.722,97	842.899,24	12.731.715,10
TOTAL TRIBUTOS CC.AA.	108.509.437,60	8.792.032,50	947.029,39	2.234.009,89	3.626.950,29	124.109.459,67
		-5.947.160,34	-3.028.671,24			
		14.739.192,84	3.975.700,60			

Fuente: datos Ministerio de Hacienda y Función Pública: Liquidación de los recursos del SFA... del ejercicio 2018

FINANCIACIÓN DE LAS COMUNIDADES AUTÓNOMAS EN EL AÑO 2018

FINANCIACIÓN PER CÁPITA PARA SERVICIOS PÚBLICOS FUNDAMENTALES Y FINANCIACIÓN PER CÁPITA GENERAL OBTENIDA DEL SFA

(la Financiación Total incluye la CT normada + TG$_{SPF}$ + FSG + F. Cooperación + F. Competitividad)

CC.AA.	POBLACIÓN TOTAL	POBLACIÓN "AJUSTADA"	TOTAL FG$_{SPF}$ (en miles Euros)	FINANCIACIÓN per Cápita para SPF (en Euros)	TOTAL FINANCIACIÓN$_{2018}$ (en miles Euros)	FINANCIACIÓN per Cápita Gral del SFA (en Euros)
ANDALUCÍA	8.384.408	8.191.144	16.900.408,70	2.063	22.173.534,09	2.707
ARAGÓN	1.308.728	1.395.817	2.879.923,35	2.063	4.136.480,41	2.963
ASTURIAS	1.028.244	1.085.929	2.240.547,72	2.063	3.139.903,62	2.891
BALEARES	1.128.908	1.118.082	2.306.886,53	2.063	3.162.435,29	2.828
CANARIAS	2.127.685	2.157.213	4.450.877,56	2.063	5.829.074,78	2.702
CANTABRIA	580.229	586.538	1.210.176,13	2.063	2.122.265,32	3.618
CASTILLA LA MANCHA	2.026.807	2.108.763	4.350.913,29	2.063	5.636.208,19	2.673
CASTILLA Y LEÓN	2.409.164	2.609.988	5.385.068,14	2.063	7.463.548,64	2.860
CATALUÑA	7.600.065	7.461.661	15.395.299,61	2.063	22.845.802,88	3.062
EXTREMADURA	1.072.863	1.122.743	2.316.503,64	2.063	3.322.940,10	2.960
GALICIA	2.701.743	2.898.690	5.980.733,41	2.063	8.268.898,41	2.853
LA RIOJA	315.675	323.775	668.030,60	2.063	1.096.743,70	3.387
MADRID	6.578.079	6.369.011	13.140.884,84	2.063	18.450.197,10	2.897
MURCIA	1.478.509	1.446.880	2.985.280,61	2.063	3.729.712,04	2.578
VALENCIA	4.963.703	4.828.576	9.962.576,55	2.063	12.731.715,10	2.637
TOTAL	43.704.810	43.704.810	90.174.110,68	2.063	124.109.459,67	2.840

Fuente: datos Ministerio de Hacienda y Función Pública: Liquidación de los recursos del SFA... del ejercicio 2018
          y elaboración propia

5.B.- LIQUIDACIÓN DE LA FINANCIACIÓN AUTONÓMICA DE 2019

FINANCIACIÓN DE LAS COMUNIDADES AUTÓNOMAS EN EL AÑO 2019

(Miles de EUROS)

CAPACIDAD TRIBUTARIA DE LAS CC.AA. Y APORTACIÓN ADICIONAL DEL ESTADO PARA DETERMINAR LAS NECESIDADES DE GASTO EN SERVICIOS PÚBLICOS FUNDAMENTALES

CC.AA.	$IRPF^{NORM}_{2019}$	IVA_{2019}	$IIEE_{2019}$	$TC\ y\ TASAS_{2019}$	CAPACIDAD TRIBUTARIA^{NORM}	75 % CAPACIDAD TRIBUTARIA^{NORM}
ANDALUCÍA	5.578.491,29	6.135.364,28	2.424.623,85	2.918.162,69	17.056.642,11	12.792.481,58
ARAGÓN	1.375.627,02	1.144.805,96	549.607,87	661.425,77	3.731.466,62	2.798.599,96
ASTURIAS	1.014.736,38	843.009,30	336.596,64	415.547,57	2.609.889,89	1.957.417,41
BALEARES	1.295.514,53	1.410.898,41	447.623,36	589.634,73	3.743.671,03	2.807.753,27
CANARIAS	1.592.315,88	0,00	78.311,12	645.589,72	2.316.216,72	1.737.162,54
CANTABRIA	550.956,44	506.095,02	210.618,49	335.088,00	1.602.757,95	1.202.068,47
CASTILLA LA MANCHA	1.381.241,77	1.471.952,81	785.664,28	699.831,30	4.338.690,16	3.254.017,63
CASTILLA Y LEÓN	2.160.200,04	2.014.018,53	1.007.921,29	922.690,22	6.104.830,08	4.578.622,55
CATALUÑA	10.211.265,81	7.109.439,63	2.683.148,60	3.479.997,91	23.483.851,95	17.612.888,96
EXTREMADURA	595.917,07	705.842,84	384.969,41	298.758,94	1.985.488,26	1.489.116,20
GALICIA	2.344.224,09	2.108.840,61	923.667,40	879.419,82	6.256.151,92	4.692.113,94
LA RIOJA	322.821,51	257.130,54	102.432,23	130.674,81	813.059,09	609.794,32
MADRID	12.300.326,70	6.892.793,12	1.683.198,98	3.365.360,36	24.241.679,16	18.181.259,37
MURCIA	1.029.136,04	1.068.237,85	548.585,75	510.357,16	3.156.316,80	2.367.237,60
VALENCIA	4.249.658,68	4.100.531,44	1.605.421,68	2.378.537,20	12.334.149,00	9.250.611,75
TOTAL TRIBUTOS CC.AA.	46.002.433,25	35.768.960,34	13.772.390,95	18.231.076,20	113.774.860,74	85.331.145,56
+ FONDOS ADICIONALES DEL ESTADO PARA LA GARANTÍA DE LOS SERVICIOS PÚBLICOS FUNDAMENTALES						9.090.067,50
= NECESIDADES DE GASTO ESTIMADAS PARA ATENDER LOS SERVICIOS PÚBLICOS FUNDAMENTALES						94.421.213,06
(QUE SE ASIGNAN A LAS CC.AA. EN PROPORCIÓN A LA "POBLACIÓN AJUSTADA")						

Fuente: datos Ministerio de Hacienda y Función Pública: Liquidación de los recursos del SFA... del ejercicio 2019

DETERMINACIÓN DEL GASTO TOTAL GARANTIZADO PARA FINANCIAR LOS SERVICIOS PÚBLICOS FUNDAMENTALES (SPF) en 2019

(AÑO 2019, en miles de Euros)	CAPACIDAD TRIBUTARIA CEDIDA A LAS CC.AA.	NG_{SPF} = 75 % $CT_{CC.AA.}$ + Aportación del ESTADO
TOTAL CC.AA. de RÉGIMEN COMÚN	113,774.860,74	85,331.145,56
APORTACIÓN ADICIONAL DEL ESTADO		9,090.067,50
TOTAL GASTO ESTIMADO en SERVICIOS PÚBLICOS FUNDAMENTALES		94,421.213,06

ESTE GASTO TOTAL EN SPF SE ASIGNA A CADA COMUNIDAD AUTÓNOMA EN PROPORCIÓN A LA VARIABLE SINTÉTICA "POBLACIÓN AJUSTADA"

FINANCIACIÓN DE LAS COMUNIDADES AUTÓNOMAS EN EL AÑO 2019

(Miles de EUROS)

TRANSFERENCIA DE LA GARANTÍA PARA SERVICIOS PÚBLICOS FUNDAMENTALES

CC.AA.	POBLACIÓN TOTAL	Peso relativo	POBLACIÓN "AJUSTADA"	Peso relativo	TOTAL FG$_{SPF}$	75 % CT$_{2019}$	TRANSFERENCIA GARANTIA$_{SPF2019}$
ANDALUCÍA	8.414.240	19,13	8.216.361	18,68	17.634.612,55	12.792.481,58	4.842.130,97
ARAGÓN	1.319.291	3,00	1.405.793	3,20	3.017.225,07	2.798.599,96	218.625,11
ASTURIAS	1.022.800	2,32	1.085.009	2,47	2.328.734,51	1.957.417,42	371.317,09
BALEARES	1.149.460	2,61	1.138.463	2,59	2.443.460,04	2.807.753,27	-364.293,23
CANARIAS	2.153.389	4,89	2.184.609	4,96	4.688.782,86	1.737.162,54	2.951.620,32
CANTABRIA	581.078	1,32	588.582	1,34	1.263.262,15	1.202.068,47	61.193,68
CASTILLA LA MANCHA	2.032.863	4,62	2.117.928	4,81	4.545.666,19	3.254.017,63	1.291.648,56
CASTILLA Y LEÓN	2.399.548	5,45	2.607.473	5,93	5.596.369,11	4.578.622,55	1.017.746,56
CATALUÑA	7.675.217	17,45	7.522.125	17,10	16.144.589,93	17.612.888,96	-1.468.299,03
EXTREMADURA	1.067.710	2,43	1.119.852	2,54	2.403.516,88	1.489.116,20	914.400,68
GALICIA	2.699.499	6,14	2.903.632	6,60	6.232.007,56	4.692.113,94	1.539.893,62
LA RIOJA	316.798	0,72	325.256	0,74	698.090,85	609.794,32	88.296,53
MADRID	6.663.394	15,15	6.447.197	14,65	13.837.492,74	18.181.259,37	-4.343.766,63
MURCIA	1.493.898	3,40	1.463.185	3,33	3.140.405,67	2.367.237,60	773.168,07
VALENCIA	5.003.769	11,37	4.867.489	11,06	10.446.996,95	9.250.611,75	1.196.385,20
TOTAL	43.992.954	100,00	43.992.954	100,00	94.421.213,06	85.331.145,56	9.090.067,50
APORTADO AL FONDO DE GARANTÍA POR CC.AA.							6.176.358,90
TOTAL RECIBIDO POR CC.AA. COMO TRANSFERENCIA PARA GARANTÍA DE SPF							15.266.426,40

Fuente: datos Ministerio de Hacienda y Función Pública: Liquidación de los recursos del SFA... del ejercicio 2019

FINANCIACIÓN DE LAS COMUNIDADES AUTÓNOMAS EN EL AÑO 2019

(Miles de EUROS)

TOTAL FINANCIACIÓN DE LAS COMUNIDADES AUTÓNOMAS EN 2019 según el SFA $_{2009}$

CC.AA.	CAPACIDAD TRIBUTARIA$_{NORM}$	TRANSFERENCIA GARANTIA$_{SPF2019}$	FONDO DE SUFIC. GLOBAL	FONDO DE COOPERACIÓN	FONDO DE COMPETITIVIDAD	TOTAL FINANC$_{2019}$
ANDALUCÍA	17.056.642,11	4.842.130,97	506.190,25	827.895,89	0,00	23.232.859,22
ARAGÓN	3.731.466,61	218.625,11	279.556,79	51.280,93	0,00	4.280.929,44
ASTURIAS	2.609.889,88	371.317,09	188.066,15	96.988,79	0,00	3.266.261,91
BALEARES	3.743.671,03	-364.293,23	-706.361,58	0,00	676.468,55	3.349.484,77
CANARIAS	2.326.216,72	2.951.620,32	75.156,59	122.066,66	675.112,73	6.150.173,02
CANTABRIA	1.602.757,96	61.193,69	495.382,06	53.307,83	0,00	2.212.641,54
CASTILLA LA MANCHA	4.338.690,17	1.291.648,57	79.805,02	203.418,59	0,00	5.913.562,35
CASTILLA Y LEÓN	6.104.830,08	1.017.746,55	437.454,62	218.379,61	0,00	7.778.410,86
CATALUÑA	23.483.851,95	-1.468.299,04	782.136,58	0,00	1.111.099,48	23.908.788,97
EXTREMADURA	1.985.488,26	914.400,69	449.789,40	111.798,13	0,00	3.461.476,48
GALICIA	6.256.151,92	1.539.893,62	602.412,67	251.596,84	0,00	8.650.055,05
LA RIOJA	813.059,09	88.296,53	214.519,98	25.900,89	0,00	1.141.776,49
MADRID	24.241.679,16	-4.343.766,63	-763.356,69	0,00	288.653,14	19.423.208,98
MURCIA	3.156.316,80	773.168,07	-202.995,46	83.813,78	116.443,27	3.926.746,46
VALENCIA	12.334.149,00	1.196.385,20	-1.458.624,34	263.291,10	1.022.343,37	13.357.544,33
TOTAL NETO CC.AA.	113.784.860,74	9.090.067,50	979.132,05	2.309.739,04	3.890.120,54	130.053.919,87
APORTADO POR CC.AA.		6.176.358,90	3.131.338,07			
RECIBIDO POR CC.AA.		15.266.426,40	4.110.470,12			

Fuente: datos Ministerio de Hacienda y Función Pública: Liquidación de los recursos del SFA... del ejercicio 2019

FINANCIACIÓN DE LAS COMUNIDADES AUTÓNOMAS EN EL AÑO 2019

FINANCIACIÓN PER CÁPITA PARA SERVICIOS PÚBLICOS FUNDAMENTALES
Y FINANCIACIÓN PER CÁPITA GENERAL OBTENIDA DEL SFA en 2019
(la Financiación Total incluye la CT normada + TG_{SPF} + FSG + F. Cooperación + F. Competitividad)

CC.AA.	POBLACIÓN TOTAL	POBLACIÓN "AJUSTADA"	TOTAL FG_{SPF} (en miles Euros)	FINANCIACIÓN per Cápita para SPF (en Euros)	TOTAL FINANCIACIÓN$_{2019}$ (en miles Euros)	FINANCIACIÓN per Cápita Gral del SFA (en Euros)
ANDALUCÍA	8.414.240	8.216.361	17.634.612,55	2.146	23.232.859,22	2.828
ARAGÓN	1.319.291	1.405.793	3.017.225,07	2.146	4.280.929,44	3.045
ASTURIAS	1.022.800	1.085.009	2.328.734,51	2.146	3.266.261,91	3.010
BALEARES	1.149.460	1.138.463	2.443.460,04	2.146	3.349.484,77	2.942
CANARIAS	2.153.389	2.184.609	4.688.788,86	2.146	6.150.173,02	2.815
CANTABRIA	581.078	588.582	1.263.262,15	2.146	2.212.641,54	3.759
CASTILLA LA MANCHA	2.032.863	2.117.928	4.545.666,19	2.146	5.913.562,35	2.792
CASTILLA Y LEÓN	2.399.548	2.607.473	5.596.369,11	2.146	7.778.410,86	2.983
CATALUÑA	7.675.217	7.522.125	16.144.589,93	2.146	23.908.788,97	3.178
EXTREMADURA	1.067.710	1.119.852	2.403.516,88	2.146	3.461.476,48	3.091
GALICIA	2.699.499	2.903.632	6.232.007,56	2.146	8.650.055,05	2.979
LA RIOJA	316.798	325.256	698.090,85	2.146	1.141.776,49	3.510
MADRID	6.663.394	6.447.197	13.837.492,74	2.146	19.423.208,98	3.013
MURCIA	1.493.898	1.463.185	3.140.405,67	2.146	3.926.746,46	2.684
VALENCIA	5.003.769	4.867.489	10.446.996,95	2.146	13.357.544,33	2.744
TOTAL	43.992.954	43.992.954	94.421.219,06	2.146	130.053.919,87	2.956

Fuente: datos Ministerio de Hacienda y Función Pública: Liquidación de los recursos del SFA... del ejercicio 2019 y elaboración propia

5.C.- LIQUIDACIÓN DE LA FINANCIACIÓN AUTONÓMICA DE 2020

FINANCIACIÓN DE LAS COMUNIDADES AUTÓNOMAS EN EL AÑO 2020

(Miles de EUROS)

CAPACIDAD TRIBUTARIA DE LAS CC.AA. Y APORTACIÓN ADICIONAL DEL ESTADO PARA DETERMINAR LAS NECESIDADES DE GASTO EN SERVICIOS PÚBLICOS FUNDAMENTALES

CC.AA.	$IRPF^{NORM}_{2020}$	IVA_{2020}	$IIEE_{2020}$	TC y $TASAS_{2020}$	CAPACIDAD TRIBUTARIA^{NORM}	75 % CAPACIDAD TRIBUTARIA^{NORM}
ANDALUCÍA	5.713.109,95	5.469.121,24	2.173.753,59	2.567.817,83	15.923.802,61	11.942.851,96
ARAGÓN	1.402.629,60	988.549,10	494.730,23	570.331,67	3.456.240,60	2.592.180,46
ASTURIAS	1.014.772,54	727.277,34	300.841,15	351.347,74	2.394.238,77	1.795.679,08
BALEARES	1.136.488,03	1.277.170,35	324.252,17	494.661,87	3.232.572,42	2.424.439,32
CANARIAS	1.506.593,04	0,00	66.004,65	561.070,28	2.133.667,97	1.600.250,98
CANTABRIA	562.596,04	442.434,77	186.153,32	298.571,97	1.489.756,10	1.117.317,08
CASTILLA LA MANCHA	1.423.635,86	1.289.815,55	712.929,13	618.542,23	4.044.922,77	3.033.692,08
CASTILLA Y LEÓN	2.193.289,81	1.743.727,91	878.543,06	790.342,69	5.605.903,47	4.204.427,61
CATALUÑA	10.040.113,61	6.230.786,05	2.353.176,32	3.000.146,27	21.624.222,25	16.218.166,69
EXTREMADURA	610.704,13	615.238,58	348.831,20	258.420,59	1.833.194,50	1.374.895,87
GALICIA	2.377.847,12	1.856.501,69	825.770,70	768.729,72	5.828.849,23	4.371.636,92
LA RIOJA	316.197,47	223.551,82	92.631,73	113.524,24	745.905,26	559.428,94
MADRID	12.042.726,83	6.206.027,36	1.482.150,29	2.960.486,94	22.691.391,42	17.018.543,56
MURCIA	1.097.136,11	954.614,81	499.624,19	465.727,96	3.017.103,07	2.262.827,30
VALENCIA	4.266.445,77	3.643.605,20	1.426.424,93	2.062.112,16	11.398.588,06	8.548.941,04
TOTAL TRIBUTOS CC.AA.	45.704.285,91	31.668.421,77	12.165.816,66	15.881.834,16	105.420.358,50	79.065.268,88
+ FONDOS ADICIONALES DEL ESTADO PARA LA GARANTÍA DE LOS SERVICIOS PÚBLICOS FUNDAMENTALES						7.388.046,00
= NECESIDADES DE GASTO ESTIMADAS PARA ATENDER LOS SERVICIOS PÚBLICOS FUNDAMENTALES						86.453.314,88
(QUE SE ASIGNAN A LAS CC.AA. EN PROPORCIÓN A LA "POBLACIÓN AJUSTADA")						

Fuente: datos Ministerio de Hacienda y Función Pública: Liquidación de los recursos del SFA... del ejercicio 2020

**DETERMINACIÓN DEL GASTO TOTAL GARANTIZADO PARA FINANCIAR
LOS SERVICIOS PÚBLICOS FUNDAMENTALES (SPF) en 2020**

(AÑO 2020, en miles de Euros)	CAPACIDAD TRIBUTARIA CEDIDA A LAS CC.AA.	$NG_{SPF} =$ 75 % $CT_{CC.AA.}$ + Aportación del ESTADO
TOTAL CC.AA. de RÉGIMEN COMÚN	105,420.358,50	79,065.268,88
APORTACIÓN ADICIONAL DEL ESTADO		7,388.046,00
TOTAL GASTO ESTIMADO en SERVICIOS PÚBLICOS FUNDAMENTALES		86,453.314,88
ESTE GASTO TOTAL EN SPF SE ASIGNA A CADA COMUNIDAD AUTÓNOMA EN PROPORCIÓN A LA VARIABLE SINTÉTICA "POBLACIÓN AJUSTADA"		

FINANCIACIÓN DE LAS COMUNIDADES AUTÓNOMAS EN EL AÑO 2020

(Miles de EUROS)

TRANSFERENCIA DE LA GARANTÍA PARA SERVICIOS PÚBLICOS FUNDAMENTALES

CC.AA.	POBLACIÓN TOTAL	Peso relativo	POBLACIÓN "AJUSTADA"	Peso relativo	TOTAL FG_{SPF}	75 % CT_{2020}	TRANSFERENCIA GARANTIA $_{SPF2020}$
ANDALUCÍA	8.464.411	19,06	8.288.210	18,67	16.139.154,99	11.942.851,96	4.196.303,03
ARAGÓN	1.329.391	2,99	1.415.166	3,19	2.755.670,83	2.592.180,46	163.490,37
ASTURIAS	1.018.784	2,29	1.084.025	2,44	2.110.858,75	1.795.679,08	315.179,67
BALEARES	1.171.543	2,64	1.159.311	2,61	2.257.458,57	2.424.429,32	-166.970,75
CANARIAS	2.175.952	4,90	2.211.488	4,98	4.306.303,16	1.600.250,98	2.706.052,18
CANTABRIA	582.905	1,31	591.720	1,33	1.152.221,23	1.117.317,08	34.904,15
CASTILLA LA MANCHA	2.045.221	4,61	2.128.358	4,79	4.144.429,26	3.033.692,08	1.110.737,18
CASTILLA Y LEÓN	2.394.918	5,39	2.606.031	5,87	5.074.574,76	4.204.427,61	870.147,15
CATALUÑA	7.780.479	17,52	7.597.326	17,11	14.793.837,02	16.218.166,69	-1.424.329,67
EXTREMADURA	1.063.987	2,40	1.117.335	2,52	2.175.722,29	1.374.895,87	800.826,42
GALICIA	2.701.819	6,09	2.912.315	6,56	5.670.984,29	4.371.636,92	1.299.347,37
LA RIOJA	319.914	0,72	328.799	0,74	640.252,02	559.428,94	80.823,08
MADRID	6.779.888	15,27	6.552.395	14,76	12.759.101,99	17.018.543,56	-4.259.441,57
MURCIA	1.511.251	3,40	1.483.332	3,34	2.888.407,61	2.262.827,30	625.580,31
VALENCIA	5.057.353	11,39	4.922.005	11,09	9.584.338,10	8.548.941,04	1.035.397,06
TOTAL	44.397.816	100,00	44.397.816	100,00	86.453.314,87	79.065.268,89	7.388.046,00
APORTADO AL FONDO DE GARANTÍA POR CC.AA.							5.850.741,99
TOTAL RECIBIDO POR CC.AA. COMO TRANSFERENCIA PARA GARANTÍA DE SPF							13.238.787,99

Fuente: datos Ministerio de Hacienda y Función Pública: Liquidación de los recursos del SFA... del ejercicio 2020

FINANCIACIÓN DE LAS COMUNIDADES AUTÓNOMAS EN EL AÑO 2020

(Miles de EUROS)

TOTAL FINANCIACIÓN DE LAS COMUNIDADES AUTÓNOMAS EN 2020 según el SFA 2009

CC.AA.	CAPACIDAD TRIBUTARIA NORM	TRANSFERENCIA GARANTIA SPF2020	FONDO DE SUFIC. GLOBAL	FONDO DE COOPERACIÓN	FONDO DE COMPETITIVIDAD	TOTAL FINANC 2020
ANDALUCÍA	15.923.802,61	4.196.303,03	411.411,34	412.197,69	46.595,72	20.990.310,39
ARAGÓN	3.456.240,60	163.490,38	227.212,66	40.120,76	0,00	3.887.064,40
ASTURIAS	2.394.238,77	315.179,67	152.852,70	124.902,59	0,00	2.987.173,73
BALEARES	3.232.572,42	-166.970,75	-574.102,65	0,00	600.085,91	3.091.584,93
CANARIAS	2.133.667,97	2.706.052,18	61.084,29	100.368,67	648.861,36	5.650.034,47
CANTABRIA	1.489.756,10	34.904,15	402.626,87	69.755,48	0,00	1.997.042,60
CASTILLA LA MANCHA	4.044.922,77	1.110.737,19	64.862,35	93.632,16	0,00	5.314.154,47
CASTILLA Y LEÓN	5.605.903,47	870.147,15	355.545,75	284.333,97	0,00	7.115.930,34
CATALUÑA	21.624.222,26	-1.424.329,67	635.689,56	0,00	947.245,61	21.782.827,76
EXTREMADURA	1.833.194,50	800.826,42	365.570,97	138.210,74	0,00	3.137.802,63
GALICIA	5.828.849,23	1.299.347,38	489.617,11	326.337,03	0,00	7.944.150,75
LA RIOJA	745.905,26	80.823,08	174.353,33	10.078,80	0,00	1.011.160,47
MADRID	22.691.391,41	-4.259.441,57	-620.426,02	0,00	105.074,31	17.916.598,13
MURCIA	3.017.103,07	625.580,31	-164.986,65	66.905,84	93.879,68	3.638.482,25
VALENCIA	11.398.588,06	1.035.397,06	-1.185.511,96	210.420,50	853.993,22	12.312.886,88
TOTAL NETO CC.AA.	105.420.358,50	7.388.046,00	795.799,65	1.877.264,23	3.295.735,81	118.777.204,19
APORTADO POR CC.AA.		5.850.741,99	2.545.027,28			
RECIBIDO POR CC.AA.		13.238.787,99	3.340.826,94			

Fuente: datos Ministerio de Hacienda y Función Pública: Liquidación de los recursos del SFA... del ejercicio 2020

FINANCIACIÓN DE LAS COMUNIDADES AUTÓNOMAS EN EL AÑO 2020

FINANCIACIÓN PER CÁPITA PARA SERVICIOS PÚBLICOS FUNDAMENTALES Y FINANCIACIÓN PER CÁPITA GENERAL OBTENIDA DEL SFA en 2020

(la Financiación Total incluye la CT normada + TG_SPF + FSG + F. Cooperación + F. Competitividad)

CC.AA.	POBLACIÓN TOTAL	POBLACIÓN "AJUSTADA"	TOTAL FG_SPF (en miles Euros)	FINANCIACIÓN per Cápita para SPF (en Euros)	TOTAL FINANCIACIÓN 2020 (en miles Euros)	FINANCIACIÓN per Cápita Gral del SFA (en Euros)
ANDALUCÍA	8.464.411	8.288.210	16.139.154,99	1.947	20.990.310,39	2.533
ARAGÓN	1.329.391	1.415.166	2.755.670,83	1.947	3.887.064,40	2.747
ASTURIAS	1.018.784	1.084.025	2.110.858,75	1.947	2.987.173,73	2.756
BALEARES	1.171.543	1.159.311	2.257.458,57	1.947	3.091.584,93	2.667
CANARIAS	2.175.952	2.211.488	4.306.303,16	1.947	5.650.034,47	2.555
CANTABRIA	582.905	591.720	1.152.221,23	1.947	1.997.042,60	3.375
CASTILLA LA MANCHA	2.045.221	2.128.358	4.144.429,26	1.947	5.314.154,47	2.497
CASTILLA Y LEÓN	2.394.918	2.606.031	5.074.574,76	1.947	7.115.930,34	2.731
CATALUÑA	7.780.479	7.597.326	14.793.837,02	1.947	21.782.827,76	2.867
EXTREMADURA	1.063.987	1.117.335	2.175.722,29	1.947	3.137.802,63	2.808
GALICIA	2.701.819	2.912.315	5.670.984,29	1.947	7.944.150,75	2.728
LA RIOJA	319.914	328.799	640.252,02	1.947	1.011.160,47	3.075
MADRID	6.779.888	6.552.395	12.759.101,99	1.947	17.916.598,13	2.734
MURCIA	1.511.251	1.483.332	2.888.407,61	1.947	3.638.482,25	2.453
VALENCIA	5.057.353	4.922.005	9.584.338,10	1.947	12.312.886,88	2.502
TOTAL	44.397.816	44.397.816	86.453.314,87	1.947	118.777.204,20	2.675

Fuente: datos Ministerio de Hacienda y Función Pública: Liquidación de los recursos del SFA... del ejercicio 2020
y elaboración propia

ALGUNAS CONSIDERACIONES DEDUCIDAS DE LOS ANTERIORES DATOS:

1ª) En el IRPF (Impuesto sobre la Renta de las Personas Físicas) se toman los datos "normativos", no los "reales". Se pretende con ello, fijando un índice de evolución igual para todas las CC.AA., evitar que los cambios normativos aprobados y aplicados por las distintas Comunidades distorsionen los resultados de la financiación proporcionada por el Sistema. Por ejemplo, una bajada de la tarifa del Impuesto aprobada por una Comunidad Autónoma podría dar lugar para ella a una menor "capacidad fiscal" y por tanto a una mayor compensación por la Transferencia de la Garantía para los Servicios Públicos Fundamentales, que deberían costear el resto de Comunidades. En sentido contrario, un aumento de la tarifa del Impuesto aprobada por una Comunidad originaría en esta una mayor "capacidad tributaria", disminuyendo dicha Garantía para Servicios Públicos Fundamentales, y dando como resultado que parte del mayor esfuerzo fiscal de la primera acaba financiando a otras Comunidades Autónomas, al originarse para ellas un mayor montante en dicha Garantía. En cambio, en el IVA y en los Impuestos Especiales de Fabricación, las CC.AA. no tienen competencias normativas sobre sus tarifas, al ser de regulación europea, por lo que no se precisa hacer tal ajuste "normativo".

2ª) Las aportaciones especiales que hace la Hacienda del Estado para financiar parcialmente la Transferencia de Garantía de los Servicios Públicos Fundamentales (8.792 millones de euros en 2018, 9.090 millones de euros en 2019 y 7.388 millones de euros en 2020) se han visto totalmente influidas por la evolución de los ITE (índices de 1,0915 en 2018,, de 1,1285 en 2019 y de 0,9172 en 2020. Análogos efectos se han producido por la misma causa en las aportaciones estatales al Fondo de Suficiencia Global (947, 979 y 795,8 millones de euros en dichos años) y asimismo en las hechas a los Fondos de Cooperación y de Competitividad.

3ª) La crisis económica derivada de los efectos de la pandemia de la Covid-19 ha originado también una minoración de los ingresos tributarios que las CC.AA. han logrado con los impuestos cedidos y con los compartidos (IRPF, IVA e II.EE:) La "Capacidad Tributaria" de las CC.AA. ha pasado de 108.509 millones de euros en 2018 a 113.784 millones de euros en 2019 y a solo 105.420 millones en 2020.

4ª) Los efectos de solidaridad que instrumenta el Sistema de financiación Autonómica de 2009 a través de la Transferencia de la Garantía para Servicios Públicos Fundamentales y a través del Fondo de Suficiencia Global, se ven en gran medida minorados por los efectos de los otros dos fondos – el de Cooperación y el de Competitividad- , que son ajenos al núcleo de dicho Sistema de Financiación Autonómica

6.- ALGUNOS PROBLEMAS DEL SISTEMA DE FINANCIACIÓN VIGENTE (recogidos en el Informe de Julio de 2017 de la Comisión de Expertos constituida para la Revisión del Sistema)

- **RESULTA EXCESIVAMENTE COMPLICADO y POCO TRANSPARENTE.**
- **LA DISTRIBUCIÓN FINAL DE LA FINANCIACIÓN POR "HABITANTE AJUSTADO" RESULTA DESIGUAL DEBIDO A LOS EFECTOS DE LOS OTROS FONDOS: Fondo de Suficiencia Global, Fondo de Cooperación y Fondo de Competitividad.**
- **EXISTE POCA "CORRESPONSABILIDAD FISCAL" EN LAS CC.AA.**
- **EL REPARTO VERTICAL DE LOS RECURSOS TRIBUTARIOS ENTRE LA ADMÓN CENTRAL y LAS CC.AA. ES DISCUTIBLE y GENERA DESEQUILIBRIOS DINÁMICOS "VERTICALES":**
  Por ejemplo, la SANIDAD – competencia de las CC.AA. – presenta una elasticidad renta mayor que 1, superior a la de los ingresos autonómicos.
- **NO EXISTEN MECANISMOS DE ESTABILIZACIÓN QUE PERMITAN UNA MEJOR ADAPTACIÓN DINÁMICA A LAS CRISIS FISCALES** (Generadas por la "Gran Depresión de 2008 a 2013 y la derivada de la Pandema de la COVID -19)
  ⇒Las CC.AA. SE HAN VISTO OBLIGADAS A RECORTAR GASTOS EN SERVICIOS PÚBLICOS FUNDAMENTALES.

7.- ALGUNOS CRITERIOS A CONSIDERAR PARA UNA POSIBLE REFORMA DEL SISTEMA DE FINANCIACION AUTONÓMICA

- **EQUILIBRIO ARMÓNICO DE AUTONOMÍA, SOLIDARIDAD Y COORDINACIÓN ESTABLECIDOS EN LA CONSTITUCIÓN.**
- **MANTENIMIENTO DEL CRITERIO DE EQUIDAD: NIVELAR CAPACIDADES FISCALES, SUPUESTOS ESFUERZOS FISCALES SIMILARES, PARA QUE TODOS LOS CIUDADANOS PUEDAN ACCEDER A UN MISMO NIVEL DE SERVICIOS PÚBLICOS.**
- **LA NIVELACIÓN DEBE MANTENERSE TOMANDO COMO BASE LA DIFERENCIA ENTRE NECESIDADES DE GASTO Y CAPACIDADES FISCALES**
- **DEBE MEJORARSE LA ESTIMACIÓN DE NECESIDADES DE GASTO Y DE LAS CAPACIDADES FISCALES, CONSIDERANDO ADEMÁS SU DINÁMICA TEMPORAL.**

- **NO ES NECESARIO UN CAMBIO DE MODELO (ENTENDIDO ÉSTE COMO EL MARCO GENERAL DE NIVELACIÓN) SINO AJUSTES PERIÓDICOS ($\Rightarrow$ HUIR DEL "ADANISMO")**
- **POTENCIAR EN EL MODELO LOS ELEMENTOS DE ESTABILIDAD   AUTOMÁTICA, LO QUE PERMITIRÁ UNA MEJOR ADAPTACIÓN A SITUACIONES DE CRISIS FISCALES.**
- **EXIGIR LA CORRESPONSABILIDAD FISCAL, PARA FINANCIAR MAYORES O MEJORES SERVICIOS SOBRE LOS ACORDADOS EN LA NIVELACIÓN DEL SISTEMA DE FINANCIACIÓN. ESTO EXIGE QUE LOS MISMOS SE FINANCIEN AUMENTANDO LA PRESIÓN FISCAL O MEJORANDO LA GESTIÓN DE LOS GASTOS PÚBLICOS.**
- **LOGRAR LA NEUTRALIDAD DE LA POLÍTICA FISCAL: ESTO EXIGE QUE LOS INCREMENTOS O DISMINUCIONES APROBADOS POR UNOS NIVELES DE HACIENDA NO AFECTEN A LOS OTROS.**
- **REDEFINIR LA POLÍTICA DE SOLIDARIDAD DE DESARROLLO: COORDINAR EL"FONDO DE COMPENSACIÓN INTERTE--RRITORIAL" CON LOS FONDOS EUROPEOS DE DESARROLLO.**

C.- LA FINANCIACIÓN DE LAS ENTIDADES LOCALES

Las EE.LL. (Ayuntamientos y Diputaciones Provinciales) se financian siguiendo las normas establecidas en el RD Legislativo 2/2004, de 5 de marzo, del Texto Refundido de la Ley reguladora de las Haciendas Locales. La Constitución Española establece en 3 artículos (art. 140 a 142) que las EE.LL tienen autonomía en el marco de las leyes y que las Haciendas locales deberán disponer de los medios suficientes para el desempeño de sus funciones. El actual Sistema de Financiación de las EE.LL. guarda una cierta semejanza con el de las CC.AA.

C.1.- FINANCIACIÓN DE LOS AYUNTAMIENTOS

- Todos los Ayuntamientos cuentan con unas figuras tributarias propias:

    - **Tasas** por la prestación de servicios o por el aprovechamiento especial del dominio público.
    - **Contribuciones Especiales**.
    - **Impuestos Municipales:**
        - Impuesto sobre Bienes Inmuebles (IBI)
        - Impuesto sobre Actividades Económicas (IAE)
        - Impuesto sobre Vehículos de Tracción Mecánica (IVTM)
        - Impuesto sobre Construcciones, Instalaciones y Obras (ICIO)
        - Impuesto sobre el Incremento de Valor de los Terrenos de Naturaleza Urbana (IIVTNU)
    - **Participación en los Tributos Estatales:** Los Ayuntamientos de más de 75.000 habitantes y las Capitales de Provincia reciben del Estado los siguientes porcentajes:
        - 2,1336 % del IRPF (art. 115 del RDL 2/2004)
        - 2,3266 % del IVA   (art. 116 del RDL 2/2004)
        - 2,9220 % de los IIEE de Fabricación. (art. 117 del RDL 2/2004)

Y, además, para completar su financiación, todos los Ayuntamientos reciben unos **Fondos de Nivelación:**

a) Los Ayuntamientos de menos de 75.000 habitantes, la **Participación en los Ingresos del Estado**, que en su montante global se determina actualizando el total de Participación del año base 2003 en función del incremento de los ITE.
   Este montante se distribuye entre dichos Ayuntamientos en función de diversas variables: Población (75 %), Esfuerzo fiscal medio (14 %), Inverso de la capacidad tributaria (8,5 %) y número de unidades escolares (2,5 %).

b) Los Ayuntamientos de más de 75.000 habitantes y Capitales de Provincia reciben un denominado **Fondo Complementario de Financiación,** que evoluciona temporalmente también como lo hacen los ITE.

C.2.- FINANCIACIÓN DE LAS DIPUTACIONES PROVINCIALES

- Financiación de las Diputaciones Provinciales es similar a la de los grandes Ayuntamientos, pero dependen en mucha mayor medida de las aportaciones del Estado porque prácticamente no tienen capacidad tributaria propia (solo cuentan con algunas **tasas, contribuciones especiales** y **el Recargo sobre el IAE**). Tienen unos porcentajes de **Participación en los Impuestos Estatales** (artículo 136 del RDL 2/2004):

    - 1,2561 % del IRPF
    - 1,3699 % del IVA
    - 1,7206 % de los IIEE de Fabricación

Y además completan su financiación con una Participación en un **Fondo Complementario de Financiación** muy similar al establecido para los grandes Ayuntamientos.

TEMA 14
EL SECTOR PÚBLICO
EN EL ÁMBITO DE LA UNIÓN EUROPEA

I. INTRODUCCIÓN

En este capítulo vamos a tratar las principales cuestiones Hacendístico-Financieras de la Integración Europea. La ausencia del estudio de la actividad financiera del sector público impediría una correcta comprensión de cuestiones tales como: El porqué de ciertas políticas europeas de gasto, sus nuevas líneas de reforma o sus límites cuantitativos, las complejas relaciones de poder entre las instituciones europeas en la aprobación del presupuesto general de la UE-, o la necesidad de proseguir con el proceso de armonización fiscal europea.

Cuando se habla de cuestiones hacendísticas éstas se relacionan con la actividad financiera del sector público en la Unión Europea – en adelante UE- como agente económico, de lo que se trata es de estudiar las finanzas públicas o la hacienda pública en el ámbito espacial de la UE. La transformación de varios mercados nacionales en un mercado único exige la existencia de un proceso de cesión de soberanía a órganos e instituciones supranacionales y, por lo tanto, la convivencia de distintos niveles administrativos interrelacionados: supranacional-nacional. La Unión Europea, a pesar de disponer de un ordenamiento jurídico propio, unas instituciones específicas y un presupuesto independiente del de sus Estados miembros, constituye, desde una perspectiva política, un híbrido entre un modelo de Organización Internacional y un Estado Federal con un marco institucional único; sin embargo, desde el punto de vista hacendístico, en atención al peso de las finanzas públicas europeas, sería más correcto hablar de organismo prefederal, cuya extensión geográfica coincide con la de los Estados miembros de la UE, en la actualidad UE27, después del Brexit. Aunque las competencias en materia presupuestaria siguen estando en manos de las Administraciones nacionales, las normas comunitarias acreditan un alto grado de coordinación que garantiza que las políticas fiscales nacionales no perjudicarán la estabilidad de la Unión; existen dos niveles administrativos que conviven en el marco general de la Unión Europea, uno nacional (27 Estados miembros), y otro supranacional (la UE).

1.1. TEORÍA DE LOS PROCESOS DE INTEGRACIÓN

En 1957 el tratado de Roma CEE planteaba la consecución de un Mercado Común a través de la libre circulación de mercancías y factores; según la teoría tradicional del comercio internacional y de la integración económica (BALASSA 1961), cada Estado tendría interés en especializarse y posteriormente intercambiar; el mercado común comportaría ventajas tanto para los consumidores, convertidos de este modo en importadores, como para los productores, convertidos en exportadores.

Los procesos de integración económica tienen distintas etapas que de menos integración a más integración podemos resumir en:

1. Preferencias arancelarias: dos o más países acuerdan reducir los aranceles entre sí.
2. Zonas de libre comercio: consiste en la desaparición de los derechos arancelarios para los productos de los países integrados en la zona en cuestión, pero conservando los aranceles propios

respecto a los países que no formen parte de esa zona. P. ej. la NAFTA (asociación norteamericana de libre comercio entre EEUU, México y Canadá) o TLC (Tratado de Libre Comercio).

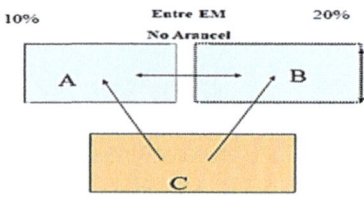

ZONA DE LIBRE CAMBIO

3. Unión aduanera: zona de libre comercio cuyos miembros adoptan un arancel común respecto de las importaciones procedentes de terceros. P. ej. BENELUX.

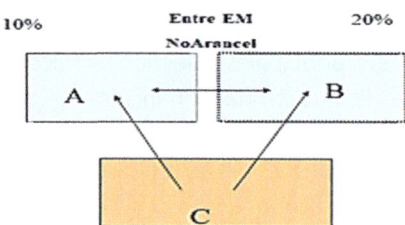

UNION ADUANERA

TEC frente a terceros.
V.gr 15%

4. Mercado común: unión aduanera en la que existe libre circulación de factores productivos (mercancías, trabajadores, capital). Este tipo de integración implica ceder soberanía, por lo que es preciso crear instituciones u organismos supranacionales. P. ej. MERCOSUR.
5. Unión económica y monetaria (UEM): mercado común donde existe una moneda y una política económica y monetaria común. La cesión de soberanía es aún mayor, porque al dotarse de una moneda única, cada país se somete a una política monetaria común. P. ej. UE.
6. Unión política: unión económica y monetaria y una autoridad política única supranacional.

1.2. DE LA UNIÓN ADUANERA A LA UNIÓN ECONÓMICA Y MONETARIA: EL PROCESO DE INTEGRACIÓN

En el caso de la UE, tras la II GM, se intentó reconstruir Europa a través de un mercado común, y para ello se fue desarrollando paulatinamente un proceso de integración.

1. En un primer momento se creó una unión aduanera adoptando un arancel común para los productos extracomunitarios. 1951 Tratado de París, para la CECA, 1957 Tratados de Roma CEE y CEEA.
2. Posteriormente acordaron la libre circulación de mercancías, trabajadores y capital, constituyendo por tanto un mercado común. Acta Única 1986.
3. Y finalmente formaron una Unión Económica y Monetaria, adoptando en Maastricht una política macroeconómica (monetaria y fiscal) única. Tratado de Maastricht 1992.En la actualidad estamos en esta fase. Hemos perdido el control sobre la política monetaria, y aunque seguimos manteniendo el control de la política presupuestaria este control no es absoluto, pues debemos coordinarla con el resto de países.

Los fundamentos económicos de la integración económica en la UE podemos dividirlos en dos grupos: estáticos y dinámicos.

1. Los efectos estáticos de la integración regional generan una serie de ganancias y costes que los Estados valoran antes de optar por formar parte de un proceso de integración y que son el resultado de tres efectos que se producen:

    A. Creación de Comercio: sustitución de productos nacionales por productos importados procedentes de otros países miembros de la UE y de terceros países.

    B. Desviación de comercio: sustitución de un producto importado por otro igualmente procedente del exterior, pero de la UE (desaparición del arancel entre EM, y existencia frente a terceros países).

    C. Expansión de comercio: se genera a largo plazo en términos de costes más bajos para las economías de los países que la conforman. Reducción de precios. Mayor competitividad para la exportación.

2. Los Efectos Dinámicos de la UE producen:

    A. Ventajas, entre las que destacan la existencia de: Economías de escala, la especialización, una mayor competencia entre empresas; una mayor calidad de productos, un mayor dinamismo o una mayor capacidad negociadora frente a terceros.

    B. Inconvenientes tales como reconversiones estructurales, imposición de acuerdos existentes con terceros, aceptar políticas supranacionales o estrategias más proteccionistas frente a terceros.

Tras un primer intento fallido de Unión Económica (Informe Werner) en la década de los 70, el Acta Única nos sorprende con un nuevo proyecto y un nuevo término: el Mercado Interior. Desde una óptica estrictamente económica Mercado Común y Mercado Interior coinciden en sus elementos principales, es decir, el respeto de las cuatro libertades fundamentales: libre circulación de bienes, servicios, personas y capitales; sin embargo, existen una serie de matices y diferencias formales que marcan un nuevo enfoque en el ámbito de la integración europea con el mercado interior (VEGA MOCOROA 1991), vg. la abolición de las fronteras fiscales. La realidad del Mercado Interior es diferente, las teorías tradicionales sobre las ventajas comparativas, la especialización entre distintos subsectores de actividad y la competencia perfecta, han sido superadas en beneficio de la teoría de la "endogeneización" de las ventajas comparativas, la especialización dentro de un mismo subsector y la competencia imperfecta [KRUGMAN Y OBSTFELD (1992), KRUGMAN (1987), MUCCHIELLI (1987), SIROEN (1995), RAINELLI (1997)]. La realización del Mercado Interior refuerza la posición europea frente al mercado mundial; el Mercado Interior deja de ser un fin en sí mismo para convertirse en un medio de entrar en el mercado mundial, reforzando las estructuras productivas europeas y haciendo más competitivas a las empresas europeas respecto a las del resto del mundo. La gran dimensión del mercado interior propicia la aparición de empresas de gran tamaño, de fenómenos de economía de escala y de un descenso de precios en el campo de la innovación tecnológica. Una de las principales diferencias, en términos económicos del Mercado Interior frente al mercado Común, radica en que el primero, con este nuevo enfoque teórico de la integración regional, pone el acento sobre los efectos de la integración europea en la oferta. Este cambio de enfoque, acepta la existencia de una competencia imperfecta, resultado directo de las imperfecciones del mercado y de la diversidad de los productos, y determina la aparición de ciertas políticas como la Política industrial o la política de la competencia.

El proceso de integración avanza en profundización y desde 1999 se puede hablar de una Unión Económica y monetaria que conlleva la coordinación de políticas macroeconómicas y para los Estados que deciden formar parte de la unión monetaria la adopción de una moneda única: el EURO, en la llamada eurozona formada por Alemania, Austria, Bélgica, España, Finlandia, Francia, Grecia, Holanda Luxemburgo, Italia, Irlanda, y Portugal y quedando fuera Dinamarca, Reino Unido y Suecia. La Unión Europea ha pasado por varias etapas, desde la formación en la década de los cincuenta de las 3 Comunidades originarias con Francia, Alemania (RFA), Bélgica, Holanda, Luxemburgo e Italia, la quinta ampliación hacia el Este que tuvo lugar en mayo de 2004 con la adhesión de la Republica Checa, República Eslovaca, Hungría, Polonia, Malta, Chipre, Eslovenia, Letonia, Lituania, Estonia hasta la inesperada salida de RU y la República de Irlanda del norte en 2020, con efectos desde el 1/1/2021. En la actualidad la UE está formada por 27 Estados miembros, el último en incorporarse fue Croacia en 2013.

Desde 1999 la UE tiene por objetivo convertirse en una UEM-Unión Económica y monetaria- lo que conlleva por un lado la coordinación de políticas macroeconómicas, entre ellas la política fiscal, y, por otro para los Estados que deciden formar parte de la unión monetaria: la adopción de una moneda única: el EURO. A medida que se profundiza en el proceso de integración, los instrumentos o políticas se tienen que ir ajustando al mismo.

La Unión Europea: 446 millones de habitantes en 27 países

1.3. SÍNTESIS DE 70 AÑOS DE INTEGRACIÓN EN EUROPA

1. Las fechas Claves de las ampliaciones

1951   18 abril. Creación de la CECA, firma del tratado de Paris. (Francia, República Federal Alemana, Italia, Bélgica, Holanda y Luxemburgo).

1957   25 marzo. Creación de la CEE y de la CEEA, firma de los Tratados de Roma (Francia, República Federal Alemana, Italia, Bélgica, Holanda y Luxemburgo).

1973   1-1 Adhesión a la Comunidad de Dinamarca. Irlanda y Reino Unido.

1981   1-1 Adhesión a la Comunidad de Grecia.

1986   1-1 Adhesión España y Portugal.

1995   1-1 Adhesión Austria Suecia y Finlandia.

2004   1-5 Adhesión (Hungría, Polonia, Rep Checa, Estonia, Letonia, Lituania, Eslovenia, Malta, Chipre y Eslovaquia.

2007   1-1 Adhesión Bulgaria y Rumania.

2013   1/7 Adhesión de Croacia.

2020   30/1/2020. Brexit Salida del Reino Unido y la República de Irlanda del Norte con efectos de 1/1/2021.

2. Las fechas claves de la integración europea

1951   18 abril. Creación de la CECA, firma del tratado de Paris. (F.RFA.I.B.NL.L.).

1957   25 marzo. Creación de la CEE y de la CEEA, firma de los tratados de Roma (F.RFA.I.B.NL.L.).

1965   Tratado de fusión de los ejecutivos (CEE-CECA-CEEA) a partir del 1-7-1967.

1979   Elecciones al Parlamento Europeo por sufragio   Universal de los ciudadanos europeos.

1986   17 febrero Acta Única Europea. En vigor el 1-7-1987.

1992   7-2 Tratado de Maastricht (TUE). En vigor el 1-11-1993.

1997   2-10 Tratado de Ámsterdam. En vigor 1-5-1999.

2000   11-12 Tratado de Niza. En vigor 1-2-2003.

2003   16-4 Tratado de Atenas (T. Adhesión). En vigor 1/5/04.

2004   Constitución Europea ROMA 29-10-2004 (No aprobada).

2007   13 diciembre. Tratado de Lisboa entra en vigor el 1/12/2009.

En la actualidad son 20 países los que forman parte de la eurozona, con una política monetaria única que está dirigida por el Banco Central Europeo y el sistema europeo de Bancos centrales, con el euro por moneda de cambio y que han perdido su política monetaria nacional y su tipo de cambio. Para entrar en la Eurozona los países tenían que cumplir los llamados criterios de convergencia: Estos 5 criterios son:

Tener unas finanzas públicas saneadas, esto es:

- Un déficit público no superior al 3% del PIB.
- Una Deuda Pública no superior al 60% del PIB.

Una inflación no superior en 1,5 a la media de los tres países con mejores resultados (inflación más baja).

Un tipo de interés a largo plazo que no supere en 2 puntos a la media de los tres países con mejores resultados.

Un tipo de cambio estable que durante los dos últimos años se haya mantenido en el Mecanismo Europeo de tipos de cambio II sin tensiones. (Devaluaciones).

En la actualidad los países que forman parte de la eurozona son: Desde 1999 Francia, Alemania, Italia, Bélgica, Holanda, Luxemburgo, Irlanda, España, Portugal, Austria y Finlandia, en 2021 Grecia, en 2007 Eslovenia, en 2008 Chipre y Malta, en 2009 Eslovaquia, en 2011 Estonia, en 2013 Letonia, en 2014 Lituania y en 2023 Croacia. El euro es utilizado en los 20 países que lo han adoptado y forman la eurozona.

II. EL PRESUPUESTO DE LA UNIÓN EUROPEA

El reducido peso del sector público de la UE ha sido una cuestión largamente debatida por expertos en la materia, quienes en un extenso informe sobre las finanzas públicas europeas (MC DOUGALL et AT 1977), establecen como nivel mínimo de referencia del sector público en el ámbito federal un 5%, resultado bastante alejado de la realidad actual en el caso europeo . A la vista de estos resultados se podría concluir que, en atención al peso del sector público, la UE se encuentra más próxima a lo que se denominan "integraciones prefederales", cuyo nivel mínimo de referencia para las finanzas públicas se sitúa en un 2%.

Cada Estado, según las circunstancias y su coyuntura económica, utiliza su presupuesto priorizando los distintos objetivos económicos. No se pueden establecer unas pautas de conducta aplicables a todos los estados de la UE, pues la política fiscal es competencia nacional, pero sí se puede constatar que el respeto del pacto de estabilidad para los Estados que forman parte de la zona euro, limita la intervención del estado respecto al objetivo de la estabilización y aproximan las políticas presupuestarias de los estados miembros.

2.1. LOS INSTRUMENTOS FINANCIEROS DE LA UNIÓN EUROPEA

Al estudiar los instrumentos financieros a través de los cuales interviene la Unión Europea como administración supranacional se comprueba la importancia que posee el instrumento presupuestario, (presupuesto UE, 72,2% del total); sin embargo, no es el único instrumento financiero que proporciona recursos a la Unión para desarrollar sus políticas de gastos, ya que existen otros tres instrumentos de naturaleza no presupuestaria, cuales son: el Banco Europeo de Inversiones-BEI-, creado en 1958, cuya función es la de contribuir, recurriendo al mercado de capitales y a sus propios recursos, al desarrollo equilibrado y sin altibajos del mercado común en interés de la comunidad (26,1%); el Fondo Europeo de Desarrollo -FED- que con un régimen financiero autónomo se encarga de la política de desarrollo con los países del ACP (1,3%) hasta el Marco Financiero Plurianual 2021-27 en que se ha incorporado al Presupuesto UE vía el Instrumento de Vecindad, Cooperación al Desarrollo y Cooperación Internacional – Europa global (IVC DCI / Europa Global) y, por último, los empréstitos y préstamos de las Comunidades europeas a través de otros instrumentos coyunturales que en el pasado llegaron a suponer (0,4%) de los recursos; para hacer frente a la crisis provocada por la COVID-19 y para no aumentar la presión sobre las Finanzas de los Estados miembros se faculta a la Comisión, con carácter excepcional, a contraer temporalmente en nombre de la Unión empréstitos en los mercados de capitales por un valor máximo de 750 000 millones EUR a precios de 2018 . Se trata de obtener préstamos en los mercados a costes más favorables que los de la mayoría de Estados miembros y posteriormente redistribuir los importes entre los Estados beneficiarios de los programas de recuperación NextGenerationEU. Los préstamos y empréstitos tienen por finalidad financiar el NextGenerationEU que es un instrumento temporal concebido para impulsar la recuperación económica en la EU a raíz de la COVID-19.

2.2. EL PRESUPUESTO GENERAL UE

La existencia de un presupuesto supranacional, - el Presupuesto General de la UE, no implica que la hacienda pública nacional haya sido absorbida por el presupuesto supranacional, sino que ambos presupuestos se completan, existiendo un trasvase o flujo de fondos entre las partes (estados miembros) y el todo (la Unión). Las principales políticas comunitarias suelen tener líneas de financiación hacia las mismas políticas nacionales en los estados miembros; sin embargo, existen políticas nacionales cuyo diseño y realización recaen en el nivel nacional y, por lo tanto, se instrumentalizan únicamente a través de los presupuestos nacionales (v.g sanidad, defensa). El estudio de la institución presupuestaria exige abordar diversos aspectos de la misma que presentan particularidades al tratarse de una institución supranacional.

2.2.1. Los principios presupuestarios

La existencia de una serie de pautas que guían el comportamiento del presupuesto en sus diferentes aspectos garantiza que el diseño será conforme a la configuración democrática del Estado o entidad supranacional en su caso (principios políticos), que respetará un determinado modelo de valores que facilitarán su gestión y ejecución posteriores (principios contables) y que la racionalidad económica del presupuesto queda asegurada (principios económicos). Esta clasificación de principios puede ser trasladada a todos y cada uno de los presupuestos nacionales sin experimentar variaciones sustanciales; sin embargo, cuando se intenta comprobar la validez de los principios presupuestarios en el ámbito supranacional, existen algunas particularidades. Los principios presupuestarios de la UE están enunciados en los tratados constitutivos y en el reglamento financiero.

1. La existencia del principio de unidad presupuestaria es una particularidad del presupuesto UE que está directamente relacionada con la existencia inicial de distintas Comunidades con Instituciones propias. Hoy en día la situación es diferente, pues, aunque siguen siendo varias las Instituciones de las mismas, éstas son comunes a las tres Comunidades desde 1965, por lo que la existencia de presupuestos diferenciados deja de tener sentido En 1957 existían 5 presupuestos diferentes: el presupuesto operativo CECA, el presupuesto administrativo CECA, el presupuesto general CEE, el presupuesto de funcionamiento CEEA y el presupuesto de investigación e inversión CEEA. El presupuesto general UE recoge desde 1971, todos los ingresos y gastos de las Comunidades europeas, incluido el presupuesto operativo de la CECA que desapareció oficialmente en julio de 2002.

2. El principio de universalidad implica que no existe asignación de ingresos presupuestarios a gastos concretos, o lo que es lo mismo la no-afectación de ingresos a gastos; en el caso del presupuesto general UE existe una excepción relativa a la participación de la Asociación Europea de Libre Comercio -AELC-, en la financiación de determinadas políticas comunitarias, ya que desde 1994, en el marco del acuerdo sobre el Espacio Económico Europeo –EEE-, se asignan ingresos a determinados gastos.

3. El principio de anualidad vincula las operaciones presupuestarias a un ejercicio anual con la finalidad de facilitar el control del ejecutivo; este principio, en el caso de la UE, hay que enmarcarlo dentro de un horizonte temporal más amplio como es el de las perspectivas financieras, cuya finalidad no es otra que la de facilitar la aprobación anual del presupuesto; este mismo principio en el ámbito nacional se conoce generalmente como "el principio del ejercicio cerrado".

4. El principio del equilibrio presupuestario, no plantearía ninguna novedad frente a los principios presupuestarios nacionales, salvo por el hecho que desde las economías nacionales se interpreta de una forma más flexible, es decir, como un principio orientador de la práctica presupuestaria sólo a largo plazo, permitiendo la existencia de desequilibrios presupuestarios en concordancia con la función estabilizadora de los presupuestos nacionales, mientras que en el caso europeo, se interpreta de forma estricta.

5. El principio de unidad de cuenta, cuya razón de ser radica en que existen diferentes monedas nacionales en los Estados miembros, la unidad de cuenta común en que se expresa el Presupuesto es actualmente el EURO.

2.2.2. El ciclo presupuestario

En el caso de la UE, el ciclo presupuestario (arts. 313 ,319 del TFUE) supera diversas etapas, y su principal característica radica en la particular estructura institucional de la UE, ya que la autoridad presupuestaria está compartida por el Parlamento y el Consejo. En caso de aprobar enmiendas por parte del Parlamento en primera lectura, se reunirá el comité de conciliación formado por un número igual de miembros del Consejo y del Parlamento y elaborara un texto conjunto que deberán aprobar el Consejo y el Parlamento en el plazo de 14 días. En caso de discrepancia entre Consejo y Parlamento, prima la opinión del Parlamento si se aprueba por la mayoría de los miembros y 3/5 partes de los votos. Si en el plazo de 21 días el Comité de Conciliación no alcanza acuerdo sobre el texto conjunto, la Comisión presentará un nuevo proyecto de presupuesto.

Gráfico 14.1

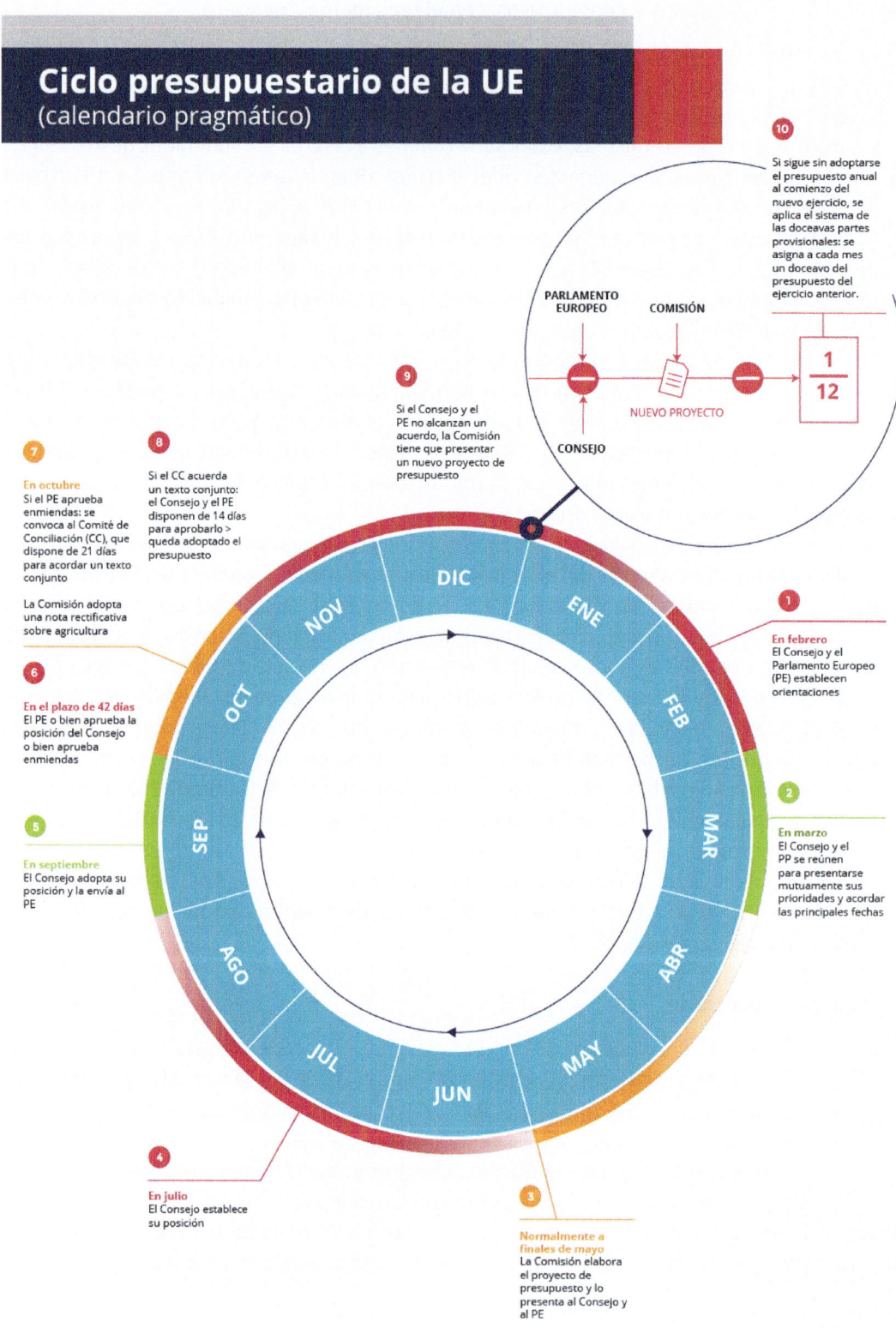

Ciclo presupuestario de la UE
(calendario pragmático)

10
Si sigue sin adoptarse el presupuesto anual al comienzo del nuevo ejercicio, se aplica el sistema de las doceavas partes provisionales: se asigna a cada mes un doceavo del presupuesto del ejercicio anterior.

PARLAMENTO EUROPEO — COMISIÓN

NUEVO PROYECTO

CONSEJO

1 / 12

9
Si el Consejo y el PE no alcanzan un acuerdo, la Comisión tiene que presentar un nuevo proyecto de presupuesto

7
En octubre
Si el PE aprueba enmiendas: se convoca al Comité de Conciliación (CC), que dispone de 21 días para acordar un texto conjunto

La Comisión adopta una nota rectificativa sobre agricultura

8
Si el CC acuerda un texto conjunto: el Consejo y el PE disponen de 14 días para aprobarlo > queda adoptado el presupuesto

6
En el plazo de 42 días
El PE o bien aprueba la posición del Consejo o bien aprueba enmiendas

5
En septiembre
El Consejo adopta su posición y la envía al PE

1
En febrero
El Consejo y el Parlamento Europeo (PE) establecen orientaciones

2
En marzo
El Consejo y el PP se reúnen para presentarse mutuamente sus prioridades y acordar las principales fechas

4
En julio
El Consejo establece su posición

3
Normalmente a finales de mayo
La Comisión elabora el proyecto de presupuesto y lo presenta al Consejo y al PE

ENE FEB MAR ABR MAY JUN JUL AGO SEP OCT NOV DIC

La fase de ejecución corresponde a la Comisión. El control presupuestario es compartido, ya que se realiza a tres niveles: a) control por parte de los servicios de la Comisión de las operaciones efectuadas en los Estados miembros b) el control interno que se realizará por el interventor (Director General de la DG de Control Financiero) de acuerdo con el reglamento financiero y, por último, c) el control externo realizado por el Parlamento, que se encarga del llamado "control político" a través de la aprobación de la gestión, dando por cerrada la vida del presupuesto y por el Tribunal de Cuentas; cuyo control no es de carácter jurisdiccional, puesto que carece de potestad sancionadora.

III. PRINCIPALES GASTOS Y POLÍTICAS COMUNITARIAS DE GASTOS

El presupuesto es un documento jurídico-político en el que de forma contable se recoge la autorización del techo de gastos y la previsión de ingresos que realizará la hacienda pública para hacer frente a dichos gastos. Como nota general caracterizadora del gasto público en la UE se puede hablar del crecimiento de esta magnitud, coincidiendo con las predicciones de la Ley de Wagner sobre la creciente extensión de la actividad pública.

La Unión Europea como entidad supranacional, tiene unas políticas comunes que se materializan a través de las distintas líneas de gasto del presupuesto UE. Aunque la soberanía en materia de política fiscal pertenece a los estados miembros, formar parte de la UE conlleva para dichos Estados el deseo de conseguir una serie de objetivos comunes recogidos en el art. 2 del TCE. Los objetivos iniciales con el tiempo se han ido desarrollando y ampliando, lo que ha derivado en el nacimiento de nuevos instrumentos o políticas comunitarias para su consecución. El techo de gastos está limitado por el volumen de recursos, que ha evolucionado de forma moderada; sin embargo, es la estructura de gastos la que ha sufrido más cambios, ya que estos se han ido adaptando al desarrollo y la incorporación de nuevas políticas en la UE. A este hecho responde la pérdida de importancia de la PAC (Política Agrícola Común), en beneficio de la política de cohesión económica y social.

Si se analizan las funciones de la hacienda pública desde la óptica de la UE como administración supranacional, éstas se ven limitadas a la función de asignación eficiente de recursos y a la redistributiva; la pérdida de la función estabilizadora se debe a que el presupuesto comunitario debe estar equilibrado en cuanto a ingresos y gastos Art. 310.1 TFUE. La función redistributiva gana en importancia en el ámbito supranacional puesto que las diferencias de renta entre las distintas regiones de la Unión Europea superan ampliamente las diferencias interregionales dentro de cada estado miembro y duplican las diferencias máximas existentes en otras estructuras supranacionales como es el caso de los EEUU. Entre Alaska y Mississippi la renta casi se triplica mientras que, en la Unión Europea la diferencia es aún mayor la renta de Hamburgo (A)) es 5 veces mayor que la de Ipeiros (GR). La existencia de grandes disparidades de renta interregional, apuntan al objetivo de la redistribución como un objetivo económico clave en la Unión Europea, y como "leitmotiv" de la política de cohesión económica y social; con la quinta ampliación, el problema de las disparidades regionales se agravó. La función asignativa ocupa un segundo lugar, y su principal instrumento se encuentra en la PAC. Por ello la PAC y la Política de Cohesión acaparan la mayor parte de los gastos del presupuesto de la UE.

Desde 1988, se adopta un marco plurianual de gasto con grandes rúbricas de gasto, en el último aprobado hay 7 rúbricas bajo las que se recogen las principales políticas europeas de gasto **Tabla 14.2.** Las rubricas más importantes en función de su dotación presupuestaria son la rúbrica 3 relativa a la política agrícola común, cuyos orígenes se encuentra en el mismo tratado constitutivo y una de cuyas principales finalidades consiste en estabilizar el mercado agrícola y sus precios, así como en el incremento de su productividad; la consecución de estos objetivos y la estabilidad de los precios agrícolas mundiales explican la pérdida de peso de esta política en pro de la política de cohesión económica y social. Y la rúbrica 2 que se refiere a la que podríamos denominar política regional, cuya finalidad no es otra que la de contribuir al desarrollo de las regiones desfavorecidas a través de transferencias de recursos de la UE y dentro de una estrategia basada en el modelo de desarrollo

TABLA 14.2 Rúbricas de Gasto 2021-27

Asignaciones por rúbrica (todos los importes en miles de millones de euros):

		MFP	NGEU	TOTAL
1.	Mercado único, innovación y economía digital	149,5	11,5	161,0
2.	Cohesión, resiliencia y valores	426,7	776,5	1 203,2
3.	Recursos naturales y medio ambiente	401,0	18,9	419,9
4.	Migración y gestión de las fronteras	25,7	-	25,7
5.	Seguridad y defensa	14,9	-	14,9
6.	Vecindad y resto del mundo	110,6	-	110,6
7.	Administración pública europea	82,5	-	82,5
TOTAL		**1 210,9**	**806,9**	**2 017,8**
Total expresado en precios de 2018		**1 074,3**	**750,0**	**1 824,3**

Gráfico 14.3 Marco Financiero Plurianual 2021-27

Fuente : Comisión Europea

endógeno; la política social destinada a solucionar los problemas de tipo social también se incluye en esta rúbrica. A medida que el número de países miembros aumentaba, y que las diferencias de renta entre las regiones europeas crecían, esta rúbrica ganaba importancia. La rúbrica 1 estaba destinada a las denominadas "políticas internas", que engloban una serie de políticas, como la política de transporte, la de educación, la de energía o la de tecnología. La rúbrica 4 se refería a la política de migración y gestión de fronteras y ciudadanía de la UE, la rúbrica 5 la política de seguridad y defensa, la rúbrica 6 se refería a Vecindad y resto del mundo, y la rúbrica 7 a los gastos administrativos, bastante elevados por causa de la pluralidad institucional de la UE, el número de sus funcionarios y la variedad de sus sedes. En el último paquete de perspectivas financieras aprobado a fecha actual es el 2021-2027, las dotaciones presupuestarias en las diferentes líneas comunitarias de gasto deben entenderse como complementarias a las dotaciones de las mismas políticas nacionales, ya que la confluencia de intereses en ambos niveles debe contribuir al refuerzo de la política en cuestión y a la consecución de mejores resultados; los gastos UE suelen completar los gastos autonómicos, locales y nacionales según cual sea el circuito de distribución. Son los niveles inferiores de la Administración quienes deben ocuparse principalmente de la gestión de los gastos públicos, por encontrarse más próximos geográficamente a los ciudadanos europeos; existe una preferencia nacional sobre la supranacional que está relacionada con la primacía del principio de justicia distributiva (BIEHL D 1991). Hasta el momento actual se han aprobado 6 programas plurianuales de financiación. Estos son: el Programa 1989-1993, Programa 1994-1999, Programa 2000-2007, Programa 2007-2013, el Programa 2014-2020 y las perspectivas financieras 2021-2027.

Los presupuestos anuales respetan los techos máximos de las rubricas de los Marcos Financieros correspondientes. Las principales categorías de gastos del presupuesto podemos verlas reflejadas en el Gráfico 14.3 sobre el marco financiero UE2021-27 elaborado por la Comisión Europea, donde podemos observar el predominio de los gastos de la PAC y de la política de cohesión a pesar de haber perdido peso en favor de otras políticas novedosas en los últimos años.

Las principales políticas de Gastos Comunitarias son:

3.1. LA PAC

La PAC tiene un peso muy importante dentro de las políticas de gasto, y en particular la política de mantenimiento de los precios agrarios, de la que se ocupa desde 2007 el FEAGA, anteriormente FEOGA-sección Garantía, primer pilar de la PAC; el segundo pilar de la PAC lo constituye la política de desarrollo rural financiada por el FEADER. En condiciones de libre circulación de los bienes y servicios, la única política agraria efectiva para mantener los precios de los productos es la elaborada a escala común, su base jurídica se encuentra en los arts. 38-44 del TFUE. La política agraria de la UE ha evolucionado considerablemente en las últimas décadas para ayudar a los agricultores a afrontar estos desafíos y a responder al cambio de actitudes y expectativas de las personas. La política agraria de la UE abarca una amplia gama de ámbitos, incluida la calidad de los alimentos, el comercio y la promoción de los productos agrícolas de la UE. La UE apoya financieramente a sus agricultores e impulsa las prácticas sostenibles y respetuosas con el medio ambiente, invirtiendo, al mismo tiempo, en el desarrollo de las zonas rurales. La política agrícola común (PAC) ha experimentado a lo largo del tiempo cinco grandes reformas:

1. Reforma de 1992.
   Desde su introducción en 1962, la PAC ha cumplido sus objetivos de garantizar la seguridad del abastecimiento de alimentos. Posteriormente, con su política de precios de ayuda muy elevados en comparación con los precios del mercado mundial y la garantía de compra ilimitada, la PAC comenzó a producir cada vez mayores excedentes. A fin de detener la divergencia creciente entre la oferta y la demanda y controlar los gastos agrarios, el Consejo adoptó un cambio radical en la PAC, al sustituir un sistema de protección a través de los precios por un sistema de ayudas compensatorias a la renta.

2. La Agenda 2000.
   El Consejo Europeo de Luxemburgo de 1997 fijó el objetivo estratégico de la nueva reforma al declarar que la agricultura europea debía ser multifuncional, sostenible, competitiva y repartida sobre la totalidad del territorio. Tras el acuerdo alcanzado en el Consejo Europeo de Berlín de 1999, la reforma se centró, principalmente, en: 1) un nuevo ajuste de los precios internos con respecto a los precios mundiales, compensado, en parte, mediante ayudas directas a los productores; 2) la introducción por parte de los Estados miembros del respeto de las condiciones medioambientales, (ecocondicionalidad) para la atribución de las ayudas, y la posibilidad de reducirlas (modulación) para financiar medidas de desarrollo rural; 3) el refuerzo de las medidas estructurales en vigor en el marco de una nueva política de desarrollo rural, «segundo pilar de la PAC» ;y 4) la estabilización presupuestaria mediante un marco financiero estricto para el período 2000-2006.

3. La reforma de 2003 (revisión intermedia).

Con ocasión de la Cumbre de Berlín de 1999, se propuso una revisión intermedia de la PAC que se ha convertido finalmente en la reforma más ambiciosa hasta hoy, con cuatro objetivos principales: incrementar la conexión de la agricultura europea con los mercados mundiales, preparar la ampliación de la Unión Europea, responder de una manera más satisfactoria a las nuevas exigencias sociales en materia de protección del medio ambiente y calidad de los productos (con una opinión pública desorientada a causa de las sucesivas crisis sanitarias) y compatibilizar en mayor medida la PAC con las exigencias de terceros países. Entre los nuevos mecanismos introducidos destacan :1)la disociación de las ayudas con respecto a los volúmenes producidos, con el fin de mejorar la orientación de las explotaciones, en función del mercado, y de reducir las distorsiones sobre la producción y el comercio de productos agrícolas. Estas ayudas disociadas adoptaron la forma de un pago único por explotación, centrado en la estabilidad de los ingresos;2) la condicionalidad («cross-compliance» en inglés), que supeditaba los pagos únicos al cumplimiento de una serie de criterios en materia de medio ambiente y salud pública, en respuesta a las expectativas de los ciudadanos europeos;3)la compatibilidad con las normas de la Organización Mundial del Comercio, en la medida en que la disociación de las ayudas tenía como objetivo final permitir la inclusión del régimen de pago único en el «compartimento verde» ;4)la redistribución pública de los derechos de pago atribuidos a las explotaciones en función de las referencias históricas, por medio de dos mecanismos: la modulación, que permite la transferencia de los créditos entre los dos pilares de la PAC con el fin de consolidar el desarrollo rural y la aplicación posible de un modelo regional de disociación que permita la armonización de los pagos por hectárea asignados según criterios territoriales ; 5) una disciplina financiera, en virtud de la cual se congeló el presupuesto del primer pilar de la PAC y se impusieron límites anuales obligatorios y 6) la creación en 2007 de una organización común única de los mercados (OCM única), que codificó los mecanismos de reglamentación de las 21 organizaciones comunes de los mercados (OCM) existentes.

4. El «chequeo» de la PAC en 2009.

El «chequeo», aprobado por el Consejo el 20 de noviembre de 2008, permitió revisar un amplio abanico de medidas aplicadas tras la reforma de la PAC de 2003. El proyecto pretendía: 1)reforzar la disociación total de las ayudas mediante la eliminación progresiva de los últimos pagos asociados a la producción, integrándolos en el régimen de pago único por explotación;2)reorientar parcialmente los fondos del primer pilar a favor del desarrollo rural aumentando el índice de modulación de las ayudas directas; y 3)flexibilizar las normas de intervención pública y de control de la oferta para no frenar la capacidad de los agricultores para reaccionar ante las señales del mercado.

5. La reforma de 2013: un enfoque más global e integrado.

Las líneas generales de la PAC para el período 2014-2020 persiguen: la conversión de las ayudas disociadas en un sistema de ayuda multifuncional. Los pagos únicos a las explotaciones se sustituyen por un sistema de pagos por niveles o estratos que incluyen siete componentes: 1) un «pago básico»; 2) un «pago verde» para bienes públicos medioambientales (componente ecológico); 3) un pago complementario a los agricultores jóvenes; 4) un pago redistributivo para reforzar la ayuda a las primeras hectáreas de una explotación; 5) una ayuda adicional a las rentas en las zonas condicionadas por limitaciones naturales; 6) ayudas vinculadas a la producción; 7) por último, un régimen simplificado en favor de los pequeños agricultores. Las nuevas ayudas por hectárea se destinan únicamente a agricultores activos.

Se produce, la consolidación de los dos pilares de la PAC: el primer pilar, que financia las ayudas directas y las medidas de mercado, íntegramente con cargo al Fondo Europeo Agrícola de Garantía (FEAGA); el segundo pilar en favor del desarrollo rural, en régimen de cofinanciación, y con cargo al fondo Europeo Agrícola de Desarrollo Rural FEADER. La modulación de las ayudas directas en favor del segundo pilar se elimina y se sustituye por una reducción obligatoria de los pagos básicos a partir de 150 000 euros («degresividad»). También se amplía la flexibilidad entre pilares: desde 2015, los Estados miembros tienen la posibilidad de transferir fondos inicialmente asignados en ambos sentidos y finalmente, se produce la consolidación de las herramientas de la OCM única como «redes de seguridad», que solo se aplican en caso de crisis de los precios y perturbaciones de los mercados.

6. En el período actual, 2021-2027, la PAC se esfuerza por garantizar el acceso a alimentos seguros, de alta calidad, asequibles, nutritivos y diversos, y apoya la transición hacia una agricultura y un desarrollo rural plenamente sostenibles, el programa LIFE financia proyectos destinados a mejorar la calidad del aire y a conservar las especies vegetales y animales amenazadas actualmente y el nuevo Fondo de Transición Justa apoya la transición hacia la neutralidad climática reduciendo el impacto de la transición en las regiones más afectadas. Los retrasos han llevado a que el periodo de vigencia de la PAC reformada se corresponde con el periodo 2023 -2027 y un sistema transitorio 2021-2023. Esta última reforma continua con la tendencia de desvincular los apoyos a la renta de los agricultores de las decisiones que éstos adopten en materia de producción y la voluntad de adoptar acciones para garantizar la sostenibilidad medio ambiental de la actividad agraria y la lucha contra el cambio climático. El grueso del gasto agrícola corresponde al primer pilar – gasto agrícola en pagos directos e intervenciones en el mercado mientras que el resto 23% recoge las intervenciones del desarrollo rural cofinanciadas por el FEADER, 2º Pilar de la PAC.

La Organización Común de Mercados –OCM– es el marco que contiene las medidas de mercado previstas en el seno de la PAC. Sucesivas reformas condujeron a la fusión, en 2007 de veintiuna OCM en una OCM única para todos los productos agrarios. Paralelamente, las revisiones de la PAC han orientado progresivamente y en mayor medida esta política hacia los mercados y han reducido el alcance de las herramientas de intervención; éstas se consideran ahora «redes de seguridad» a las que debe recurrirse solo en caso de crisis. Las OCM constituyen un elemento fundamental de la PAC desde su creación, dado que fue en el seno de estas donde se pusieron en marcha los regímenes de apoyo a los mercados diferenciados por sectores agrícolas. Las OCM se crearon con el fin de alcanzar los objetivos de la PAC (artículo 40 del TFUE), en particular estabilizar los mercados, garantizar un nivel de vida equitativo a los agricultores e incrementar la productividad agrícola. En la actualidad la normativa de la OCM es particularmente compleja: su Reglamento de base tiene 232 artículos.

Las instituciones de la UE colaboran en la elaboración, aplicación, supervisión y evaluación de las políticas agrícolas y alimentarias. Las autoridades nacionales y locales aplican la legislación acordada a escala de la UE ya que, a través del presupuesto de la UE, los Estados miembros acceden a los fondos disponibles de conformidad con las normas establecidas a nivel de la UE. Finalmente, la UE también supervisa la forma en que se aplica la legislación y su eficacia, y coordina los cambios que se introducen en la legislación.

3.2. LA POLÍTICA DE COHESIÓN

La política de cohesión es la principal política de inversión de la Unión Europea. Beneficia a todas las regiones y ciudades de la Unión y favorece el crecimiento económico, la creación de empleo, la competitividad empresarial, el desarrollo sostenible y la protección del medio ambiente. Se encuentra regulada en los arts.174 -178 TFUE.

El objetivo de la redistribución en el ámbito regional ya figuraba entre los objetivos iniciales de la Unión Europea. Sin embargo, no es hasta 1975, año en que se crea el FEDER, cuando se convierte en una realidad con tres instrumentos a su servicio: FEDER, FSE y FEOGA-O (Vega Mocoroa, I. 1998). Estos tres instrumentos no actúan conjuntamente como fondos estructurales hasta 1988, en que se produce la reforma de la Política Regional con la aprobación de los correspondientes reglamentos; sin embargo, el año clave para el desarrollo de la política de cohesión económica y social es 1987, año de la ratificación y entrada en vigor del Acta Única, que incluye un nuevo título dedicado a la cohesión económica y social (Arts. 130A a 130D). El Tratado de Maastricht desarrolla la Política de Cohesión

Económica y Social y la consolida, aportando a la misma dos nuevos instrumentos: el Fondo de Cohesión y el IFOP (Instrumento Financiero para la Orientación Pesquera), en la actualidad el FEMP (Fondo Europeo Marítimo y de Pesca). El gran papel de los fondos estructurales en la política de cohesión económica y social no está unido simplemente a su importancia cuantitativa en el presupuesto UE, ni al creciente número de Instrumentos financieros presupuestarios sino al modelo de desarrollo económico al que responde la PCES. Frente a los enfoques tradicionales de política regional adoptados en el pasado (García Villarejo, A. 1998), uno de corte compensatorio, defendido básicamente por los autores keynesianos, y el otro de corte redistributivo, basado en los planteamientos clásicos y neoclásicos, nace un nuevo enfoque, que recoge parcialmente los dos anteriores enfoques de demanda y los conjuga con la importancia que tienen en el desarrollo económico ciertos factores relativos a la oferta. Este nuevo enfoque consiste en realizar transferencias públicas y utilizarlas de acuerdo con los principales criterios de eficiencia económica, tal y como ocurre en el mercado. La utilización de los factores y recursos productivos "endógenos" o propios de cada región debe servir para conseguir mejorar el contexto económico de las regiones, esto es: infraestructuras tecnológicas, de transporte, de comunicación, de investigación (I+D), de medioambiente. Se trata, en otras palabras, de restablecer la eficacia de las regiones menos favorecidas de la UE aprovechando las ventajas de su potencial endógeno; la reducción de las disparidades regionales se consigue mediante la maximización de las tasas de crecimiento económico en dichas regiones. Este enfoque ha marcado la política de cohesión económica y social, consiguiendo notorias mejoras en los niveles de renta de las regiones beneficiarias de las transferencias comunitarias. La adopción del enfoque de crecimiento endógeno supuso una ruptura con la política regional desarrollada hasta 1988 y coincidió con la primera gran reforma de la política regional comunitaria (Reglamento CEE Nº 2052/88).

3.2.1. Los instrumentos financieros

Cuando hablamos de instrumentos financieros para la PCES, nos referimos a aquellos recursos o medios cuya finalidad última es la de realizar inversiones. Aunque no existe una clasificación convencional de los instrumentos financieros para la cohesión económica y social, aparte de la alusión reiterada que los reglamentos realizan a "los fondos con finalidad estructural, el BEI y demás instrumentos financieros existentes", éstos pueden ser clasificados en presupuestarios y no presupuestarios, en atención a su inclusión o no en un documento presupuestario (presupuesto general de la UE). Este hecho conlleva una segunda diferencia, según mantengan un carácter anual o plurianual; la anualidad resulta ser un principio unido al instrumento presupuestario, que falla en el caso de los préstamos y empréstitos del BEI, ya que los proyectos subvencionables por el BEI tienen una duración más larga.

a) Los instrumentos financieros presupuestarios en la Política de cohesión económica social y Territorial Europea –PCES–

Se trata de ayudas que forman parte del presupuesto de la UE. La PCES tiene una línea presupuestaria abierta a tal fin y una serie de instrumentos concretos para hacer frente a la misma: los Fondos Estructurales y el Fondo de Cohesión. En las perspectivas financieras para un período plurianual – PPFF ,las dotaciones para la PCES se recogían en la rúbrica 2 bajo la denominación de "Cohesión económica, social y territorial". Durante los 6 períodos de perspectivas hasta el momento actual incluido el periodo 2021-27 (futuro próximo) se han producido variaciones en el volumen de los recursos destinados a la Política de Cohesión, así como en los instrumentos presupuestarios destinados a su consecución. En este sentido, hemos de destacar la inclusión del Fondo de Cohesión en el período 1989-93, la del instrumento Espacio Económico Europeo en el período 1994-99, la del ISPA (Instrumento para la Preadhesión) en el período 2000-2006, la del FEADER y el FEI (Fondo Europeo de Inversiones) en el periodo 2007-2013 y la del FEMP en 2014-20 (Fondo Europeo Marítimo para la Pesca). En la actualidad desde 2014 la denominación genérica de estos instrumentos presupuestarios es la de Fondos

Estructurales y de Inversión Europeos –Fondos EIE– dada la nueva orientación que la política de cohesión ha experimentado hacia la inversión.

Los Fondos Estructurales y de Inversión

Se trata de los instrumentos más importantes de la política regional europea y canalizan la mayor parte de las ayudas europeas al desarrollo regional. Estos son:

1) El Fondo Europeo de Desarrollo Regional (FEDER), nacido en 1975, constituye el núcleo central de la política regional europea; contribuye a la corrección de los principales desequilibrios regionales dentro de la comunidad participando en el desarrollo y ajuste estructural de las regiones menos desarrolladas, así como en la reconversión de las regiones industriales en declive. Lo que se ha materializado en distintos objetivos a lo largo de estos años.

2) El Fondo Social Europeo (FSE) nace en 1958, pero no forma parte de los fondos estructurales hasta la reforma de 1988. Se ocupa de los aspectos sociales de la PCES, es decir, de la mejora de las posibilidades de empleo de los trabajadores, del aumento de su nivel de vida y de su movilidad profesional y geográfica. El FSE es un Fondo estructural al servicio de la política de cohesión.

3) El Fondo Europeo de Orientación y Garantía Agrícola, sección Orientación, en la actualidad FEADER. El FEOGA-O se creó en 1962. Participa de la PCES subvencionando los algunos objetivos de la misma en los distintos periodos de programación como : el objetivo 1 y el 5b –En 2005 se produce un cambio de denominación del FEOGA-O que no afecta a su función y objetivo pero si a su ubicación y origen de la financiación del mismo El Reglamento (CE) 1290/2005, de 21 de junio de 2005, sobre la financiación de la política agrícola común, creó dos fondos de financiación de los gastos agrarios, FEAGA (Fondo Europeo Agrícola de Garantía) y *FEADER (Fondo Europeo Agrícola de Desarrollo Rural),* que sustituyeron al FEOGA a partir del ejercicio 2007. El FEADER continúa siendo un fondo de naturaleza estructural que se centra en la resolución de problemas específicos de las zonas rurales de la UE pero que en la actualidad forma parte de la PAC como segundo pilar de dicha política y por lo tanto pertenece a la Rúbrica 3 de las PPFF 2021-2027 relativa a los recursos naturales y al medio ambiente y no en la Rúbrica correspondiente a la Política de Cohesión.

4) Un nuevo Instrumento Financiero nacía en 1994 se trata del Instrumento Financiero de Orientación Pesquera (IFOP) y su función consistía en integrar todos los aspectos estructurales de la política común de pesca (art. 2 del Reglamento Nº 1260/1999), el IFOP se convertía en un Fondo estructural en el período 2000-2006, participando en el objetivo 1 y en las acciones estructurales en el sector pesquero fuera de las regiones del objetivo 1. A partir del programa 2014-20 se convierte en *el Fondo Europeo Marítimo y de Pesca –FEMP–,* Fondo que ayuda a los pescadores a practicar una pesca sostenible y a las comunidades costeras a diversificar sus economías, mejorando la calidad de vida en las zonas litorales europeas. En la actualidad el FEMP tiene por objetivos fundamentales fomentar una pesca y una acuicultura competitivas, medioambientalmente sostenibles, económicamente viables y socialmente responsables, impulsar la aplicación de la Política Pesquera Común-,- PPC-, fomentar un desarrollo territorial equilibrado e integrador de las zonas pesqueras y acuícolas, e impulsar el desarrollo y la aplicación de la Política Mediterránea Integrada de la Unión PMI y de forma complementaria impulsar el desarrollo de la política de cohesión en colaboración con otros Fondos FEIE. En el periodo 2021-27 el FEMP se convierte en el el Fondo Europeo Marítimo y de Pesca y Acuicultura (FEMPA).

5) El Fondo de Cohesión. Se trata de un instrumento creado por el Tratado de Maastricht, tras las correspondientes modificaciones, se corresponde con el art. 177 del TFUE. El Fondo de Cohesión proporciona contribución financiera a proyectos de infraestructura y medioambiente; se trata de un instrumento presupuestario de carácter espacial, pues afecta a aquellos Estados cuyo PNB sea inferior al 90% de la media europea, y su finalidad inicial fue la de contribuir, a través de acciones en los dos sectores anteriormente citados. A través del Fondo de Cohesión se pretendía neutralizar el efecto que el esfuerzo inversor en las infraestructuras de transporte y en la política de medioambiente tenía sobre el déficit público en los países deseosos de entrar en la zona euro. Este Fondo ha sobrevivido a la consecución de su objetivo inicial, y ha ido evolucionando para adaptarse a las prioridades de la UE, como el cambio climático y la economía sostenible.

6) *Fondo de Transición Justa* FTJ-Mecanismo para una transición justa para mitigar los efectos negativos de la transición climática y apoyar a los trabajadores ha sido incorporado en el programa actual 2021-27.

Todos estos fondos proporcionan los recursos que llegan a los distintos Estados miembros a través de los diferentes tipos de intervenciones, aplicando el principio de adicionalidad entre las ayudas europeas y las nacionales y regionales, lo que garantiza un interés común de todas las instituciones y un esfuerzo conjunto para la consecución del objetivo común del desarrollo regional a través de una programación única.

2. O*tros Instrumentos presupuestarios para la cohesión*

Existen también otros Instrumentos presupuestarios para la cohesión como el mecanismo financiero del Espacio Económico europeo. –MEEF, en la actualidad sustituido por el MEDE– y el Instrumento de Política Estructural de Preadhesión, actual Instrumento de Ayuda Preadhesión –IPA–.

NextGenerationEU. El Consejo Europeo aprobó el 21 de junio de 2020 la creación del programa NextGenerationEU, un instrumento de estímulo económico financiado por la Unión Europea, en respuesta a la crisis causada por el coronavirus. NextGenerationEU tiene como objetivo responder de manera conjunta y coordinada a una de las peores crisis sociales y económicas de nuestra historia y contribuir a reparar los daños causados por la pandemia. Con estos fondos, la Europa posterior a la COVID-19 debe ser más ecológica, más digital y más resiliente a los cambios y retos del futuro. Los Next Generation EU son un conjunto de Instrumentos Temporales por valor de 75000 MEUR para salir más fuerte de la Pandemia.

En el marco de la iniciativa **NextGenerationEU se crean dos instrumentos financieros:**

1. Mecanismo Europeo de Recuperación y Resiliencia (MRR) El Mecanismo facilita a los 27 Estados miembros apoyo a través de transferencias directas y préstamos para incrementar las inversiones públicas y acometer reformas que contribuyan a la recuperación de la economía y el empleo y se orienten a abordar los principales retos económicos y sociales post COVID. Se trata de un instrumento no presupuestario.

Está dotado con 672.500 millones de euros para apoyar las reformas e inversiones emprendidas por los países de la UE desde febrero de 2020. A través de este mecanismo, España accederá a un total de 140.000 millones de euros entre 2021 y 2026, de los cuales cerca de 70.000 millones serán en forma de transferencias.

La asignación a cada uno de los países se ha calculado a partir de indicadores demográficos, del PIB per cápita, la tasa de desempleo media de los últimos 5 años y la caída económica como consecuencia de la pandemia. Los fondos del MRR se conceden en dos tramos: un 70% sobre indicadores anteriores a la emergencia sanitaria y el restante 30% que se decidirá en 2022 en función de la evolución económica entre 2020 y 2021.

Para poder acogerse al MRR, los Estados miembros deben presentar Planes nacionales de recuperación y resiliencia en los que se definen programas actuación con el objetivo de intensificar el potencial de crecimiento, la creación de empleo y la resiliencia económica y social, así como de acelerar las transiciones ecológica y digital.

2. Ayuda a la Recuperación para la Cohesión y los Territorios de Europa (REACT-UE)

Es una nueva iniciativa, dotada con 47.500 millones de euros, que continúa y amplía las medidas de respuesta y reparación de la crisis aplicada a través de la Iniciativa de Inversión en Respuesta al Coronavirus y la Iniciativa de Inversión en Respuesta al Coronavirus Plus. Estos recursos se ejecutarán a través del Fondo Europeo de Desarrollo Regional (FEDER), el Fondo Social Europeo (FSE) y el Fondo de Ayuda Europea para las Personas Más Desfavorecidas

b) Los instrumentos financieros no presupuestarios en la Política de cohesión económica social y Territorial Europea

Se trata de ayudas que no proceden del presupuesto UE y que se materializan principalmente bajo la forma de préstamos. Estas ayudas resultan complementarias e imprescindibles en algunas ocasiones para la necesaria cofinanciación a efectos de recibir las ayudas procedentes de los fondos europeos.

1. Instituciones Financieras

1) El Banco Europeo de Inversiones- BEI-. Se trata de la institución bancaria de la UE cuya principal misión (art. 309 TFUE es la de contribuir al desarrollo equilibrado y sin altibajos del mercado común en interés de la Comunidad. Sus principales líneas de actuación se dividen en: (a) proyectos para el desarrollo de las regiones más atrasadas; (b) proyectos para modernizar empresas o crear nuevas actividades necesarias para el progreso del Mercado Interior; y (c) proyectos de interés común a varios Estados que por su envergadura no pueden ser financiados en su totalidad por los mismos. Las actuaciones del BEI que territorialmente se sitúan en la UE, se encuadran prioritariamente en las actuaciones del primer tipo y, en concreto, en el desarrollo de las regiones menos favorecidas o aquejadas de problemas de reconversión; sus actuaciones en esta línea afectan a inversiones en equipamientos de base, grandes infraestructuras, implantación de unidades de producción de todos los tamaños, etc. Las otras líneas de actuación interna se refieren a proyectos de interés común en infraestructuras europeas, medioambiente y diversificación del abastecimiento energético y mejora de la calidad de vida de los ciudadanos, así como al fortalecimiento de la competitividad, en particular a través de inversiones en PYMES. Sus intervenciones en las regiones menos desarrolladas se ajustan a las formas de intervención generales del BEI: préstamos individuales, globales o marco, cofinanciación de la asistencia técnica o de estudios, y garantías.

2) El Fondo Europeo de Inversiones (FEI). Se trata de un ente o institución financiera de la UE, establecida en 1994 a instancias del Consejo de Edimburgo de 1992, y que actúa de forma tripartita entre sus tres socios o accionistas: el BEI, la Comisión Europea y las instituciones financieras de los Estados miembros; por tanto, tiene naturaleza público-privada y su status es de Banco de Desarrollo Multilateral. Aparece por vez primera como instrumento para la cohesión en el período de programación 2000-2006 (art. 2.6 del Reglamento Nº 1260/2000). Su principal objetivo es el de proporcionar las garantías necesarias para la financiación a medio y largo plazo de importantes inversiones en dos campos esenciales para el desarrollo de la economía europea: las redes transeuropeas (TENs) y las pequeñas y medianas empresas. En el ámbito de las infraestructuras respalda inversiones en el área de la energía, las telecomunicaciones y los transportes, proporcionando garantías para préstamos, al tiempo que facilita la participación de capital privado en los proyectos de redes transeuropeas. En el ámbito de las PYMES, facilita su acceso a inversiones con un coste razonable y promueve la inversión a través de empresas especializadas en la financiación del capital de las PYMES. EL FEI actúa sobre bases estrictamente comerciales y en coordinación con otras instituciones financieras de la UE, caso del BEI, que constituye su primer accionista. La contribución de este instrumento a la cohesión económica y social se desarrolla en una línea similar a la del BEI.

3.2.2. La arquitectura operativa en torno a la que giran los instrumentos financieros para la cohesión: los principios operativos, objetivos y medidas de actuación

Los principios que rigen las actuaciones de la PCES y en torno a los que se articulan el FEDER; FSE Y FC, se encuentran recogidos en los reglamentos marco de los distintos periodos de programación y no han variado en lo sustancial a lo largo de estos 30 años. En el reglamento-marco (2052/88), que entró en vigor el 1 de enero de 1990, se señalaban los 4 "principios" básicos: 1) *El principio de cooperación en el diseño y ejecución de las intervenciones ("co-participación o partenariado").* La cooperación se refiere a la participación conjunta de todos los agentes económicos, locales, regionales, nacionales y comunitarios en el diseño de la política regional, la cual se desarrolla a lo largo de una serie de etapas a las que más adelante nos referiremos. En esta faceta de coordinación puede participar igualmente cualquier otro interlocutor social o económico siempre que sea designado por los estados afectados. 2) *El de programación* consiste en pasar de una lógica de proyectos basada en acciones puntuales sin coherencia a una lógica integrada de programas plurianuales que crean sinergias globales en torno al desarrollo. Los periodos de programación han coincidido con la aprobación de las perspectivas Financieras como marco de financiación plurianual en la UE. 3) *El principio de adicionalidad* implica que la asistencia comunitaria viene a sumarse a los esfuerzos financieros de regiones y estados, aunque sin suplirlos. Se trata de evitar que se produzca una suplantación de funciones de tal modo que las ayudas comunitarias terminen reduciendo los esfuerzos que hasta ahora habían venido realizando los Estados miembros para el desarrollo de sus propias regiones y el 4) *El principio de concentración consiste* en que la cohesión económica y social se lleve a cabo a través de un esfuerzo concentrado en torno a una serie de objetivos que han ido evolucionando para adaptarse a las preferencias de la UE. Los objetivos son aquellas prioridades que establecen las Instituciones Europeas para cada periodo de programación y en torno a los cuales podemos establecer cuáles son los espacios geográficos afectados por los problemas más serios. Estos objetivos han ido variando en su naturaleza o carácter y en su número. En los primeros programas de actuación podíamos clasificarlos en objetivos regionalizables o de carácter regional (objetivo 1, 2, 5b, o 6) y otros horizontales o de carácter sectorial (3 y 4), su denominación e identificación se correspondía con una clasificación numérica, vgr: en los programas 89-93, 94-99 y 2000-06. El objetivo 1 de carácter regional perseguía fomentar el desarrollo y el ajuste estructural de las regiones menos desarrolladas, incluyendo como destinatarias a las NUTS 2, cuyo PIB por habitante, sobre la base de los datos de los 3 últimos años, fuese inferior al 75 por 100 de la media comunitaria (también puede incluir por razones especiales, determinadas regiones cuyo PIB sea superior pero cercano al 75 por 100 de la media comunitaria. A partir del Programa 2007-13 coincidiendo con la ampliación de la UE a los PECOS, se produce una gran reforma, se elimina la diferencia entre objetivos regionalizables y horizontales, todos los objetivos tienen una identificación espacial y por lo tanto son regionalizables, pero tienen también el carácter horizontal a través de las ayudas del FSE, se reducen los objetivos en número y cambian de denominación, identificándose con sus metas o prioridades y no con números como ocurría hasta ese momento. El anteriormente citado objetivo 1 pasa a denominarse objetivo convergencia y su marco espacial sigue correspondiendo a las regiones más atrasadas o desfavorecidas con el mismo umbral de referencia anteriormente citado. En este periodo los objetivos se identifican con la regla nemotécnica del famoso "CoCoCo" Co= Convergencia, Co=Competitividad y empleo regional y Co= Cooperación Territorial. En el periodo 2014-20, los objetivos se sustituyen por metas más generales de acuerdo con la Estrategia Europa 2020 y dentro de las metas se enmarcan las 3 categorías de regiones afectadas con sus correlativos umbrales (Regiones menos desarrolladas, regiones en transición y regiones más desarrolladas). Para cumplir con el principio de concentración y con el enfoque basado en los resultados, los fondos se agrupan funda- mentalmente en torno a las regiones menos desarrolladas. En el período actual 2021-27 El Reglamento de Disposiciones Comunes en su artículo 108 categoriza las regiones en tres grupos atendiendo su PIB per cápita en relación al de la media UE27 al igual que en el periodo anterior, simplemente varía algo el umbral de las regiones en transición que ahora se encuentra entre el 75-100% de la media de la UE27, y en el periodo anterior entre el 75-90% de la media UE27, esto es: 1)Regiones menos desarrolladas: regiones cuyo PIB per cápita es menor que el 75% de la media de la UE 27. (En España serían las Comunidades Autónomas de Andalucía, Castilla La Mancha, Ceuta, Extremadura y Melilla), 2) Regiones en transición: regiones cuyo PIB per cápita se encuentra entre el 75% y el 100% de la media UE 27. (Asturias, Baleares, Canarias, Cantabria,

Castilla León, Galicia, La Rioja, Murcia, Valencia) y Regiones más desarrolladas: regiones cuyo PIB per cápita es mayor que el 100% de la media UE27. (Aragón, Cataluña, Navarra, Madrid, País Vasco).

Las actuaciones o medidas de intervención de la programación también han sufrido evolución y cambios a lo largo de estos últimos 30 años, el proceso de organización, toma de decisiones y asignación de recursos financieros con la participación de los socios (Estados miembros y regiones) y de la UE ha variado desde el primer programa de actuación 1989-93 en el que convivían el enfoque mayoritario de tipo *botton up*, con origen en las regiones que son quienes preparan sus Programas de Desarrollo Regional y el enfoque de origen comunitario, que se materializaba a través de las Iniciativas Comunitarias –IICC– verdadero germen de la política regional comunitaria. En la actualidad, las medidas de actuación siguen un único esquema por el que los Estados Miembros crean los programas operativos (POs) Nacionales y Regionales en los que se concretaban las estrategias y los ámbitos de intervención y la Comisión verifica que los mismos se adecuen al Marco Estratégico Común MEC donde figuran los principios rectores estratégicos. La Comisión evaluará la coherencia de los programas, los aprobará o modificará y se pondrán en funcionamiento. Las autoridades nacionales y la Comisión colaboran en la gestión, control y evaluación de los proyectos, por lo que se dice que existen contratos de colaboración entre la UE y los Estados Miembros. En el periodo de programación para el periodo 2021-2027 se contemplan fundamentalmente la elaboración del Acuerdo de Asociación y los Programas vgr en Reglamento el FEDER.

Hasta el presente ha habido 6 Programas de actuación: el programa 1989-1993, el Programa 1994-1999, el Programa 2000-2007, el Programa 2007-2013 y el Programa 2014-2020. En el momento actual estamos el Programa del 2021-2027.

Tabla 14.4

Evolución de las dotaciones presupuestarias para la política de Cohesión en Millones de €

PERIODO	1988-93	1994-99	2000-06	2007-13	2014-20	2021-27
TOTAL	94.110	125.526	183.564	347.410	325.149	423.164
ESPAÑA	15.800	30.669	43.087	35.216	28.600	35.562

Fuente: Elaboración propia con datos de la UE.

IV. EL SISTEMA DE INGRESOS EN LA UNIÓN EUROPEA

En el ámbito nacional los ingresos presupuestarios responden al diseño del sistema impositivo de cada estado miembro y a la capacidad recaudatoria de sus componentes. No existen diferencias importantes entre los sistemas fiscales de los estados miembros, ya que su diseño respeta una serie de principios impositivos que relacionan los objetivos de carácter político, económico y presupuestario con los medios de financiación para su consecución. La autonomía financiera es una realidad incuestionable y la única diferencia existente a la hora de analizar sus sistemas fiscales responde a la diferente estructura impositiva existente.

En el ámbito supranacional, la Unión Europea posee, respecto a sus Estados miembros, un sistema de ingresos peculiar y sui generis que le dota de autonomía financiera, frente a otros tipos de financiación posibles, como puede ser, la participación financiera de los Estados a través de un sistema de cuotas, sistema existente hasta 1970. El principio de autonomía financiera está recogido en el art. 201 TCE y en el art. 173 TCEEA, artículos que abrían la puerta a un cambio en el sistema de financiación comunitaria, aunque, su materialización efectiva se debe a la aprobación de la Decisión de 21 de abril de 1970 sobre el sistema de recursos propios. Este sistema descansa sobre una serie de elementos que a lo largo del tiempo han sufrido algunas variaciones cuantitativas y cualitativas para adaptarse mejor al proceso de integración europea. El sistema de recursos propios dota de autonomía financiera a la UE, ya que la misma posee, de forma independiente a las decisiones presupuestarias de cada uno de los Estados miembros: a) una capacidad normativa propia, b) una capacidad para diseñar y financiar los gastos de las políticas comunes y finalmente, c) una capacidad recaudadora propia (VEGA MOCOROA I 1997).

4.1. EL SISTEMA DE INGRESOS EN LA UNIÓN EUROPEA: COMPONENTES

En la actualidad el sistema de recursos propios está compuesto, por tres recursos:

4.1.1. Recursos propios tradicionales o recursos puros - RPT. Este recurso engloba "recursos propios tradicionales consistentes en exacciones, primas, montantes suplementarios o compensatorios, importes o elementos adicionales, derechos del arancel aduanero común y otros derechos que hayan fijado o puedan fijar las instituciones de la Unión en los intercambios comerciales con terceros países, derechos de aduana sobre los productos regulados por el Tratado Constitutivo de la Comunidad Europea del Carbón y del Acero, ya expirado, así como cotizaciones y otros derechos previstos en el marco de la organización común de mercados en el sector del azúcar" por lo tanto la actual decisión de recursos propios de 14 diciembre 2020, reunifica las dos categorías que venían funcionando de forma independiente esto es:

a) Los derechos agrícolas y las cotizaciones sobre el azúcar y la isoglucosa. Se trata de exacciones reguladoras, primas y montantes supletorios o compensatorios que se aplican a los intercambios con terceros países dentro de la política agrícola común, así como de cotizaciones y otros ingresos en el sector azúcar. Su principal finalidad es la de asegurar la preferencia comunitaria como elemento de la PAC.

b) Los derechos de aduana. Se trata de los derechos del arancel aduanero común y de los otros derechos que se hayan fijado o se vayan a fijar por las Instituciones Europeas con terceros países y de los derechos de aduana regulados en el tratado constitutivo CECA (Comunidad que se extinguió en 2002 al cumplirse el periodo de vigencia, 50 años desde su firma). El arancel es un elemento de la política comercial comunitaria y su finalidad principal consiste en proteger el mercado comunitario.

4.1.2. El recurso IVA

Este recurso se obtiene mediante la aplicación a todos los estados miembros de un porcentaje a la base IVA, previamente determinada de manera uniforme siguiendo las normas comunitarias correspondientes. El tipo que se aplica a la base IVA armonizada y los límites a esta última han ido variando en las distintas decisiones sobre recursos propios para mejor adaptarse al papel de dicho recursos en el sistema, siendo el tipo máximo actual del 0'30% y la nivelación de la base del 50% del PIB. Este recurso se integró realmente en el sistema en 1979, una vez aprobada en 1977 la 6ª Directiva sobre la armonización de la base imponible IVA, requisito previo imprescindible, dado el elevado número de operaciones cuyo tratamiento fiscal difería de un estado a otro, haciendo peligrar, no sólo el objetivo económico de la libre circulación de mercancías y el fiscal de la armonización del IVA, sino el objetivo de conseguir una contribución uniforme de los Estados miembros al presupuesto UE. En la actualidad consiste en la aplicación de un tipo uniforme válido para todos los Estados miembros a las bases imponibles del IVA armonizadas, determinadas conforme a las normas de la Unión. La base imponible que deberá tenerse en cuenta a estos efectos no excederá del 50 % de la renta nacional bruta (RNB) para cada Estado miembro, y el tipo será del 0,30%, salvo para Alemania, Países Bajos y Suecia que será del 0,15%.

4.1.3. El cuarto recurso o recurso complementario. Recurso Basado en la RNB

Es un recurso variable y complementario cuyo fin es garantizar el equilibrio presupuestario, compensando el saldo que no quede cubierto por los otros recursos propios. Este recurso es fruto de la reforma del sistema financiero de 1988 y proviene de la aplicación de un porcentaje que se fija, durante el procedimiento presupuestario, a la RNB de cada uno de los Estados miembros. Este recurso dota de progresividad al sistema pues adapta las contribuciones de cada Estado a su nivel real de riqueza y, asimismo, garantiza el crecimiento del presupuesto dentro de los márgenes establecidos por la autoridad presupuestaria. El tipo uniforme que se aplica a la RNB de cada Estado miembro se determinará con arreglo al procedimiento presupuestario en función del total de todos los demás ingresos a la suma de las RNB de todos los Estados miembros.

4.1.4. El Recurso sobre el Plástico no reciclado

Es el último recurso propio aprobado como parte del Sistema de Recursos Propios, está vinculado a una política comunitaria, medioambiente y con la finalidad de reducir el peso en el sistema del 4º Recurso y retomar el origen de la naturaleza de estos recursos Propios frente a las contribuciones o recursos que carácter nacional. El recurso sobre el plástico se obtiene de aplicar un tipo uniforme de referencia al peso de los residuos de envases de plástico generados en cada Estado miembro que no se reciclen. El tipo uniforme de referencia será de 0,80 EUR por kilogramo. Se aplicará una reducción bruta anual a determinados Estados miembros según lo dispuesto en el párrafo tercero del apartado 2 de la Decisión 2020/2053/UE del Consejo de 14 de diciembre de 2020 sobre el sistema de recursos propios de la Unión Europea y por el que se deroga la Decisión 2014/335/UE, Euratom.

El 20 de junio de 2023, la Comisión completó su propuesta para una próxima generación de recursos propios a los cuales haremos referencia en el epígrafe 4.2, esto es:
- Recurso propio del régimen de comercio de derechos de emisión (RCDE).
- Recurso propio del Mecanismo de Ajuste en Frontera por Carbono (MAFC).
- Recurso propio estadístico basado en los beneficios de la empresa.
- Además, se mantiene el recurso propio basado en la parte de los beneficios residuales de las multinacionales que se reasignará a los Estados miembros de la UE en virtud del acuerdo OCDE/G-20 sobre una reasignación de los derechos de imposición.

El 16 de julio de 2025 la Comisión Europea ha presentado su propuesta de un nuevo marco financiero plurianual (MFP) para 2028-2034 para dotarse de un flujo de ingresos, moderno y diversificado ha presentado 5 nuevos recursos propios. Además de los actuales y del RCDE y MAFC se incluye 1) Un Recurso Corporativo para Europa (CORE) que consiste en una contribución a tanto alzado de empresas distintas de las PYMES que operan y venden en la UE con un volumen de negocios anual neto de al menos 100 millones de €. 2) Un recurso propio basado en residuos electrónicos no recogidos mediante la aplicación de un tipo uniforme aplicado al peso y 3) Un recurso propio sobre el impuesto especial sobre el tabaco.

4.1.5 Varios

Al margen del sistema de recursos propios existe otra categoría de recursos específicos de la UE de carácter menor y que bajo la denominación de **Varios** engloba al impuesto sobre las remuneraciones de los funcionarios comunitarios, a los ingresos procedentes del funcionamiento administrativo de las instituciones UE y a las multas que la Comisión puede imponer en caso de comportamiento contrario a las disposiciones de los tratados. El saldo de cada ejercicio, en caso de excedente, se consigna como ingreso en el presupuesto del año siguiente. Lo habitual es que estos otros ingresos, los saldos y los ajustes técnicos supongan menos de un 10 % de los ingresos totales.

El sistema de recursos propios no está cerrado a una posible ampliación del número de estos últimos, puesto que en las distintas Decisiones sobre el sistema de recursos propios se contempla la posibilidad de aumentar los recursos mediante nuevos ingresos procedentes de otros tributos que se establezcan en el marco de una política común y de los que hablaremos en el epígrafe siguiente sobre los retos de las Finanzas de la UE.

4.2. PROBLEMÁTICA Y RETOS DE LAS FINANZAS EUROPEAS

El sistema de recursos propios ha ido evolucionando y adaptando su estructura al proceso de integración europea, habiendo perdido peso los recursos propios tradicionales en favor de los recursos de carácter financiero. La evolución del sistema se debe al cumplimiento de los objetivos del proceso de integración a través del desarrollo de las políticas comunitarias, como es el de las exacciones agrícolas y la PAC; la autosuficiencia del mercado agrícola comunitaria, la estabilidad de sus precios y la disminución de diferencias con el mercado mundial, han provocado el descenso de ingresos por derechos agrarios. La evolución de los derechos de aduana es similar, pues la reducción del arancel aduanero común en el marco de la política comercial UE y de las sucesivas negociaciones de la OMC –Organización Común de los mercados agrícolas–, así como el fin de los períodos transitorios con los nuevos estados miembros, han determinado la pérdida de importancia de este recurso. Sin embargo, los llamados "recursos propios financieros" (IVA y 4° recurso complementario RNB), cuya incorporación al sistema fue posterior, han experimentado un crecimiento significativo por diversas razones entre las que destacan: el desarrollo del mercado interior, las modificaciones del sistema introducidas por las últimas Decisiones relativas al sistema de recursos propios. En el año 1987 el recurso propio por excelencia en términos cuantitativos era el IVA; sin embargo, este hecho provocaba que el sistema fuera contrario a la política redistributiva de la Comunidad, ya que, debido a la naturaleza económica del IVA, los países de renta inferior, en términos relativos, contribuyen en mayor medida al presupuesto UE por este concepto. La lucha contra la regresividad del sistema exige una serie de limitaciones sobre la base y el tipo aplicable a este recurso. La implantación en 1988 de un cuarto recurso de carácter progresivo, tiene por finalidad neutralizar las deficiencias del sistema ocasionadas por el recurso IVA, contribuyendo a luchar contra la regresividad de dicho recurso; el recurso RNB, a pesar de ser un recurso complementario también tiene un tope que se fija anualmente en el presupuesto UE.

El estudio de los saldos presupuestarios, es decir, la diferencia entre los pagos al presupuesto UE realizados por un estado miembro y el gasto realizado por la UE en ese mismo estado miembro, se ha convertido en uno de los principales problemas actuales de las finanzas comunitarias; este planteamiento no refleja el saldo real de las ventajas y desventajas de pertenecer a la UE, ya que sólo se valoran los gastos directos, y no los inducidos que realmente indican quienes son los beneficiarios finales de las políticas europeas. Este indicador no tiene en cuenta los beneficios económicos reales del proceso de integración como por ejemplo, la liberalización de los intercambios, no permite valorar las externalidades positivas de las acciones y, por otra parte, en los tratados constitutivos no aparece recogido que el respeto de los saldos netos por países ha de constituir un principio financiero en la EU. Sea como sea, desde que en 1984, en el Consejo de Fontainebleau se admitiese la importancia del problema de los saldos financieros en el caso particular del Reino Unido, la llamada "cuestión británica" forma parte de las Decisiones de Recursos propios y el problema de los saldos presupuestarios ha aumentado de dimensiones al afectar a un mayor número de estados miembros: Alemania, Suecia, Austria y Países Bajos.

El agotamiento de los recursos propios, el ajuste que sobre este recurso se realiza para resolver la "cuestión británica", el excesivo peso del cuarto recurso, la imposibilidad de hacer participar a la economía sumergida de este último recurso, y la existencia de saldos presupuestarios desequilibrados, constituyen los principales problemas que conforman un nuevo marco de estudio y los argumentos para la reforma del sistema. El «cheque británico» acordado en 1984 consiste en una reducción de la contribución del Reino Unido equivalente a dos tercios de la diferencia entre su contribución (excluidos los recursos propios tradicionales) y lo que recibe del presupuesto. El «cheque» se adaptó en 2007 con el fin de excluir paulatinamente del cálculo el gasto no agrícola de los Estados miembros que han entrado en la Unión desde 2004. Esta corrección es financiada a partes iguales por el resto de los Estados miembros, aunque Alemania, los Países Bajos, Austria y Suecia disfrutan de una reducción en sus contribuciones para la financiación del «cheque británico». Por otra parte, a estos cuatro países se les aplicó un tipo de referencia del IVA reducido durante el período 2007-2013, y los Países Bajos y Suecia disfrutaron de una reducción en sus contribuciones basadas en la RNB durante ese mismo período.

En el periodo 2014-20 se mantienen tanto el mecanismo de corrección en favor del Reino Unido y su correspondiente financiación como los tipos reducidos de referencia del recurso propio basado en el IVA en el caso de Alemania, los Países Bajos y Suecia (0,15 %). Los mecanismos de corrección incluían asimismo reducciones brutas en la contribución anual basada en la RNB para el período 2014-2020 en Dinamarca (130 millones de euros), los Países Bajos (695 millones de euros) y Suecia (185 millones de euros), y, para el período 2014-2016, de Austria (30 millones de euros en 2014, 20 millones en 2015 y 10 millones en 2016).

En 2014 se instituyó un grupo de alto nivel con el objetivo de emprender un examen general del sistema de recursos propios manteniendo un diálogo con los Parlamentos nacionales. Este grupo, compuesto por representantes del Parlamento, del Consejo y de la Comisión, lo presidía Mario

Monti, de ahí que fuera conocido como «grupo Monti»; su creación fue fruto de la insistencia del Parlamento durante las negociaciones del MFP para el período 2014-2020.

El grupo Monti presentó su informe final en enero de 2017 tras dos años de estudio de maneras más transparentes, sencillas, equitativas y democráticamente responsables de financiar el presupuesto europeo. La principal conclusión a la que llegó fue que el presupuesto de la Unión necesitaba una reforma, tanto en la parte de ingresos como en la de gastos, para hallarse en disposición de abordar los desafíos actuales y obtener resultados concretos para los ciudadanos europeos.

En el documento de reflexión sobre el futuro de las finanzas de la UE, que se presentó en junio de 2017, la Comisión planteaba cinco posibles estrategias y sus repercusiones en los ingresos.

La Comisión presentó el 2 de mayo de 2018 propuestas tendentes a:

- simplificar el actual recurso propio basado en el IVA, presentar un nuevo IVA modulado.
- introducir una cesta de nuevos recursos propios entre los que se encontraba una contribución nacional calculada sobre la base de los residuos de envases de plástico no reciclados en cada Estado miembro (0,80 euros por kilo).

Según la Comisión, estos nuevos recursos propios representarían aproximadamente el 12 % del presupuesto total de la Unión, sin RU después del Brexit y podrían aportar ingresos por valor de hasta 22 000 millones de euros al año. La Propuesta modificada de DECISIÓN DEL CONSEJO COM/2020/445 final, se ha materializado en la Decisión 2020/2053 de 14/12/2020 que ha incorporado un nuevo recursos propio sobre el plástico, ha reducido el peso del Recurso RNB y las reducciones de contribuciones por países se limita solo a 5 países (G,A,NL, S y DK) y hasta 2025. Se incorpora como vía de financiación excepcional con el único propósito de hacer frente a las consecuencias de la crisis ocasionada por la COVID-19 mediante el Reglamento del Consejo por el que se establece un Instrumento de Recuperación de la Unión Europea los empréstitos en mercados de capitales en nombre de la Unión por un máximo de hasta 750 000 millones EUR a precios de 2018. Las operaciones de empréstito se llevarán a cabo en euros y con un máximo de 360 000 millones EUR a precios de 2018 que se podrán utilizar para conceder préstamos y empréstitos.

EL sistema de Recursos propios sigue en evolución para adaptarse al proceso de integración. Las nuevas vías de trabajo activas abiertas para el futuro más inmediato del Sistema de Recursos Propios proceden de los acuerdos del Consejo Europeo de los días 17 a 21 de julio de 2020. La Comisión ha presentado en junio de 2023 como base para nuevos recursos propios, propuestas relativas a un mecanismo de ajuste en frontera de las emisiones de carbono y a una tasa digital con vistas a su instauración en el 2023.; así mismo, el Consejo Europeo invitó a la Comisión a presentar una propuesta revisada sobre el régimen de comercio de derechos de emisión de la UE, que podría hacerse extensivo al transporte aéreo y marítimo y concluyó que, en el transcurso del marco financiero plurianual para el período 2021-2027 (MFP 2021-2027). En diciembre de 2021 la Comisión presentó una propuesta de tres nuevas fuentes de Recursos Propios: La 1ª se basa en los ingresos procedentes del Comercio de Derechos de Emisión (RCDE), la 2ª sobre los recursos generados por el mecanismo de ajuste en frontera por carbono y la 3ª se basa en la parte de beneficios residuales de las multinacionales y que el 20/6/2023[18] se completan con una nueva propuesta por la que se modifica la Decisión 2020/2053 y que junto con su anexo está pendientes de aprobación a fecha de cierre de esta publicación. Dicha propuesta da forma a los nuevos recursos propios: 1) respecto a los derechos de emisión determina la aplicación de un tipo uniforme del 30 % los ingresos generados por las subastas de derechos de emisión efectuadas por los Estados miembros, 2) establece la aplicación de un tipo uniforme de referencia igual al 75 % de los ingresos procedentes de la venta de certificados del Mecanismo de Ajuste en Frontera por Carbono (RCDE) establecido por el Reglamento del Parlamento Europeo y del Consejo y 3) finalmente establece un recurso estadístico basado en la aplicación de un tipo uniforme de referencia del 15 % a la parte de los beneficios residuales de las empresas multinacionales reasignada a los Estados miembros.

---

[18] COM(2023)331 final.

V. LA ARMONIZACIÓN FISCAL EN LA UNIÓN EUROPEA

La transformación de varios mercados nacionales independientes y separados por barreras económicas y fiscales en un solo mercado uniforme, exige importantes transformaciones en los sistemas fiscales nacionales heterogéneos que incorporan a los bienes y factores intercambiados diferentes niveles de carga fiscal; ya que, la apertura de un mercado nacional al comercio internacional convertiría las diferencias fiscales nacionales, íntimamente ligadas a la existencia de diferentes estructuras económicas y sociales entre los Estados miembros, en barreras fiscales capaces de influir en las condiciones de competencia entre actividades económicas. Cualquiera que sea el grado de integración al que nos refiramos, la soberanía en materia fiscal pertenece a los distintos estados miembros que, de este modo, y a falta de una política monetaria y de tipos de cambio propia, poseen un margen de maniobra suficiente para intervenir en función de su situación económica. Las distintas modificaciones que han sufrido los Tratados constitutivos no han aportado cambio alguno en esta materia, que se rige por el principio de la Unanimidad y que utiliza como categoría normativa la Directiva, norma comunitaria que sólo obliga a los estados miembros en el fondo, dejando en manos de cada uno su transposición a la ley nacional.

Aunque no se puede hablar de un sistema tributario único a nivel supranacional, el proceso de integración económica ha permitido una cierta aproximación de los sistemas fiscales nacionales, fruto de las diferentes medidas de armonización y coordinación fiscal en la UE. Los diferentes sistemas fiscales nacionales se han desarrollado en el respeto de los principios de equidad, economicidad, generalidad, flexibilidad, neutralidad, sencillez administrativa y transparencia (SERRANO SANZ JM 1998), que unidos al principio de subsidiariedad, autonomía financiera y relación con las políticas UE se repiten en el plano supranacional.

Las diferencias fiscales entre estados no plantean problemas cuando se respeta el principio de neutralidad fiscal y siempre que no se falseen las condiciones de competencia en el mercado interior; sin embargo, esto no ocurrió así en los primeros años del proceso de integración europea al existir diversos tipos de impuestos sobre el consumo en los estados miembros que no resultaban neutros, ni transparentes en los intercambios entre países de las mercancías. La consecución de una Unión Aduanera en la década de los 60, exigió una cierta armonización en la imposición indirecta para conseguir la neutralidad fiscal en la libre circulación de las mercancías; a medida que el proceso de integración avanzaba y los objetivos económicos se iban alcanzando, el mercado interior y la UEM exigieron, no solo mayores compromisos en la armonización de la fiscalidad indirecta, sino una progresiva coordinación de la imposición directa para garantizar la igualdad de las condiciones de competencia en el mercado interior.

5.1.-LA ARMONIZACIÓN DE LA FISCALIDAD INDIRECTA

Los impuestos sobre el consumo, aparte de los efectos normales que tienen en el ámbito nacional (FORTE F 1990), pueden distorsionar la libre circulación de mercancías e impedir así, que una unión aduanera, un mercado interior o una unión económica y monetaria puedan actuar en condiciones de optimalidad, de acuerdo con el objetivo económico de la asignación eficiente de recursos. Los impuestos sobre el consumo repercuten sobre el precio final de los bienes, y las diferencias impositivas entre Estados miembros pueden alterar las condiciones del mercado "vía precios" de modo que un país con ventaja comparativa para la producción y distribución de un producto, pero con impuestos indirectos superiores al resto de sus socios comerciales, podría, por esta causa, dejar de ser exportador para convertirse en importador de dichos bienes, llegándose a una situación absurda, ineficiente y de desviación de comercio. Sin embargo, en el caso de que nos encontremos ante los mismos impuestos indirectos, armonizados en sus bases y en sus tipos, y ante la aplicación del principio de gravamen de origen, la incorporación de los impuestos a los precios no alteraría las condiciones de equilibrio en el mercado de bienes y servicios. (VEGA MOCOROA, I. 1998); la Europa comunitaria no se encontraba, ni se encuentra actualmente en tal situación.

La libre circulación de mercancías es el objetivo clave de la Unión aduanera que constituye el primer eslabón en el proceso de integración europea, por lo que, la principal preocupación fiscal de los primeros años se centra en los impuestos indirectos que gravan el consumo de bienes y servicios: evidentemente, la preocupación por los impuestos sobre el consumo de carácter general es mayor que la de los específicos, en atención a la base sobre la que se aplican.

Los diferentes estudios que desde la Comisión Europea se lanzaron, coinciden en apuntar a los impuestos sobre el volumen de negocios existentes en la mayor parte de los estados miembros como los causantes de distorsiones fiscales en el ámbito interno (dentro del mismo estado) y a nivel externo (respecto a los intercambios de mercancías interestatales). Todos los Estados miembros excepto, Francia, aplicaban impuestos sobre las ventas, de carácter plurifásico acumulativo y en cascada; las mercancías se gravaban en función no solo de su tipo sino del número de transacciones que tenían lugar, la carga fiscal del producto era menor cuanto más integrada verticalmente está la empresa, favoreciendo e incitando a la integración vertical de las mismas y violando el principio de neutralidad interna. Igualmente se violaba el principio de neutralidad externa falseando los cálculos de los agentes económicos dada la dificultad existente en realizar un seguimiento completo de todos los estadios de fabricación y producción por los que pasaba una mercancía para realizar los ajustes necesarios en frontera. Al aplicar el principio de gravamen en destino los diferentes Estados miembros aprovechaban la imposibilidad de realizar un cálculo exacto de la carga fiscal, para realizar los ajustes en frontera de forma proteccionista y por lo tanto contraria al principio de neutralidad fiscal que garantizar la competencia dispensando un mismo tratamiento fiscal a todas las mercancías independientemente de su origen prevista en el TCE de Roma originario art. 99 como instrumento para resolver las distorsiones fiscales y se toman las primeras medidas en este sentido, el mecanismo de compensación deja de utilizarse.

Armonizar consiste en aproximar los sistemas fiscales de los países miembros mediante modificaciones y adaptaciones reciprocas de los mismos. En el caso de los impuestos indirectos los trabajos de la armonización fiscal como instrumento al servicio de la integración europea se centran en tres líneas distintas: EL IVA, la abolición de las fronteras fiscales y las accisas.

1. **EL IVA**. El IVA comunitario es un impuesto neutral; se trata de un impuesto general, ad valorem, exigido solo una vez sobre cada bien o servicios, pero con un régimen de pagos fraccionados que admiten la deducción financiera y que se ajusta al método conocido como *"taxe sur taxe"* o crédito al impuesto, por lo tanto la sustitución de los impuestos sobre las ventas acumulativos por el IVA, eliminaba el problema de la falta de neutralidad fiscal de los primeros y evitaba de este modo, las distorsiones fiscales ocasionadas por este hecho. La implantación del IVA comunitario en 1967, fue el primer paso en la armonización de dicho impuesto y de la fiscalidad europea en general; sin embargo la existencia de diferencias en el campo de aplicación y en la las exenciones al impuesto entre los diversos IVAs nacionales provocaba una falta de generalidad en el sistema común del IVA e impedía alcanzar cotas más altas como la armonización de los tipos (NEUMARK F 1965). La armonización de las bases del IVA comienza con la aprobación de la 6ª Directiva IVA y constituye el segundo paso en la armonización de dicho impuesto ya que debido al gran número de exenciones, derogaciones, opciones y facultades permitidas por la misma, la base del IVA sigue siendo objeto de armonización mediante directivas posteriores que intentan resolver los problemas aplazados por la 6ª Directiva. La tercera fase de la armonización del IVA corresponde a la armonización de los tipos, que incluye la resolución de tres cuestiones: armonizar el número de tipos, el listado de bienes sujetos a los mismos y el nivel de los mismos. En 1992 se adoptó una Directiva sobre armonización de tipos que establece un tipo normal obligatorio y uno o dos tipos reducidos facultativos, y en casos excepcionales, contemplados en la norma, y solo durante el periodo transitorio, algunos tipos superreducidos. El problema del listado se resolvía mediante la inclusión de un anexo en el que se recoge la lista de bienes sujetos al tipo reducido, y ,por último, en relación con el nivel de los tipos se opta por establecer niveles mínimos (15%y 5% respectivamente para los tipos normales y mínimos). En la tabla 14.5 se recoge la situación de los tipos impositivos del IVA en la UE, y en él se puede apreciar las diferencias existentes actualmente entre estados miembros UE27, lo que ya no supone un problema para la aplicación del principio

de gravamen en destino, una vez abandonado el objetivo inicial de aplicar el gravamen en origen. Las nuevas líneas de actuación en materia de tipos del IVA han sido adoptadas tras la aprobación de la Directiva la Directiva 2022/542 de 5 de abril de 2022 que tras aceptar como objetivo final la aplicación del principio de gravamen en destino se ha marcado como objetivo inmediato en materia de tipos garantizar a todos los Estados miembros un mismo trato en materia de tipos. Se trata el de conseguir esta igualdad permitiendo a todos los Estados miembros que apliquen a los bienes y servicios admisibles, dentro de límites determinados por la Directiva, un máximo de dos tipos reducidos como mínimo del 5 %, un tipo reducido inferior al mínimo del 5 % y una exención con derecho a deducción del IVA soportado. En estos dos últimos casos los Estados miembros tendrán libertad para aplicar un tipo reducido inferior al mínimo del 5 % y una exención con derecho a deducción del IVA, pero solo a entregas de bienes y prestaciones de servicios cubiertas por un máximo de siete puntos en el anexo III de la Directiva 2006/112/CE. Anexo III que también ha sido modificado por la citada Directiva de 2022.

Tabla 14.5 Tipos del IVA en la UE a 30/6/2025

List of VAT rates applied in EU member countries					
Country code	Member State	Standard rate	Reduced rate	Super reduced rate	Parking rate
AT	Austria	20	10 / 13	-	13
BE	Belgium	21	6 / 12	-	12
BG	Bulgaria	20	9	-	-
CY	Cyprus	19	5 / 9	-	-
CZ	Czechia	21	12 / 0	-	-
DE	Germany	19	7	-	-
DK	Denmark	25	0	-	-
EE	Estonia	24	9	-	-
EL	Greece	24	6 / 13	-	-
ES	Spain	21	10	4	-
FI	Finland	25.5	10 / 14	-	-
FR	France	20	5.5 / 10	2.1	-
HR	Croatia	25	5 / 13	-	-
HU	Hungary	27	5 / 18	-	-
IE	Ireland	23	9 / 13.5	4.8	-
IT	Italy	22	5 / 10	4	-
LT	Lithuania	21	5 / 9	-	-
LU	Luxembourg	17	8	3	14
LV	Latvia	21	5 / 12	-	-
MT	Malta	18	5 / 7	-	-
NL	Netherlands	21	9	-	-
PL	Poland	23	5 / 8	-	-
PT	Portugal	23	6 / 13	-	13
RO	Romania	19	5 / 9	-	-
SE	Sweden	25	6 / 12	-	-
SI	Slovenia	22	5 / 9.5	-	-
SK	Slovakia	23	10	-	-

Nota: Las exenciones con derecho a deducción del IVA soportado en etapas anteriores, esto es los llamados tipos cero, no están incluidos en la tabla. En la actualidad, solo 7 países los aplican, de los cuales el único dónde se aplica a un elenco de categorías significativo (14 categorías de bienes del anexo) es Irlanda.
Fuente : Comisión Europea

2. **La abolición de las fronteras fiscales**. La realización del mercado interior como etapa del proceso de integración europea exige, tal y como se desprende de la definición de Mercado Interior (art 8A. AU), la existencia de un espacio sin fronteras interiores, en el que la libre circulación de mercancías, personas, servicios y capitales esté garantizada. En términos fiscales la realización del mercado interior supone la supresión de los controles aduaneros, controles de tipo físico, técnico y fiscales strictu sensu.

La razón de ser de los controles fiscales no es otra que la de gravar y desgravar el IVA en frontera cada vez que se producen importaciones y exportaciones de productos en el espacio comunitario. El mercado interior, sin embargo, implica tratar a los intercambios comerciales intracomunitarios como si fuesen compras y ventas de productos en el interior de un país, reservando un trato y una terminología distinta para los intercambios extracomunitarios. La abolición de las fronteras fiscales implicaría, por lo tanto, la sustitución del principio de gravamen en destino con ajustes en frontera, por la aplicación del principio de gravamen en origen con supresión de controles para los intercambio intracomunitarios; sin embargo, el escaso nivel alcanzado en la armonización de tipos, junto con toda una serie de problemas jurídicos, presupuestarios, de tesorería y de equidad económica (VEGA MOCOROA I 1990)que surgirían de la aplicación del principio de origen impiden la aplicación de un régimen definitivo en este sentido. La solución adoptada consiste en la adopción de forma temporal de un sistema transitorio que completa el sistema común del IVA y modifica la 6ª Directiva en favor de la abolición de las fronteras fiscales. Las grandes líneas de este régimen, que se va a perpetuar en el tiempo en contra de las previsiones iniciales, son las siguientes: el régimen no afecta más que a los intercambios intracomunitarios de bienes y excepcionalmente a algunas prestaciones y servicios ligados con los primeros. Se garantiza la supresión en las fronteras comunitarias y de los controles y formalidades fiscales, manteniendo el pago del IVA en destino en las transacciones intracomunitarias, pero realizando el pago del impuesto en la primera declaración IVA posterior a la realización de la transacción. El principio de origen se aplicará, sin embargo, en las operaciones entre particulares y personas no sujetas, salvo en el caso de las excepciones contempladas en dicha norma, (v.g en la compra de vehículos realizada por los particulares). La nueva estrategia en materia de fiscalidad descarta definitivamente como objetivo la aplicación del principio de gravamen en origen y se centra en la mejora del funcionamiento del principio de gravamen en destino eliminando las distorsiones actuales a su bien funcionamiento.

3. **Las Accisas**. La tercera línea de trabajo abierta en el campo de la armonización de la fiscalidad indirecta en la UE se refiere a las accisas o impuestos especiales que gravan el consumo del alcohol, el tabaco y los aceites minerales. La existencia de estos impuestos se justifica por el deseo del Estado de disuadir del consumo de dichos bienes, al ser considerados bienes nocivos para el desarrollo psicofísico de la persona. El consumo de dichos bienes por encima de los límites calificados de tolerables por el Estado provoca una serie de externalidades negativas para el conjunto de la sociedad; la función de estos impuestos consiste, precisamente, en internalizar estos efectos negativos, incrementando el precio final del bien. Teniendo en cuenta que dichos impuestos forman parte del precio final de los bienes, y que los agentes económicos, principalmente los consumidores finales se interesan por los productos menos gravados, existe un claro riesgo de desviación de comercio por esta causa. En relación con las accisas los campos de aplicación y tipos impositivos entre los estados miembros presentan grandes diferencias, que, sin embargo, pueden justificarse en atención a diferencias sociales y culturales entre los mismos (v.g la cultura mediterránea y el consumo de vino en las comidas); lo que constituye un obstáculo para conseguir mayores grados de armonización en este campo. Las Directivas aprobadas en relación con las accisas también son de tipo minimalista y el nivel de armonización alcanzado es muy bajo. En los casos más conflictivos, como el del vino, el nivel mínimo aprobado es el 0%; esta situación equivaldría a una ausencia total de armonización entre Suecia y España por ej., al encontrarse ambos países en las dos situaciones más extremas del mapa europeo respecto al nivel de la accisa sobre el vino.

Las actuales líneas de trabajo en el campo de la fiscalidad indirecta. se centran en proseguir el trabajo realizado en los tres campos abiertos. Sin embargo, los esfuerzos de la Comisión se centran en conseguir la simplificación y modernización del sistema IVA actual a través de una serie de propuestas concretas, así como en continuar con la armonización de los tipos IVA, como se deduce de las últimas Directivas IVA aprobadas o en curso se ser aprobadas y de las que hemos dado cuenta en el tema 12.

A principios del siglo XXI la estrategia para la armonización del IVA[19] era clara; se trataba de continuar con la armonización de las bases y tipos a corto plazo y de este modo preparar el terreno para una eventual aplicación a medio plazo del principio de gravamen en origen. A tal fin se prosiguió básicamente la línea de trabajo abierta en 1996 que permitiría, en el presente, un mejor aprovechamiento del mercado interior y, en un futuro, el cambio del sistema transitorio al sistema definitivo. Esta estrategia tenía cuatro objetivos: *simplificación, modernización, aplicación uniforme y cooperación administrativa reforzada* que, a su vez, podían agruparse en dos: simplificación y modernización, ya que los dos restantes contribuían a una mejor consecución de los primeros.

La primera línea de trabajo denominada - ***simplificación*** - tiene por finalidad una mejora del mercado interior a través de la reducción de una serie de costes relacionados con la aparente complejidad administrativa del IVA. Las actuaciones que se emprendieron en esta línea contribuyeron a mejorar la competitividad de las empresas europeas frente a las del resto del mundo, así como a disminuir la propensión al fraude y a la evasión fiscal. Como resultados se aprobaron varias directivas entre las que se encuentra la DIRECTIVA 2006/69/CE DEL CONSEJO de 24 de julio de 2006 por la que se modifica la Directiva 77/388/CEE en lo relativo a determinadas medidas de simplificación del procedimiento de aplicación del impuesto sobre el valor añadido y de contribución a la lucha contra la evasión o el fraude fiscales y por la que se derogan determinadas Decisiones destinadas a la concesión de excepciones. Por otra parte, los trabajos iniciados en el marco del programa 1996 y del ejercicio SLIM (Simplificación de la legislación en el mercado anterior) y que dieron lugar a dos propuestas de Directivas todavía pendientes de aprobación. En esta línea podemos incluir la Directiva 2006/112/CE del Consejo de 28 de diciembre de 2006 relativa al sistema común del impuesto sobre el valor añadido, en adelante DSCI que ha pasado a sustituir a la Sexta Directiva como texto de referencia; se trata de la Refundición de la 6 Directiva del IVA en aras de la claridad y de la racionalización, de forma que la lectura de la normativa IVA, sea más sencilla y fácil de aplicar. En ningún caso esto significa la aprobación de ninguna modificación del contenido de la 6 directiva sobre el que se trabajó durante 6 años antes de aprobar el texto refundido.

La otra gran línea de trabajo abierta en el caso del IVA tiene por objetivo ***la modernización*** del sistema común del IVA. La sexta Directiva IVA fue concebida para facilitar los intercambios de mercancías en un contexto histórico cultural diverso al actual (1977). El comercio en la UE ha evolucionado, adaptándose al entorno socioeconómico y a las nuevas tecnologías, por otra parte la consecución del bienestar social y el respeto del criterio del interés general ya no excluye al sector privado de la prestación de los servicios de interés general, hasta hace poco en manos del Sector Público. Ello quiere decir que la libre competencia ha llegado también de la mano de la desregulación a una serie de actividades que eran monopolio estatal. El resultado final de esta apertura del mercado conducirá, sin duda alguna, a una mejora de la calidad de dichos servicios y a la consecución de unos precios más asequibles para los consumidores, o dicho en otras palabras a reforzar la competitividad de la UE frente a terceros países.

En el ámbito de las comunicaciones, del comercio electrónico y de ciertos servicios de interés público general que han sido privatizados, hay necesidad de modificar la fiscalidad existente en materia IVA, ya que dichas modificaciones contribuirán a mejorar la competencia y la capacidad de las empresas europeas para ser más competitivas respecto al resto del mundo. Los avances en las nuevas tecnologías y, en concreto, de la información vía Internet han de interpretarse desde una perspectiva económica (macroeconómica) como positivos para el crecimiento; asistimos a un incremento en la producción con una nueva y más eficiente combinación de factores: Trabajo–capital. También se esperan efectos positivos del lado de la demanda al generarse nuevos servicios, y eliminarse la intervención de intermediarios entre los oferentes y los demandantes. Estos nuevos servicios, como lo son los servicios digitalizados, necesitan para desarrollarse y alcanzar todas sus potencialidades y contar con un entorno legal adecuado que cree el clima de confianza necesario para animar a los

---

[19]   [COM (2000)348].

empresarios a invertir. En algunos casos no se trata de un nuevo tipo de producto, sino de una nueva forma de entrega de productos vía digitalizada o electrónica; no se trata de una entrega física sino de una prestación de servicios, y como tal ha de tratarse. Al existir un impuesto general que grava las adquisiciones de bienes y las prestaciones de servicios, la solución al tratamiento fiscal de este nuevo servicio se encuentra en la modificación de la Directiva IVA para de este modo adaptarse al nuevo entorno comercial. Asimismo, en la línea expuesta de simplificar y modernizar el IVA, la Comisión preveía la adopción de un marco jurídico más armonizado en el ámbito de la facturación que permita, no solo tener en cuenta, la necesidad actual de simplificar las obligaciones administrativas de los operadores en materia de facturación y la necesidad de controlar eficazmente el IVA por parte de las administraciones fiscales, sino la modernización de la legislación comunitaria a efectos de utilizar las nuevas tecnologías en la facturación IVA, sus operaciones, una reducción de costes en materia de facturación y una mejora de la competitividad de sus productos en el mercado mundial. La privatización creciente de actividades reservadas al sector público provocaba distorsiones de competencia entre los servicios exentos, gravados y no gravados; este hecho exige una revisión de ciertas exenciones IVA directamente relacionadas con los servicios de interés general y que todavía hoy en día siguen asimiladas a los servicios prestados por autoridades públicas. En esta línea se abrieron nuevos campos de trabajo como: el tratamiento de las subvenciones y de las autoridades pública que todavía hoy en día forman parte de las medidas de acompañamiento incluidas en el Libro Verde para el futuro del IVA[20] que planteaba una nueva estrategia para reforzar el mercado interior con un IVA comunitario más simple más robusto y más eficaz.

Aunque de forma directa es difícil relacionar la fiscalidad indirecta y el objetivo de la creación de empleo, también la Comisión ha tenido en cuenta este objetivo prioritario de la UE, y aunque de forma experimental y temporal, adoptó en 1999 una directiva que permitía la aplicación de tipos reducidos en ciertos sectores intensivos en mano de obra[21]. La reducción final del precio de los servicios obtenida por esta vía, y la recepción favorable de la medida por los consumidores, mediante un incremento en la demanda de dichos servicios, deberían actuar incentivando la creación de empleo en dichos sectores, tal y como proponía la Comisión. Sin embargo en los últimos años y dentro de las medidas que los diferentes países han ido adoptando en materia del IVA, las modificaciones relativas a los tipos del IVA han estado más dirigidas a incrementar la recaudación que a profundizar en la armonización de tipos (VEGA MOCOROA I 2016). La armonización de tipos ha sido una de las actuaciones prioritarias en el nuevo plan de acción para el IVA[22]. Varias eran las líneas de trabajo que se abrieron: 1) Equiparación de los tipos para servicios iguales en soporte digital frente al soporte en papel, 2) reducir las diferencias entre tipos normales y reducidos y 3), simplificar los trámites para la aplicación del mecanismo de inversión de la carga en operaciones intracomunitarias . En definitiva se trataba de establecer una política de tipos moderna y adecuada para facilitar el establecimiento de un régimen definitivo fundado en el principio de gravamen en destino. En definitiva se trata de establecer una política de tipos moderna y adecuada para facilitar el establecimiento de un régimen definitivo fundado en el principio de gravamen en destino. Dentro de este plan de acción iniciado en 2016 se ha aprobado la Directiva 2022/542, las propuestas DOC COM(2018) 21 final sobre el régimen de IVA en las PyMes, o las medidas antifraude aprobadas y la cooperación administrativa en materia de IVA en 2020 y 2018 respectivamente . Finalmente, indicar que en la actualidad se ha abierto una línea de trabajo en el año 2020 sobre el IVA en la era digital y la pérdida de recaudación IVA relacionada con la transición digital.

---

[20]   DOC COM(2010) 695.

[21]   Directiva 1999/85/CE.

[22]   COM(2016) 148 final.

VI. DISCIPLINA FISCAL EN LA UEM: EL PACTO DE ESTABILIDAD Y CRECIMIENTO

La primera crisis importante del siglo XXI demuestra que en 2009 existen niveles altos de desempleo, junto con elevados déficits y endeudamiento de los países miembros de la Unión Europea. La política fiscal resultó ser un instrumento importante de actuación, pero dados los ya elevados niveles de endeudamiento y déficits existentes en Europa y la exigencia de mantener unas finanzas públicas saneadas, se reforzó el aparato legislativo en la UE, para reducir el grado de discrecionalidad en el empleo de políticas las fiscales nacionales y reconducirlas hacia una coordinación de las mismas en el respeto a unos niveles mínimos de déficits y endeudamiento recogidos en el pacto de estabilidad económica –PEC–.

El fundamento jurídico del Pacto de Estabilidad y Crecimiento –PEC– se encuentra en los actuales artículos 121 y 126 del Tratado de Funcionamiento de la Unión Europea (arts. 99 y 104 del TUE) y el fundamento político en el Consejo Europeo de Dublín de diciembre de1996 y en la resolución del Consejo Europeo de Amsterdam de junio de 1997. Tras la entrada en la 3º etapa de la UEM y la entrada en vigor del euro, aquellos países que cumplieron con los criterios de convergencia deberían aplicar el Pacto de Estabilidad Presupuestaria para prevenir la aparición de un déficit público excesivo o lo que es lo mismo garantizar una gestión sana de la Hacienda Pública en la eurozona, es decir una convergencia sostenida y duradera de las economías de la eurozona. Para asegurar los beneficios de la UEM, era necesario que los Estados miembros se pusieran de acuerdo sobre el diseño, a nivel de la Unión europea, del marco supranacional para las políticas presupuestarias. Las reglas se diseñaron con el objetivo de empujar a los Estados miembros a desarrollar políticas presupuestarias sanas permitiendo al mismo tiempo margen suficiente para la flexibilidad presupuestaria a nivel nacional. El marco fiscal de la UE consiste en una combinación de reglas numéricas y de procedimientos establecidas en el Tratado y en el Pacto de Estabilidad y Crecimiento (PEC). El Tratado de Maastricht de 1992, establece la obligación para los Estados miembros de mantener su déficit público por debajo del 3% del Producto Interior Bruto (PIB) y la deuda pública por debajo del 60% (o en descenso sustancial y continuado que se aproxime a este valor de referencia) además de reglas de disciplina aplicables en el caso de que un país no cumpla con estas obligaciones. El PEC, adoptado en 1997, completa y especifica las reglas del Tratado con el objetivo de reforzar la parte preventiva de las reglas y motivar a los Estados miembros a corregir el déficit excesivo rápidamente si este ocurre.

El PEC de 1997 consta de la resolución del Consejo Europeo de Amsterdam sobre el pacto de estabilidad y crecimiento y de dos reglamentos del Consejo, basados en el acuerdo político expresado en citada resolución. El primer reglamento (1466/97) sobre el refuerzo de la supervisión de las situaciones presupuestarias y de la coordinación de las políticas económicas, constituye la parte preventiva del Pacto. Este reglamento establece un sistema de seguimiento y de alerta precoz (early warning) para evitar que los déficits de los gobiernos alcancen niveles excesivos. Exige a los Estados miembros que mantengan saldos presupuestarios 'próximos al equilibrio o con superávit'. El objetivo es que la política presupuestaria contribuya a crear un entorno en el que la política monetaria pueda ser eficaz para mantener la estabilidad de precios y al mismo tiempo apoyar el crecimiento. El segundo reglamento (1467/97) desarrolla los aspectos disuasorios del Pacto introduciendo un grado elevado de automatismo para reforzar el aspecto disuasivo de las obligaciones del Tratado y a través de incentivos para crear un margen de seguridad suficiente respecto al valor de referencia del 3% del PIB.

El marco presupuestario basado en el Tratado y completado por el Pacto de Estabilidad y Crecimiento sin duda contribuyó a consolidar la estabilidad macroeconómica en la UEM, a mejorar la sostenibilidad de las finanzas públicas y a reforzar su contribución al crecimiento y al empleo, sin embargo la experiencia de cinco años de aplicación de este marco puso de manifiesto la necesidad de mejorarlo, a tal fin ,se adoptaron nuevas medidas legislativas para mejorar el cumplimiento del PEC. La experiencia en los años anteriores a la recesión económica nos indica la importancia de políticas presupuestarias prudentes y simétricas a lo largo del ciclo, y en particular la necesidad de conseguir superávits en los periodos de bonanza. Desde 2005, diferenciar el objetivo a medio plazo para la política presupuestaria teniendo en cuenta los aspectos relevantes de cada país se convirtió en una necesidad. La reforma incluyó el establecimiento de Objetivos a medio plazo, específicos por país que se definirían en base al nivel de deuda pública existente y al crecimiento potencial y que se revisarían cada cuatro años. Igualmente se estableció un esfuerzo presupuestario anual mínimo (por lo menos 0.5% del PIB) para los países que no hubieran conseguido llegar a su objetivo a medio plazo. Se introduce un Sistema de alerta o temprana (early warning) Por otra parte, la mejora en la aplicación del PEC incluía una serie de Aspectos disuasivos relativos a la aplicación del procedimiento de déficit excesivo y a la posibilidad de aplicar sanciones. Con carácter previo se revisó la definición de déficit excesivo, la temporalidad y los otros factores pertinentes que incidían en el mismo, posteriormente la Comisión debía emitir un informe de acuerdo al art 126,3 si el déficit de un país sobrepasa el 3% o hay un riesgo de que esto suceda. Por último, las distintas etapas en la aplicación del procedimiento de déficit excesivo se mantenían, incluida la posibilidad de aplicar sanciones.

Sin embargo, la crisis económica de 2008 y la crisis de la eurozona de 2010, hacen que se revise una vez más el PEC, ya que la realidad demuestra que las medidas resultan ineficaces para los objetivos propuestos, todos los estados miembros con la excepción de Suecia y Estonia tenían abiertos procedimientos de Déficit Excesivos. El PEC se reforzó en diciembre de 2011 con la entrada en vigor de una paquete normativo conocido como "Six Pack", pues está formado por 6 medidas legislativas (5 reglamentos y una directiva) que refuerzan la gobernanza económica de la UE (que refuerzan la gobernanza económica de la UE y entraron en vigor el 13 de diciembre de 2011, se trata de reforzar el PEC a través de una mayor transparencia y una vigilancia más estrecha de los presupuestos nacionales de los Estados Miembros por parte de la Comisión europea. Existen normas más estrictas que impiden la acumulación de déficits excesivos, las actuaciones tanto preventivas como correctivas se refuerzan, en el caso de la eurozona se pueden adoptar sanciones financieras progresivamente más severas y el nuevo procedimiento de desequilibrios macroeconómico amplia el marco de la gobernanza europea.

Con el objetivo de impulsar nuevas reformas en materia de gobernanza los países de la eurozona firman en marzo de 2011 el denominado Pacto por el Euro Plus que señala las cuestiones esenciales para fomentar la competitividad de la zona del euro, en materias de competencia nacional más allá de la convergencia y la competitividad (El empleo, la educación). Se trata de un instrumento importante para vincular la política económica y presupuestaria a otros ámbitos políticos que están más próximos a la actividad económica cotidiana, como la industria, la educación y la investigación y el desarrollo .A los 17 Estados de la Eurozona se han sumado Bulgaria, Dinamarca, Letonia. Lituania, Polonia y Rumania.

Otra de las medidas adoptadas para mejorar la coordinación de las política macroeconómicas es el denominado Semestre europeo, acordado por los Estados de la UE el 17 de junio de 2010. Se trata de un nuevo mecanismo para avanzar en una mayor vigilancia y coordinación de las economías y políticas económicas de los países de la UE . El Semestre europeo es un proceso en el que participan todas las instituciones europeas que intervienen en la formulación de las políticas económicas y los gobiernos y parlamentos nacionales de los países de la UE. Un estricto calendario que va de enero a julio recoge, analiza y evalúa una amplia serie de indicadores y de programas nacionales, que en el caso de la eurozona incluso implica la presentación de los borradores de los presupuestos nacionales en elaboración a las Instituciones europeas para conocer su parecer antes de su discusión en las cámaras nacionales. (Véase Esquema 14.6).

Un nuevo elemento de la Estrategia de fortalecimiento de la Unión Económica y Monetaria, lo constituye el Tratado Constitutivo del Mecanismo Europeo de Estabilidad Financiera- MEEF-que está condicionado en la concesión de las ayudas financieras a la ratificación por las partes contratantes del Denominado Fiscal Compact, también conocido como Pacto Presupuestario, o bajo su denominación completa de Tratado de Estabilidad, Coordinación y Gobernanza en la unión económica y monetaria; se trata de un tratado intergubernamental entre partes contratantes (a día de hoy 25 con la excepción de la Republica Checa y Croacia) que obliga a los países de la eurozona a su ratificación y para ellos contiene unos compromisos más firmes, refuerza el PEC al automatizar la aplicación de las medidas correctoras. No obstante el Tratado queda abierto a la adhesión en el futuro de los Estados que no lo firmaron. Supone un avance en la cultura de la estabilidad financiera, pues los firmantes se comprometen a consagrar en sus legislaciones nacionales el equilibrio o superávit presupuestario, así como las medidas que se han de adoptar en caso de superar los límites acordados. El objetivo de este Tratado es reforzar la disciplina presupuestaria en la zona del Euro mediante la norma del equilibrio presupuestario y el mecanismo de corrección automática. El Tratado fue concebido a raíz de la decisión de 11 de diciembre de 2011 y firmado el 2 de marzo de 2012 por 25 países de la UE. Su entrada en vigor estaba condicionada a la ratificación de 12 estados de la eurozona, cuando Finlandia lo ratificó el 21 de diciembre de 2012, una vez cumplida esa condición, el Tratado entró en vigor el 1 de enero de 2013. Este Tratado ya ha sido incorporado a los distintos ordenamientos jurídicos de los estados contratantes, como en España que lo ratificó el 2 de febrero de 2012.Las partes contratantes del Tratado acuerdan reforzar el pilar económico de la Unión económica y monetaria mediante la adopción de un conjunto de normas destinadas a promover la disciplina presupuestaria a través de un pacto presupuestario. Tras la ratificación y antes de 2014 cada país tenía que introducir en su legislación nacional las reglas que exigen un presupuesto equilibrado, los países que así lo hubieran hecho podrán obtener un préstamo del recién creado MEDE Mecanismo Europeo de Estabilidad en 2013. Se trata de un mecanismo de carácter intergubernamental y permanente que sustituye las estructuras temporales del FEEF Fondo europeo de estabilidad financiera y del MEEF mecanismo europeo de estabilidad financiera. El MEDE, facilitara ayuda en forma de préstamos a los países de la zona euro con problemas de financiación bajo unas condiciones muy estrictas.

Esquema 14.6 Semestre Europeo

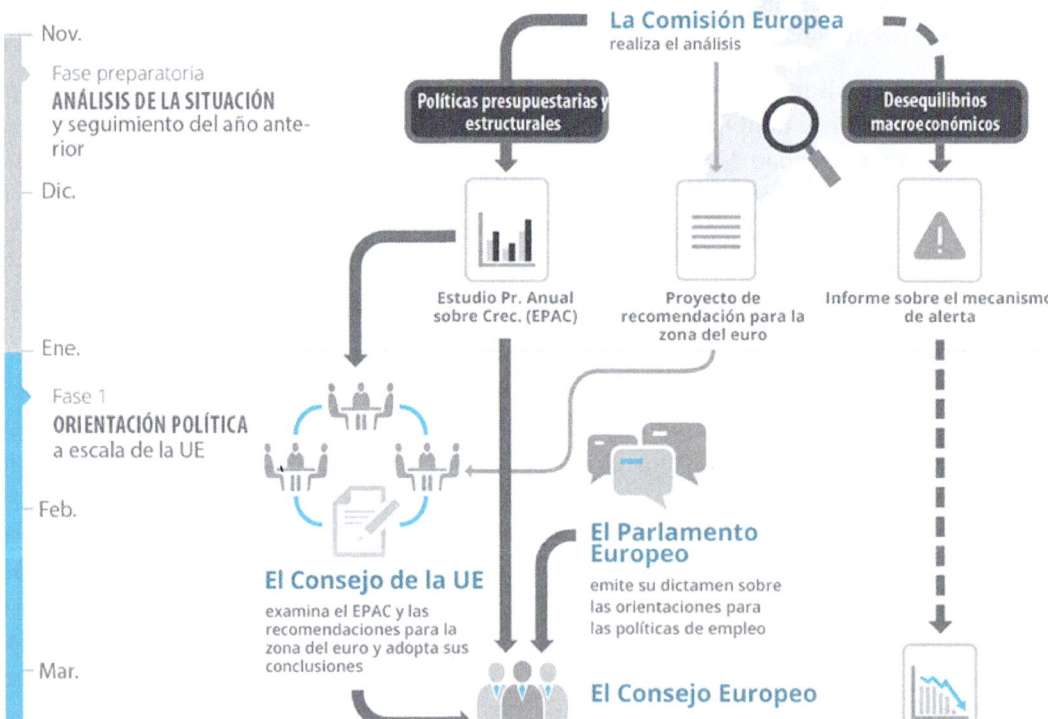

VII. BIBLIOGRAFÍA

Básica

GARCÍA VILLAREJO, A. y SALINAS SÁNCHEZ, F.J. (1994), Manual de Hacienda Pública. General y de España. Tecnos. Capítulos XXII y XXIIII.

BUSTOS GISBERT, A.(2017) Curso Básico de Hacienda Pública, Editorial Civitas Thomson Reuters, Madrid. Capítulo 10.

GAMAZO CHILLÓN J.C. y VEGA MOCOROA, I. (2020), Notas para el Estudio de hacienda Pública. Universidad de Valladolid. Capítulo 14.

VEGA MOCOROA, I.(2024), Compendio Básico de Hacienda Pública. Ediciones Universidad de Valladolid. Valladolid. Capítulo XIV.

Solicitar siempre última actualización.

Complementaria

BUSTOS GISBERT, A. (2010), Lecciones de Hacienda Pública. Editorial Colex. Capítulos 21, 23 y 24.

GUTIÉRREZ JUNQUERA, P. (1998), Curso de Hacienda Pública. Ediciones Univ. de Salamanca. Capítulo 18.

ALBI IBÁÑEZ, E. et Alia (2018), Economía Pública II. Ariel. Capítulo 9.

CAMARERO ET Alia (2023) Economía de la Unión Europea. Civitas 9 ed.

VEGA MOCOROA, I. (1998) La Integración Económica Europea: Curso Básico. Ed Lex Nova. Capítulos 6, 7, 8 y 10.

VEGA MOCOROA, I. (2019) Logros y retos de la armonización del IVA en la Unión Europea. CEDAM .Bari.

VIII. EJERCICIOS

1. Con el fin de asentar los conceptos y explicaciones del tema, en un folio blanco realice un mapa conceptual o esquema del tema y de sus principales capítulos, después de la explicación y lectura del tema y sin copiar del manual; posteriormente, contraste con el manual si hay aspectos del esquema que no ha completado satisfactoriamente y reflexione sobre el porqué, si es por falta de estudio o de comprensión.

NOTA FINAL Y BIBLIOGRAFÍA

El contenido de esta publicación de apoyo a la docencia de Hacienda Pública se ha elaborado a partir de la bibliografía que se cita a continuación y de otros elementos docentes utilizados por la autora a lo largo de su formación académica. Los capítulos 0, 5,6,8,9,11,12 y 14 son actualizaciones de los temas elaborados para la publicación titulada "Notas para el estudio de la Hacienda Pública" de autoría compartida con el Profesor Juan Carlos Gamazo Chillón responsable de la redacción de los temas 1,2,3,4 ,7 y 10 en dicha publicación.

En esta obra, titulada **"Compendio básico de Hacienda Pública".** la redacción de todos los temas de la misma es responsabilidad de Isabel Vega Mocoroa, con la salvedad del tema 13 que ha sido elaborado por Pablo Gayubo Pérez.

El lector ha de considerar que el objetivo de esta publicación no es sustituir a los manuales recomendados para el estudio de la asignatura de Hacienda Pública ni a las explicaciones impartidas en las clases correspondientes, sino complementar dichos manuales y explicaciones y servir de guía de estudio. En algún tema pueden encontrarse espacios para completar con un gráfico que se explicará detalladamente en la clase presencial y una vez comprendido se debería incluir por el alumno en el lugar correspondiente del texto. Igualmente aparecen espacios para incluir algún ejemplo o desarrollar alguna propuesta de trabajo. Al final de cada tema se incluye algún ejercicio práctico para valorar el nivel de comprensión del tema, así como alguna propuesta teórica o de síntesis de cada tema. Para completar lo recogido en esta publicación pueden acudir a la última edición de:

ALBI IBÁÑEZ, E. ET ALIA (2017), Economía Pública I, Ariel Economía, Barcelona.

ALBI, E., GONZÁLEZ-PÁRAMO, J.M., ZUBIRI, I. (2018): Economía Pública II, Ed. Ariel, Barcelona.

BUCHANAN, J.M., (1968), Hacienda Pública, Editorial Derecho Financiero, Madrid.

BUSTOS GISBERT, A. (2010), Lecciones de Hacienda Pública, Editorial Colex, Madrid.

BUSTOS GISBERT, A.(2017) Curso Básico de Hacienda Pública, Editorial Civitas Thomson Reuters, Madrid.

CAMARERO, M. Y TAMARIT, C et alia. (2023), Economía de la Unión Europea, Civitas, Madrid.

COSTA M Y OTROS (2003) Teoría básica de los impuestos. Thomson- Civitas. Madrid.

GAMAZO CHILLÓN J.C y VEGA MOCOROA I (2020) Notas para el Estudio de hacienda Pública. Universidad de Valladolid.

GARCÍA VILLAREJO, A. Y SALINAS SÁNCHEZ, F.J. (1994), Manual de Hacienda Pública. General y de España, Tecnos, Madrid.

GUTIÉRREZ JUNQUERA, P. (1998), Curso de Hacienda Pública, Ediciones Universidad, Salamanca.

LAGARES CALVO, M.J. ET ALIA (1995), Manual de Hacienda Pública I y II, Instituto de Estudios Fiscales, Madrid.

MARTÍNEZ SÁNCHEZ, J.M. (2014), Estado, Mercado, Democracia y Bienestar Económico (Cuestiones de Economía Pública),Universidad de Burgos, Burgos.

MUSGRAVE, R. A. y MUSGRAVE, P. B. (1991). *Hacienda Pública Teórica y Aplicada*, (5ª ed.) McGraw-Hill,Madrid ROSEN H.S (2002) Hacienda Pública McGraw Hill.

STIGLITZ, J.E. (2002), La Economía del Sector Público, Antoni Bosch Editor, Barcelona.

VEGA MOCOROA, I. ET ALIA (1998), La Integración Económica Europea: Curso Básico, Lex Nova Editorial, Valladolid.

VEGA MOCOROA, I. (2024), Compendio Básico de Hacienda Pública. Ediciones Universidad de Valladolid. Valladolid.